人民日报
国际评论选编

REN MIN RI BAO 2018
GUO JI PING LUN XUANBIAN

人民日报社国际部 编

人民日报出版社

图书在版编目（CIP）数据

人民日报国际评论选编．2018 / 人民日报社国际部编．-- 北京：人民日报出版社，2019.2
ISBN 978-7-5115-5831-2

Ⅰ．①人… Ⅱ．①人… Ⅲ．①时事评论－世界－2018－文集 Ⅳ．① D5-53

中国版本图书馆 CIP 数据核字（2019）第 021024 号

书　　名：	人民日报国际评论选编 2018
编　　者：	人民日报社国际部
出 版 人：	董　伟
责任编辑：	蒋菊平　李鹏飞
装帧设计：	元泰书装
出版发行：	人民日报出版社
社　　址：	北京金台西路 2 号
邮政编码：	100733
发行热线：	（010）65369527　65369512　65369509　65369510
邮购热线：	（010）65369530　65363527
编辑热线：	（010）65369528
网　　址：	www.peopledailypress.com
经　　销：	新华书店
印　　刷：	北京朝阳印刷厂有限责任公司
开　　本：	710×1000mm　1/16
字　　数：	625 千字
印　　张：	41
印　　次：	2019 年 3 月第 1 版　2019 年 3 月第 1 次印刷
书　　号：	ISBN 978-7-5115-5831-2
定　　价：	65.00 元

目　录

国纪平

"我们这个时代的伟大故事"
　　——改革开放四十年世界回响　　　/ 3
共赴合作共赢的"东方之约"
　　——写在首届中国国际进口博览会开幕之际　　/ 13
构建人类命运共同体的伟大实践
　　——写在习近平主席提出"一带一路"倡议5周年　/ 21
亲手擘画蓝图　亲力践行合作
　　——习近平主席引领中非关系奋进新时代　　/ 29
唱响中非合作共赢共同发展主旋律
　　——写在2018年中非合作论坛北京峰会召开之际　/ 35
开启团结合作共同发展的新篇章
　　——写在习近平主席2018年首次出访之际　　/ 44
让安全与繁荣的阳光照亮共同家园
　　——写在上海合作组织青岛峰会举行之际　　/ 52
用开放的思想引领共同繁荣之路
　　——学习习近平主席博鳌亚洲论坛2018年年会主旨演讲　/ 59

人民日报评论员

把中朝传统友谊发展得更好　　/ 71

钟　声

创造让世界刮目相看的新的更大奇迹
　　　——写在改革开放四十周年之际①　　/ 75
以改革开放的姿态与时代同行
　　　——写在改革开放四十周年之际②　　/ 77
契合时代潮流的通往未来之路
　　　——写在改革开放四十周年之际③　　/ 79
点燃共同发展繁荣的梦想
　　　——写在改革开放四十周年之际④　　/ 81
书写同世界携手共进的友谊篇章
　　　——写在改革开放四十周年之际⑤　　/ 83
让合作共赢的故事更动人
　　　——写在改革开放四十周年之际⑥　　/ 86
中国公民合法、正当权益不容侵犯　　/ 88
为处在关键当口的国际形势增添稳定性　　/ 90
共同推动中美关系健康稳定发展　　/ 92
增进全球福祉　促进共同繁荣　　/ 94
同舟共济，顺大势而为　　/ 96
中国人权事业的亮丽答卷　　/ 98
推动中日关系得到新的发展　　/ 100
单边思维，也是"冒险心态"　　/ 102

谁是热衷于干涉他国内政的国家　/ 104

"投资热土"彰显中国经济韧性　/ 106

并不高明的造谣术
　　——评美国领导人诬蔑中国的种种奇谈怪论　/ 108

顺大势担正义行正道的定力　/ 113

单边主义得不到"通行证"　/ 115

应当客观准确认识中美经贸关系事实　/ 117

关于国际金融危机的再思考　/ 120

让中朝友好合作焕发新活力　/ 122

让中非命运共同体更具生机活力　/ 124

"一带一路"承载和平发展共同心愿　/ 127

"美国优先"刺痛美国民众　/ 129

牢记历史是为了更好开创未来　/ 131

中国始终坚定支持多边贸易体制　/ 133

重诺笃行彰显负责任大国担当　/ 135

水稻"世界波"折射创新之力　/ 137

新时代迎来新峰会　/ 139

坚守合作共赢的主航道　/ 141

无视国际责任的轻率之举　/ 143

端起伟大真理的望远镜　/ 145

顺应历史潮流的正确抉择　/ 147

汲取中印文明"和"的养分　/ 149

半岛和平信号弥足珍贵　/ 151

任性军事干预害处多多　/ 153

美方止损的唯一出路是悬崖勒马　/ 155

"战略性"贸易保护毫无战略眼光　/ 158

有悖于国际规则与时代格格不入　/ 160

美国须为无理莽撞之举担责　　/ 162

破坏中美关系政治基础是愚蠢的　　/ 164

半岛问题的积极势头应当保持下去　　/ 166

中国新型政党制度带给世界的启示　　/ 168

中国奋斗，带给世界的精神财富　　/ 170

中国实力与道义兼具的底气　　/ 172

穿越历史的真理之光　　/ 174

朝鲜半岛需要和平的行事逻辑　　/ 176

拉美缘何不买"门罗主义"的账　　/ 178

非洲人民明白谁是真朋友　　/ 181

冷战思维，堪比"无赖"的顽症　　/ 183

全球治理关键在于顺应历史潮流

　　——二〇一八年世界形势展望①　　/ 185

抓住改革的历史机遇期

　　——二〇一八年世界形势展望②　　/ 187

惟创新者强

　　——二〇一八年世界形势展望③　　/ 189

延续世界经济的"甜蜜时刻"

　　——二〇一八年世界形势展望④　　/ 191

为冲破迷雾提供思想的正能量

　　——二〇一八年世界形势展望⑤　　/ 194

任何"政治傲慢"都是愚蠢的　　/ 196

澳大利亚政客应多些自省意识　　/ 198

华盛顿应扔掉保护主义"旧唱本"　　/ 200

开辟更加恢弘的外交新格局　　/ 203

大使随笔

打造更紧密的中巴命运共同体　　姚　敬／207

谱写新时代中葡关系崭新篇章　　蔡　润／209

远隔天涯　心心相印　　杨万明／211

风劲帆满海天阔　中萨友好正当时　　欧箭虹／213

携手开创中菲关系"黄金时代"　　赵鉴华／215

"和平之邦"传佳话　　杨　健／217

共同擘画中巴新关系美好前景　　薛　冰／219

中国的这位新朋友不一般　　张　润／221

中摩全面推进务实合作　　李　立／223

发出捍卫自由贸易的中国强音　　刘晓明／225

推动中国与东盟战略合作行稳致远　　黄溪连／227

弘扬丝路精神　携手共同发展　　肖　千／229

北京峰会开辟更加宽广合作道路　　孙保红／232

全方位推动中哈共建"一带一路"　　张　霄／234

推动共同发展的"及时雨"　　李　辉／236

中欧携手推动"一带一路"行稳致远　　张　明／238

让中非关系绽放更美丽花朵　　宋爱国／240

让"黄金时代"更加熠熠生辉　　刘晓明／242

开辟中瑞合作新天地　　耿文兵／244

中格关系进入历史最好时期　　赵永琛／246

相互调适天地宽　　张向晨／248

中非合作提升非洲国际地位　　旷伟霖／250

积极培育中巴友谊之树　　魏　强／252

"一带一路"，中日互利合作新平台　　程永华／254

叙利亚期盼和平的春天　　　　齐前进 / 256
中瓦共同发展之路越走越宽　　　刘　全 / 258
超越历史与国界的马拉松　　　　邹肖力 / 260
中非合作，事实胜于雄辩　　　　王世廷 / 262
把脉龙象共舞　纵论天下大势　　罗照辉 / 264
美方挑拨动摇不了中拉合作根基　贾桂德 / 266
"不走的医疗队"铸就友谊丰碑　　张建国 / 269
恰逢其时的"超级访问"　　　　李晓驷 / 272
"尼铁"会成钢　　　　　　　　周平剑 / 274
西方媒体谎言骗不了非洲人民　　林松添 / 276

国际论坛

继续与中国改革开放同行　　　　横尾定显 / 281
改革开放经验值得学习借鉴　　　李熙玉 / 284
中国是最真诚的合作伙伴　　　　韦斯利·道格拉斯 / 286
世界文明历史上最为伟大的转型　艾伦·麦克法兰 / 288
让"破冰者"的事业薪火相传　　斯蒂芬·佩里 / 290
对实现高质量发展的几点思考　　林建海　刘　菲 / 292
中国是全球经济发展的关键要素　埃万德罗·卡瓦略 / 295
进博会，打开世界对未来的想象　达尼洛·图尔克 / 297
把正确的事情坚持做到底　　　　孔　君 / 299
创造农业领域南南合作新历史　　若泽·格拉齐亚诺·达席尔瓦 / 301
改革开放是不断向前的伟大航程　福田康夫 / 303
架设民心相通的桥梁　　　　　　伊里斯马特·阿卜杜哈利科夫 / 306
中国是联合国维和行动的重要力量　王汉水 / 308
"一带一路"建设真正实现互利合作　伊戈里·伊万诺夫 / 310
美国当以"共赢"取代"零和"　　史蒂芬·罗奇 / 312

| 目　录 |

发出坚持多边主义的主流声音　　　殷　淼 / 314

破解安全难题的金钥匙　　　曹延中　洛　岩　张晓明 / 316

二十一世纪的开创性倡议　　　多米尼克·德维尔潘 / 319

携手见证非中合作新时代　　　阿里·邦戈·翁丁巴 / 321

非洲国家高度关注中国成功路径　　　比尔·盖茨 / 323

三十五次访华的感悟　　　费尔南多·巴博萨 / 325

了解中国　读懂中国　　　罗思义 / 327

让交流与发展的明灯长盛不衰　　　赫尔曼 / 329

当美国不想保护欧洲的利益　　　约瑟夫·巴拉姆 / 332

"金砖"的意义　　　吉姆·奥尼尔 / 334

阿中合作论坛：阿中关系新未来　　　盖　特 / 336

中共理论和实践堪称伟大　　　塞维利诺·卡布拉尔 / 339

从中国智慧中汲取营养　　　马丁·阿尔布劳 / 341

了解中共执政方略的重要工具书　　　阮荣光 / 343

是什么支撑起中国的经济发展和改革　　　米歇尔·阿列塔 / 345

思想的光芒永远闪耀　　　塞勒斯·比纳 / 347

读懂真理的深厚历史性内涵　　　拉荻卡·德塞 / 349

在原著中品读马克思的思想　　　克里斯蒂安·施密特 / 351

从马克思主义中寻求答案　　　本·凡恩 / 353

马克思主义永远值得信任　　　拉乌尔·佩克 / 355

观察中国发展道路的重要窗口　　　马莱克·特拉契克 / 358

人类命运共同体理念让所有人幸福　　　福田康夫 / 360

美国的任性行为破坏国际贸易秩序　　　约瑟夫·巴拉姆 / 362

关税威胁加剧欧美大西洋裂痕　　　任　彦 / 364

美国保护主义执念存在严重缺陷　　　史蒂芬·罗奇 / 367

埃及官员治国理政的案头册　　　纳赛尔·阿卜杜·阿勒 / 370

这本书让我理解中国　　　让—皮埃尔·拉法兰 / 372

期待在雄安培育出更多金色果实　　　鲍满诚 / 374
贸易保护主义结不出好果子　　　江原规由 / 376
挑起贸易战是危险的经济暴力行为　　　西尔维·马特丽 / 378
"美国优先"伤害全球利益　　　史蒂文·苏拉诺维奇 / 380
中国成功背后的三个关键词　　　罗世礼 / 382
从三个"一致性"看中国的成功　　　多丽丝·奈斯比特 约翰·奈斯比特 / 384
中国为世界发展作出新贡献　　　张军 / 386
恰如冬日里的暖阳　　　艾德维 / 388
创造人类历史之最　　　马丁·雅克 / 390
中国的科技崛起并不意外　　　雷恩海德·沃格勒斯 / 392

记者手记

扬帆远航　谱写华章　　　赵嘉鸣 / 397
心贴着心的亲密伙伴　　　韩晓明　陈效卫 / 399
发展，以人民为中心　　　赵嘉鸣 / 401
黄金般的机会　　　李满 / 403
重要时刻　值得铭记　　　张志文 / 405
同舟共济　命运与共　　　王芳 / 407
幸福的归属感　　　宦翔 / 409
"习主席好！中国好！"　　　管克江 / 411
中非关系正青春　　　胡泽曦 / 413
当汉字"拥抱中国"印在阿文报纸上　　　黄培昭 / 415
从"疯狂铁路"到"独立快车"　　　李志伟 / 417
扬起合作的风帆　　　王远 / 420
让家与梦更近　　　杜一菲 / 422
由衷的钦佩　　　杨迅 / 424

导弹飞在事实前面　　　李　潇 / 426
博览天下　独占鳌头　　　赵　成 / 428

驻外记者手记

中吉友谊深入发展的见证　　　吴　焰 / 433
法国青年的"未来农业"梦　　　龚　鸣 / 435
让音乐没有门槛　　　冯雪珺 / 437
海鲜都去哪儿了　　　陈效卫 / 439
穿越时光的西班牙菜市场　　　陈晓航 / 441
莫城找房，感受中俄友好情谊的点点滴滴　　　殷新宇 / 444
《摔跤吧！爸爸》真实"上演"　　　胡博峰 / 446
中企"走出去"用行动促进人文交流　　　苑基荣 / 448
天虽寒冷，而人心温暖　　　周翰博 / 450
韩国漫漫禁烟路　　　马　菲 / 452
美丽的天空　　　刘旭霞 / 454
美国校园防枪忙　　　王如君 / 456
以色列科技创新有"三多"　　　黄培昭 / 458
期盼和平与发展的阳光　　　李　潇 / 460
"渡河人"的无奈　　　强　薇 / 462

环球走笔

一战结束百年的思考　　　王　远 / 467
谁来继承我们的数字遗产　　　李　强 / 469
一位富有远见的多边主义倡导者　　　胡泽曦 / 471
"乌姆干达"的力量　　　万　宇 / 473
大马士革的别样世界杯时光　　　李　潇 / 475

美国"无底线"政策又添伤痕　　张梦旭 / 477

美国反拥枪的孩子很受伤　　卓　南 / 479

萨拉赫何以成为"埃及之光"　　景　玥 / 481

当电脑屏只能画在黑板上　　李志伟 / 483

鹅卵石"抗枪"的无奈　　郑　琪 / 485

"我的个性"与"数据魔术"　　刘　歌 / 487

印第安人为何"见火不救"？　　陈效卫 / 489

酿酒、服务业与男女平等　　刘仲华 / 491

互联网时代更需要"数据守护"　　张　衡 / 493

美国种族偏见之痛　　温　宪 / 495

城市不该是"心灵的孤岛"　　张慧中 / 497

"晒娃"前，你问过娃吗？　　叶　琦 / 499

谁偷走了日本年轻人的梦想　　刘军国 / 501

"魔幻爱情"的隐喻　　彭　敏 / 503

全球掀起假新闻"阻击战"　　史安斌 / 505

当"中国制造"成为"国家宝藏"　　邢　雪 / 507

英文热词"青年震荡"背后的震荡　　强　薇 / 509

经济透视

给塑料垃圾找个新出路　　范剑青 / 513

人工智能产业还处于起步阶段　　李晓华 / 515

"千禧一代"青睐有故事的品牌　　强　薇 / 517

美道指不断稀释"工业血统"　　吴乐珺 / 519

德国"隐形冠军"的荣耀与隐忧　　李　强 / 521

日本央行缘何要删除通胀目标时间表？　　张玉来 / 523

寅吃卯粮，美国经济蕴含风险　　王如君 / 525

正确应对经济全球化中的逆流

——国际金融危机十周年反思系列之一　李向阳 / 527

提高全球金融安全网的有效性

——国际金融危机十周年反思系列之二　高海红 / 529

欧洲，已不再是原来的样子

——国际金融危机十周年反思系列之三　尼古拉斯·维纶 / 531

数字货币的理想与现实　杨涛 / 533

全球制造业开启"买买买"模式　倪红福 / 535

数据使用，谁是"裁判员"？　姜奇平 / 537

紧缩货币，欧洲有点犹豫　杨成玉　陈新 / 539

欧洲缘何力挺人民币　刘明礼 / 541

和单一石油经济说"拜拜"　黄培昭 / 543

贸易回暖，久违的春天能否持续　陆婷 / 545

美股，火爆背后有风险　张明 / 547

百分之二缘何成为"天花板"　华民 / 549

比特币，狂欢后的回归　魏亮 / 551

拉美：通胀背后的故事　范剑青 / 553

科技大观

抗衰老的干细胞也会"老"　张宏波 / 557

"全脑仿真"路还长　尚凯元 / 559

警惕地球"发热多汗"　翟盘茂　陈阳　余荣 / 561

培养对人工智能技术的基本信任　萨德·贾哈米尔 / 563

填补火星探测最后的空白　庞之浩 / 565

人工智能，需要"负责任的创新"　杰克·克拉克　海伦·托纳 / 567

手机成瘾危及心理健康　施南 / 569

今非昔比的海洋　叶盛 / 571

"欢迎入住太空酒店"　　　吴　焰 / 573
手术机器人比较酷　　　王　慧 / 575
小科技蕴含大市场　　　王如君 / 577
地球南北，何以冰火两重天　　　陆春晖 / 579

五洲茶亭

深触经典的灵魂　　　王佳可 / 583
美的殊途　　　梅松松 / 585
科学思想的伟力　　　叶为宝 / 589
呵护童心"悦"读　　　瓦力·德·邓肯 / 592
从王羲之书法名迹说起　　　乔鲁京 / 595
中国，我的家　　　布里塔·海德曼 / 597
青春的见证　　　王海林 / 599
世界迎来"中国浪潮"　　　魏　薇 / 601

专版评论

和平是唯一正途　　　李　潇 / 605
中国改革开放给非洲带来三大机遇　　　林毅夫 / 607
培养更多人才　发挥更大作用　　　徐浩良 / 609
柬中合作　硕果累累　　　布拉索昆 / 611
促进空间活动合作意义重大　　　西莫内塔·迪皮波 / 613
解决种族问题前路漫漫　　　杰拉尔德·厄尔利 / 615
中国，全球金融治理的重要力量　　　泰格艾格奈瓦克·盖图 / 617
剖析当代问题的利器　　　大卫·范森范思特 / 619
破除距离产生的虚幻"美感"　　　杜万良 / 622
战争的真相，还是真相的战争　　　管克江 / 624

西式政治体制的失败　　彼得·帕加尼尼 / 627
不忘初心　方得始终　　吴　焰 / 629
喜剧结果　悲剧色彩　　章念生 / 631
从中国经验中获得发展"金钥匙"　　孟祥麟 / 633
瀚海之谊　由来已久　　吴绮敏 / 635
中国与世界关系进入新时代　　姚枝仲 / 637

国纪平

"我们这个时代的伟大故事"

——改革开放四十年世界回响

2018年，中国改革开放迎来"四十不惑"。

抚今追昔，何以"不惑"？缘于回看了走过的路、比较了别人的路、远眺了前行的路，清楚自身从哪儿来、往哪儿去……

这是一条国家繁荣发展的必由之路。改革开放40年，中国稳居全球第二大经济体，让世界刮目相看，成为"人类发展史上最激动人心的例子""世界最成功的发展样板"。

这是一条中国和世界合作共赢之路。40年前，鲜少有人能够预见改革开放这场中国的第二次革命之于世界的意义。40年后，一个古老又青春的中国前所未有地走近世界舞台中央。国际关系中的中国元素空前突出，"世界之中国"——一代代中华民族仁人志士的期盼和夙愿正成为现实。

这是一条给人以启迪和思考的探索之路。改革开放40年，中国走出了一条全新的大国崛起之路，接续奋斗、实事求是、和平合作、变革创新、共享发展、谦逊好学等等，已成为当代中国的鲜明气质，日益被世界所感知和欣赏。

历史，总是在一些特殊年份给人们以汲取智慧、继续前行的力量。2018年，中国改革开放迎来承前启后、继往开来的关键节点。在时间和空间的坐标中思考中国改革开放的巨大成就，其世界意义和历史意蕴就愈为清晰而深刻。

（一）

"21世纪始于中国的1978年。"不少国际知名人士惊叹，因为"它创造了一个完全不同的历史，中国的转变已经使世界的重心东移"，随着中国走向世界步伐的加快，"它也正在重塑国际关系"。

发展起来的中国深刻影响了世界，成为引领国际合作的关键因素。人类命运共同体理念描绘各国同舟共济共创未来的美好愿景，"一带一路"倡议凝聚合作发展的国际共识，全球舞台一次次见证中国方案的感召力……

潜其心，观天下之理；定其心，应天下之变。改革开放从其开端处，就始终把握"和平与发展是时代主题"的科学判断。40年来，这一判断从未改变——既受益于世界和平与发展，又以自身发展促进世界和平与发展。正是因为秉持这样的辩证法，中国一路走来，不断为世界带来正向力量。

这是建设世界和平的力量。改革开放的成功离不开和平国际环境，发展壮大起来的中国始终有着坚持走和平发展道路的自觉与自信。倡导并实践共同、综合、合作、可持续的新安全观；派遣维和人员最多的联合国安理会常任理事国；为解决诸多地区热点问题提供和平方案……40年历史充分证明一个论断："等到中国发展起来了，制约战争的和平力量将会大大增强。"

这是贡献全球发展的力量。改革开放不仅是属于中国的发展奇迹，也是"我们这个时代的伟大故事"。第一大货物贸易国、第一大出境旅游消费国、70多个国家和地区的最大出口市场，举办世界贸易史上首个以进口为主题的国家级展会……中国机遇不断释放，越是在世界经济面临困难时刻，中国作为世界经济增长主要稳定器和动力源的作用就愈发突出。

这是维护国际秩序的力量。随着中国全面融入世界，一以贯之的秩序意识、规则意识、责任意识、共生意识成为显著特征。中国始终强调要加强国际关系的多边化而不是单边主义，推动国际关系的法治化、民主化，而不是丛林法则、强权政治。党的十八大以来，中国积极倡导构建人类命运共同体，一系列惠及世界的中国方案出台，更是给整个国际关系体系带来全新的视野与格局。

"坚冰已经打破，航路已经开通……光明的中国一定能对人类作出较大的贡献。"《人民日报》1978年元旦社论《光明的中国》激情洋溢。如今，历史已充分印证了这启航时刻的思考。

（二）

"我当时犯下的唯一错误，就是低估了改革开放给中国带来的变化。"美国知名外交官傅立民曾任尼克松总统访华时的翻译，他于改革开放次年到访中国，从社会的细微变化处意识到"中国就要腾飞"。当时，美国很少有人认可他的观点。然而，即便敏锐如他，2018年接受记者采访，回望过去，也感慨万千。

今天，当世界审视中国改革开放的成功故事，目光汇聚处已超越经济层面。更多人思考的切入点，是中国为什么能够不断打破外界预期，走出一条通往现代化的全新道路。

纵观二战后世界历史，很多发展中国家也有过改革或开放的求索。在寻找自身发展道路时，来自西方的"万能药方"使他们面临"依附"与"脱钩"的两难选择——"依附"，就失去了发展的自主性；"脱钩"，则极易长期陷入贫困。这两方面陷阱导致发展之路步入困境的案例不在少数。

中国则选择了自己的道路。改革开放是决定当代中国命运的关键一招、战略抉择。从打开国门搞建设的第一天起，中国领导人就强调："我们搞的现代化，是中国式的现代化。"中国特色，铸就了中国发展全然不同的路径选择。

中国改革敢为人先。既强调独立自主、自力更生，又注重对外开放、合作共赢；既坚持社会主义制度，又强调用好"看不见的手"；既"摸着石头过河"，又加强顶层设计；既要大踏步赶上时代乃至引领时代，又要把发展主动权牢牢握在自己手中……改革开放，注定是一个不断考验政治智慧与勇气的艰辛过程。

中国作为彰显担当。当国际市场因华尔街金融海啸而深陷信心危机时，中国负责任立场赢得世界认同。国际货币基金组织总裁拉加德评价说，如果没有中国为增长和稳定提供动力，全球经济局势可能更糟。近年来，保护主义、孤立主义的逆风在一些发达国家愈吹愈烈。在刚刚结束的二十国集团领导人布宜诺斯艾利斯峰会上，习近平主席明确提出二十国集团引领世界经济沿着正确轨道向前发展的四点倡议，为面临下行压力的世界经济注入宝贵信心。

当代中国的伟大社会变革，不是简单延续我国历史文化的母版，不是简单套用马克思主义经典作家设想的模板，不是其他国家社会主义实践的再版，也不是国外现代化发展的翻版。正是因为没有现成的教科书，中国走自己的路，实现跨越式发展，昭示世人：世界上没有放之四海而皆准的发展模式，通向现代化的道路不止一条，只要找准方向、驰而不息，条条大路通罗马。

在广大发展中国家眼里，中国道路的最重要启示，就是实事求是。"西方人总是给你规定一个模式，只能照搬；但你们的邓小平说，千万不要照搬我们的模式，而是要实事求是。有几千年文明史的国家才能讲出这样的话，这是一种西方永远不及的智慧。"加纳前总统罗林斯的一段话，是对这一重要启示的精辟阐释。

（三）

改革开放40年，适逢马克思诞辰200周年。这一时间上的巧合亦催人深思。

40年前，国际上不少人质疑一个共产党国家的改革开放能走多远，社会主义中国向何处去？40年后，党和国家事业发生的历史性变革、取得的历史性成就，充分证明，中国共产党人带领中国人民走出了一条新的成功之路——中国特色社会主义道路。正是这一正确道路，确保了中国政治稳定、经济转型升级、社会治理能力不断提高，社会主义制度的优越性不断显现。中国特色社会主义道路自信、理论自信、制度自信、文化自信日益增强，中国发展道路、中国发展经验吸引力不断增强。

上世纪80年代末90年代初，东欧剧变、苏联解体，国际共产主义运动陷入低潮，西方世界的亢奋一时达到顶点。所谓"历史终结论"、西式民主制度是"人类政府的最后形式"等论调，甚嚣尘上。受这种情绪影响，西方国家对中国转型有着自己的一番预期——改革开放被视为一种"体制并轨",即中国将越来越"像"西方。然而,现实显然没有按这种脚本设计发展。

巨大反差的背后,是中国共产党人理论创新的力量。时代是思想之母,实践是理论之源。改革开放是中国特色社会主义的成功实践,它第一次系统地回答了在中国这样经济文化还比较落后的社会主义国家如何实现现代化和加强党的建设等一系列重大时代课题,开拓了马克思主义新境界。中国共产党人没有辜负这个时代,交出了一份靓丽答卷。

2020年全面建成小康社会,2035年基本实现现代化,本世纪中叶建成现代化强国,实现中华民族伟大复兴的中国梦。党的十九大擘画的中国未来30年发展蓝图已为期不远。这意味着,中国的崛起,中华民族的伟大复兴,已不单是一个民族重现昔日辉煌,而是一种文明的崛起,一种制度的成功。它以一种直观可信的方式表明,世界不是单向度的存在,现代化道路也不是单项选择题。这是中国改革开放对社会主义的贡献,是中国共产党人对人类政治文明的贡献。

在西方国家内部,中国的成功实践,也让更多人对一些"标准答案"重新思考。"学习中国的决策力和执行力""中国体制具有选贤任能优势""中国是经济政策犯错误最少的国家"……近年来,类似评价不断见诸西方媒体,折射出西方视野和心态的变化。

著有《西方的衰落》一书的斯坦福大学胡佛研究所高级研究员尼尔·弗格森坦承,中国的经济发展和成就证明,经济成功与政治稳定,可以不按西方的体系来运行。

党的十八大以来,中国在全方位发展中进入一个新的时代,世界目光聚焦习近平新时代中国特色社会主义思想。如今,有关治国理政的经验交流,每天都在中国与发展中国家之间进行。越来越多发展中国家主动派官员到中国学习交流治理经验,《习近平谈治国理政》受到国际社会的高度关注和广泛好评,人们希望"从中国的发展轨迹中获得启发"。精准扶贫、五年规划、经济技术开发区、加强执政党建设……一系列"中国味"十足的治理经验漂洋过海,越来越多国家从中国故事中得到启迪,觅得机遇,激发信心。

（四）

2018年，也是"一带一路"倡议提出5周年。5年来，这一源于中国、更属于世界的伟大倡议的生动实践，推动形成中国与世界联动发展的新格局，成为中国贡献的最受欢迎的全球公共产品。

世界潮流，浩浩荡荡。40年中国改革开放给人们提供了许多弥足珍贵的启示，其中最重要的一条就是，一个国家、一个民族要振兴，就必须在历史前进的逻辑中前进、在时代发展的潮流中发展。

当今世界正面临百年未有之大变局。变革催生机遇，变革过程也往往充满挑战和风险。"人类又一次站在了十字路口。"在出席亚太经合组织第二十六次领导人非正式会议时，习近平主席再提"十字路口"的论断。有数据为证：二十国集团成员间月均新增贸易限制措施比半年前翻了一番，2018年全球货物贸易量增速可能下滑0.3%。面对复杂的国际形势，合作还是对抗，开放还是封闭，互利共赢还是以邻为壑？一系列时代之问摆在各国面前，不容回避。

直面时代之问，中国答案清晰明确。党的十九大报告中，"开放"一词出现27次，中国坚持打开国门搞建设的信号无比强烈。2018年，中国外交更是精彩纷呈。一系列外交场合，习近平主席着眼历史发展大势，登高望远，呼吁各方拿出勇气，展示战略视野。

直面时代之问，中国承诺坚定不移。中国将以更负责的精神，更开放包容的胸襟，更高质量的增长，在实现自身发展的同时，为世界各国共同繁荣作出更大贡献。当个别国家不断"退群"冲击国际秩序引发人们忧虑之时，积极推动构建人类命运共同体，已成为中国特色大国外交的鲜明特色。不断走深走实的"一带一路"建设，正是中国实践这一理念的重要平台。

蒙内铁路、亚吉铁路、万村通项目……5年春华秋实，一个个重大项目收获早期成果，一个个家庭和个人的命运为之改观。秉持共商共建共享原则的"一带一路"，不是中国的一花独放，一座飘香的"百花园"图景，正在欧亚非拉的广袤大地上展现。

英国历史学家彼得·弗兰科潘在《丝绸之路——一部全新的世界史》中这样写道:"当习近平主席于2013年宣布'一带一路'的创想之时,他是在重新唤起人们对于那段很久之前就已经熟悉的繁荣回忆……世界旋转之轴正在转移,移回到那个让它旋转千年的初始之地——丝绸之路。"

中国向国际社会提供的公共产品远不止"一带一路"。亚投行、金砖国家新开发银行、丝路基金、南南合作援助基金、八大行动计划……一个个中国方案,体现着全球治理中的大国担当,丰富了合作共赢的时代内涵。上个月,首届中国国际进口博览会万商云集,短短6天,578亿多美元成交额,中国市场的巨大商机令人振奋,中国愿为世界作出更大贡献的意愿和能力前所未有。

几十年观察中国发展的法国前总理拉法兰曾得出这样一个结论:中国越富裕,对世界敞开胸怀的热情就越高。诚哉斯言。40年融入世界,让中国这个发展中大国对各国利益与共、深度交融的时代格局有了更深体察。因而,对在自身与世界命运的交集中谋划前进方向有着高度自觉。

(五)

改革开放,是中国向世界开放学习的事业。40年改革开放,是中国不断学习借鉴人类一切优秀文明成果、不断提高国家学习能力的过程。40年,这种谦逊态度一以贯之。

人们犹忆得,1979年,改革开放伊始,邓小平访问美国,参观福特汽车一家工厂。当时这家工厂每月生产的汽车超过中国一年的汽车生产总量。一个月和一年的差距,犹如一个缩影,映射出40年前的中国与现代化的距离。参观结束时,邓小平不无感慨地说:"我们要向你们学习。"

人们更记得,2014年5月,中共中央总书记、国家主席、中央军委主席习近平在上海召开外国专家座谈会,强调中国要永远做一个学习大国。不论发展到什么水平,中国都虚心向世界各国人民学习,以更加开放包容的姿态,加强同世界各国的互容、互鉴、互通,不断把对外开放提高到新的水平。

正是因为这种谦逊好学的精神,一个拥有数千年文明的东方古国成为最有朝气的学习者。从宏观的世贸规则、法律法规，到微观的技术创新、企业管理，改革开放的中国敞开胸怀，不断提高国家学习能力，向世界学习一切先进经验。用美国未来学家奈斯比特的话讲，中国作为一个学习型社会，"愿意尝试任何符合自己目标的理论和实践，这是它最为宝贵的财富之一。"

不拒众流，方为江海。40年不断向世界学习，古老的中国不仅实现了跨越式发展，也塑造了自己开放包容的精神气质。英国学者马丁·雅克认为，中国成功的原因之一，是它能够从不同的地方、不同的经历、不同的传统中吸取不同的元素，然后以一种非常独特的中国方式将它们结合起来。

2018年的今天，中国发展已走过万水千山。不少"中国制造""中国智造""中国创造"成为全球公认的闪亮名片，越来越多的新技术、新业态、新产品正从中国市场萌发成长。然而，这个发展中大国向世界学习的开放心态依然如故。

中国继续向世界开放学习，是补齐发展短板的现实需要。一个时代有一个时代的问题，一代人有一代人的使命。今天，提升发展质量、更好满足人民对美好生活需求的诸多新老挑战摆在面前，关起门来搞建设不可能成功。首届中国国际进口博览会上，参展企业带来100多项新产品和新技术，5000余件展品首次进入中国，引起了中国产业界的高度兴奋。对求知若渴的中国人而言，进博会何尝不是中国企业对标世界一流的宝贵机遇？

中国继续向世界开放学习，是顺应时代潮流的智慧选择。《纽约时报》专栏作家托马斯·弗里德曼认为，随着世界变革的加速度不断上升，保持终身学习是当代人跟上时代步伐的唯一方式。对于一个国家而言，既面临赶超跨越的难得历史机遇，也面临差距拉大的严峻挑战，要想在时代变局中勇立潮头，又何尝不需要始终保持学习心态？

中国继续向世界开放学习，是尊重文明多样性的自信自觉。中国带着谦逊与世界打交道，不只是为了追赶他人，更是源自对世界未来的深度思考。五色交辉，相得益彰；八音合奏，终和且平。今天，技术的发展让世界越来越小，不同文明的近身接触日趋频繁。面对差异，做到求同存异、取长补短，需要少一点傲慢和偏见，多一些尊重和包容，既不妄自菲薄，也不妄自尊大。惟其如此，各国才能实现和谐共处、合作共赢，为自身发展，也为人类文明进步书写更多精彩篇章。

（六）

7亿多人口摆脱贫困，近14亿民众的生活大幅改善，这是近年来国外人士谈论中国社会巨变时最常提起的数字。

从40年前为解决人民温饱而改革，到今天为满足人民日益增长的美好生活需要而改革，"人民"二字，始终深深印刻在中国改革开放的壮丽征程中。

奈斯比特在研究中国大趋势时，开宗明义地指出，共产党的路线方针是坚定不移地为中国人民谋利益。这种长远策略方针的执行，不会像西方国家那样因为总统任期的结束而终止。在奈斯比特的解析中，人是中国改革开放这场宏大叙事中最活跃的因子——释放人的活力、增强人的自尊、鼓励自主发挥人民的创造力、激发每个人的参与感，是支撑中国经济社会发展的重要支柱。

联合国秘书长古特雷斯多次同习近平主席交谈，引发他强烈共鸣的，是习近平主席有关国内治理和国际治理都要"以人民的获得为目标"的观点。在他看来，联合国2030年可持续发展议程目标和习近平主席倡导的人类命运共同体理念高度契合，就是要让每一个人都能享受到发展的成果。

"以人民为中心"的价值取向，正是解决当下种种全球性发展难题的迫切所需。全球仍然有7亿多人口生活在极端贫困之中。对很多家庭而言，拥有温暖住房、充足食物、稳定工作还是一种奢望。在人类生产力高度发达的今天，之所以还有如此多的人深陷贫困，本质上正是发展不平衡所致。这也是一些国家社会动荡的重要原因。根据世界经济论坛发布的2018年包容性发展指数，近几十年来，重经济增长、轻社会平等已导致全球财富和收入不平等水平达到历史高点。在市场经济和经济全球化条件下，如何让全体人民共享经济发展成果，是一道世界性课题。

中国坚持以人民为中心的发展理念，其全球效应正在不断显现。今年二十国集团领导人峰会的主题是"为公平与可持续发展凝聚共识"，轮值主席国阿根廷总统马克里倡导二十国集团要本着"以人民为中心"的指导思想开展合作。这一峰会主题与2016年杭州峰会一脉相承。正是在杭州峰会上,习近平主席提出共同构建创新型、开放型、联动型和包容型世界经济的主张。其核心和实质,就是抓住创新这个动力,沿着开放的路径,本着联动的精神,追求包容的目标,让增长和发展惠及所有国家和人民。2017年,汉堡峰会主题"塑造联动世界",同样与杭州峰会不谋而合。

政之所兴在顺民心。这是习近平主席倡导的以人民为中心的发展思想,在世界范围内得到积极回响的原因所在。有西方学者如是归纳:"发展"是中国最大的软实力,这不仅体现在具体的务实合作机遇上,也体现为发展理念的引领性。

2018年,注定是一个伟大的特殊年份。回望改革开放40年的非凡历史,让我们更加自信、更加坚定地砥砺前行。展望未来,改革不停顿、开放不止步,改革开放将在更高起点、更高层次、更高目标上不断推向深入。

站在"两个一百年"奋斗目标历史交汇期的中国,将坚定不移走自己的道路,继续以真诚的态度和开放的胸襟,与各国互学互鉴、深化合作,继续与世界同行,继续发挥持续奋斗的精神,创造让世界刮目相看的新的更大奇迹,也将在人类走向更加美好未来的征程中书写新的华章。

(执笔人:赵嘉鸣、马小宁、王 芳、胡泽曦、王云松
　编　辑:李宝善、庹　震、方江山)

(2018年12月18日)

共赴合作共赢的"东方之约"

——写在首届中国国际进口博览会开幕之际

这是一个广受赞誉的开放举措：首届中国国际进口博览会将于11月5日至10日在上海举行。

这是一个引人注目的消息发布：中国国家主席习近平将出席开幕式、发表主旨演讲，并举行相关活动。

这是一个规模宏大的贸易盛会：约150个国家和地区的政要、工商界人士及有关国际组织负责人将应邀与会，来自130多个国家的3000多家企业签约参展。

上海城西，俯瞰宛如一枚银色"四叶草"的巨型建筑——国家会展中心（上海），铺满整整一平方公里土地。这里，一个展示各国国家形象、开展国际贸易的开放型合作平台已搭建完毕。

宾朋会聚，万商云集，共赴一次合作共赢的"东方之约"，共享一席开放融通的贸易盛宴，共谱一曲活力澎湃的恢宏乐章。

（一）2017年初夏的北京，在"一带一路"国际合作高峰论坛上，习近平主席宣布，中国将从2018年起举办中国国际进口博览会。这是世界上第一个以进口为主题的大型国家级展会。

2018年仲春的博鳌，主动扩大进口，是习近平主席向世界宣布的中国扩大开放四项重大举措之一。"这不是一般性的会展，而是我们主动开放市场的重大政策宣示和行动。"

习近平主席对国际进口博览会的高度重视，向世界彰显了中国坚持扩大开放的决心；而世界各国积极参与，也昭示着中国维护自由贸易、推进经济全球化、发展开放型世界经济的举措被广泛认可。

对世界来说，中国举办国际进口博览会无疑是"不一般"的利好。当今世界，经济全球化面临一系列新挑战。单边主义、保护主义抬头，让世界经济的大海退回到一个一个孤立的小湖泊、小河流，只会给全球经济发展带来更多不确定性、不稳定性。

砥柱中流，方显本色。面对复杂局面，中国主动作为，与世界各国共享中国市场发展机遇，支持各国搭乘中国发展的"快车""便车"，显示了一个负责任大国的担当。新时代的中国，不仅将迎来中华民族的伟大复兴，也将与世界共享繁荣发展，为推动构建人类命运共同体作出中国贡献。

主动扩大开放，也是立足于改革开放40年成就和经验的必然选择。中国，正站上新的发展起点。更加坚定的信心，更加有力的措施，预示着中国将在高水平对外开放中实现经济高质量发展，创造让世界刮目相看的新的更大奇迹。

（二）首届中国国际进口博览会的举办，恰逢中国改革开放40周年。这并非偶然。

1978年年底，以中共十一届三中全会为标志，中国开启了改革开放历史征程。"这是人类历史上气势恢宏、绝无仅有的一个壮举！"次年1月出版的美国《时代》周刊如是评价这一打开中国大门的政策。

当时的中国，在世人眼里，不仅有封闭带来的神秘，也有贫困和低效。按世界银行标准，中国156美元的人均国内生产总值不及撒哈拉沙漠以南非洲国家平均水平490美元的1/3。美国哥伦比亚广播公司晚间新闻曾这样描述当时中美两国的差距："中国和美国在工业上的鸿沟可以用两个数字表示，在这个工厂（福特公司），每个工人平均每年生产50辆车，而中国汽车工人每年生产1辆车。"

40年，开放春风激荡山河，带来翻天覆地的变化。从深圳"001号"引资协议，迈出中国寻求加入全球产业链的第一步，到开发浦东，沿海、沿江、内陆、沿边开发开放；从加入世界贸易组织，全面融入世界经济，到设立上海自由贸易试验区，支持海南逐步探索、稳步推进中国特色自由贸易港建设，从"引进来"到"走出去"，推动共建"一带一路"……40年，对外开放的破晓之光，照亮中国探索现代化进程的独特道路。

40年，中国在世界经济中的地位发生历史性变化。全球第二大经济体、第一大货物贸易国、第一大外汇储备国……以美元计算，中国对外贸易额年均增长约14.5%；7亿多人成功脱贫，占同期全球减贫人口总数的70%以上。中国人民生活从短缺走向充裕、从贫困走向小康。

中国抓住经济全球化机遇，不断展现大国担当，连续多年对世界经济增长贡献率超过30%。越是在世界经济面临困难时刻，中国作为世界经济增长主要稳定器和动力源的作用就愈发突出。

党的十八大以来，中国开放型经济新体制逐步健全，"一带一路"建设稳步推进，形成我国东西南北中各区域与亚、非、欧、拉美等广袤区域的国家联动发展的新局面。中国经济的正面溢出效应和对世界经济的辐射作用越来越强。

（三）天行有常，应之以治则吉。一个国家、一个民族要振兴，就必须在历史前进的逻辑中前进、在时代发展的潮流中发展。

对一个国家而言，开放如同破茧化蝶，虽会经历一时阵痛，但将换来新生。这一规律不仅仅适用于中国。美国在20世纪不断走强，一个重要原因就是在一战、二战后的大多数时间里，坚持推动贸易自由化和经济全球化，才催生了经济繁荣与技术飞跃，而选择以邻为壑，将国际贸易视为零和博弈，则往往带来经济萧条和收缩。20世纪30年代那场因关税壁垒的短视之举而加剧的美国和全球经济大萧条，至今仍是美国国内有识之士经常提醒政府不要诉诸贸易保护的经典案例。

正如荷兰首相吕特在博鳌亚洲论坛2018年年会上所言，保护主义在历史上曾多次出现，但历史告诉我们，贸易壁垒阻碍的不仅是市场，还有人员和思想，保护主义只会阻碍进步。

的确，当小到牙膏、牙刷，大到汽车、飞机都离不开生产的社会化和国际分工协作；当科学技术的突飞猛进离不开人才交流、国际合作；当世界从分工协作、互惠共赢中获得前所未有的利益和繁荣；当全球必须携手应对疾病、环境以及未知世界的挑战时，在开放中发展，已成为世界经济发展的内在逻辑和内生需求。

人类已经成为你中有我、我中有你的命运共同体，利益高度融合，彼此相互依存。每个国家都应该在更加广阔的层面考虑自身利益，不能以损害其他国家利益为代价。"搞保护主义如同把自己关进黑屋子，看似躲过了风吹雨打，但也隔绝了阳光和空气。打贸易战的结果只能是两败俱伤。"习近平主席形象的比喻，道出中国反对保护主义的鲜明态度。

（四）40年融入世界，改变的不仅是中国的经济面貌，还有人们的思维模式。以开放促改革，已成为普遍的社会共识。

主动参与和推动经济全球化进程，加快构建开放型经济新体制，以对外开放的主动赢得经济发展的主动、赢得国际竞争的主动。这是以习近平同志为核心的党中央适应经济全球化新趋势、准确判断国际形势新变化、深刻把握国内改革发展新要求作出的重大战略部署。全世界都听到了中共十九大会场传来的声音："推动形成全面开放新格局。"

举办中国国际进口博览会，既服务于中国自身发展的需求，又为全球贸易发展搭建公共平台，助力经济全球化走出困局，可谓"一子解双征"。

走上高质量发展之路的中国需要扩大进口。40年，中国货物贸易进出口增长在变化中日趋平衡。

1978年，中国进出口总额206.4亿美元，进出口额仅占全球的0.77%，几乎可以忽略不计。在广州举办的"中国出口商品交易会"，是中国对外经贸交流、观察世界发展变化的一扇"孤窗"。40年后，中国正成为主要的消费产品进口国，对亚洲其他国家的经济重要性达到40年来的最高。今天的中国，已成为70多个国家和地区的最大出口市场。

从"出口"一枝独秀，到"进口""出口"并驾齐驱，是中国从经贸小国向经贸大国迈进的必然。这一变化，孕育于中国深度融入世界的进程中：全方位参与全球资源高效配置，促进生产要素有序流动，推动世界市场深度融合，实现国内更优化的供给体系，与其他国家形成良性互动，让中国更多从全球贸易中获益。

新西兰牛奶、阿根廷红虾、智利水果……越来越多国外特色商品进入中国市场。中国国际进口博览会为满足人民美好生活需要拓宽渠道。在国内"买全球",让消费者和企业不出国门就能体验到全球优质产品,充分享受经济全球化带来的福利,既支持消费升级需求,也推动我国经济高质量发展。只有在开放的环境中,中国企业的创新精神和竞争能力才能充分激活,为转型升级提供全新动力。

回望来路,中国经济已深度融入世界,关上门等于挡住了自己的路。展望未来,中国开放的力度将更大,融入世界的程度会更深。这是中国的承诺,更是中国的底气。

(五)一个国家的开放,带来的绝不只是、也不应是单纯的"利我"。让不同国家、不同地区、不同阶层、不同人群共享经济全球化的好处,是不同区域人民的共同期待。

贸易是经济增长的重要引擎。但自2008年国际金融危机以来,全球贸易增速明显放缓,且长期低于全球国内生产总值增速。在全球经济仍复苏乏力、仍在爬坡过坎的关键阶段,一些国家政策内顾倾向抬头,贸易摩擦和投资保护加剧。世界贸易组织的一份报告显示,二十国集团国家在去年10月中旬至今年5月中旬,推出39项新贸易限制举措,是前一时期的两倍。

世界经济是在"逆全球化"中固步自封,还是在开放中做大蛋糕,让更多人分享机会和利益?开放还是封闭,前进还是后退,人类面临新的重大抉择。

面对时代之问,中国发出的开放强音掷地有声,接连出台的扩大开放措施自信坚定:"我刚才宣布的这些对外开放重大举措,我们尽快使之落地,宜早不宜迟,宜快不宜慢。"在博鳌亚洲论坛2018年年会上,世界贸易组织首席经济学家库普曼聆听习近平主席的演讲后感慨,中国举措"温暖人心"。

中国是经济全球化的受益者,也是全球经济持续发展的贡献者。

美国缅因州的"龙虾传奇",可以折射中国市场对世界经济的贡献。2012年,缅因州龙虾大丰收,渔民们却很郁闷,市场需求跟不上,价格跌到谷底。然而,中国人的口味改变了这一切。2010年,中国市场在美国龙虾出口总量中占比不到1%，而2016年，美国对华出口龙虾价值1.36亿美元，占总量的14%。因为龙虾，越来越多中国人到缅因州旅游，带动当地零售、餐饮、酒店、休闲娱乐等众多产业的发展。

40年间，如果说劳动力优势曾助力中国商品行销全球，今天，13亿多中国民众对美好生活的向往，正催生出一个日新月异、不断扩张的庞大市场。事实证明，一个坚定不移奉行互利共赢开放战略的中国是世界的机遇，将为世界经济增长创造新需求、注入新动力。

以进口博览会为契机，未来15年，中国预计将进口24万亿美元商品。对世界来说，如此广袤的市场，又将书写多少新传奇？

（六）首届中国国际进口博览会顺应大势，切合需求，一呼百应，为深化各国经贸合作创造了条件。

日企展出面积总计1.5万平方米；德企拥有3.1万多平方米的展区；69家法国企业抢下5000多平方米空间；来自美国互联网科技、汽车、家用电器、制造业和农业等多个领域的近180家企业踊跃参展……全球3000多家企业纷至沓来，其中包括200多家世界500强企业和行业龙头企业，甚至有20家企业抢签了2019年进口博览会"入场券"。中国还免除最不发达国家参展费用，帮助他们参与并融入全球价值链，共享经济全球化红利。

"博览会将为各国商品进入中国市场打开更加宽广的大门""非常看好中国市场和中国发展"。这是参展商的共同心声。中国投入巨大人力、物力、财力举办国际进口博览会，广邀天下客商，就是要让世界互通有无，融通发展。

规模空前的中国国际进口博览会不同于一般展会。它释放的，是中国反对保护主义、建设和维护开放型世界经济的明确信号；它表明的，是中国支持多边贸易体制、发展自由贸易的一贯立场；它驱散的，是以贸易保护主义为特征的"逆全球化"阴霾。

加入世界贸易组织前，中国社会对经济全球化也有过疑虑，不少中国企业面对竞争加剧也有"狼来了"的不安。但中国相信融入世界经济是历史大方向，从而勇敢迈向了世界市场。在这个过程中，中国呛过水，遇到过漩涡，遇到过风浪，但更在大海中学会了游泳。从关税减让、市场开放到实行市场准入负面清单制度，大幅放宽外资进入金融业及重点制造业比例限制，中国企业在开放竞争中日益走强。

万物并育而不相害，道并行而不悖，是智者之举。世界经济的可持续发展离不开以世界贸易组织为核心的多边贸易体制和多边贸易规则这一基石。世贸组织总干事阿泽维多日前发出警告，如果多边贸易体制遭到破坏，世界经济将遭受重创，全球经济增长率将下降2.4%，60%的全球贸易会消失。

世界范围内，维护多边贸易体制的声音正越来越响亮。欧盟委员会主席容克在欧洲议会指出，欧盟不是也不会做世界的"孤岛"；东盟发现，"支持多边贸易体制从未如此重要"，新加坡总理李显龙在第50届东盟经贸部长会议致辞中称，东盟必须支持开放包容的多边体系，与理念相近伙伴共同努力深化合作……

"无法想象，若没有中国的积极参与，当今世界的多边合作会怎样。"这是瑞士常驻世贸组织代表团大使狄迪尔·查博维的肺腑之言。

国际社会的积极反应，源自对全球化的深刻认同，源自对思想交流、平等对话、贸易互信的强烈渴求，源自对人类多元发展道路的深切关注，也源自对改革开放中国的信任和期待。

（七）20世纪至今，是人类文明有史以来举办各种博览会频率最高、规模最大的时代，而举办水平，在一定程度上，也彰显着一个国家或区域经济兴盛繁荣的起伏轨迹。

当大英帝国执世界制造业牛耳之际，600多万人次参观、留下一座"水晶宫"的首届世界博览会，成为维多利亚时代经济繁盛的象征。

在经济大萧条的尾声，美国芝加哥世博会，将汽车生产线搬到展厅现场，丰富的"奇葩"展品昭示着科技进步和现代工业的力量。观众一天喝光1000桶啤酒、吃掉20万个三明治，消费奇迹犹如一道强光，穿透阴云，带来信心与希望。

在手指轻点就遍览全球信息的时代，中国上海世博会再次诠释了博览会的魅力。7300多万人次观众走进2010年上海世博会，其"成功、精彩、难忘"远超预期。

而首届中国国际进口博览会，则以面对面交流建立起信用、信任和信心。推进国际贸易，不仅需要一组组精准科学的标准、数据，也需要诚恳直面，零距离互动。双手相握的温度，依然是人类互信的重要元素。

首届中国国际进口博览会给出"6+365"的承诺，这意味着6天"面对面"的相聚，还将成为通往365天畅达的网络高速路的便捷入口，网上的进口博览会今后将全年无休。

（八）中国一次次向世界敞开大门，为各国提供展示和交流的便利，也让国人更多了解世界丰富多彩的文化。今天，在中国国际进口博览会上，人类命运共同体理念将滋养催生更加开放的世界情怀。

像8年前世博会一样，上海正热情尽展东道之谊。"海淘时代，进口博览会能买到哪些好东西"，已成为上海乃至长三角百姓持续"猜猜猜"的热议。热情与热议，体现了中华民族的包容和胸襟，体现了上海面对新机遇的兴奋，更体现了中国民众对美好生活的向往。

喧然名都会，众星竞争光。8年前的世博会，让上海城市格局为之一新，打通"任督二脉"，奠定海纳百川、打造全球城市的底气和雄心。从今年开始，一年一度的中国国际进口博览会，对上海、长三角区域以及中国和世界发展进步的拉动作用也将持久体现。

"大道之行也，天下为公"。今天的世界比任何时候都需要携手努力、共同担当、同舟共济。我们期待并相信，中国国际进口博览会必将为推动经济全球化注入强大正能量。

（执笔人：赵嘉鸣、马小宁、李泓冰、郝　洪、谢卫群、姜泓冰、田　泓
　编　辑：李宝善、庹　震、卢新宁、吕岩松、方江山）

（2018年11月4日）

构建人类命运共同体的伟大实践

——写在习近平主席提出"一带一路"倡议 5 周年

2013 年 9 月 7 日，习近平主席提出共建丝绸之路经济带重大倡议。

2013 年 10 月 3 日，习近平主席提出共建 21 世纪海上丝绸之路重大倡议。

以 2013 年金秋为起点，"一带一路"建设，作为承载时代使命的世纪工程，掀开了世界发展进程的新一页。

这是构建人类命运共同体的伟大实践。由理念变为行动，由愿景化为现实，促进发展，造福人民，"一带一路"建设在世界范围内广受欢迎和响应。

2018 年，世界聚焦中国改革开放 40 年成就，愈加能够认识到，中国积极推进共建"一带一路"，正是新时代中国全面深化改革、扩大开放的明证，正是中国致力于加强国际合作、完善全球治理的切实行动。正如习近平主席在推进"一带一路"建设工作 5 周年座谈会上所指出："共建'一带一路'顺应了全球治理体系变革的内在要求，彰显了同舟共济、权责共担的命运共同体意识，为完善全球治理体系变革提供了新思路新方案。"

五载硕果各方分享，橙黄橘绿满园芬芳。"一带一路"建设行进在开拓和平、繁荣、开放、绿色、创新、文明之路的非凡征程中，孕育生机和活力，汇聚信心和期待。

（一）

第一个 5 年，可圈可点。"一带一路"建设经过夯基垒台、立柱架梁，正向落地生根、持久发展的阶段迈进。

"一带一路"建设向所有志同道合的朋友开放，影响力和吸引力日益增加。130 多个国家和国际组织同中国签署"一带一路"合作文件；联合国安理会通过的第 2344 号决议，呼吁国际社会通过"一带一路"建设加强区域经济合作；中国成功举办首届"一带一路"国际合作高峰论坛，来自 29 个国家的国家元首、政府首脑与会，来自 130 多个国家和 70 多个国际组织的 1500 多名代表参会，覆盖了五大洲各大区域，达成 279 项成果。

以具体行动参与、支持"一带一路"建设，成为国际社会的"热现象"。英国设立专家理事会，第一个宣布支持 250 亿英镑"一带一路"亚洲项目，英中贸易协会已发表 4 份"一带一路"报告，英国渣打银行 2020 年年底前要为"一带一路"倡议相关项目提供至少 200 亿美元融资支持；瑞士政府在外交部设立"一带一路"咨询协调办公室，瑞士银行家协会设立"一带一路"金融联络办公室；德国西门子公司和上百家中国企业携手开拓"一带一路"市场；日本通运公司 2015 年起同中国铁路总公司合作，协助在华日企借助中欧班列开展通往中亚和欧洲的定期运输业务……共建"一带一路"的热潮，从政府到企业、从官方到民间，合作的广度和深度不断拓展。

这 5 年，共建"一带一路"大幅提升了中国贸易投资自由化便利化水平，推动中国开放空间从沿海、沿江向内陆、沿边延伸，形成陆海内外联动、东西双向互济的开放新格局。中国同"一带一路"相关国家的货物贸易额累计超过 5 万亿美元，对外直接投资超过 600 亿美元，为当地创造 20 多万个就业岗位，中国对外投资成为拉动全球对外直接投资增长的重要引擎。

这 5 年，务实行动让重大项目在沿线国家和地区落地生根。中巴经济走廊、中俄蒙经济走廊等建设顺利推进；亚吉铁路、蒙内铁路竣工通车，中老铁路、中泰铁路、雅万高铁、匈塞铁路开工建设；中国—白俄罗斯工业园、柬埔寨西哈努克港经济特区、埃及苏伊士经贸合作区等成为"一带一路"产业合作的典范；斯里兰卡汉班托塔港、巴基斯坦瓜达尔港、希腊比雷埃夫斯港等建设运行顺利；中欧班列累计开行超过1万列，到达欧洲15个国家43个城市。

这5年，合作共赢让民众有了实实在在获得感。因为"一带一路"带来的机遇，企业发展天地拓宽了，民众就业机会增加了，百姓生活消费能力提升了。从吃穿用，到游购行，商场里的货品选择更多、餐桌上的美味更丰富、线上线下的消费更便利……

"'一带一路'是一种互联互通的理念，通过各种方式把不同国家的人民连接起来""'一带一路'倡议开辟了世界各国合作共赢、共同发展的新路径""'一带一路'不是单纯的工程项目，而是一种发展哲学、一种全新的合作发展理念"……各国人士由衷赞叹，高度评价中国奉献给世界、并同各国共同打造的这个全球公共产品。

透过这个公共产品，人们忆起中国改革开放初期引起世界关注的舞剧《丝路花雨》——古丝绸之路要道敦煌，"飞天"舞蹁跹，文明相吸引，人民结友情，繁荣共分享。美好的丝路故事世代传颂、引发共鸣，和平合作、开放包容、互学互鉴、互利共赢的丝路精神源远流长。这一切，正是今天世界人民渴望在"一带一路"建设征程上继往开来的历史密码。

（二）

习近平主席明确指出："共建'一带一路'是经济合作倡议，不是搞地缘政治联盟或军事同盟；是开放包容进程，不是要关起门来搞小圈子或者'中国俱乐部'；是不以意识形态划界，不搞零和游戏，只要各国有意愿，我们都欢迎。"这几个"是"与"不是"，讲明了"一带一路"的真实样子。

当前的世界，贸易保护主义沉渣泛起，逆经济全球化暗流涌动，甚至形成欲将世界经济卷入壁垒高筑、孤立分隔的巨大风险。与此相反，"一带一路"建设以其鲜明的全球开放性，给世界经济带来弥足珍贵的动力。不管处于何种政治体制、地域环境、发展阶段、文化背景，都可以加入"一带一路"朋友圈，共商共建共享，实现合作共赢。俄罗斯总统普京誉之为"一项共赢而有前途的举措"，匈牙利总理欧尔班视之为"一种建立在互相尊重和共同利益基础上的新型经济全球化"。

毫不夸张地说，"一带一路"建设实践足以启发人们对经济全球化的今天和未来进行更加深入的思考。经济全球化走到今天，很多"低垂的果子"已经摘完，再往前必须直面发展不平衡这个结构性问题。按照世界银行的数据，当今世界约60%的经济产出来自距离海岸线不超过100公里的沿海地区，一些国家尤其是内陆国家在经济全球化过程中被边缘化，甚至成为"被遗忘的角落"，反过来制约经济全球化进程。人们越来越意识到，"一带一路"倡议正是解决世界经济发展不平衡问题的良方。

"一带一路"倡议与相关国家和地区发展战略实现对接，在推动政策沟通、设施联通、贸易畅通、资金融通、民心相通的过程中，成为经济全球化的重要牵引力。有目共睹的事实是，在"一带一路"合作框架下，亚洲、非洲、拉丁美洲等广大发展中地区正在逐步加大基础设施建设力度，世界经济发展的红利因此不断输送到那些"被遗忘的角落"。据专家估算，过去以关税减让为特征的经济全球化方式，最多能推动世界经济增长5%；而今以互联互通为动力的新型经济全球化，能够推动世界经济增长10%—15%。

事实表明，共建"一带一路"，就是在推动经济全球化朝着更加开放、包容、普惠、平衡、共赢方向发展。"一带一路"所标志的国际合作，既有海纳百川的胸怀，也有行稳致远的能力。恰如英国剑桥大学政治与国际关系学院资深研究员马丁·雅克所看到的，"一带一路"倡议难能可贵之处在于，它结合了一个宏大的愿景和实现这一愿景的每一步，它是自信而强大的，它必然成功。

（三）

"这是真正伟大而具有历史意义的事业，这是近几十年来由一个国家提出的最广泛的国际性经济合作倡议""开启美好未来的'金钥匙'""迎来发展的历史机遇"……5年来，越来越多的参与国家称赞"一带一路"建设务实高效，推进共赢。

观察"一带一路",离不开对时代进步的感知和认同。但遗憾的是,安于故俗、溺于旧闻的一些西方人还是固执地戴着有色眼镜,借题发挥,歪曲事实。一些人恶意给"一带一路"建设贴上标签,实际上是囿于西方近现代扩张的历史,来臆测所谓的"中国威胁"。

以西方国际关系理论来解释"一带一路",往往会陷入解释力不足的困境。"如果纯粹套用西方的理论来解释中国,就会产生误解,甚至是曲解。"新加坡国立大学教授郑永年曾如是说。遗憾的是,至今西方一些人仍在这样做,因此导致其与共建"一带一路"的第一个5年擦肩而过。

"一带一路"倡议在与各国发展战略对接时,打破了中心与边缘的迷思,也从不带任何文明优越感,这超越了西方一些人的地缘政治想象,超越了西方历史传统中的那种在面对域外国家的文化与文明等方面的差异时,要么进行征服、要么予以同化的既有路径。

事实是,"一带一路"建设对参与国的政治经济制度不附加特殊要求,完全致力于最大限度激活参与者的经济发展潜力。正因为如此,《丝绸之路》一书的作者彼得·弗兰科潘作出如是判断:国际领导者们更需认识到的是增进相互联系和交流的重大意义,"一带一路"倡议正在帮助塑造当下及未来。

(四)

未来,一定是人类命运共同体的未来。中国倡导的构建人类命运共同体理念,植根于源远流长的中华文明,践行于波澜壮阔的中国外交,契合各国求和平、谋发展、促合作、要进步的真诚愿望和崇高追求。

世界多极化、经济全球化、社会信息化、文化多样化越是深入发展,人们越是能够深刻认识到,"一带一路"作为构建人类命运共同体的实践平台,已经在为解决当前全球治理的失灵、失衡和失序问题进行实践探索、积累实践经验。正如习近平主席所指出:"共建'一带一路'不仅是经济合作,而且是完善全球发展模式和全球治理、推进经济全球化健康发展的重要途径。"

"一带一路"建设，在对话协商、共建共享、合作共赢、交流互鉴的过程中，谋求合作的最大公约数，把沿线各国人民紧密联系在一起。

"一带一路"建设，加强了国家间的政治互信，为构建人类命运共同体铺垫稳定之基。政策沟通，战略对接，求同存异，成为"一带一路"倡议具有的鲜明特征。欧亚经济联盟、《东盟互联互通总体规划2025》、非盟《2063年议程》、哈萨克斯坦的"光明之路"新经济政策、土耳其的"中间走廊"倡议、蒙古国的"发展之路"、越南的"两廊一圈"、英国的"英格兰北方经济中心"、波兰的"琥珀之路"……各国和各地区发展战略对接起来、政策协调起来，合作大方向明确了、合力形成了，共同的利益越来越多，合作的愿望越来越浓，向人类命运共同体目标迈进的共识越来越强。

"一带一路"建设，加强了国家间经济互融，为构建人类命运共同体注入发展之力。从"无数铃声遥过碛"的大漠驼队到日行千里的跨国班列，从"映日帆多宝舶来"的海运胜景到生机勃发的现代港口……古今共鉴，互联互通让各国经济在融合中加快发展。"一带一路"建设项目的背后，是扎扎实实的合作，是欣欣向荣的生机，相关国家日益形成利益共同体、责任共同体，构建人类命运共同体之路越走越宽广。

"一带一路"建设，加强了国家间人文互通，为构建人类命运共同体注入人文内涵。正如美国耶鲁大学教授瓦莱丽·汉森所言，丝绸之路之所以改变了历史，很大程度上是因为在丝绸之路上穿行的人们把他们各自的文化，像其带往远方的异国香料种子一样沿途撒播。而今，在共建"一带一路"的大道上，文化的播撒日益频繁，文明的对话日益深入，正绘就民心相通的美好画卷。从身走近，到心走近，"一带一路"建设同时架设起文明的桥梁、友谊的纽带，使人类命运共同体意识越来越深入人心。

投身"一带一路"建设，沿线各国人民参与感、获得感和幸福感与日俱增，期待并相信这条奋斗之路、幸福之路通往美好未来。

（五）

百川朝海，流行不止；道虽辽远，无不到者。共建"一带一路"，这是中国参与全球开放合作、改善全球经济治理体系、促进全球共同发展繁荣、推动构建人类命运共同体的中国方案；这是中国同世界上众多国家携手努力的共同行动。

2018年中非合作论坛北京峰会发出这样的宣言：非洲是"一带一路"历史和自然延伸，是重要参与方。中非双方一致同意将"一带一路"同联合国2030年可持续发展议程、非盟《2063年议程》和非洲各国发展战略紧密对接，加强政策沟通、设施联通、贸易畅通、资金融通、民心相通，促进双方"一带一路"产能合作，加强双方在非洲基础设施和工业化发展领域的规划合作，为中非合作共赢、共同发展注入新动力。共建"一带一路"正在中国与非洲之间搭建起新的合作桥梁，开辟新的合作天地。迄今，中国已与37个非洲国家和非洲联盟签署"一带一路"合作文件。

再往前看，共建"一带一路"的能量也在中阿、中拉、中欧、中国—中东欧之间不断蓄积。拥抱"一带一路"、共建美好未来，正成为更多国家和地区推动合作的大手笔、顺应潮流的大趋势。

2018年7月中阿合作论坛第八届部长级会议上，中阿双方达成并签署有关合作共建"一带一路"的行动宣言，阿方欢迎"一带一路"倡议，赞赏中阿双方在此框架内合作所取得的丰硕成果，商定将以习近平主席提出的共建"一带一路"为主线，为增进战略互信、实现复兴梦想、实现互利共赢、促进包容互鉴共同努力。

2018年1月，中国—拉美和加勒比国家共同体论坛第二届部长级会议发表关于"一带一路"倡议的特别声明，中方认为拉美和加勒比国家是海上丝绸之路的自然延伸和"一带一路"国际合作不可或缺的参与方，邀请拉美和加勒比国家自愿加入该倡议。拉共体国家认为"一带一路"倡议可以成为深化中国与拉美和加勒比国家经济、贸易、投资、文化、旅游等领域合作的重要途径。

同样是在 2018 年，中国欧盟发表声明指出，双方将继续推动中国"一带一路"倡议与欧盟倡议对接，包括欧洲投资计划以及扩大的泛欧运输网络，并通过兼容的海陆空运输、能源和数字网络促进"硬联通"和"软联通"；中国—中东欧国家共同指出，各方愿支持"一带一路"建设同中欧互联互通平台、泛欧运输网络西巴尔干延长线以及相关周边合作倡议相对接，这将有益于欧洲一体化进程。

开局好，起步实，5 年成果丰硕。前路远，风光好，更要扎实推进。在项目建设上下功夫，在开拓市场上下功夫，在金融保障上下功夫，在推动教育、科技、文化、体育、旅游、卫生、考古等领域交流上下功夫，在规范企业投资经营行为上下功夫，在提高境外安全保障风险防范上下功夫……推动"一带一路"建设走深走实，中国一步一个脚印推进实施，一点一滴抓出成果。

面对滚滚向前的时代大潮，"一带一路"建设乘势而上、顺势而为，造福人民，造福世界。中国同各国在相遇相知、共同发展之路上携手奋斗，一定能够创造出人类命运共同体的光明未来。

（执笔人：赵嘉鸣、吴绮敏、吴乐珺、裴广江、刘天亮、白　阳、张博岚
　编　　辑：李宝善、庹　震、方江山）

（2018 年 10 月 4 日）

亲手擘画蓝图　亲力践行合作

——习近平主席引领中非关系奋进新时代

刚刚落幕的 2018 年中非合作论坛北京峰会是迄今中国举办的最大规模、最高规格主场外交盛会，也是中非友好大家庭的大聚首、大团圆，向全世界展现出一幅中非人民心手相连一家亲的恢宏动人画卷。

习近平主席在峰会上发表一系列重要讲话，提出了加强中非关系的新思想新倡议新举措，指明了中非关系的历史方位和发展方向。习近平主席不辞辛劳，密集会见非洲新老朋友，短短约一周时间，共出席近 70 场双多边活动，见证近 150 个双边合作协议的签署，创造了中国国家元首主场外交的纪录。此次峰会是一次中非加强团结合作的成功盛会，更是一座践行习近平新时代中国特色社会主义外交思想的历史丰碑。

党的十八大以来，习近平主席亲手擘画、亲力亲为，以深邃的思想指引、强大的行动感召和鲜明的榜样示范，引领中非关系不断跃上新高度、奋发新作为、迈向新境界。

新思想、新理念，指引前进方向

思想是行动的指南。时代在发展，理论要创新。做好新时代中非关系这篇大文章，必须登高望远，洞悉历史规律和世界大势，以符合时代精神的科学理论提供有力支撑。习近平主席高度重视对非工作理论创新，在科学总结中非关系实践经验基础上，深刻把握国际形势以及中国和非洲各自情况新发展新变化，提出一系列中国发展对非关系的新思想新理念，指导中非关系向深走实、行稳致远。

2013年3月当选国家主席后首次访非，习近平主席创造性地用"真、实、亲、诚"四个字高度凝练概括中国对非政策理念，首次提出正确义利观，指出中非从来都是命运共同体。

2015年12月中非合作论坛约翰内斯堡峰会上，习近平主席提出将中非关系定位提升到全面战略合作伙伴关系，致力于打造中非关系"五大支柱"，实施中非"十大合作计划"。

在刚刚结束的2018年中非合作论坛北京峰会上，习近平主席围绕"合作共赢，携手构建更加紧密的中非命运共同体"主题，发表了一系列重要讲话，系统回答了中非关系"从哪里来、向哪里去、走什么路"等重大命题，极大完善并创新了中国对非政策的理论框架和思想体系。

中非友谊历久弥坚从哪里来？习近平主席给出答案。中非在长期交往中坚持真诚友好、平等相待，义利相兼、以义为先，发展为民、务实高效，开放包容、兼收并蓄。中方做到"五不"，即不干预非洲国家探索符合国情的发展道路，不干涉非洲内政，不把自己的意志强加于人，不在对非援助中附加任何政治条件，不在对非投资融资中谋取政治私利。中非携手走出了一条特色鲜明的合作共赢之路。"在这条道路上，中国始终秉持真实亲诚理念和正确义利观，同非洲各国团结一心、同舟共济、携手前进。"

中非关系继往开来向哪里去？习近平主席指明方向。中非致力于携手打造责任共担、合作共赢、幸福共享、文化共兴、安全共筑、和谐共生的中非命运共同体。"我们愿同非洲人民心往一处想、劲往一处使，共筑更加紧密的中非命运共同体，为推动构建人类命运共同体树立典范。"

中非合作再攀新高走什么路？习近平主席提出方案。中方将同非洲国家未来3年和今后一段时间重点实施"八大行动"。中方将以"八大行动"为实施路径，推动"一带一路"建设与非盟《2063年议程》、联合国2030年可持续发展议程和非洲各国发展战略深入对接，促进中非合作更好更快发展，更多惠及中非人民。

习近平主席在峰会开幕式上的主旨讲话引发强烈共鸣。非洲国家领导人纷纷表示，习主席的讲话是"伟大的讲话"，"富有远见"地提出建设更加紧密的中非命运共同体，倡导中非共建"一带一路"，"必将极大改变非洲的面貌"，将中非关系推进到前所未有的战略高度。

以习近平主席论坛峰会系列重要讲话为标志，中国对非政策达到了前所未有的思想境界和理论高度，一系列顶层设计和理论构建气势恢宏、浑然一体。在这一科学体系中，秉持真实亲诚理念和正确义利观是中国对非政策的指导原则，构建更加紧密的中非命运共同体是中非双方共同的努力方向，全面战略合作伙伴关系是中非双方确立的关系定位，"十大合作计划"和"八大行动"是中非加强务实合作的实施路径，处于历史最好时期和合作共赢、共同发展的新时代是中非关系前行的时代坐标。

这是习近平新时代中国特色社会主义外交思想的重要理论创新成果，必将为未来中非关系发展提供强大的政治遵循和行动指南，领航中非合作驶向更加宽广的海洋、更加美好的明天。

广交友、深交心，尽显领袖担当

万里为邻，夙夜在公。2013年3月，坦桑尼亚尼雷尔国际会议中心，一场30分钟的演讲被30次掌声打断。习近平主席在这里就中非关系和中国对非政策发表讲话，引起热烈反响。这是习近平主席就任国家主席后首次出访，拉开了中非关系跨越式发展的大幕。

党的十八大以来，习近平主席4次访问非洲，从非洲最重要经济体到印度洋上岛屿国家，从最早同我建交的传统伙伴到中非合作先行先试示范国，足迹遍及非洲大陆东西南北中。习近平主席与多年老友促膝长谈，交流治国理政心得；与多国领导人深入交流，规划中非关系未来；经贸区里谈合作，友好医院话民生，凭吊中国专家公墓，慰问援非医疗队员。每次访非，习近平主席都是风尘仆仆，身体力行诠释着真实亲诚，践行着以义为先。

非洲联盟轮值主席、卢旺达总统卡加梅今年7月曾接待习近平主席访卢，9月又来华出席峰会，与习近平主席再次聚首。他深有感慨："中国是世界大国，习主席是世界级领袖，但对卢旺达这样历史上遭受深重灾难的小国仍平等相待，大力支援卢旺达发展建设。这在全球事务中是革命性的，比金钱更宝贵。"

本次峰会期间，几内亚总统孔戴由衷赞叹道："习主席是引领非洲和世界建设美好未来的旗帜。我们高度赞赏习主席关于中国发展、非洲发展和世界发展的倡议和理念。"

习近平主席不仅以真诚、睿智、大气、亲和的领袖风范，赢得了非洲领导人和普通百姓的敬重，更用万里行程、百场活动，让中非平等互信的根基更加牢固，互利合作的道路更加宽广，友好情谊的纽带更加紧密。

以礼相待，真情动人。在出席论坛北京峰会并进行国事访问的非洲国家领导人中，博茨瓦纳总统马西西系今年4月首次当选，上任仅5个月即访华，他对此颇感自豪，在接受媒体采访时激动地说："我们对中国、对习主席表示由衷的钦佩！"

论坛北京峰会期间，习近平主席与所有与会非洲国家元首和政府首脑分别会谈、会见，活动最密集时曾在10小时内先后与11位非洲国家总统举行会晤。峰会圆桌会议期间，习近平主席连续13个小时超负荷工作，主持会议并认真倾听非方发言，交流合作感受，非方领导人深受感动。圆桌会议后，非方领导人纷纷上前与习近平主席依依不舍地道别，好友聚首，相处恨短，场面十分感人。

迄今，习近平主席共接待非洲国家领导人访华近百人次。他卓越的领袖风范、精深的思想内涵，感染着非洲领导人，让中国形象、中国理念、中国经验在非洲认可度空前提高。加纳总统阿库福—阿多在圆桌会议上的讲话代表了非洲领导人的心声："今天我们共同见证了中国的巨大进步，中国找到了具有中国特色的社会主义道路。加纳深受启发，我们正努力向中国学习，复制中国的发展成就。"

人民是中非关系的主体和中心。2014年西非暴发埃博拉疫情，习近平主席第一时间向疫区三国元首致电慰问，指挥中国有史以来规模最大的医疗卫生援外行动,万里驰援、拯救苍生,在国际上发挥了引领示范作用。论坛峰会前夕,习近平主席专门给参加"一带一路"青年创意与遗产论坛的埃塞俄比亚代表汉娜等人回信,勉励他们继续支持中非团结合作。上至元首领袖,下到普通民众,习近平主席始终心系中非友好,秉持初心,一路走来,弘扬着中非几代领导人共同缔造的金子般的友谊。

言出必践,一诺千金。5年风雨同舟,中非合作乘风破浪。习近平主席强调,任凭国际格局调整演变,中非平等互信、相互支持的兄弟情谊不会改变;任凭经济形势起伏跌宕,中非合作共赢、共同发展的根本宗旨不会改变;任凭时代社会发展变迁,中非相互理解、共同进步的协作精神不会改变;任凭出现各种威胁挑战,中非风雨同舟、患难与共的坚定意志不会改变。这是新时代推进中非合作的庄严宣示,展现了中国发展对非关系的最大决心和诚意。

2015年中非合作论坛约翰内斯堡峰会以来,中非"十大合作计划"在非洲大陆开花结果,落地生根。中方兑现了对非洲朋友的庄严承诺,也为自身发展开辟了更加广阔空间。

在习近平主席关怀下,此次北京峰会在推进"十大合作计划"基础上,推出"八大行动"等合作新举措,致力于加强中非在产业促进、设施联通、贸易便利、绿色发展、能力建设、健康卫生、人文交流、和平安全等领域合作,更具时代性和针对性,更契合中非各自发展需求,推动中非合作换挡提速、转型升级,实现可持续发展。这些新行动新举措得到了国际社会的高度评价,受到中非人民的一致欢迎。

就连一向戴着"有色眼镜"看待中非关系的西方媒体也不得不承认:"中国举办了有史以来在非洲大陆外非洲国家领导人出席人数最多的峰会,非洲各国领导人满意而归,对'八大行动'和共建'一带一路'赞不绝口。西方国家如不提高自身竞争力,将会失去非洲。"

大格局、大手笔,胸怀"两个构建"

中国是世界上最大的发展中国家,非洲是发展中国家最集中的大陆。相似的历史遭遇、共同的历史使命把中国和非洲紧紧联系在一起。在中国的外交布局上，非洲永远是中国全天候、最可靠的战略依托和坚实基础。中非合作兴，则南南合作兴。中非发展好，则世界会更好。中非实现共同发展，发展中国家整体崛起，新型国际关系和人类命运共同体的构建之路也就会走得更加坚实、更加顺畅。

对此，习近平主席有着深刻体察，他在北京峰会后共见记者时的讲话掷地有声："我们愿携起手来，共同打造责任共担、合作共赢、幸福共享、文化共兴、安全共筑、和谐共生的中非命运共同体，更好维护中非共同利益，壮大发展中国家力量，让我们生活的世界变得更加均衡美好，为推动构建人类命运共同体树立时代榜样。"

这是先行先试的行动力。责任共担、合作共赢、幸福共享、文化共兴、安全共筑、和谐共生，科学诠释了中非命运共同体的内涵，代表了中非人民的心声，指明了双方努力的方向。构建更加紧密的中非命运共同体，是迈向持久和平、普遍安全、共同繁荣、开放包容、清洁美丽世界的重要一步。

这是榜样示范的影响力。中国和非洲在交往中坚持相互尊重，在国际上共促公平正义，在发展中谋求合作共赢。"相互尊重、公平正义、合作共赢"是新型国际关系的内核，也正是中非友好合作长盛不衰的真谛。中非关系是中国与发展中国家团结合作的典范，特别是在"逆全球化"和单边主义、保护主义甚嚣尘上的今天，中非关系为新型国际关系的构建提供了借鉴，树立了标杆。

浩渺行无极，扬帆但信风。站在新的历史起点上，构建更加紧密的中非命运共同体，承载着26亿中非人民的期待，吸引着全世界的目光。这是习近平新时代中国特色社会主义外交思想的重要实践，也是载入国际关系史和人类文明交往史的世纪工程。在以习近平同志为核心的党中央坚强领导下，中国人民将同非洲人民团结一心奋进新时代，汇聚起磅礴的力量，在变幻莫测的国际风云中傲立潮头、激浊扬清，为推动构建新型国际关系和人类命运共同体，为增进全人类福祉，开辟一条光明之路、成功之路。

（2018年9月8日）

唱响中非合作共赢共同发展主旋律

——写在2018年中非合作论坛北京峰会召开之际

这是中非合作共赢、共同发展的新时代!

崭新的快速列车在一望无际的莽原上奔驰,绵延的柏油公路把城镇与乡村连接起来,明亮的生产车间拥抱工业化梦想,壮观的工业园由蓝图走进现实……从撒哈拉到好望角,从红海之滨到大西洋畔,从尼罗河到刚果河,从阿特拉斯山脉到德拉肯斯山脉,中国与非洲共谋发展、共逐梦想。

硕果累累的金秋,中国和非洲人民即将迎来又一个友谊与合作的历史性盛会——9月3日至4日,2018年中非合作论坛北京峰会。中国国家主席习近平将主持峰会并举行相关活动,中非合作论坛非方成员领导人将应邀与会,有关非洲地区组织和国际组织代表将出席峰会有关活动。共叙友情,共商合作,共话未来。中非大家庭大团聚,也是发展中国家团结合作的大气象。

"我高度重视中非关系,我深深感到,中非长期友好,命运休戚与共。双方是发展道路上的真诚伙伴,是国际事务中的天然同盟军。中国的发展将给非洲带来更多机遇,非洲的发展也将为中国发展增添动力。"习近平主席展望北京峰会时,向非洲朋友道出的真诚话语触动人心。举世瞩目,"合作共赢,携手构建更加紧密的中非命运共同体",北京峰会主题奏响了弘扬中非传统友好的心曲,彰显谋求共赢发展的坚定决心。

（一）

今日非洲雄狮，加速奔跑着。上世纪90年代中期开始持续增长，本世纪初连续多年保持5%的年增长水平，非洲发展之势令世界刮目相看，来自中国的有力支持也备受瞩目。

历史，见证了中非患难与共、风雨同舟的友好情谊。上世纪60年代，援建坦赞铁路的申请遭到西方和世界银行拒绝后，坦桑尼亚总统尼雷尔向中国求助。毛泽东主席坚定地对他说："你们有困难，我们也有困难，但是你们的困难和我们的不同，我们宁可自己不修铁路，也要帮你们修建这条铁路。"在非洲人民眼里，这条在艰苦年代建设起来的铁路，至今仍是中非友谊的丰碑。

2014年，当埃博拉疫情在西非暴发，伴随着"别人因埃博拉撤了，中国因埃博拉来了"的歌声，中国的"白衣战士"为西非带去战胜疫魔的希望。利比里亚时任总统瑟利夫由衷称赞中国政府的无私援助"引领了国际社会援非抗疫行动"。最近，首部中非合拍故事片《埃博拉》签约启动，将为中非人民心中的这份宝贵记忆呈现一个新的打开方式。

中国遭遇困难时，非洲兄弟同样第一时间伸出援手。2008年中国汶川特大地震发生后，非洲人民向中国提供了超过1000万美元的捐款，赤道几内亚总统还亲自护送该国捐款上飞机。2010年，青海玉树地震后，刚果（布）政府向灾区捐建了一所小学，萨苏总统亲自将其命名为"中刚友谊小学"。

中非友好，浸透着一段又一段情深义重时、一桩又一桩心心相印事。

历史，还见证了中非共同维护国际正义的道义担当。1963年年底至1964年年初，周恩来总理对非洲10国进行历史性访问，向世界传递出中非共同反对帝国主义和殖民主义的团结之声。当年埃及《共和国报》就周恩来总理访问专门发表题为《毋须翻译》的评论，文章写道："因为我们懂得周恩来，所以毋须翻译，我们也会懂得或将会懂得任何自由、权利和独立的语言。"及至20世纪70年代，毛泽东主席多次对来访的非洲国家领导人说，中国和非洲同属第三世界，中国永远反对霸权主义。在中国长久传颂的"非洲兄弟把我们抬进联合国"的佳话，成为国际关系史上一页光辉篇章。

"河有源泉水才深。"中非关系的高水平有着深厚的历史渊源和坚实的现实基础。正如习近平主席所深刻揭示的那样——"中非友好是历史的选择，是双方几代领导人精心培育和中非人民共同努力、不断传承的结果，是我们共同的宝贵财富。"

格外引人注目的是，过去5年多，伴随着中国对非外交迎来全方位发展，这笔"共同的宝贵财富"不断得到继承和发展。2013年3月，习近平主席访问坦桑尼亚、南非和刚果（布）三国，开创了中国国家元首就任后首次出访即访问非洲的先例。2018年7月，习近平主席连任国家主席后首次出访，非洲大陆再度成为目的地。习近平主席提出真实亲诚政策理念和正确义利观，为新时期发展对非关系指明了方向。2015年中非合作论坛约翰内斯堡峰会上，中非关系提升为全面战略合作伙伴关系，中方提出做强和夯实政治上平等互信、经济上合作共赢、文明上交流互鉴、安全上守望相助、国际事务中团结协作"五大支柱"，并宣布同非方重点实施"十大合作计划"，推动中非关系全面深化，中非命运共同体内涵日益丰富。"中非号列车"一往无前，驶入宽广新境界。

（二）

考古发现，非洲是人类文明的起源地之一。颇有深意的是，非洲也是检验人类良知的一面镜子。处理同非洲关系的不同方式，映射出不同的国际交往之道。

世界历史永远铭记非洲遭遇的深重殖民主义苦难。在那个霸权主义、丛林法则主宰国际关系的年代，非洲在西方列强眼中变成了资源掠夺的竞技场。"开罗—开普敦计划""塞内加尔—索马里计划""条顿非洲计划"……在伦敦、巴黎、柏林等地的会议桌上，非洲的命运一再被改写。

500多年血泪殖民史给非洲留下的伤口至今尚未愈合。有学者如此指出非洲的困境：输出花生却进口花生食品，输出咖啡豆却进口咖啡饮料，输出棉花却进口纺织品，输出铁矿砂却进口铁器生产工具，输出铝矾土却进口铝制器皿……在西方国家大力发展工业文明的同时，非洲文明被冲击得支离破碎，非洲发展被戴上了脚镣手铐，非洲只是西方工业化大机器上的一个齿轮，它的存在仿佛只是为了西方国家的发展。

第二次世界大战后，非洲国家纷纷迎来民族独立。然而，在非洲苦苦探寻发展之路的过程中，来自西方的干预仍然存在，只不过变得更为隐蔽。阿尔及利亚前总统艾哈迈德·本·贝拉曾叹道："殖民主义自门而出，却又自窗而入。"每当非洲国家需要贷款时，以"结构性改革"为名的自由化方案就会作为先决条件摆到非洲国家面前。莫桑比克前总统若阿金·希萨诺谈及西方援助时曾表示：没完没了的研讨会、工作组，最终效果却十分成疑；要求政治改革的压力时时出现，带来的却是不稳定因素。

及至近年，西方国家无法兑现发展援助承诺，但居高临下的说教却不绝于耳，以至于有非洲人士如是评论：它们想做的是"慈善事业"，"就像在动物园喂养长颈鹿一样，为了让人觉得自己神圣而慷慨"。

与西方殖民、干预非洲的做法相对比，中国同非洲的关系展现出根本不同。中非合作的出发点是支持非洲、合作共赢。从过去到当下，中非关系的本质特征都是真诚友好、相互尊重、平等互利、共同发展。

中国看待非洲的眼光不同于西方。有非洲学者作出如下比较：当西方媒体将非洲鉴定为"没有希望的大陆"时，中国给非洲带来了希望。这一观察道出了中国与西方发展对非关系的区别。在中国看来，今天的非洲大陆展现出了发展振兴的无限生机，是一片希望之地。正如习近平主席所指出："展望未来，中国发展将给非洲带来前所未有的机遇，非洲发展也将为中国发展带来前所未有的机遇。"正是因为坚持从机遇的视角看待非洲，中国才成为当前全球对非合作的引领者。

中国同非洲相处的方式不同于西方。习近平主席谈论中非关系时曾说："我们双方谈得来，觉得相互平等；我们不把自己的意志强加给你们，你们也不把自己的意志强加给我们。"赞比亚开国总统卡翁达说，中国对非洲的支持是不附加任何条件的，是一种朋友对朋友的方式，中国是非洲的全天候朋友。纳米比亚总统根哥布认为中国才是非洲的真诚伙伴和朋友，因为中国从来没有殖民过非洲、从来没有掠夺过非洲，一直平等对待非洲中小国家。中国是真朋友，和中国谈得来，这就是非洲国家的共识。

中国开展对非合作的方式不同于西方。中国对非洲的支持，大量体现于授人以渔、优势互补、互利共赢的合作项目。中非合作为非洲带来了不同的发展选项，增强了非洲国家探索适合本国国情发展道路的自主性。有南非学者指出，非洲的发展和中国在非洲投资贸易活动的开展呈现出一种紧密的正相关和共生共荣关系。西方媒体指出，与殖民者先前修建的基础设施人为隔离非洲、只为自己服务不同，中国在非洲修建的铁路等基础设施正将地区国家紧密联系起来，为整个大陆的发展服务。英国《金融时报》亚洲版主编戴维·皮林坦承，中非关系正在改变这片被很多西方国家几乎放弃的大陆。

（三）

中非合作论坛，脚踏实地18年，高举南南合作旗帜，与时俱进、开拓创新，助中非关系始终保持旺盛生命力。无数手牵手、心连心的中非合作故事由此产生，彰显着昂扬的奋斗精神，汇聚成约3000万平方公里的非洲大陆蓬勃发展的生动画卷。

诚如习近平主席所指出："半个多世纪以来，在中非关系发展的每一个关键时期，我们双方都能登高望远，找到中非合作新的契合点和增长点，推动中非关系实现新的跨越。"2015年举行的中非合作论坛约翰内斯堡峰会就带来了一次大跨越——中方提出的中非"十大合作计划"涵盖工业化、农业现代化、基础设施、金融、绿色发展、贸易和投资便利化、减贫惠民、公共卫生、人文、和平与安全等方面。几内亚总统孔戴认为，中非"十大合作计划"与非洲想要做的事情是完全契合的，将改变非洲；乌干达总统穆塞韦尼认为，中非"十大合作计划"为乌实现国家转型和中长期发展提供了新机遇；塞内加尔总统萨勒对中非"十大合作计划"落实行动非常满意……

初步统计，中非"十大合作计划"实施以来，中国企业在非洲已建成和在建的项目，将帮助非洲新增约3万公里的公路里程、每年8500万吨的港口吞吐能力、每日超过 900 万吨的清洁用水处理能力、近 2 万兆瓦的发电能力和 3 万多公里的输变电线路，为非洲国家创造近 90 万个就业岗位。中国为非洲国家提供 2 万多个政府奖学金名额和 1700 多个学历学位教育名额。

"真正的友谊总是预见对方的需要，而不是宣布自己需要什么。"当前，非洲积极推进工业化，谋求自主可持续发展，快速发展势头锐不可当，中非合作也呈现出新时代气息。中国把符合非洲发展需求的装备、技术、标准和服务更多引入非洲，在更高层次、更广范围体现了中非关系平等互利的本质。如今，中非合作项目正在从政府主导向市场运作转型、从商品贸易向产能合作升级、从工程承包向投资运营迈进，发挥的经济社会效益不断倍增。

共建"一带一路"，对接发展战略，正成为中非合作的新亮点。2017 年赴华出席"一带一路"国际合作高峰论坛的肯尼亚总统乌胡鲁·肯雅塔说，"一带一路"倡议倡导的互联互通有助于非洲推动地区一体化进程，实现中非合作共赢。由中国企业承建的蒙内铁路，是肯尼亚 122 年来第一条新建铁路，也是"一带一路"建设重要早期收获，承载着肯尼亚人民发展繁荣的梦想。肯雅塔在蒙内铁路通车仪式上说："我们将掀开新的一页，书写未来 100 年肯尼亚的历史。"

"一带一路"倡议赢得非洲国家领导人的广泛赞誉。埃塞俄比亚总统穆拉图指出，这一倡议开辟了世界各国合作共赢、共同发展的新路径，埃塞备受鼓舞并将积极参与，感谢中方近年来帮助埃塞在推进工业化进程中取得显著成就。刚果（布）总统萨苏表示，"一带一路"倡议与非盟《2063 年议程》、联合国 2030 年可持续发展议程高度契合，"一带一路"对全世界来说都非常重要，非洲因此能够更好地融入全球经济。中国已同 10 多个非洲国家签署"一带一路"合作协议，并正在同 20 多个非洲国家开展商签工作，非洲国家参与"一带一路"建设的热潮已经到来。

"朋友你定要去，去乘那火车翱翔。滚滚向前的车轮，便是我们的翅膀。我的家乡，有了腾飞的力量……"一曲动听的《蒙内之歌》，唱出对美好生活的热爱，对美好未来的憧憬。这不正是中非关系最大的"义"的现实注脚吗？

（四）

中国和非洲，世界上最大的发展中国家和发展中国家最集中的大陆。从历史方位和国际格局看，更能读懂中非合作的世界意义。

当今世界正面临百年未有之大变局。一方面，世界多极化进一步发展，新兴市场国家和发展中国家群体性崛起成为不可阻挡的历史潮流。另一方面，单边主义和保护主义不断抬头，多边体制受到冲击，世界不稳定性和不确定性增加。要合作还是对立，要开放还是封闭，要互利共赢还是以邻为壑？世界站在又一个十字路口上。

"无论国际形势如何变化，中国致力于同非洲实现合作共赢、共同发展的决心坚定不移，中国对非洲和平与发展事业的支持坚定不移。"习近平主席的话，展现出中国加强与非洲国家团结合作的历史担当。中国对非合作的具体实践，则在全球对非合作上发挥了引领作用。

中非合作的成果，促使国际社会更加重视非洲。在联合国、二十国集团、金砖国家合作机制等多边舞台，中国一直为增加非洲国家在全球治理中的代表性和发言权鼓与呼。2015年在联合国维和峰会上，中方宣布今后5年支持非洲常备军和危机应对快速反应部队建设的具体措施。2016年在二十国集团领导人杭州峰会上，中方推动发起《二十国集团支持非洲和最不发达国家工业化倡议》，为非洲国家走上工业化发展道路注入新动力。

中非合作的成果，让世界日益认识到中国所秉持的真实亲诚政策理念和正确义利观意义重大。"非洲的事情应该由非洲人民自主决定，非洲的发展道路也应该由非洲人民自主选择""对非合作要遵循'非洲提出、非洲同意、非洲主导'原则，同非洲自身发展规划对接起来"，这是相互尊重、公平正义、合作共赢的新型国际关系在对非关系中的具体实践。

中非合作的成果，证明中国主动以开放态度开展合作能够实现互利共赢、共同发展的愿景。在经济全球化时代，唯有坚持开放合作，才能凝聚起更大的发展动能。中方强调，中非经贸合作是开放的合作，欢迎其他国家的企业在互利共赢基础上，加入到中非合作中来。在与其他国家发展关系时，中国也一再表示，欢迎一起开展在非洲等第三方市场的合作。就中国的这种独特引领作用，尼日利亚《先锋报》曾写道："与西方不同，中国不称霸，没有加入'地盘战'。""中国人告诉我们，蜡烛不会因点燃其他蜡烛而失去亮度，而是让世界变得更加光明。"

世界共同瞩目，随着中非合作不断深化，非洲国家能够日益有效参与国际产业分工，共享经济全球化红利，有利于引领经济全球化发展方向，让世界经济更加平衡，充分释放全球发展的潜力和活力。正如联合国教科文组织世界遗产中心非洲部主任埃德蒙德·穆卡拉所说，"中非合作是当下和世界未来发展的一个重要因素，这个因素支持了世界经济的可持续发展"。

（五）

北京首都国际机场搭起迎宾的花坛，天安门广场披上节日的盛装，长安街两侧挂起"共叙友谊、共商合作""共促发展、共创繁荣"的道旗，中非合作论坛会徽"合抱之手"成为北京大街小巷的亮丽风景。

"我期待同非方领导人在北京共襄盛举，共商中非合作发展大计，为增进中非人民福祉、促进世界和平与发展贡献力量。"习近平主席在致电祝贺非盟第三十一届首脑会议召开时向非洲各国领导人发出诚挚邀请。

2018年中非合作论坛北京峰会，将是今年中国举办的规模最大、外国领导人出席最多的一场主场外交活动。随着北京峰会的脚步日益临近，世界的关注、非洲的期待正在不断上升。

非盟轮值主席、卢旺达总统卡加梅表示，中非合作论坛北京峰会将促进非洲发展，密切非中在国际和地区事务中沟通协调，坚定维护广大发展中国家共同利益。人们看到，不久前举行的金砖国家领导人约翰内斯堡会晤已为北京峰会预热。在其间举行的"金砖+"领导人对话会上，许多非洲国家领导人表达了对北京峰会的期待之情，道出"非洲大陆正在集中精力致力于自身发展振兴，这次峰会正当其时"的心声。中非合作论坛非方共同主席国南非总统拉马福萨表示:"我们将在北京再度相聚,我们期待着去北京同习主席会面。"

2018年中非合作论坛北京峰会,寄托着中非人民的共同心愿。这是一种情感,盼望中非传统友谊不断延续,新的友好佳话即将书写。这是一种信念,约翰内斯堡峰会以来中非合作步入快车道,过往的成功提升了共迎未来的信心。这还是一种期待,中非关系走到了新的历史方位,双方合作的空间更加宽广。

"如果你想走得远,就得结伴而行。"这句非洲谚语深刻诠释了合作的真谛与价值,在当前国际环境下更加闪耀智慧的光芒。中国外交同样秉持"结伴而行"的真诚。有目共睹,今年以来,中拉、中阿、中非三大论坛相继举办会议,中国实现对发展中国家重要集体对话机制的全覆盖,中国同发展中国家之间加强团结合作不断书写新篇章。

潮平两岸阔,风正一帆悬。2018年中非合作论坛北京峰会将见证,中非传统友谊深化,全面战略合作伙伴关系迈上新台阶。这是携手构建更加紧密的中非命运共同体的新起点、新征程。

(执笔人:赵嘉鸣、吴绮敏、裴广江、胡泽曦、李应齐、李志伟、张博岚、
　　　　白　阳、王　远
　编　辑:李宝善、庹　震、方江山)

（2018年9月1日）

开启团结合作共同发展的新篇章

——写在习近平主席 2018 年首次出访之际

新征程,孕育新希望。7月19日起,习近平主席将对阿联酋、塞内加尔、卢旺达、南非进行国事访问,出席在南非约翰内斯堡举行的金砖国家领导人第十次会晤,过境毛里求斯并进行友好访问。这是今年3月习近平主席连任中国国家主席后首次出访,是中国面向发展中国家采取的一次重大外交行动。

在国际形势发生深刻演变背景下,加强中国同亚非发展中国家团结合作,并为将于9月召开的中非合作论坛北京峰会凝聚更多共识,进一步唱响中非友好主旋律,掀起中非合作热潮,意义重大。

中国是上一任金砖国家主席国,2017年9月厦门会晤的成功,宣告金砖合作第二个"金色十年"开启;如今,中方以实际行动支持金砖国家领导人约翰内斯堡会晤,厦门会晤成果持续延伸,意义重大。

"新兴市场国家和发展中国家代表着世界发展的未来。促进国际发展合作、落实可持续发展议程是我们应有的担当。"习近平主席在新兴市场国家与发展中国家对话会上的郑重宣示引起广泛共鸣。世界共同瞩目,中国多年来积极探索与发展中国家互利合作的新思路,奏响了同发展中国家团结合作的最强音。

(一)

同发展中国家团结合作,一直是中国处理同世界关系的鲜明特色。从"流淌着牛奶与蜂蜜的地方"到"希望的大陆",从共建"一带一路"的相约逐梦到金砖国家第二个"金色十年"的扬帆起航……中国,同新兴市场国家和发展中国家风雨同舟、携手同行。

"中国将继续同广大发展中国家站在一起,坚定支持增加发展中国家特别是非洲国家在国际治理体系中的代表性和发言权。中国在联合国的一票永远属于发展中国家。"联合国讲台,见证中国的郑重承诺。

"中国坚持独立自主的和平外交政策,坚持走和平发展道路,坚持互利共赢的开放战略,坚持和积极践行正确义利观,讲信义、重情义、扬正义、树道义,愿将中国发展同广大发展中国家共同发展紧密结合起来,共同致力于建立以合作共赢为核心的新型国际关系。"区域合作平台,见证中国的原则立场。

"广大发展中国家是我国在国际事务中的天然同盟军,要坚持正确义利观,做好同发展中国家团结合作的大文章。"今年6月中央外事工作会议绘制蓝图,义重情深。

"无论发展到哪一步,无论国际风云如何变幻,中国都永远做发展中国家的可靠朋友和真诚伙伴。"以真诚实践为底色,彰显感召世界的力量。

人们铭记,那道厦门"金砖+"风景线。2017年9月5日,金砖国家首次同来自全球范围的新兴市场国家和发展中国家举行对话会,金砖国家领导人同来自亚、非、拉、中东和中亚5个重要地区具有代表性的发展中国家领导人共聚一堂,共商发展合作大计。

站在全球发展的战略高度,习近平主席为新兴市场国家和发展中国家凝心聚力、实现更大发展提出重要主张,倡导更多新兴市场国家和发展中国家共同参与团结合作、互利共赢的事业。

厦门的这场对话会载入史册,是中国一贯重视同新兴市场国家和发展中国家团结合作的生动体现,赢得广泛赞誉。埃及总统塞西说:"埃方赞赏中方举办新兴市场国家与发展中国家对话会,赞同发展中国家加强合作。"几内亚总统孔戴表示,这场对话会再次体现了中国对非洲的重视。

事要去做才能成就事业,路要去走才能开辟通途。2018年,中国继续一步一个脚印，扎扎实实行动。今年的主场外交活动，桩桩件件无不体现推动新兴市场国家和发展中国家团结合作的意愿和行动。

黄海之滨，习近平主席强调上海合作组织成员国要坚持互信、互利、平等、协商、尊重多样文明、谋求共同发展的"上海精神"，明确提出当今时代应当遵循的发展观、安全观、合作观、文明观、全球治理观。

盛夏时节，习近平主席出席中阿合作论坛第八届部长级会议开幕式并发表重要讲话，倡议从增进战略互信、实现复兴梦想、实现互利共赢、促进包容互鉴等四方面努力打造中阿命运共同体，为推动构建人类命运共同体作出贡献。

金秋9月，中非合作论坛北京峰会即将召开，中方将同非方携手努力，把峰会主题同中非共建"一带一路"、联合国2030年可持续发展议程、非盟《2063年议程》及非洲各国发展战略结合起来，推动中非全面战略合作伙伴关系迈上新台阶。

构建人类命运共同体载入《金砖国家领导人厦门宣言》《上海合作组织成员国元首理事会青岛宣言》……越来越多的中国理念凝聚为新兴市场国家和发展中国家共识，越来越多的中国方案转化为共同行动。

国际社会普遍关注到，中国秉持的正确义利观摆脱了丛林法则、霸权主义等旧思维，摒弃了以大欺小、以强凌弱、以众暴寡、以富压贫等旧逻辑，超越了西方国际关系"利益至上""没有永恒的朋友、只有永远的利益"等旧理念，形成了一种同新兴市场国家和发展中国家相互尊重、合作共赢、共同发展的全新合作模式。英国剑桥大学教授马丁·雅克因此指出："中国提供了一种'新的可能'，开辟了一条合作共赢、共建共享的文明发展新道路。这是前无古人的伟大创举，也是改变世界的伟大创造。"

（二）

发展，新兴市场国家和发展中国家的第一要务。找准发展之道、走稳发展之路，是新兴市场国家和发展中国家团结合作的题中之义。

"履不必同，期于适足；治不必同，期于利民。"找准发展之道，关键在于根据自身禀赋特点，探索适合本国国情的发展道路。

一些西方人士曾认为，西方发展道路是世界上所有国家现代化的必由之路，资本主义政治、经济、社会制度适用于西方国家，也同样适用于其他国家和地区。上世纪90年代，一批发展中国家在效仿西方"民主模式"的进程中受挫，导致贫富差距加大、内部矛盾趋深。而今对比一些西方国家民主政治失序、社会分化加剧的现状，越来越多有识之士认识到，中国走向现代化的发展路径对发展中国家更具可借鉴性。

"《习近平谈治国理政》阿文版的出版非常重要，丰富了阿拉伯语读者的阅读需求。这部著作探讨了国家如何实现繁荣，社会如何实现进步。不仅仅是阿联酋，整个中东地区都可以从这本书中获取借鉴。"阿联酋文化与知识发展部部长努拉·宾特·穆罕默德·卡阿比在日前举行的《习近平谈治国理政》中阿读者会上的评价，道出了很多发展中国家人民的心声。吉布提财政部长伊利亚斯·达瓦莱说："中国改革开放40年来发生了翻天覆地的变化，我们希望学习中国经验，共同建设好吉布提国际自贸区。"联合国开发计划署驻华代表处全球合作高级政策顾问马克·范博加尔表示："期待看到更多中国减贫经验在非洲落地，实现'不让一个人掉队'的伟大目标。"

"五色交辉，相得益彰；八音合奏，终和且平。"广大新兴市场国家和发展中国家加强交流，在互学互鉴中实现共同发展，已成为当今世界不可忽视的潮流。

从上海合作组织、中国—东盟合作机制、中非合作论坛、中阿合作论坛，到中国—中东欧国家领导人会晤、中国—太平洋岛国论坛对话会、中拉论坛……由中国倡导成立、主要面向广大发展中国家的地区多边合作架构实现了全球覆盖，为发展中国家交流经验、规划合作搭建了平台。从提出和推进"一带一路"建设，到发起成立亚洲基础设施投资银行、金砖国家新开发银行……一系列推动发展中国家合作共赢的中国方案生动诠释了"欢迎大家搭乘中国发展的列车"的中国承诺。在这样的平台上，有思想引领，有经验分享，有切实行动；人们在相互启发、共同探索中明确了方向，坚定了信念。

正如习近平总书记在党的十九大报告中所指出，中国特色社会主义进入新时代，"意味着中国特色社会主义道路、理论、制度、文化不断发展，拓展了发展中国家走向现代化的途径，给世界上那些既希望加快发展又希望保持自身独立性的国家和民族提供了全新选择，为解决人类问题贡献了中国智慧和中国方案"。

（三）

以历史为纵轴，以时代为横轴，新兴市场国家和发展中国家前行的轨迹，凸显当今世界正在经历的百年未有之大变局。

20世纪50年代，在第二次世界大战结束后兴起的非殖民化运动中，亚非拉民族独立解放事业蓬勃发展，新生的国家渴望建立平等的国际关系。中国、印度、缅甸顺应这一历史潮流，共同倡导了互相尊重主权和领土完整、互不侵犯、互不干涉内政、平等互利、和平共处五项原则；1955年，亚非29个国家和地区领导人相聚万隆，在和平共处五项原则基础上，提出处理国家间关系的十项原则，为推动国际关系朝着正确方向发展，为推动亚非合作、南南合作，为促进南北合作，发挥了重大历史性作用。发展中国家整体实力提升，改变了当代国际关系的总格局，成为塑造战后国际秩序的新力量。

势随时转，治与世宜。进入新世纪以来，"世界历史"跨入了又一个新阶段。恰如恩格斯所总结的，"每一历史时代的经济生产以及必然由此产生的社会结构，是该时代政治的和精神的历史的基础"。新兴市场国家和发展中国家奋发有为，对世界经济的贡献越来越大，在世界政治经济版图上群体性崛起已是不可逆转的时代潮流。

金砖合作机制应运而生，同其他各种真心致力于合作发展、互利共赢的平台相得益彰，不断创造经济合作和共同发展的新范式。人们公认，以金砖国家为代表的新兴市场国家和发展中国家已经成为促进世界经济增长、推动国际体系变革、维护国际和平稳定的重要力量，并推动了包括世界银行、国际货币基金组织在内的现有全球经济治理结构的改革，为全球治理体制变革开辟了新道路。

"发展中国家迎来了集体崛起,这是非常富有建设性的历史变化。"美国普林斯顿大学教授罗伯特·基欧汉的这一评价代表了国际社会的主流声音。即便是从西方视角观察,人们也能发现任何时代的国际体系发展史都是政治力量和财富创造力量交织作用的结果。

时代发展的脚步不会停歇,新兴市场国家和发展中国家的力量不容忽视。当然,这个力量绝不意味着替代,更不意味着争锋。只要能够抛开旧时代你输我赢、赢者通吃的思想痼疾,人们就可以清醒并明智地认识到,这些新兴力量对现行国际秩序所贡献的是一种补充和完善。习近平主席就此曾作生动形象的阐述:"新兴市场国家和发展中国家的发展,不是要动谁的奶酪,而是要努力把世界经济的蛋糕做大。"

(四)

当前,国际形势复杂多变,新兴市场国家和发展中国家正处于把握自身命运、走稳发展之路的重要时期。世界经济新旧动能加速转换,各方围绕利益、规则的博弈日益激烈,贸易保护主义、孤立主义、民粹主义等思潮不断抬头,世界和平与发展面临的挑战越来越严峻。

历史的十字路口,发展的关键阶段,更需要审时度势、深谋远虑的思想引领方向。习近平主席为规划新兴市场国家和发展中国家实现更大发展提出重要倡议:加强团结协作,共同构建开放型世界经济;加强团结协作,共同落实2030年可持续发展议程;加强团结协作,共同把握世界经济结构调整的历史机遇;加强团结协作,共同建设广泛的发展伙伴关系。

"共同构建开放型世界经济",针对的是全球化时代各国利益交融、命运与共的现实。作为全球化的最初推动者和既得利益者,一些西方发达国家面对金融危机引发的全球震荡,不但不愿承担应有责任,反而试图把金融危机恶果转嫁给新兴市场国家和发展中国家。在此背景下,唯有坚定支持多边贸易体制,反对保护主义,才有利于引导经济全球化实现包容、普惠的再平衡;唯有推动加强宏观经济政策协调，才能防范西方主要经济体经济政策急转所造成的对新兴市场国家和发展中国家的负面外溢效应；唯有努力提升新兴市场国家和发展中国家在全球经济治理中的代表性和发言权，才能推动形成更加公正合理的国际经济秩序。

"共同落实 2030 年可持续发展议程"，回应了发展是新兴市场国家和发展中国家第一要务的心声。近年来，一大批新兴市场国家和发展中国家快速发展，通过南南合作相互输送动力，增强了自身实力和自主发展能力。把可持续发展议程同本国发展战略有效对接，携手走出一条创新、协调、绿色、开放、共享的可持续发展之路，当是新兴市场国家和发展中国家的共同选择。

"共同把握世界经济结构调整的历史机遇"，这是对新一轮科技和工业革命浪潮不可不作的反应，这是实现"弯道超车"的重要契机。历史机遇，也需要主动去创造。积极推进中非"十大合作计划"、建立澜沧江—湄公河合作机制、成立"中国—阿拉伯国家银行联合体"……近年来，中国始终致力于将自身发展规划与新兴市场国家和发展中国家的发展战略相互对接，深化互信合作，为共同实现改革与发展注入了强劲动力。

"共同建设广泛的发展伙伴关系"，这是发挥互补优势，产生"一加一大于二"积极效应的必由之路。中国倡导用好金砖国家合作机制、七十七国集团等机制，培育联动发展链条。以开放的胸怀贡献于团结合作、互利共赢的事业，凝聚起新兴市场国家和发展中国家结成利益共同体、发展共同体和命运共同体的磅礴力量。

同声相应，同气相求。新兴市场国家和发展中国家积极顺应和平、发展、合作、共赢的时代潮流，在更大范围、更广领域开展南南合作，携手应对各种全球性挑战，正在开启人类历史上前所未有的共同发展新篇章。

2018 年，中国改革开放 40 周年。不断发展壮大的中国，依然并将永远同广大新兴市场国家和发展中国家肩并肩、手牵手。

2018 年，习近平主席又一次踏上访问新兴市场国家和发展中国家之旅。热切期待的目光承载着真诚的希望，"拥抱中国"的字样印在往访国的报纸上，代表了广大发展中国家人民的心声。

新征程，道路更宽广。中国同新兴市场国家和发展中国家在联合自强、发展振兴的逐梦之路上步履坚实，中国同新兴市场国家和发展中国家共担责任、共创繁荣的时代潮流滚滚向前。

（执笔人：吴绮敏、赵　成、张梦旭、白　阳

编　辑：李宝善、庹　震、方江山）

（2018年7月19日）

让安全与繁荣的阳光照亮共同家园

——写在上海合作组织青岛峰会举行之际

初夏的青岛,青山绿树,碧海蓝天,绵延的海岸线喜迎八方宾客。6月9日至10日,上海合作组织成员国元首理事会第十八次会议将在这里举行。中国国家主席习近平将同上合组织其他7个成员国、4个观察员国领导人,以及联合国等国际组织和机构负责人一道,共商合作大计。凭海观澜,一座标志团结协作、开放包容的里程碑跃入人们的视野,化为共鸣和期盼。

"上海合作组织成立近17年来,走过了不平凡的发展历程,成为具有广泛影响的综合性区域组织。成员国全面推进各领域合作,在国际和地区事务中积极发挥建设性作用,树立了相互尊重、公平正义、合作共赢的新型国际关系典范。"习近平主席如是评价上合组织的成长和影响。

新时代开启新航程。国际风云激荡的关键时期,上合组织发展的重要时刻,中国再次举办上合组织峰会。如何形成新共识,制定新举措,绘制新蓝图,实现新发展?中国智慧将为站在新起点的上合组织注入怎样的发展动力?世界期待答案。

(一)

2001年6月15日,黄浦江畔,上海合作组织成立大会举行。蓝色背景板上6只和平鸽展翅飞翔,如同放飞哈萨克斯坦、中国、吉尔吉斯斯坦、俄罗斯、塔吉克斯坦和乌兹别克斯坦六国共同的梦想，一个矢志和平、倡导合作、奉行开放、追求和谐的新型国际组织登上世界舞台，被视为具有重大历史意义的事件。

以"互信、互利、平等、协商、尊重多样文明、谋求共同发展"为基本内容的"上海精神"被写入成立宣言，翌年又被载入《上海合作组织宪章》，正式确立了在组织内的法律地位。17年来，"上海精神"始终是上合组织成功发展的重要思想基础和指导原则，催生了强大凝聚力，激发了积极的合作意愿。国土面积、历史背景、文化传统、经济发展等存在巨大差异的国家走到一起，相互借鉴、取长补短、共同发展。在"上海精神"指引下，上合组织成员国确立"世代友好，永保和平"的国家间关系准则，在协商一致基础上全面推进政治、安全、经济、人文等领域合作，在国际和地区事务中发挥着越来越重要的建设性作用。

"'上海精神'具有超越时代和地域的生命力和价值，为所有致力于睦邻友好和共同繁荣的国家提供了有益借鉴，也为国际社会构建以合作共赢为核心的新型国际关系实践注入了强大动力。"两年前，习近平主席在上合组织塔什干峰会上总结历史经验，阐述了"上海精神"的时代内涵。

实践证明，"上海精神"体现了21世纪国与国应有的相处之道——以和平方式解决争端、以共赢理念促进发展繁荣。回首过去100多年历史，不时泛起的霸权主义、强权政治、零和博弈、以邻为壑等旧思维，屡屡带来腥风血雨的热战和剑拔弩张的冷战，给世界和平与发展制造了难以跨越的障碍。同《联合国宪章》宗旨一致的"上海精神"，则给地区和世界带来一缕清风，唤起追求和平与合作的强烈共鸣。

实践证明，"上海精神"体现了团结协作、开放包容的时代要求。正如习近平主席曾经引用的哈萨克斯坦谚语所言，"有团结的地方，定有幸福相随"，上海合作组织成员之间不断加深政治互信、加大相互支持，在团结协作和开放包容中获得利益最大公约数——对接发展战略，拉紧人文纽带，彼此相互融合，国家得以发展，人民获得福祉。

实践证明，"上海精神"体现了构建人类命运共同体的价值担当。构建平等相待、守望相助、休戚与共、安危共担的命运共同体，这是上海合作组织的信念和行动所在。在建设持久和平、普遍安全、共同繁荣、开放包容、清洁美丽世界的征程上，让和平的薪火代代相传、发展的动力源源不断、文明的光芒熠熠生辉，这是上合组织成员国构建共同家园的美好愿景。

世界正处于百年未有之大变局，国家间如何和平共处、共谋发展，考验着各国的智慧。"上海精神"丰富了当代国际关系的理论和实践，体现了国际社会对国际关系民主化的普遍要求，汇入构建人类命运共同体的时代洪流。

（二）

在多边主义遭遇挑战、逆全球化思潮不时涌现的国际背景下，上海合作组织为什么能够凝聚起如此强大的向心力，在欧亚大陆掀起区域合作热潮？

归根结底，在于上合组织的成长顺应了和平发展、合作共赢的大势。当今世界日益成为你中有我、我中有你的命运共同体，地区一体化和经济全球化的关系愈发紧密——地区一体化的发展，在某种程度上就是经济全球化的一部分，如同"溪流汇聚成瀑布"。

"地区一体化和经济全球化是时代潮流，各国和各国人民应该从这一进程中受益。"习近平主席去年6月在上合组织阿斯塔纳峰会作出精辟论断。

成员国政府间国际道路运输便利化协定、公路协调发展规划、成员国政府间农业合作协定……一份份务实合作文件，凝聚了上合组织各成员国推动区域经济一体化的共识，化为一个个脚踏实地的行动。如今，上合组织已建立经贸、交通、农业等多个领域的会议机制，打造了实业家委员会、银行联合体等非官方合作平台。2001年，中国与上合组织其他成员国贸易总额只有121亿美元。2017年，中国与上合组织其他成员国贸易总额达到2176亿美元。由于所有成员国稳步发展双边和多边合作，上合组织地区的总体经济合作规模不断扩大。

"一带一路"建设更是激活了上合组织地区的合作热潮，共赢的成果有目共睹。中方同有关各方积极推动"一带一路"建设同欧亚经济联盟建设等区域合作倡议以及哈萨克斯坦"光明之路"等各国发展战略对接，上合组织为此日益发挥重要平台作用。目前,各成员国积极推动贸易投资便利化,地区经济一体化有望迈出新步伐。

2017年阿斯塔纳峰会期间,与会各国领导人不约而同点赞"一带一路"。哈萨克斯坦总统纳扎尔巴耶夫说,欧亚经济联盟和丝绸之路经济带对接为区域经济合作开辟新前景,为建立上合自贸区提供了可能。白俄罗斯总统卢卡申科表示:"今天的会谈是我们在北京'一带一路'国际合作高峰论坛框架下进行的重要对话的延续,这是上合组织发展的一个全球榜样。"不久前,吉尔吉斯斯坦总统热恩别科夫表示,"一带一路"建设不仅为上合组织地区的发展带来了众多机遇,也为促进上合组织发展同欧洲、中东和非洲的合作创造了有利条件。

"上合组织的开放性、透明性,以及不断扩展的伙伴关系,毫无疑问与中国提出的人类命运共同体理念愈发接近。今年恰逢'一带一路'倡议提出5周年,青岛峰会将进一步推动该倡议的落实。"上合组织秘书长阿利莫夫如是判断。

事实证明,在上合组织地区,地区一体化与经济全球化如车之两轮、鸟之两翼,相辅相成。

(三)

"求木之长者,必固其根本;欲流之远者,必浚其泉源。"发展是安全的基础,安全是发展的条件。上海合作组织从诞生到发展壮大的历程,生动体现了安全与发展的辩证关系,用鲜明的事实为人们提供了重要启示。

"通过艰苦的谈判,各方解决了边界问题。可以毫不夸张地说,无论从边界线的长度,还是从参与谈判的人数来看,取得的成果在亚洲都是史无前例的。"正如俄罗斯总统普京所言,上合组织从建立边境地区军事互信和裁军起步,本就源自地区内各国对加强安全合作、维护和平稳定的共同需求。

上合组织创建之时,中亚地区聚集了多种安全隐患,恐怖主义、极端主义、分裂主义"三股势力"活动猖獗,毒品贩运和跨国犯罪极为严重。成立不久,上合组织就签署了《打击恐怖主义、分裂主义和极端主义上海公约》，在国际上首次对"三股势力"作出明确定义，并设立上合组织地区反恐怖机构。

维护地区安全稳定始终是上合组织合作的优先方向。上合组织还先后签署反恐怖主义公约、成员国政府间合作打击犯罪协定、反极端主义公约，搭建情报信息交流网络和网络安全合作平台，举行"和平使命"系列军事演习，关注金融安全、信息安全、生态安全等新挑战，经常就国际和地区热点问题阐明统一立场，推动阿富汗和平和解进程。

上合组织倡导并践行共同、综合、合作、可持续的安全观，安全合作之路越走越宽。习近平主席提出，为提升成员国在安全领域的协调水平和行动能力，中方主张加强地区反恐怖机构建设，严厉打击毒品制贩，愿再次主办上海合作组织网络反恐联合演习，倡议举办防务安全论坛，制定未来3年打击"三股势力"合作纲要。

贫瘠的土地上，长不出和平的大树；连天的烽火中，结不出发展的硕果。发展是解决安全问题的"总钥匙"，唯有聚焦发展主题，积极改善民生，缩小贫富差距，才能不断夯实安全的根基。这些都已经成为上合组织成员国领导人的共识。

谋求共同发展，是"上海精神"的重要内容。开展上合组织区域经济合作，是各成员国领导人从全球视野出发，立足上合组织长远发展，共同确定的重要任务。青岛峰会将就完善全球治理、巩固多边贸易体系等问题发出响亮声音，倡导创新、协调、绿色、开放、共享的发展理念，努力为成员国营造更加有利的外部发展环境。

上合组织积极探索以安全促发展、以发展促安全之道，推行综合施策、标本兼治的安全治理模式，不仅关乎成员国利益，而且为世界安全与发展贡献了"上合力量"。

（四）

"如果把上海合作组织比喻为一幅美丽的画卷，中国就是其中最为亮丽的色彩。"上合组织前任秘书长梅津采夫如此评价。

中国与上合组织，有着特殊的缘分。上合组织成立于中国，也是首个以中国城市命名、总部设在中国境内的综合性区域组织。中国是上合组织创始成员国，始终将推动上海合作组织发展，促进成员国共同振兴作为对外政策的优先方向之一。17年来，中国为上合组织发展作出了卓越贡献。特别是过去5年，从比什凯克到杜尚别，从乌法到塔什干，再到阿斯塔纳，习近平主席出席历次上合组织峰会并发表重要讲话，为上合组织发展提供中国智慧、中国方案。

上合组织主席国的接力棒再次传到中国手中，中国作用尤其被寄予厚望。从内部看，如何进一步挖掘潜力，让和平与发展成果造福地区人民，仍是上合组织的重要课题。从全球看，国际和地区形势深刻复杂变化，不稳定性、不确定性增加，矛盾交织的世界格外需要稳定因素。

"中方将认真履职尽责，同各方一道，努力给各国人民带来越来越多的获得感，携手创造本组织更加光明的未来。"这是中国作出的坚定承诺。

160多项活动，满当当的上合日程，沉甸甸的合作成果。外长理事会会议、国防部长会议、安全会议秘书会议、最高法院院长会议、文化部长会议、禁毒部门领导人会议……通过一系列机制性会议，中国坚定推动上合组织发展；上合组织首届媒体峰会、首届上合组织政党论坛、首届上合组织妇女论坛、首届上合组织人民论坛……通过一系列新形式新举措搭建民心之桥，中国坚定致力于开拓上合组织合作新境界。

不忘初心，坚定弘扬"上海精神"；发挥优势，充分释放扩员潜力；开拓进取，锐意推进全面合作。中国主张和行动，始终以推动上合组织长远发展为目标。

"中国致力于探索与世界各国共同繁荣的办法，行动与理念赢得了世界尊重，期盼中国在上合组织中发挥更大作用""相信在中国等国的积极引领下，上合组织将继续发展壮大，在全球发出更有力的声音"……各国人士高度赞赏中国作用。

千帆竞发，这是"帆船之都"青岛特有的壮丽画卷。运动健儿在海上乘风破浪，靠的是对风向、水流的精准把握，蕴涵着察势者智、驭势者赢的深刻道理。

上海合作组织的发展，正迎来天时、地利、人和的历史性机遇。从青岛再出发，携手建设安全稳定、发展繁荣的共同家园，这正是上海合作组织通往美好未来的阳光大道。

（执笔人：吴绮敏、裴广江、赵　成、王　远、宦　翔
编　辑：李宝善、庹　震、卢新宁）

（2018年6月7日）

用开放的思想引领共同繁荣之路

——学习习近平主席博鳌亚洲论坛 2018 年年会主旨演讲

诚如习近平主席所言:"历史,总是在一些特殊年份给人们以汲取智慧、继续前行的力量。"

回眸与展望,东方大国 40 年改革开放的非凡历程,当今世界"时代之问"的中国答案,让云聚海南博鳌的海内外人士感佩感怀。

习近平主席出席博鳌亚洲论坛 2018 年年会开幕式并发表题为《开放共创繁荣 创新引领未来》的主旨演讲,深情回顾中国改革开放历史进程,深刻总结 40 年来坚定不移推进改革开放取得的巨大成就和积累的宝贵经验,深入阐述和平合作、开放融通、变革创新潮流滚滚向前的世界大势,面向未来提出共创和平、安宁、繁荣、开放、美丽的亚洲和世界的中国主张,郑重宣示新时代开启中国同世界交融发展新画卷的坚定信念和扩大开放的重大举措。

洋洋近六千言,把世界的目光引向中国人民用双手书写的国家和民族发展的壮丽史诗。众志成城的力量,砥砺奋进的激昂,春风化雨的美好,无不深深打动人心。掌声,在博鳌亚洲论坛国际会议中心不断响起,与会嘉宾全体起立表达对新时代中国的敬意。

"这是我听到的最有历史价值的演讲之一,充满了远见,不仅为中国确定了发展的航向,也给世界指明了前进的方向""习近平主席的演讲为全球合作与和平带来了全新的气息,为全球经济的开放发展制定了新的议程""希望发展中国家能够从这篇内容精彩、气势雄浑的演讲中受到启发,从中国经验中受益""习近平主席宣布了更大开放措施，企业家拥有灵敏的嗅觉，我能够感觉到这些措施对全世界都会是很好的机会"……会场内外，世界各地，钦佩与赞同的声音此起彼伏。

人们犹记，2017年1月冬雪未化的瑞士，习近平主席登上世界经济论坛年会讲台，深入阐述中国对经济全球化的认识和主张，激荡世界的演讲，以理念之光，照亮人类发展前程；在联合国日内瓦总部，习近平主席系统阐述人类命运共同体理念，为人类向何处去描绘蓝图，为国际体系变革与完善指明方向。时隔一年多，在海阔潮涌的海南博鳌，中国智慧、中国方案再度成为世界焦点。

中国的伟大历程，让人们收获思想新启迪。开放的新视野，合作的新格局，定义着当下，预示着美好未来。

（一）

"改革开放这场中国的第二次革命，不仅深刻改变了中国，也深刻影响了世界！"习近平主席饱含感情的论述，将人们带入这场伟大"革命"的历史现场，让人们清楚看到其中的艰辛与勇毅。

40年改革开放，中国始终以"革命"的勇气重塑自身命运。在与世界接轨的过程中，中国呛过水，遇到过漩涡，碰到过风浪，但最终在游泳中学会了游泳。天道酬勤，春华秋实。从开办经济特区"杀出一条血路来"，到加入世界贸易组织深度融入国际经济体系，再到创办自贸区扩大改革试验田，中国深化改革不停步，对外开放不歇脚，换来国家经济社会发展日新月异，人民生活水平不断提升。

40年改革开放，"中国号"巨轮破浪前行。1978年，当改革开放的春风吹来，国际社会惊诧于刚刚结束浩劫的中华大地，为何迸发出如此强大的力量。美国《时代》杂志傲慢地质疑："他们的目标几乎不可能按期实现，甚至不可能实现。"然而，事实无可辩驳地告诉世界，中国的改革发展始终以自己的方式向前推进，中国人民始终在奋斗、拼搏、求索、进取中不断前行，形形色色的"中国崩溃论"一次次崩溃，2017年的《时代》封面用汉字书写"中国赢了"

并不意外。

立足国情、放眼世界，中国共产党领导人民开辟出中国特色社会主义道路，向世界昭示通向现代化的道路不止一条，实践有力地印证着这样的结论："只要找准正确方向、驰而不息，条条大路通罗马。"中国故事和中国奇迹，让世界铭记"史无前例的经济崛起"。

博鳌可为证。这个方圆仅有86平方公里的小镇，从一个以灯塔为最好设备、在海南都名不见经传的渔村，化身为先进移动通信技术和人脸识别技术普遍应用、接待过全球近80个国家和地区来宾的数字化小镇。

数据最客观。改革开放之初，中国经济总量在世界上排名第十一；2005年超过法国，居第五；2006年超过英国，居第四；2007年超过德国，居第三；2009年超过日本，居第二。2010年，中国制造业规模超过美国，居世界第一。2013年，中国成为世界最大货物贸易国。中国连续多年对世界经济增长贡献率超过30%。短短几十年时间，中国走完了发达国家几百年走过的发展历程。

"40年众志成城，40年砥砺奋进，40年春风化雨，中国人民用双手书写了国家和民族发展的壮丽史诗"，习近平主席充满深情的话语，浓缩了改革开放伟大进程的光荣和辉煌，凝聚了中国人民团结奋斗的激情和梦想。

40年间，一个个"春天的故事"，让中华大地春意盎然的画卷不断延展。有5000多年文明历史的中华民族，因改革开放重焕生机与活力，以崭新的形象屹立于世界民族之林。"21世纪始于中国的1978年"，英国学者马丁·雅克如此感叹，中国改革发展不仅带来"富起来""强起来"的历史性飞跃，更带动国际格局的调整和完善，让全球治理格局更为合理。

（二）

当中国走到改革开放40周年的历史节点，世界正处在开放与封闭、前进与后退的十字路口。个别国家的保护主义、单边主义政策，给全球经济带来冲击，提醒人们那些关乎人类未来的关键问题亟须解答——面对复杂变化的世界，人类社会向何处去？亚洲前途在哪里？

提出"时代之问",给出中国方案。习近平主席的博鳌演讲,为各国携手前行提供思想引领——当今世界,和平合作的潮流滚滚向前,开放融通的潮流滚滚向前,变革创新的潮流滚滚向前。一个负责任大国的智慧洞见、宽阔视野,引发国际社会广泛认同。"五个面向"直面时代挑战和问题,全面系统阐述中国主张,致力于共创和平、安宁、繁荣、开放、美丽的亚洲和世界。

"所有国家都应该秉持协作精神,以实现共同繁荣""贸易壁垒与当今时代不符。保护主义在历史上曾多次出现,但历史告诉人们,它阻碍的不仅是市场的联通,还有人员和思想的交流,保护主义只会阻碍进步""我们不认为单边主义是正确的选择。每个国家都应该与时俱进,根据时代变化调整自己的政策"……开幕式现场,与会外国元首和政府首脑纷纷呼应。

中国智慧、中国方案为何如此具有感召力?就在于这是从历史演进规律、世界发展趋势出发得出的结论,是经过中国实践检验了的真理。

"中国40年改革开放给人们提供了许多弥足珍贵的启示,其中最重要的一条就是,一个国家、一个民族要振兴,就必须在历史前进的逻辑中前进、在时代发展的潮流中发展。"习近平主席对中国经验的深刻总结,体现了中国人民以开放求发展、以合作求共赢的主动追求——

十九大报告中,"开放"一词出现27次,就中国新时代发展释放明确信号:中国坚持对外开放的基本国策,坚持打开国门搞建设,推动形成全面开放新格局;支持多边贸易体制,促进自由贸易区建设,推动建设开放型世界经济;

去年底的中央经济工作会议指出,改革开放要加大力度,在经济体制改革上步子再快一些,以完善产权制度和要素市场化配置为重点,推进基础性关键领域改革取得新的突破。扩大对外开放,大幅放宽市场准入,加快形成全面开放新格局;

再往远看,在二十国集团领导人峰会、亚太经合组织领导人非正式会议上,在"一带一路"国际合作高峰论坛上,中国促进合作的积极方案闪耀国际多边舞台,一以贯之的开放主张赢得世界喝彩;

短短几年里,国内自贸试验区数量增加至11个,实现了东、中、西、东北地域全覆盖;"一带一路"建设大项目落地开花,"五通"成效不断显现;国际产能合作扎实推进，中国技术、中国标准、中国装备逐渐成为新时期对外经贸合作的主角……中国坚持站在国内国际利益交汇点上谋划合作，为各国共同发展带来丰厚红利。

从昔日"中国的大门要不要打开"的困惑，到今天"中国开放的大门不会关闭，只会越开越大"的坚定承诺，中国融入经济全球化、积极打造国际合作的实践，改变了国家面貌和民族心态，也为世界提供了独特借鉴。这充分证明习近平总书记所作重要论断："只要主动顺应世界发展潮流，不但能发展壮大自己，而且可以引领世界发展潮流。"

（三）

在许多经济学家看来，中国改革开放是"人类发展史上最激动人心的例子"。探索中国改革开放的成功之源，因此成为全球学界热切关注的一大课题。

国际比较可以为这种探索打开思路。过去40年来，国际格局经历重大调整。苏联解体、东欧剧变、两极格局终结，经济全球化深入发展，国家间综合国力之争形成浪潮。在此过程中，转型成为很多国家面临的任务，然而就路径选择看，中国道路独树一帜。

大约也是在上世纪80年代初期，东欧国家开始向市场经济转轨。与中国改革开放一路稳定高速发展不同，东欧当初的"休克式转身"带来连锁危机，13%到65%的国内生产总值萎缩、200%到1000%的恶性通胀都曾出现，更不用说政治、社会领域出现的种种震荡与冲击。

诺贝尔经济学奖得主斯蒂格利茨曾就此深入展开比较研究，当年身为世界银行首席经济学家的他在很多场合宣告：中国的"渐进式"改革才是对的。

习近平主席对中国道路、中国新时代发展方向的最新阐释，再次加深了世界对中国改革开放道路的认同感。现场聆听演讲的联合国全球契约组织副主席司徒慕德表示，中国的改革开放是逐步进行、保持节奏的，并没有急于同时把所有事情都做完，这种工程师思维很重要，与此形成反差的是，"我们看到其他很多国家急于实施剧烈改革，但结局却是经济的崩溃"。

毋庸讳言，中国对经济全球化也有过疑虑，对加入世界贸易组织也有过忐忑。然而，面对浩浩荡荡的时代潮流，中国做出了正确的战略抉择。研究发现，中国实现开放的程度之大，在很多发展中大国都是少见的。早在2005年，中国进口工业产品的平均关税就已经降至9%左右。当时，在阿根廷、巴西、印度、印度尼西亚等发展中大国，这个数字分别是30.9%、27%、32.4%和36.9%。

今天看来，中国大胆开放、走向世界，无疑是选择了正确方向。世界贸易组织前总干事拉米曾指出，改革开放以来中国是在经济领域犯错误最少的国家；国外媒体也认为，中国在很多重要事情上都做得很好。

为什么中国"做得很好""犯错误最少"？习近平主席在演讲中道出了要诀，那就是"中国进行改革开放，顺应了中国人民要发展、要创新、要美好生活的历史要求，契合了世界各国人民要发展、要合作、要和平生活的时代潮流"。

选准了方向，前进才不会迷茫；走对了路，才能越走越宽阔。一个13亿多人口的大国实现现代化，在人类历史上没有先例可循。中国的发展注定要走一条属于自己的道路，一条不因任何外部压力和妄议而改变的道路。时至今日，这仍是"中国改革开放必然成功，也一定能够成功"的坚实注脚。

走过千山万水，仍需跋山涉水。新时代的中国如何再创辉煌？习近平主席的铿锵回答彰显中国自信。中国人民将继续自强不息、自我革新，继续大胆创新、推动发展，继续扩大开放、加强合作，继续与世界同行、为人类作出更大贡献。

（四）

过去两年，习近平主席在国际场合曾先后介绍了在改革开放大潮中被彻底改写命运的两座中国城市——杭州和厦门。说到杭州，习近平主席强调，许许多多普通家庭用勤劳的双手改变了自己的生活。谈及厦门，习近平主席引用闽南人常说的"爱拼才会赢"，向世界介绍中国人的锐意进取精神。

这次博鳌亚洲论坛年会开幕式上，习近平主席又娓娓道来"因改革开放而生，因改革开放而兴"的海南故事。是改革开放推动潮起海之南，唤醒"敢闯敢试、敢为人先、埋头苦干"的特区精神，仅仅用了30年光阴，就让海南这样一个较为封闭落后的边陲岛屿，一个连红绿灯都少见的地方，成为中国最开放、最具活力的地区之一。今日海南，已经迈向全面现代化——海陆空交通体系连通世界，与全球160多个国家和地区开展经贸往来。

40年间，中国大地上以改革开放为标志的"春天的故事"数不胜数。改革开放是当代中国最鲜明的特色，它不可逆转地改变了一个古老大国的命运。解码这场伟大变革，每一个细微处都恰恰折射出亿万中国人民靠着拼劲、闯劲、干劲创造美好生活的艰辛历程。

对于当代中国的奋斗史，世界的感受不可谓不深。"没有其他任何一个国家像中国一样进行如此大规模的调整和适应，也很少有民族有它这样的事业心和雄心壮志"。美国学者约翰·奈斯比特在《中国大趋势》一书中如此解读中国的成功。当中国经济在国际金融危机的风浪下稳健前行时，西方杂志曾将"中国工人"列为年度人物，认为是他们的勤劳坚韧给应对危机带来了希望。中共十八大之后，新加坡《联合早报》关注了新当选中共领导人"吃苦的经历"，并将其与中国未来的发展相联系。今天，世界上越来越多的人认识到，中国的发展成就，是中国人民几十年含辛茹苦、流血流汗干出来的。

"中国人民敢闯敢试、敢为人先，积极性、主动性、创造性空前高涨，充分显示了13亿多人民作为国家主人和真正英雄推动历史前进的强大力量。"习近平主席的演讲，深刻地揭示了改革开放进程中人民的力量。正是因为激活了人这个生产力中最活跃因素，才让奋斗成为社会风尚、让人民的活力充分释放。

像中国这样一个有着13亿多人口的大国，不可能靠"搭便车"改变命运，世界上也没有谁有能力提供这样的便车。正如习近平主席强调的，"人民是历史的创造者，是我们的力量源泉"。"中国号"巨轮驶向新的历史方位，"新时代是奋斗者的时代""只有奋斗的人生才称得上幸福的人生"是当代中国人不变的精神自觉。

（五）

特殊历史时刻，博鳌盛会承载重大意义。国际风云卷涌的天空上，深邃的思想之光照亮前进的征程。

29个博鳌亚洲论坛发起国的国旗在论坛永久会址前随风飘扬，来自50多个国家和地区的2000多位与会嘉宾，为建设开放创新的亚洲、繁荣发展的世界献计献策。海天一色的博鳌，呈现出一幅构建人类命运共同体的和谐画卷。

这幅画卷为何能在博鳌铺展开来？从海口到博鳌，随处可见纪念中国改革开放40周年、海南建省30周年的横幅，提醒着人们没有中国40年来持之以恒的改革开放，就没有中国与世界空前紧密的联系，更不会有名不见经传的博鳌小镇走向世界。

博鳌的成长故事说明，开放的世界让人们成为休戚与共的命运共同体，构建人类命运共同体离不开互相开放。也正因为此，日本横滨国立大学名誉教授村田忠禧认为，习近平主席提出的"构建人类命运共同体"堪称世界版的"改革开放"。

"中国开放的大门不会关闭，只会越开越大。"大幅度放宽市场准入，创造更有吸引力的投资环境，加强知识产权保护，主动扩大进口……习近平主席宣布的扩大开放重大举措，再次展示了中国继续坚持对外开放、构建开放型世界经济的决心，为推动经济全球化、构建人类命运共同体注入了强大信心。

摒弃冷战思维，超越零和博弈，在国际和地区形势复杂多变，保护主义、孤立主义迷雾弥漫世界的关键时刻，习近平主席以扎实的中国行动郑重告诉世界，只有坚持和平发展、携手合作，才能真正实现共赢、多赢。国外媒体评价，习近平此举"将把中国的改革开放推上一个新台阶"。中国以对外开放的坚定承诺和行动，彰显了继续引领世界开放之风的大国担当。

博鳌论坛会场，40分钟的重要演讲，赢得现场各国嘉宾15次热烈掌声。聆听、共鸣、期待，讲话结束后会场上经久不息的掌声，传递了各界人士对中国主张的赞同与赞誉。与会外方领导人在随后发表的致辞中，纷纷对习近平主席的主旨演讲予以积极回应：

——国际货币基金组织总裁拉加德表示，习近平主席在演讲中大力倡导创新、包容、开放等理念，并提出涉及金融、保险、汽车等诸多领域的开放措施，各国应以同等务实的态度予以回应。

——奥地利总统范德贝伦说，习近平主席在演讲中表明中国将继续坚定推进改革开放，这不仅将造福中国，也将造福世界。

——新加坡总理李显龙强调，中国领导人在多个场合阐述了支持多边主义和开放的立场，亚洲基础设施投资银行和"一带一路"倡议就是中国对地区繁荣作出的两大重要贡献。

……

习近平主席的演讲"点亮"了博鳌各个分论坛。中国改革开放的经验启示、一系列新的改革开放重大举措，成为与会嘉宾热议的焦点。

"开放！开放！开放！这才是面向未来的最佳做法。"法国前总理拉法兰在分论坛发言中连说三遍"开放"，表达他对习近平主席观点的高度认同。

在"改革开放40年：中国与世界"分论坛上，第八任联合国秘书长潘基文抢过话筒率先发言，盛赞习近平主席提出的人类命运共同体理念，指出习近平主席在演讲中阐述的重要论断和宣布的重大举措，"擘画了亚洲乃至世界发展的光明未来"。

天行有常，应之以治则吉。时代潮流滚滚向前，正确思想引领未来。中国同世界交融发展的新画卷描绘出光明未来，激励各国将和平合作、开放融通、变革创新的心曲化为行动，变为现实，向着构建人类命运共同体的美好愿景出发，再出发。

（执笔人：吴绮敏、胡泽曦、裴广江、赵　成、白　阳、杜一菲
　编　辑：李宝善、庹　震、卢新宁）

（2018年4月14日）

人民日报评论员

把中朝传统友谊发展得更好

春回大地、万物复苏的美好时节，习近平总书记同首次访问中国的金正恩委员长就发展中朝两党两国关系、维护朝鲜半岛和平稳定进行坦诚友好会谈，并从战略高度提出四点重要主张。这次时机特殊、意义重大的历史性会晤，是中朝传统友好合作关系在新时代得以继承和发展的生动写照，是坚持通过对话协商解决半岛问题的中国方案带来的关键成效，必将有力推动中朝传统友谊在新的历史时期迈上新台阶，为朝鲜半岛局势的进一步转圜注入关键性暖流，对推动地区乃至世界和平稳定发展产生历史性影响。

中国党和政府高度重视中朝友好合作关系，习近平总书记多次强调要坚持从战略高度和长远角度看待和把握中朝关系发展，对解决朝鲜半岛问题，提出了坚持实现半岛无核化目标、维护半岛和平稳定、通过对话协商解决问题等重大主张。这些主张，有力推动半岛问题的解决朝着正确方向推进。实践证明，中国外交战略思维为推动半岛局势缓和发挥了关键性作用，习近平总书记在对朝政策、半岛政策上的战略运筹是完全正确的。

"我相信，在充满欢欣和希望的新春同习近平总书记进行的首次会晤，将迎来朝中友谊硕果，促进半岛和平稳定。"金正恩委员长热情洋溢的话语，表达了对习近平总书记的高度认同，也表明了朝方希望同中方加强战略沟通、共同维护协商对话势头的积极意愿。机遇面前，需要准确把握问题的关键，更需要总揽全局的智慧和驾驭大势的能力。这次历史性会晤中，习近平总书记充分肯定朝鲜半岛形势发生的积极变化，呼吁各方支持半岛北南双方改善关系，强调中方愿在半岛问题上继续发挥建设性作用，为确保半岛无核化、不战不乱指明了方向。我们坚信，精诚所至，金石为开，只要有关各方拿出诚意、彼此响应、形成合力，就一定能够共同推动半岛形势走向缓和。

中朝两国山水相连、唇齿相依，我们的传统友谊是两党两国老一辈领导人亲自缔造和精心培育的，共同的理想信念和深厚的革命友谊，凝结为中朝人民共同的宝贵财富，经受住了时间和风雨的考验。继续发挥高层交往的引领作用，充分用好战略沟通的传统法宝，积极促进和平发展，夯实中朝友好的民意基础，站在新的历史起点上，习近平总书记提出的这四点重要主张，是基于历史和现实、立足于国家地区格局和中朝关系大局做出的重大战略安排。维护好、巩固好、发展好中朝关系，需要我们更加坚定地认识到，传承发扬中朝传统友谊，符合双方共同利益，是双方共同的战略选择，也是唯一正确选择。为了两国人民的福祉和地区和平稳定，我们必须不忘初心，携手前进，把中朝传统友谊不断传承下去，发展得更好。

沟通和交流，合作与发展，是融化半岛局势坚冰的最好方式。朝鲜半岛经历了不少曲折和苦难，但和平稳定与发展繁荣始终是半岛全体人民的共同心愿，也是中方为解决半岛问题始终坚持的目标和方向。抓住这次历史性会晤创造的新契机，加强沟通与互信，我们就一定能够推动中朝关系长期健康稳定发展，为半岛问题的解决注入更多正能量，为地区和平稳定发展作出新的贡献。

（执笔人：赵嘉鸣、吴绮敏、裴广江

编　辑：卢新宁）

（2018年3月29日）

钟 声

国家主席、中央军委主席习近平在大会上发表重要讲话，回顾革命历程

创造让世界刮目相看的新的更大奇迹

——写在改革开放四十周年之际①

中国人民勇立潮头、奋勇搏击,抱定信心与决心将改革开放进行到底

12月18日,庆祝改革开放40周年大会在北京隆重举行。中共中央总书记、国家主席、中央军委主席习近平在大会上发表重要讲话,回顾改革开放40年的光辉历程,深刻总结改革开放的宝贵经验,向世界发出"将改革开放进行到底"的最强音。

改革开放书写了中国发展的壮丽篇章,同时也绘就了中国同世界共赢的历史画卷。习近平总书记深刻指出:"40年的实践充分证明,中国发展为广大发展中国家走向现代化提供了成功经验、展现了光明前景,是促进世界和平与发展的强大力量,是中华民族对人类文明进步作出的重大贡献。"

40年来,中国勇于探索、真抓实干,创造经济发展奇迹。凭着一股开拓创新的拼劲,一股自力更生的韧劲,中国人民实现了年平均9.5%的国内生产总值增长率。中国用几十年时间走完了发达国家几百年走过的发展历程,实现了从低收入国家向中等偏上收入国家的迈进,跨越了自第一次工业革命以来形成的世界上不同国家间发展水平的"大分流",创造了后发赶超的经济奇迹,提供了世界经济史上"教科书式"的成功范例,激发了世界上其他欠发达地区摆脱落后、实现赶超的发展信心。

40年来,中国敞开胸怀、拥抱世界,联结全球发展伙伴。在坚持不结盟

原则的前提下，中国人民广交朋友，打开国门搞建设。全面战略协作伙伴、全天候战略合作伙伴、全面战略合作伙伴、全方位战略伙伴、创新战略伙伴……中国同 100 多个国家和国际组织建立了多种形式的伙伴关系。尤令世界同感振奋的是，中国致力于构建平等均衡的全球发展伙伴关系，营造共同的发展机遇和空间。中国货物进出口总额增长 198 倍，服务贸易进出口总额增长超过 147 倍，累计吸引外资超过 2 万亿美元，已经成为世界第一大货物贸易国、最大的旅游市场、130 多个国家的主要贸易伙伴。共建"一带一路"，促进各国各地区互联互通，形成联动发展格局，人力、资本、商品、服务等经济发展要素在中国和世界市场上流动起来，编织出充满活力的经济全球化图景。

40 年来，中国聚焦发展、造福人民，积累人类发展经验。从 1978 年到 2017 年，中国人均可支配收入增长 22.8 倍，贫困人口减少了 7.4 亿，占同期全球减贫人口总数 70% 以上；就业人员翻了一番，城乡免费义务教育全面实现，世界上覆盖人口最多的社会保障体系基本建立……世界银行行长金墉赞叹："中国的减贫成就，是人类历史上最伟大的历史事件之一。"芬兰中间党总书记奥瓦斯卡认为，中国坚持以人民为中心的发展思想，既是中国共产党的初心和使命，也是中国能取得巨大成就的"秘诀"。

40 年来，中国立己达人、共谋发展，壮大和平发展力量。中国人民深知，改革开放的成功离不开和平国际环境，需要通过争取和平国际环境发展自己。发展起来的中国走出迥异于"国强必霸"陈旧逻辑的路径，始终不渝走和平发展道路。中国积极参与全球经济治理，积极支持广大发展中国家发展，实施负责任的宏观经济政策，保持对世界经济增长的较高贡献率，为应对亚洲金融危机、国际金融危机作出了自己的贡献，为推动构建人类命运共同体贡献了智慧和力量。

行之力则知愈进，知之深则行愈达。在这个千帆竞发、百舸争流的时代，中国人民勇立潮头、奋勇搏击，抱定信心与决心将改革开放进行到底，势将创造让世界刮目相看的新的更大奇迹。

（2018 年 12 月 20 日）

以改革开放的姿态与时代同行

——写在改革开放四十周年之际②

"以改革开放的姿态继续走向未来",这是把握住历史发展大势,抓住历史变革时机的抉择

中国为什么能?这是世界之问。

"谁能破解中国经济发展之谜,谁就具有获得诺贝尔经济学奖的资格。"这是诺贝尔经济学奖获得者弗里德曼的评价,折射了当下探究中国改革开放方法与路径的世界潮。

破解中国成功的密码,必须懂得和平合作、开放融通、变革创新是历史前进的大逻辑,是时代发展的大潮流;必须明白改革开放是决定当代中国命运的关键一招,是顺应大势的必要且必然的抉择。正如习近平总书记在庆祝改革开放40周年大会上明确指出:"历史发展有其规律,但人在其中不是完全消极被动的。只要把握住历史发展大势,抓住历史变革时机,奋发有为,锐意进取,人类社会就能更好前进。"

"将改革开放进行到底",这是令世界钦佩的深谋远虑、责任担当和坚定信念。"摸着石头过河""涉险滩""啃硬骨头""进入深水区"……中国展现出世所罕见的敢闯敢试、敢为人先精神。"中国作为一个国家和一个民族的竞争优势,就在于它愿意适应任何必要的以及能够给自己带来利益的变革","没有其他任何一个国家像中国一样进行如此大规模的调整和适应,也很少有民族有它

这样的事业心和雄心壮志",美国学者约翰·奈斯比特看到了中华民族骨子里的变革和开放精神。中国改革开放的40年,向世界彰显了中国决策的力量。

"充分激发蕴藏在人民群众中的创造伟力",这是尊重历史发展规律、尊重人民主体地位的印证。把人民对美好生活的向往作为奋斗目标,激发全体人民的创造力和推动力,一代又一代人接力干下去,这决不是口号,而是持之以恒的奋斗。世界银行前驻华首席代表鲍泰利由衷地指出:"中国人民积极进取的决心、努力工作的意愿、敢作敢为的担当精神、学习国际先进经验发展自身的渴望,以及通过务实且富有经验的实践努力实现经济现代化,令人印象深刻。"中国改革开放的40年,向世界彰显了中国人民的力量。

"以改革开放的姿态继续走向未来",这是把握住历史发展大势,抓住历史变革时机的抉择。中国的成功实践雄辩地证明,通向现代化的道路不止一条,只要找准正确方向、驰而不息,条条大路通罗马。中国改革开放40周年之际,邓小平同志1985年的预言更加令人回味:"我们的改革不仅在中国,而且在国际范围内也是一种试验,我们相信会成功。如果成功了,可以对世界上的社会主义事业和不发达国家的发展提供某些经验。"

"300年后,当未来的人们书写我们今天的历史时,他们可能不会记得'冷战'的结束,也不会记得'9·11'事件,而必然会大书特书的是,中国因其高速经济增长,在人类历史上第一次做到了:在一个人的生命周期内生活水平可以提高100倍以上,并且对世界人口和全球经济带来重要影响。"读到世界银行前首席经济学家劳伦斯·萨默斯如是浸透震惊色彩的言语时,很多人陷入思考,感叹中国发展的巨大能量。

世界眼中,中国大地上的伟大觉醒、伟大创造、伟大革命、伟大飞跃次第呈现,恰如马克思主义唯物史观所揭示的根本规律——生产力作为最活跃最革命的因素,决定性地推动了社会大发展。中国改革开放的故事,就是解放和发展生产力的故事,就是在为实现人的全面发展而奋斗的征程上不断进步的故事。中国改革开放的历程向世界表明,只有顺应历史潮流,积极应变,主动求变,才能与时代同行。

(2018年12月21日)

钟 声

契合时代潮流的通往未来之路

——写在改革开放四十周年之际③

在国际体系变革的关键时刻,中国坚定地站在历史前进的正确一边,更见中流砥柱大作为

"这是我们时代的伟大故事,不是中国人的事,是我们的故事,是全人类的故事。"美国《时代》周刊曾如此评价中国改革开放对人类发展进步的意义。

自立立人,自达达人。站在改革开放40周年的重要时间节点,回望中国同世界共同书写的奋斗故事,更能真切感受到中国的改革开放是促进世界和平与发展的强大力量,是中华民族对人类文明进步作出的重大贡献。

中国始终是全球共同开放的重要推动者。40年来,中国对外贸易实现规模、质量双提升。中国外贸总量占全球比重从1978年的0.8%提高到2016年的11.5%,2017年对全球贸易增长贡献率超过20%。中国是世界第一大出口国,为世界市场提供了大量物美价廉的商品,中国制造业出口每增加1万美元,世界范围内的就业岗位平均增加11.52个;中国是世界第二大进口国,预计未来15年,中国进口商品和服务将分别超过30万亿美元和10万亿美元;中国企业积极"走出去",促进了各国经济发展和技术进步。

中国始终是世界经济增长的稳定动力源。犹记得亚洲金融危机时,中国承受巨大压力,坚持人民币不贬值,为亚洲乃至世界金融稳定作出了重要贡献。国际金融危机时,中国强劲的经济增长和积极的危机应对为全球经济金融稳定

注入了比黄金和货币更重要的信心。如今，中国已成为世界第二大经济体，连续多年对世界经济增长贡献率超过30%。在世界经济复苏乏力、经济全球化遭遇波折的挑战面前，中国坚持推动建设开放型世界经济，无疑将为世界经济增长贡献更大动力。

中国始终是各国拓展商机的活力大市场。在首届中国国际进口博览会上，172个国家、地区和国际组织参会，3600多家企业参展，超过40万名境内外采购商到会洽谈采购，映射出中国大市场的充沛活力。特斯拉在美国之外首个超级工厂正式签约落户上海，埃克森美孚将在广东建设大型独资石化项目……跨国公司"用脚投票"，积极分享中国经济发展的红利。世界银行将中国在全球的营商环境排名一次性提升32位，称赞中国相关领域改革"令人惊叹地快速且有效"。

中国始终是全球治理改革的积极贡献者。中国坚定维护国际秩序，当前中国已加入400多项多边条约，参加了所有联合国专门机构和大约90%政府间国际组织，全面融入当代国际秩序。党的十八大以来，习近平主席多次在重大外交场合阐述中国关于全球治理的新理念新思想，提出中国解决全球治理重要议题的新方案新举措，推动全球经济治理体系朝着更加公正合理的方向发展。党的十九大进一步明确中国特色大国外交要推动构建新型国际关系、推动构建人类命运共同体。为完善全球治理而贡献的中国智慧，承载着中国为人类作出新的更大贡献的寄望，彰显中国作为负责任大国的担当。

大道之行也，天下为公。国际货币基金组织总裁拉加德称赞"中国正在建设通往未来之路"，为全球视野下中国砥砺前行的壮阔图景给出了一个生动注脚。中国改革开放，顺应中国人民要发展、要创新、要美好生活的历史要求，契合世界各国人民要发展、要合作、要和平生活的时代潮流。日益走近世界舞台中央的中国，已经成为国际社会公认的世界和平的建设者、全球发展的贡献者、国际秩序的维护者。当下，在国际体系变革的关键时刻，中国坚定地站在历史前进的正确一边，更见中流砥柱大作为。

（2018年12月24日）

点燃共同发展繁荣的梦想

——写在改革开放四十周年之际④

"一带一路"的未来值得期待,只要不断促进全球互联互通,形成联动发展新格局,就能为世界经济不断拓展新的增长空间

"我们要以共建'一带一路'为重点,同各方一道打造国际合作新平台,为世界共同发展增添新动力。"习近平总书记在庆祝改革开放40周年大会上的讲话,让世界看到共同发展的未来。

改革开放40周年,"一带一路"倡议提出5周年,在这具有特殊意义的年份,"一带一路"美丽画卷更加引人注目。从中巴经济走廊到中缅经济走廊,从中泰铁路、中老铁路到中欧班列,从汉班托塔港到比雷埃夫斯港,一大批重点合作项目全面推进,让人们更加坚信,只有携手合作,才更有机会去邂逅、去创造无限的发展机遇。2018年,50多个国家和国际组织与中国签署"一带一路"合作文件,签署文件总数达140多个。共建"一带一路"倡议和共商共建共享的核心理念已经写入联合国、中非合作论坛、上合组织、亚欧会议等重要国际机制成果文件,中阿合作论坛、中拉论坛就共建"一带一路"达成重要共识。

"'一带一路'倡议既是中国在改革开放过程中产生的重要构想,也是中国进一步扩大开放的重大举措。"日本前首相鸠山由纪夫的话,点明了"一带一路"与改革开放40周年同时在全球引起广泛共鸣的原因所在。40年前,中国正是基于对时代潮流的深刻洞察,主动融入世界经济,最终走出了一条快速

发展之路。开放发展、合作共赢,这是40年中国改革开放实践证明了的宝贵经验。改革开放让中国富起来、强起来的事实,让这一经验具有充分的说服力。如今,中国面向世界共建"一带一路",正是携手各国构建开放型世界经济的主动作为,必将让更多国家走上共同发展的道路。

40年改革开放表明,中国的发展离不开世界,世界的繁荣也需要中国。正如埃及前总理伊萨姆·谢拉夫所指出:"中国梦绝不仅仅是一个中国的梦,在某种意义上也是一个全人类的梦。"改革开放激发了全体中国人民追逐梦想的热情,凝聚起实现中国梦的前所未有的合力。"一带一路"让全球广大欠发达国家和地区看到了迎头赶上的新希望,燃起了沿线国家和地区人民共同的发展繁荣梦想。

世界聚焦中国改革开放,愈加能够认识到,中国积极推进共建"一带一路",正是新时代中国全面深化改革、扩大开放的明证。党的十九大报告指出,"中国开放的大门不会关闭,只会越开越大。要以'一带一路'建设为重点,坚持引进来和走出去并重,遵循共商共建共享原则,加强创新能力开放合作,形成陆海内外联动、东西双向互济的开放格局"。在日本经济学家江原规由眼中,"一带一路"是中国改革开放进程更加国际化的标志,也是支撑和维护经济全球化的重要公共产品。

世界聚焦中国改革开放,愈加能够认识到,中国积极推进共建"一带一路",正是中国加强国际合作、完善全球治理的切实行动。经济全球化遭遇逆风,开放合作面临挑战。中国发挥贸易和投资大国优势,以开放的胸怀持续向世界释放发展正能量,有力带动"一带一路"沿线国家实现贸易优化升级。英国财政部前副大臣利亚姆·伯恩指出,中国提出的"一带一路"倡议将是未来10年经济全球化的最重要推动力。

金沙月影驼铃远,碧海连天帆樯立。穿越历史时空眺望未来,人们愈加确信"一带一路"的未来值得期待,只要不断促进全球互联互通,形成联动发展新格局,就能为世界经济不断拓展新的增长空间。一条和平、繁荣、开放、绿色、创新、文明之路就在眼前,中国正与世界携手并进。

(2018年12月25日)

书写同世界携手共进的友谊篇章

——写在改革开放四十周年之际⑤

40年改革开放，中国向世界传递的是真挚的情谊、谦逊的品格、合作的诚意

"中国不忘为改革开放作出卓越贡献的外国友人""中国赞许深入参与改革开放进程的外国人士""这象征着两国之间深厚的友谊"……在庆祝改革开放40周年之际，中国授予阿兰·梅里埃等10位国际友人中国改革友谊奖章，表彰他们为支持中国改革开放事业作出的杰出贡献，此举引发热烈的国际反响。不少外国媒体循着奖章获得者的身影，大篇幅报道各国与中国改革开放的不解之缘，追溯中国向世界开放学习的进程。

许多国际友人长期致力于促进中外交流合作，深度参与中国改革开放进程。那些开启与中国国际合作新纪元的政治家，那些率先参与中国现代化建设的企业家和专家，那些一直倡导并推动中外经贸、人文、体育合作的国际组织知名人士，那些致力于向世界讲述当代中国的国际友人，都是中国改革开放的见证者、支持者、贡献者，是中国人民的老朋友、好朋友。中国人民受恩不忘、知恩图报。

2012年12月5日，习近平当选中共中央总书记后举行的首场外事活动，便是同来自16个国家的20位外国专家代表座谈。面对外国专家代表，习近平总书记作出坚定承诺——"中国是个负责任国家，我们要努力把自己的事情

办好，同时也要处理好中国和外部世界的关系，既争取更加有利的外部环境，也努力为世界和平与发展作出更大贡献。"今年6月，中国新设立中华人民共和国"友谊勋章"，通过树立中外友谊典范，向世界传递友谊和平、公平正义等基本理念，增进世界对中国的了解。

中国的事业是得到世界人民支持的事业。改革开放之初，邓小平在访问日本时与年逾八旬的松下幸之助会谈，面对帮助中国进行现代化建设的邀请，松下这位"经营之神"毫不迟疑地承诺，"无论什么，我们都将全力相助"；全力促成中国重返奥林匹克大家庭的萨马兰奇，在2001年7月13日向世界庄重宣布，第二十九届奥运会举办城市为"北京"，永载中国改革开放的史册……正所谓得道多助！中国改革开放事业之"道"，彰显向世界敞开大门的气度、同世界各国共同发展进步的追求。

中国的事业是向世界开放学习的事业。不拒众流，方为江海。中华民族自古便有"三人行必有我师"的谦逊，也有"聚天下英才而用之"的胸怀。改革开放以来，中国大胆吸收和借鉴人类社会创造的一切文明成果，吸收和借鉴当今世界各国一切反映现代社会化生产规律的先进经营方式、管理方法。2012年至2017年，来华工作外国人才超过330万人次，并呈现蓬勃的增长势头。正是由于中国无论发展到什么水平都虚心向世界各国人民学习，不断开阔眼界、开阔思路、开阔胸襟，不断加强同世界各国的互融、互鉴、互通，中国解决问题的本领才会不断增强，中国同世界的互动才会日益深入。

中国的事业是同世界各国合作共赢的事业。中国的发展离不开世界，世界的繁荣也需要中国。随着世界日益成为你中有我、我中有你的命运共同体，来自世界制造业第一大国、货物贸易第一大国的"中国制造""中国智造""中国创造"走向世界各个角落，影响并改善着人们的生活。面对全球治理难题，"赶上时代"的中国进一步担负起"引领时代"的重担——积极推动建设开放型世界经济、构建人类命运共同体，促进全球治理体系变革，旗帜鲜明反对霸权主义和强权政治……中国智慧、中国方案正为世界和平与发展贡献源源不断的力量。

40 年改革开放，中国向世界传递的是真挚的情谊、谦逊的品格、合作的诚意。面向未来，中国继续敞开胸怀，诚邀国际友人参与中国改革开放新征程，续写同世界携手共进的友谊篇章。

（2018 年 12 月 26 日）

让合作共赢的故事更动人

——写在改革开放四十周年之际⑥

中国改革开放故事在世界舞台上形成热潮，回应了人们探寻发展密码的不懈努力

"西方人要想真正了解中国的现在和未来，就必须了解中国过去40年发生了什么。"纪录片《中国改革开放的故事》撰稿人和主持人、英国历史学家迈克尔·伍德由衷感慨。连日来，多部讲述中国改革开放故事的纪录片广泛传播，那些反映小岗村起步、深圳巨变、高铁传奇等中国历程的影像叙事，进一步激发起人们探究改革开放如何改变中国、如何影响世界的思考。

2018年，是中国改革开放故事备受世界瞩目的特殊年份。外国媒体记者纷纷来到中国，采访改革开放亲历者；以中国改革开放为主题的一个个图片展、一场场研讨会在世界很多地方举行，反响热烈。习近平总书记在庆祝改革开放40周年大会上发表重要讲话，更是受到全球高度关注。国际舆论称赞，这一重要讲话"恰如其分地将改革开放进程融入中国的历史图景之中，表达了继续推进改革开放的决心"，中国"伟大的改革开放还要继续下去，这是推动全球进步的重要决定"。

中国改革开放故事在世界舞台上形成热潮，回应了人们探寻发展密码的不懈努力。迷茫者如何拨开迷雾，看清前程；落后者如何奋起直追，实现跨越；大踏步前进者如何保持耐力，蹄疾步稳；领先者如何不断蓄力，开辟新路……

中国40年改革开放创造出的奇迹，给出了具有启迪意义的答案。

聚焦改革开放故事，通过"人"来衡量这场"伟大的革命"，是一种颇具代表性的观察视角。英国《金融时报》最近的一篇报道，通过饮食、人均身高、家庭规模、人口数量等指标盘点40年来中国发展的成就，并得出"改革开放最深远的影响，无疑体现在中国老百姓身上"这一观点。西班牙《国家报》通过采访一名退休工程师，看到了中国人民从"缺衣少食"到"拥有一切"的巨变。彭博新闻社则通过采访个体户、工程师和期货交易者等，展望中国下一个繁荣的40年。世界看到，中国改革开放的历史性抉择，反映了人民群众的期盼和需要。以人民为中心的中国理念，促使更广大人民共享发展成果的中国行动，不仅造福中国人民，而且在世界舞台上日益发挥建设性作用。

"改革开放40年的实践启示我们：开放带来进步，封闭必然落后。"连日来，习近平总书记的这句话被各国媒体广泛引用，引发共鸣。"中国改革开放40年发展了自己，造福世界""一条坚持不懈深化改革开放的道路，让中国经济发展前景光明""没有其他任何一种道路比改革开放更能让中国走向现代化""中国将改革开放进行到底的坚定决心，对于越来越多把中国视作榜样的发展中国家而言是无比巨大的激励"……国际人士如是赞誉，尤其深刻体会到当今中国昂扬奋进之势，纵然船到中流浪更急、人到半山路更陡，但中国依然拥有勇立潮头、奋勇搏击的坚毅。壮阔东方潮，昭示着实现中华民族伟大复兴的势不可挡的磅礴力量。

千帆竞发、百舸争流的时代，合作共赢故事更动人。中国40年的改革开放告诉世界，开放合作、共同发展之路，就是值得各国选择并坚持的阳光大道。踏上改革开放新征程的中国，将同各国一起开辟合作共赢的美好未来。

（2018年12月27日）

中国公民合法、正当权益不容侵犯

加拿大方面只有纠正错误，立即停止侵犯中国公民合法、正当权益，给中国人民一个应有的交代，才能避免为此付出沉重的代价

加拿大方面，做出了一件足以令国际社会深感震惊的事情。在加拿大温哥华转机的中国公民、华为公司首席财务官孟晚舟，竟然被加拿大方面以应美方要求为由而拘押。这是严重侵犯中国公民的合法、正当权益，于法不顾，于理不合，于情不容，性质极其恶劣。

在没有给出明确理由的情况下，就把人拘押，公然侵犯了当事人的人权。加拿大警方竟然在未经审判定罪的情况下，完全无视法的精神，作出有罪推定选择，给当事人戴上手铐、脚镣。无端把一位中国公民作为重刑犯人对待，粗暴践踏其基本人权，侮辱其人格尊严，这哪里是一个文明国度所应有的做法？怎能不让人们感到义愤？

采用种种不正当手段打压中国公司华为的做法，暴露了一些人见不得人的阴暗心理，但注定是搬起石头砸自己的脚。华为的一举一动都影响着世界，华为的供应商超过2000家，不仅有瑞声科技、比亚迪、富士康等中国企业，还有高通、英特尔、博通等美国企业。媒体发布加拿大拘押华为公司负责人的消息后，美股市场全线大跌。市场分析人士指出，拘押事件增大了市场对未来判断的不确定性。

中方不会惹事，但是也决不怕事，谁也不要小看中国的信心、意志和实力。中方获悉相关情况后，第一时间提出严正交涉、表明严正立场，并第一时间向

当事人提供领事协助。12月8日，中方紧急召见加拿大驻华大使麦家廉，就加方拘押华为公司负责人提出严正交涉和强烈抗议。中方强烈敦促加方立即释放被拘押人员，切实保障当事人的合法、正当权益。否则必将造成严重后果，加方要为此承担全部责任。

  加拿大方面必须想清楚，在公理正义与肆意妄为之间，根本不存在模糊地带。加拿大方面只有纠正错误，立即停止侵犯中国公民合法、正当权益，给中国人民一个应有的交代，才能避免为此付出沉重的代价。

（2018年12月9日）

为处在关键当口的国际形势增添稳定性

无论前途是晴是雨，中国将始终同各国携手合作、互利共赢

11月27日至12月5日，中国国家主席习近平对西班牙、阿根廷、巴拿马、葡萄牙进行国事访问并出席在阿根廷举行的二十国集团领导人第十三次峰会。通过这一成功的重大外交行动，世界再次看到，无论国际风云如何变幻，中国始终保持战略定力与清醒，以建设性姿态和积极主动的作为，为处在关键当口的国际形势增添不可或缺的稳定性。

来自中国的稳定性，体现在维护多边主义、加强全球治理的负责任立场。面对层出不穷的全球性挑战，各国除了加强多边合作，不会有更好的选择。二十国集团是多边合作的重要产物和体现。10年前，二十国集团领导人峰会机制因应对国际金融危机而生，为推动世界经济走出低谷发挥了重要作用。10年后的今天，世界经济再一次面临历史性选择。破除金融危机的深层次影响，推动经济增长新旧动能转换，克服伴随科技与产业革命而来的社会压力，种种现实挑战都呼唤二十国集团继续展示战略视野，在维护多边主义、完善全球治理方面发挥引领作用。

着眼于推动二十国集团各方以负责任态度把握世界经济大方向，习近平主席在峰会作引导性讲话时提出四个坚持：坚持开放合作，维护多边贸易体制；坚持伙伴精神，加强宏观政策协调；坚持创新引领，挖掘经济增长动力；坚持普惠共赢，促进全球包容发展。这些倡议紧扣形势变化，解答时代命题，有利于推动世界经济强劲、可持续、平衡、包容增长，为推动本次二十国集团领导人峰会就重大国际问题达成共识并通过领导人宣言发挥了重要作用。

来自中国的稳定性，体现在促进大国关系良性互动的积极担当。大国对地区和世界未来负有重要责任。当前，国际体系正在经历深刻变革，国际社会对形势变化普遍充满忧虑。在此背景下，大国之间唯有增进沟通，保持良性互动，才能为格局调整增添稳定性和确定性力量。

二十国集团领导人峰会期间，习近平主席同美国总统特朗普的会晤全球瞩目，国际社会普遍希望两国元首能通过此次会晤为两国关系发展作出规划、指明方向。伴随着世界的关注目光，中美双方在会晤中同意共同推进以协调、合作、稳定为基调的中美关系，推动两国各领域交流合作取得更多成果。这一重要共识不仅符合中美双方利益，也符合国际社会的期待。具有高水平和特殊性的中俄关系，堪称当今世界大国相处的典范。此次二十国集团领导人峰会，习近平主席同俄罗斯总统普京延续在重要多边场合会晤的传统，共同为明年庆祝两国建交70周年作出规划，引领中俄全面战略协作伙伴关系迈向更高水平。

来自中国的稳定性，体现在深化伙伴关系的合作取向。过去几年来，中欧、中拉整体合作不断提升，为双方发展带来助力，国际影响力日益扩大。此次，习近平主席对西班牙、阿根廷、巴拿马、葡萄牙四国进行访问，不仅为中国同四国的双边合作注入了强劲动力，也为中欧、中拉整体合作继续攀升带来了新的推动。

从此次访问可以看出，随着中国进一步深化改革扩大开放，向世界释放的发展机遇不断增多，各国同中国加强伙伴关系、实现合作共赢的动力与信心持续加强。通过习近平主席的此次访问，西班牙、阿根廷、巴拿马、葡萄牙四国融入"一带一路"合作的意向进一步加强，同中国开展务实合作的空间正变得更加广阔。西班牙首相桑切斯的观点很有代表性——在这个充满变化的时代，西班牙越来越关注亚洲，尤其是重视日益走向世界的中国。

着眼未来，人类发展进步大潮滚滚向前，世界经济时有波折起伏，但各国走向开放、走向融合的大趋势没有改变。无论前途是晴是雨，中国将始终同各国携手合作、互利共赢。在21世纪的今天，这样的抉择是经济规律使然，也是符合人类社会发展历史逻辑的唯一正确选择。

（2018年12月7日）

共同推动中美关系健康稳定发展

历史和现实证明，合作是双方最好的选择，共赢才能通向美好未来

当地时间12月1日晚，中国国家主席习近平应邀同美国总统特朗普在阿根廷首都布宜诺斯艾利斯共进晚餐并举行会晤。两国元首在坦诚、友好的气氛中，就中美关系和共同关心的国际问题深入交换意见，达成重要共识，为今后一段时期的中美关系指明了方向。

习近平主席在会晤中指出，中美在促进世界和平和繁荣方面共同肩负着重要责任。一个良好的中美关系符合两国人民根本利益，也是国际社会的普遍期待。特朗普总统赞同这一对两国关系的评价，认为美中关系十分特殊、重要，我们两国都是有重要世界影响的国家，双方保持良好合作关系对两国和世界有利。此次中美元首会晤达成共识，双方停止相互加征新的关税，并将朝着取消所有加征关税的方向，加紧磋商，尽早达成互利双赢的具体协议，这不仅有利于中美两国各自的发展和人民的福祉，而且有利于世界经济的稳定增长，符合各国利益。

此次会晤是中美两国元首去年11月北京会晤以来的再次聚会，也是今年3月双边经贸摩擦不断升级以来，两国元首继两次通话后首次面对面沟通。两国元首同意通过访问、会晤、通话、通信等方式保持密切交往，共同引领中美关系的发展方向，并适时再次进行互访。元首外交对中美关系发展具有战略引领作用。此次两国元首之间的良性互动，为中美关系健康稳定发展作出了规划，指明了方向。

发展中美关系,关键在于双方对彼此的战略意图要有准确的判断。一段时间以来,美国国内涉华消极声音增多,中美整体关系走向引起世界关注。在此次会晤中,两国元首同意,中美关系一定要搞好,也一定会搞好,同意推进以协调、合作、稳定为基调的中美关系。中美两国元首在发展双边关系上达成的这一重要共识,有利于双方相向而行,共同维护中美关系健康稳定发展的大局,也有利于共同促进世界和平与繁荣。

中美是世界前两大经济体、最大的发展中国家和发达国家。两国拥有广泛共同利益和巨大合作空间,但也难免在一些领域存在分歧。存在问题不可怕,关键在于通过对话协商解决问题。正如美国前国务卿基辛格所指出:"发展美中关系需要战略思维和远见,美中双方要更好地相互理解,加强战略沟通,不断扩大共同利益,妥善管控分歧,向世人表明美中共同利益远远大于分歧。"中美只有在平等互利基础上,本着互谅互让的精神,通过友好协商妥善解决两国关系发展中出现的问题,才能不断扩大合作的基础,做大共同利益的蛋糕。此次中美元首会晤成果再次表明,中美之间共同的利益大于分歧,合作的需要大于摩擦,两国有足够的政治智慧,能够在不冲突不对抗、相互尊重、合作共赢的基础上发展双边关系。

明年1月1日,中美将迎来建交40周年。40年来,中美关系历经风雨和坎坷,但总体保持稳定前行。历史和现实证明,合作是双方最好的选择,共赢才能通向美好未来。面对深刻复杂演变的国际形势,中美双方应按照两国元首达成的重要共识,从两国人民和世界各国人民根本利益出发,推动中美关系健康稳定向前发展,给两国人民带来更多"满足感"和"获得感"。

(2018年12月3日)

增进全球福祉　促进共同繁荣

中国发出坚定支持世贸组织在全球经济治理中发挥更大作用的强音，作出将以更大力度、更高水平的对外开放促进全球共同发展的承诺，无疑预示着"中国与世界共赢"的下一程将更加波澜壮阔

6月28日，中国首次发表《中国与世界贸易组织》白皮书。世界主流媒体纷纷第一时间对白皮书内容予以报道，关注中国参与多边贸易体制建设的原则立场和政策主张，解读中国推进更大力度、更高水平对外开放的愿景与行动。

2001年12月11日，经过长达15年的谈判，中国正式加入世贸组织。从适应世贸规则到主动应用规则，从应对亚洲金融危机到应对国际金融危机，从大幅开放市场到提出共建"一带一路"倡议……17年，见证了中国主动到世界市场的大海中经风雨、见世面，"在游泳中学会游泳"的进程，见证了中国成为多边贸易体制的积极参与者、坚定维护者和重要贡献者的历史性转变。

中国经济增长为世界经济复苏注入强劲动力，中国成为世界经济增长的主要稳定器和动力源。自2002年以来，中国对世界经济增长的平均贡献率接近30%。作为全球第二大经济体，中国经济的平稳增长也对降低世界经济波动风险起到了举足轻重的作用。中国国家统计局数据表明，2013年至2016年，如果不考虑中国经济的影响，世界经济年均增速将放缓0.6个百分点，波动强度将提高5.2%。与此同时，中国创造了举世瞩目的减贫奇迹，改革开放以来引领7亿多农村人口摆脱贫困，对全球减贫贡献率超过70%，成功探索出一条减贫与发展相互促进、并行推动的增长之路。

中国坚定不移奉行互利共赢的对外开放战略，对外贸易持续发展，惠及13亿多中国人民，也惠及世界各国人民。2001年至2017年，中国货物贸易进口额年均增长13.5%。根据世贸组织不久前发布的《全球贸易数据与展望》报告，2017年中国对全球进出口贸易总额的贡献率高达10.2%和12.8%，分别位居世界第二和第一位。预计未来5年，中国将进口8万亿美元商品、吸收6000亿美元外来投资，对外投资总额将达7500亿美元。世贸组织经济学家科尔曼·尼认为，中国经济体量和全球经济参与度的大幅提升，拓宽了全球商品和服务市场，推动了地区和全球贸易需求，让诸多贸易伙伴受益。

中国致力于打造开放型合作平台，持续为国际社会提供更多公共产品，与其他国家共同构建利益共同体，不断增进全球福祉。中国提出共建"一带一路"倡议以来，已有80多个国家和国际组织同中国签署了合作协议。2013年至2017年，中国同沿线国家贸易总额超过5万亿美元，为沿线国家和地区创造了数以10万计的就业岗位。今年11月，中国将在上海举办首届中国国际进口博览会，为各国出口提供新机遇，为各国共享中国发展红利搭建新平台，为世界经济增长注入新动力。

在世贸组织前总干事拉米看来，17年前中国加入世贸组织既是中国改革开放进程的重要历史性时刻，也是世贸组织历史上的一个里程碑事件，开启了"中国与世界共赢"的新进程。放眼当下，在逆全球化潮流涌动，保护主义和单边主义抬头，以世贸组织为核心的多边贸易体制遭遇挑战的背景下，中国发出坚定支持世贸组织在全球经济治理中发挥更大作用的强音，作出将以更大力度、更高水平的对外开放促进全球共同发展的承诺，无疑预示着"中国与世界共赢"的下一程将更加波澜壮阔。

（2018年6月29日）

同舟共济，顺大势而为

同舟共济，需要负责任的精神、开放包容的胸襟。顺大势而为，方能把握变革催生的新机遇，为亚太地区乃至世界共同发展繁荣闯出新天地

"让我们握稳舵盘、把准航向、齐力划桨、乘风破浪，共同驾驶着世界经济的大船驶向更加美好的彼岸！"11月17日，习近平主席在亚太经合组织工商领导人峰会上发表题为《同舟共济创造美好未来》的主旨演讲意义深远。

世界正经历百年未有之大变局，各国站在历史的十字路口，面临不同的选择：是开放合作、互利共赢，还是闭塞竞争、谋求私利？世界经济的大海里，每个国家都不是孤舟，当逆全球化、单边主义和保护主义的"暗礁"潜伏在发展的大船之下，如何保证地区和世界经济拥抱"扬帆但信风"的光明未来？

"我们应该旗帜鲜明反对保护主义、单边主义，维护以世界贸易组织为核心的多边贸易体制""我们应该致力于加强发展合作，帮助发展中国家摆脱贫困""我们应该少一点傲慢和偏见、多一些尊重和包容""我们应该以只争朝夕的精神，探寻新的增长动力和发展路径""我们应该秉持共商共建共享理念，推动全球经济治理体系变革"……坚持开放、发展、包容、创新、规则导向，这是中国为深化亚太伙伴关系、破解时代发展难题提交的方案。

"中国坚持开放、中国经济稳定增长，将给中国的邻国以及亚太地区带来机遇""中国不仅考虑自身发展，还在为全人类的发展出谋划策""开放与合作是实现包容和可持续发展的唯一道路"……会场内外，反响热烈。人们盛赞习近平主席提出的主张鞭辟入里，着眼长远。大势之下，有些国家人为设置壁

垒，妄图切断各国经济上的密切联系，但经济规律和历史潮流终将证明，中国倡导的更加开放、包容、普惠、平衡、共赢的经济全球化才是各国共同的心愿。

世界共同见证，40年改革开放的伟大征程上，中国不断敞开胸怀、拥抱世界，成长为世界第二大经济体、第一大货物贸易国、最大的旅游市场、130多个国家的主要贸易伙伴。全面实现城乡免费义务教育、基本建立世界上覆盖人口最多的社会保障体系、帮助7.4亿多人口摆脱贫困，更是谱写了人类发展史的辉煌篇章。中国用40年的惊人发展证明，只有坚持开放合作才能获得更多发展机遇和更大发展空间。

作为亚太大家庭一员，中国发展起步于亚太、得益于亚太，坚持立足亚太、造福亚太。从提出共建"一带一路"，到成功举办世界上第一个以进口为主题的国家级展会中国国际进口博览会，再到继续大幅放宽市场准入、加强知识产权保护、主动扩大进口的承诺，中国脚踏实地，阔步行进在同世界共享机遇、共谋发展的阳光大道上。

"亚太的开放合作不仅激荡着太平洋，也活跃了世界经济的海洋。"习近平主席的深刻阐释引领人们打开了视野。亚太开放合作的潮流浩浩荡荡，正待经济全球化的弄潮儿大展身手。同舟共济，需要负责任的精神、开放包容的胸襟。顺大势而为，方能把握变革催生的新机遇，为亚太地区乃至世界共同发展繁荣闯出新天地。

（2018年11月21日）

中国人权事业的亮丽答卷

11月9日,联合国人权理事会主席在日内瓦万国宫敲槌宣布一致通过中国参加第三轮国别人权审议报告。随着槌音落下,多国代表纷纷走向中国代表团席位表达热烈祝贺。这是中国向世界交出的一份亮丽答卷,彰显中国人权事业取得的巨大进步。

审议过程中,中方全面介绍改革发展成就,深入阐述中国特色人权理念和实践,有针对性地介绍了在民主法治建设、经济社会发展、人权司法保障、言论宗教自由、消除贫困和国际人权合作等方面的新进展,用大量事实和数据说明,中国在人权领域取得的进步是实实在在的。中方在审议现场同各方进行了建设性对话与交流,有针对性地回答了35大类有代表性的百余个问题,彰显了一个负责任大国的自信与担当,受到各方好评。针对少数西方国家对中国的无端指责,中方用大量事实和依据予以严正驳斥,坚决反对以人权为借口干涉中国内政、损害中国主权和领土完整。

这次有150个国家报名发言,打破了国别人权审议的纪录。120多个国家充分肯定中国在促进和保护人权事业方面取得的巨大成就,更是创历史之最。改革开放40年,中国创造了世界减贫史上的奇迹,7亿多人口减贫,占全球总数的70%以上,其中仅2012年至2017年就累计减贫6853万人,被世界银行称为"迄今人类历史上最快速度的大规模减贫"。中国始终坚持在发展中促进和保护人权。过去5年,中国国内生产总值年均增长7.1%,对世界经济增长贡献率超过30%。2017年,中国经济增长带动了约1100万人就业。中国960多万平方公里的土地上,没有战乱恐惧,13亿多人民分享着幸福安宁的生活。这本身就是全世界最大的人权工程和最好的人权实践。

中国的实践向世界表明，人权保障并非只有一种途径，各国都能根据自己的国情和人民需要，找到适合自己的人权保障模式。中国人权事业不断发展，关键在于坚定不移走中国特色人权发展道路。这是一条以国情为基础的道路，坚持人权的普遍性与特殊性相结合，坚持民主和民生相促进，坚持和平与发展相协调。这是一条以人民为中心的道路，始终以百姓的福祉和利益为出发点和落脚点，突出人权之本在人，民主之义在民。这是一条以发展为要务的道路，坚定不移贯彻创新、协调、绿色、开放、共享的发展理念，切实落实联合国2030年可持续发展议程，致力于消除贫困，不让一个人掉队。这是一条以法治为准绳的道路，不断完善以宪法为核心的中国特色社会主义法律体系，坚持法治国家、法治政府、法治社会一体建设。这是一条以开放为动力的道路，秉持开放包容姿态，从中华文明中汲取智慧，从世界文化中博采众长，不僵化、不照搬，不断完善自身发展。中国提出的"自主选择人权发展道路和模式""平等和相互尊重""不干涉内政""安全是最大的人权""发展是首要人权""减贫促人权""合作促人权"等重要理念，得到国际社会广泛认同，成为促进国际人权进步的新贡献。

但令人奇怪的是，个别西方国家仍抱残守缺，刻意将人权问题政治化，以意识形态划线，执迷认为西式民主才是真民主、西方人权才是真人权，对中国的探索与实践"横挑鼻子竖挑眼"，充满偏见、肆意歪曲。个别国家甚至罔顾"中国是过去30多年发展最快的国家""对世界减贫贡献最大的国家""建立了全球最大裁判文书网"等客观事实，始终用有色眼镜看待中国人权事业发展，反复以人权为幌子，违背法治精神，干涉中国内政和司法主权。中方对此坚决反对、绝不接受。许多发展中国家代表会上会下由衷表示感佩，认为中方的做法大快人心，西方强加于人不得人心。

世界在进步，人权在发展。中方始终主张，在人权问题上，没有最好，只有更好。我们走中国特色人权发展道路，基于深厚的历史底蕴，拥有不竭的前进动力。

（2018年11月13日）

推动中日关系得到新的发展

中日双方在切实贯彻践行"互为合作伙伴,互不构成威胁"的政治共识基础上,进一步挖掘潜力、加强合作,将为两国和两国人民带来更多福祉

今年是中日和平友好条约缔结40周年,中日关系发展面临重要机遇。"双方要遵循中日四个政治文件确立的各项原则,坚持和平友好大方向,持续深化互利合作,推动中日关系在重回正轨基础上得到新的发展。"10月26日,习近平主席会见来华访问的日本首相安倍晋三,在总结两国关系发展历程的同时,进一步指明了未来方向。

1978年,中日两国老一辈领导人缔结和平友好条约,以法律形式确定了两国持久和平友好大方向,为双方开展互利合作、谋求共同发展以及妥善处理历史、台湾等敏感问题提供了坚实遵循和保障。回顾历史,为了更加坚定和平友好、合作共赢的信念和决心。展望未来,更能明确时代使命和方向。"改善中日关系,关键在于互信""在新的历史时期,双方应该审时度势,立足大局和长远,既在战略上把准和平、友好、合作大方向,又在行动上作出扎扎实实努力"……习近平主席数次会见安倍首相,深刻指出了改善和发展中日关系的关键。当前,中日关系在双方共同努力下重回正常轨道,重现积极势头。这是两国高层政治引领的成果,也凝聚着热爱友好事业的两国各界人士的宝贵心血,值得加倍珍视。

新形势下,中日两国在双边领域相互依存日趋加深,在多边层面也拥有更加广泛多元的共同利益和共同关切。双方在切实贯彻践行"互为合作伙伴,互

不构成威胁"的政治共识基础上,进一步挖掘潜力、加强合作,将为两国和两国人民带来更多福祉。今年5月,中日双方就开展创新发展合作、金融领域合作,推进两国在高技术、应对人口老龄化、医疗卫生等领域的互利合作达成共识。一系列双边合作文件的签署,反映了双方共同迎接新一轮科技与产业革命浪潮的意愿。两国拓展节能环保、科技创新、高端制造、财政金融、共享经济、医疗养老等多领域的务实合作,预示着互利共赢的广阔前景。

共建"一带一路"为中日深化互利合作提供了新平台和试验田。安倍首相称赞"一带一路"是"连接东西方和不同地区的有潜力的构想",期待"一带一路"倡议能为世界和平与繁荣作出贡献,日本希望以此为目的同中方合作。日本经济界则早已先行一步,实质性地参与到有关项目建设之中。今年5月,双方签署《关于中日第三方市场合作的备忘录》,同意设立跨部门的"推进中日第三方市场合作工作机制"。10月26日,中日两国举办"中日第三方市场合作论坛",两国地方政府、金融机构、企业之间签署了50余项合作协议,金额超过180亿美元,成为中日务实合作的新支柱。

当前,国际形势正在发生深刻复杂变化,不稳定不确定因素增多。认清大势、顺应潮流、趋利避害,这是明智选择。中日双方一致同意携手共同维护自由贸易、反对保护主义,加速推进中日韩自贸区和区域全面经济伙伴关系协定谈判,以实际行动推动亚太区域经济一体化进程。改善和发展中日关系的扎扎实实行动,有利于促进亚太地区乃至世界的和平稳定、发展繁荣,值得期待。

(2018年10月27日)

单边思维，也是"冒险心态"

华盛顿选择将退出《中导条约》，无疑将给全球军控体系和战略稳定带来明显消极影响

10月20日，美国总统特朗普公开表示美国将退出《中导条约》，引起国际舆论一片哗然。包括美国北约盟友在内的相关各方都认为，华盛顿选择将退出该条约，无疑将给全球军控体系和战略稳定带来明显消极影响。

《中导条约》是冷战时期美国与苏联达成的重要军控与裁军条约，对于缓和国际关系、推进核裁军进程，乃至维护全球战略平衡与稳定均发挥了重要作用。即使在今天，该条约对于全球战略稳定依然具有重要现实意义。也正因为此，路透社的相关评论警告说，退出《中导条约》可能是本届美国政府上演的"最高风险"举动，带来的是"关乎生存"的影响。

美国单方面退约带来的风险，从欧洲的反应即可看明白。德国作为美国传统盟友，第一时间表态称这将"给美国和欧洲带来难题"。欧盟对外行动署发表声明表示，《中导条约》自生效以来一直是欧洲安全架构支柱，希望美国方面考虑退出这一条约将给自身、盟友乃至世界安全带来的后果。从历史看，上世纪80年代美苏签署《中导条约》之前，美国在欧洲部署"潘兴二型"导弹就曾在欧洲引发强烈反对，原因在于欧洲不想被绑上超级大国恐怖博弈的战车。类似的逻辑，在今天依旧成立。

国际社会已经注意到，在核武和军控问题上，华盛顿的"冒险心态"正变得日益突出。今年初，华盛顿公布最新版本《核态势审议报告》。同2010年

版报告相比，新版报告在渲染地缘政治和大国竞争方面提高了调门，明显强化核武在美国安全政策中的作用，弱化美国在核裁军问题上的特殊和优先责任，并明确提出发展低当量核武器，降低核武器使用门槛。美国普林斯顿大学核武专家布鲁斯·布莱尔评论认为，美国新政策只会增加误入核战争的可能性。据《华盛顿邮报》报道，过去几年来，美国国防预算支持的一些武器开发研究，只要真正试验，就属于违反《中导条约》。

此次退约消息，也是当前美国政府单边主义思维全面上升的又一次显现。一段时间以来，以讹诈、施压将自身利益最大化几乎成了当前美国外交的固定套路。美国国内分析认为，华盛顿之所以在当下抛出将退出《中导条约》的消息，一方面是为了在中期选举之前制造热点，另一方面是在大国关系中增加施压手段。彭博社一篇评论如此推演退约背后的逻辑——宣布退出《中导条约》让美国政府摆出强硬对抗俄罗斯的姿态，这种姿态在政治上"有用"；同时，在当前的中美经贸摩擦情况下，华盛顿也在寻找"更多杠杆"。

眼下华盛顿的思路是靠实力摆平一切，但无论是历史还是当下，国际关系从来就不是如此简单化的存在，大国关系更是不可能全然按照美国的剧本发展。在退出《中导条约》一事上，俄罗斯已经宣布"将以军事技术和其他必要手段予以回应"。至于有美国官员暗示退出《中导条约》同中国有关，这背后的算计更是荒谬。中国一贯奉行防御性的国防政策，坚定维护自己的正当国家安全利益，决不接受任何形式的讹诈。

美国政府近来不断在大国关系上挑起争端，美国国内战略界越来越多人发出这样的疑问：美国是否为全面陷入大国对抗做好了准备？陷入这样的局面又是否符合美国利益？说到底，回答这两个问题，华盛顿需要的不是简单的"策略"思维，而是要就时代格局、世界未来有更清楚的认识。处理国际问题，当三思而后行，凭借单边思维、"冒险心态"，不可能得出正解。

（2018 年 10 月 25 日）

谁是热衷于干涉他国内政的国家

美国一些政治人物似乎鲜有照镜子的习惯。他们毫无根据地指责他国干涉其内政之前，有必要先看看镜子里的自己是何等模样

近日，美国方面在多种场合指称中国试图干涉其下月举行的中期选举。但是，证据呢？美国媒体在采访多家网络安全公司之后得出相反结论——这些公司的情报分析师均表示，没有发现"中国干涉美中期选举"的证据。有目共睹，美国政府歪曲事实、捕风捉影的说辞，完全经不起推敲。中国历来坚持不干涉他国内政原则，一向光明磊落，问心无愧。这是美方任何一张大嘴说破了天都改变不了的事实。

谁是这个星球上最热衷于干涉他国内政的国家，国际社会早有公论。最近，来自洪都拉斯、萨尔瓦多、尼加拉瓜等国的无证移民试图经由墨西哥去往美国的消息，又一次将世界的目光引向美国干涉别国内政的过去和现在。尽管移民还远在几千公里之外，美国已经迫不及待放话要求相关国家采取行动，美国领导人甚至威胁将关闭美墨边境。

困扰美国的中美洲无证移民问题，在很大程度上就是美国在其所谓"我们西半球"干涉别国内政而种下的苦果。在洪都拉斯，美国以反毒品和人道主义为名建立有军事基地；在危地马拉、萨尔瓦多，美国的军事干预引发了持续数十年的内战，数万人死于非命，至今仍未彻底走出泥潭。美国边境问题专家约瑟夫·内文斯在《美国政策是洪都拉斯移民问题的根源》一文中指出，正是美国频频介入中美洲国家事务，导致该地区政局动荡，贫困和犯罪问题频发，致

使大量移民背井离乡，北上美国。

令人惊讶的是，臭名昭著的"门罗主义"，竟然还是美国领导人政治辞典中的正面概念，不时被其拿来用在当今拉美事务上，把干涉主义的大棒抡得乒乓山响。但是，稍有国际关系常识的人都懂得，"门罗主义"早已是霸权和邪恶的代名词，因为它给拉美国家和人民带去无休止的武装干预、政权颠覆和经济压榨。关注国际关系的人都知道，美国干涉别国内政的触角早已深深插入拉美、欧洲、亚洲地区很多国家，对他国事务指手画脚，几乎已到习以为常而不能自知的地步。

美国一些政治人物似乎鲜有照镜子的习惯。他们毫无根据地指责他国干涉其内政之前，有必要先看看镜子里的自己是何等模样。对照国际社会的主流声音，对照活生生的现实，他们应该羞愧于自己的信口开河。在相互尊重、公平正义、合作共赢已经成为国际共识的 21 世纪，公平、对等和尊重，不是嘴上说说的空话，更不是自己得病却要他人吃药的霸道。一些美方政要应该明白，如果观念跟不上时代步伐，拿不出实际行动去顺应历史潮流，到头来吃的亏就真大了。

（2018 年 10 月 24 日）

"投资热土"彰显中国经济韧性

"开放"是一把"金钥匙",打开发展繁荣的大门

联合国贸易和发展会议(贸发会议)10月15日发布的报告显示,今年上半年全球外国直接投资总额骤降41%,整体水平处在至少10年来的历史低位,但中国上半年吸收的外国直接投资逆势增长6%,总额超过700亿美元,成为全球最大的外国直接投资流入国。在世界经济发展面临不确定性、中美经贸摩擦的背景下,外国投资青睐中国,再次说明世界看好中国经济发展前景,不断扩大开放的中国市场仍将持续给世界带来重要机遇。

40年来,利用外资是中国对外开放基本国策的重要组成部分。长期以来,中国一直是发展中国家吸引外资最多的国家,靠的就是不断优化的营商环境和良好的发展前景。正如联合国贸发会议有关负责人所指出,中国加大招商引资力度,进一步对外资开放国内市场,不仅通过自贸试验区引领全国外资增长,而且西部地区吸收外资增势不减,这是中国外资流入增长的主要原因。有目共睹,中国改革开放的力度不减,发展质量不断提升,对外资的吸引力不断增大。放眼世界,中国利用外资"稳"的成色格外抢眼。国际观察人士普遍认为,"中国市场是发现机遇的理想平台""中国是不可多得的投资热土"。

当前,世界面临逆全球化思潮泛起、贸易保护主义抬头的挑战。经过近40年高速发展,中国经济已转向高质量发展,内需的贡献率不断增大,创新驱动效果明显,经济韧性不断提升。国际货币基金组织最新发布报告预计,中国经济今年仍将实现6.6%的增长。对于国内生产总值超过12万亿美元的中国来

说，这一增速无疑是惊人的。中国经济的航船几十年来经历过不少大风大浪和激流险滩，但都经受住了诸多考验。企图以提高关税伤害中国经济，甚至阻止中国人民过上好日子，实在是缺少现实感。

"显然，中国是世界第二大经济体，并且还在持续成长，仍将是开展业务和找寻机会的重要地方。"加拿大总理特鲁多近日在2018年《财富》全球论坛上表示，加拿大将继续采取各种方式加大与中国的贸易。人们看到，虽然贸易摩擦令人担忧，但多家外企竞相公布在华投资新计划：化工巨头巴斯夫集团将在广东建设总投资逾百亿美元的石化企业，特斯拉将在上海独资建设年产50万辆纯电动整车的超级工厂，宝马汽车公司计划将中国合资工厂产能增加16%左右。中国美国商会发布的《2018中国商务环境调查报告》显示，近六成受访企业将中国列为三大投资目的地之一，1/3的企业计划今年扩大在华投资10%以上；中国欧盟商会《商业信心调查2018》报告显示，超过一半的会员企业计划扩大在华运营规模；日本国际协力银行调查显示，2017年中国再次成为日本制造业跨国公司投票评选的最有潜力业务发展地……中国经济吸引力如何，这些企业用行动投出了信任票。

"开放"是一把"金钥匙"，打开发展繁荣的大门。尽管外部环境复杂多变，但中国对外开放的既定步伐不会改变。中国将不断优化营商环境，积极推动经济全球化，进一步参与国际分工，不断促进本国经济增长，实现与世界各国的合作共赢。具有如此开放眼光的中国，一定会吸引更多投资，为世界提供更多机遇。

（2018年10月20日）

并不高明的造谣术

——评美国领导人诬蔑中国的种种奇谈怪论

近来,美国总统、副总统轮番上阵,在不同场合声称中国试图干预美国选举,对中国内外政策进行无端指责。美方的各种说法充斥着冷战思维和零和博弈的过时观念,不仅歪曲事实,还混淆是非,存在事实性、逻辑性和时代性错误。美方的奇谈怪论林林总总,归纳起来大概有这么几条:

谬论一:所谓中国内外政策方向出现偏差。这完全是无稽之谈。今年是中国改革开放 40 周年。40 年来中国坚持深化改革、扩大开放,取得了巨大成就。中国已经找到了符合自身国情的中国特色社会主义道路,将继续坚定不移地沿着这条道路走下去。中国将会继续推进全面深化改革,对外开放的大门也只会越开越大。中国人民现在享受着前所未有的自由和权利,对此中国人自己最有发言权。与此同时,中国始终不渝走和平发展道路,致力于与各国发展友好合作关系,推进构建人类命运共同体。而美方戴着"有色眼镜"看中国,只会产生偏见甚至得出错误结论。

谬论二:所谓中国干预美国选举。这完全是子虚乌有。早在上世纪 50 年代,中国就提出了著名的"和平共处五项原则",其中一条便是互不干涉内政。中国历来将此奉为金科玉律,坚持"己所不欲,勿施于人"。中国政府所想所做的都是让老百姓过上幸福的生活,我们已经够忙的了,根本没有兴趣也没有意图去操心美国的家务事。对于美方诬称中国干涉内政的言论,《纽约时报》、《华尔街日报》、美国有线电视新闻网、路透社等美国和国际媒体实在看不下去,直言美方的指控没有什么真凭实据。

谬论三：所谓中国媒体购买美国媒体版面影响舆论。这完全是牵强附会。事实上，中国有关媒体的做法根本不违反美国法律规定，许多其他国家的媒体也都是这么做的。美国人自己都承认这一点。美国布鲁金斯学会学者就刊文指出，中国媒体购买美国报纸版面的做法同其他国家相比并无特别之处，但美国领导人却把中国单挑出来。为什么这么做？显然是别有用心。

谬论四：所谓中国通过贸易反制打击特定选民。这完全是倒打一耙。中美经贸摩擦的是非曲直是清楚的。美方一手挑起贸易争端，一再对中国输美产品加征关税，既损人又害己。对此中方不得不作出反应，坚定捍卫自身合法权益，这属于"正当防卫"。在美方执意对华打贸易战的阴影下，美国的生产者、出口商和消费者，必然会受到贸易战的伤害。美国的大豆等农产品无辜"躺枪"，这与其产在共和党还是民主党选区丝毫没有关系。按照美方的"神逻辑"，那么现在对美国单边贸易行动采取反制的国家，包括美国盟友，都是在打击美国特定选民。美国难道要把干涉内政的帽子也扣在这些国家的头上吗？

谬论五：所谓中国对美发动网络攻击。这完全是臆测想象。中国是黑客攻击等网络威胁的主要受害国之一，也是网络安全的坚定维护者，一贯坚决反对并依法打击任何形式的网络攻击、窃密活动。人们不应忘记2013年的"棱镜门"事件，斯诺登公布的秘密文件显示，美国对全球各地的监听活动无所不在、无孔不入，甚至包括美国的盟友，就连德国总理默克尔也未能幸免。看来，美国不光在银幕上成功虚构了一个"黑客帝国"，也想在现实中制造一个。

谬论六：所谓中国"窃取"美国知识产权。这完全是罔顾事实。近二三十年来中国的知识产权保护事业不断进步。据世界知识产权组织报告显示，2017年中国已是国际专利申请第二大来源国。2001年中国对外支付知识产权使用费只有19亿美元，2017年已达到286亿美元。这说明中国尊重和保护知识产权的态度是认真的，行动是有效的。美方对此不能选择性无视。

谬论七：所谓中国与萨尔瓦多等国家建立外交关系威胁台海稳定。这完全是颠倒黑白。世界上只有一个中国，台湾是中国领土不可分割的一部分。早在数十年前，美国就承认一个中国原则，并在此政治基础上同中国建立了外交关系。数十年后，当其他主权国家在一个中国原则基础上同中国建交时，美方有何资格、有何权利对此指手画脚？！必须要看到，台海和平稳定面临的最大威胁始终是"台独"势力及其分裂行径。美方要做的是切实恪守一个中国原则和中美三个联合公报规定，同中方一道，约束和限制"台独"势力及其分裂行径，而不是一而再、再而三地向"台独"势力发出错误信号。

谬论八：所谓中国在南海搞"军事化"。这完全是指鹿为马。中国对南海诸岛及其附近海域拥有无可争辩的主权，这是我们的老祖宗留下来的。现在，中方在自己的岛礁上推进民事设施建设的同时，部署必要防御设施，这是国际法赋予主权国家的自保权和自卫权，根本不是"军事化"。但美方借口"航行和飞越自由"在地区加强军事部署，还一再派军舰军机抵近中方岛礁邻近海空域耀武扬威。到底是谁在南海搞"军事化"？到底是谁在南海挑事生非？到底是谁在南海制造紧张局势？这不是和尚头上的虱子——明摆着吗？同样，钓鱼岛及其附属岛屿是中国的固有领土，对中方舰船在钓鱼岛海域的正常巡航执法活动，美方也无权说三道四。

谬论九：所谓中国给一些发展中国家带来"债务陷阱"。这完全是挑拨离间。中国一贯秉承互利共赢精神同发展中国家开展经贸合作，同时奉行正确义利观，在力所能及的范围内提供援助，致力于提升有关国家的自主和可持续发展能力，受到了广泛欢迎。在不久前举行的2018年中非合作论坛北京峰会上，非洲各国领导人纷纷表示愿与中国实现互利共赢、共同发展。这些发自肺腑的心声和美国苍白无力的指控一对比，孰是孰非一目了然。美方应该摆正心态，不要对中国和其他发展中国家发展关系"羡慕嫉妒恨"，而应采取实际行动，争取成为发展中国家可以信任的合作伙伴。

事实胜于雄辩，也不容抹黑。但美方为何仍然要挖空心思地罗织"罪名"，把"干涉美国内政"等多个黑锅甩给中国呢？美国一些媒体和智库已经给出了答案：一是转移焦点。美国国内"通俄门"调查令一些人坐卧不安，于是就要多拉几个国家进来垫背，稀释调查的杀伤力，将水搅浑。二是抬升选情。即将于11月6日举行的中期选举是当前和下阶段美国国内政治的核心议题，美国政客所采取的一切行动都要服务于胜选目标，因此打"中国牌"、找"替罪羊"，就成了一些美国政客博取选票的手段。当然，如果败选了，那么也可以把失败的责任推卸给中国。三是对华加压。中美经贸战，美方久攻不下，"拳头打在中国长城的砖墙上"，只有提高调门、升级行动，逼迫中国屈服。可惜这将是枉费心机！

来而不往非礼也。针对美方无理发难，国务委员兼外交部长王毅在联合国安理会有关会议现场作出了有力的回应，指出中国历来坚持不干涉内政原则，我们过去、现在和将来都不会干涉任何国家的内政，呼吁其他国家也能恪守联合国宪章宗旨，不得干涉别国内政。中国外交部和驻美国使馆负责人已分别向美驻华使馆和国务院负责人提出严正交涉和抗议，敦促美方及时纠正错误，不要将中美关系引向对抗的道路。

那么，世界上究竟是哪个国家最热衷于干涉别国的内政呢？历史和现实最有说服力。美国在全球各地搞"和平演变""颜色革命"，动辄对别国进行制裁打压，对国际法合则用、不合则弃，奉行"双重标准"，这些早已是罄竹难书。比如，美国一口咬定俄罗斯干预美2016年大选，而俄罗斯官方报告明确指出，美国在2011年至2017年间多次干预俄总统、国家杜马和地方选举。再比如，玻利维亚总统莫拉莱斯日前在联合国安理会仗义执言，历数美国从资助别国政变到军事干预的种种行径。公道自在人心！

美国在干涉中国内政方面更是劣迹斑斑。自新中国成立以来，美国从来就没有停止在台湾、涉藏、涉疆、人权等问题上插手干涉中国内政。美国口口声声奉行一个中国政策，但自中美《八·一七公报》签署以来，美国已80多次对台军售，累计金额高达520多亿美元。美国把武器出售给中国的一个省，这是对中国内政的最严重干涉。在涉藏问题上，美国将打着宗教幌子、长期从事分裂祖国活动的政治流亡者达赖奉为"座上宾"，美国国会还曾向其颁奖。这样的事不胜枚举，现在诬蔑中国是反咬一口！

坦率地讲，一段时间以来，美国国内不仅出现了"选举焦虑症"，也产生了严重的"对华焦虑症"，这两者叠加使中美关系处在了风口浪尖。越是这个关键时候，越需要双方着眼长远、深入思考、冷静决策。要看到，中美作为两个大国，双方谁也搞不垮谁，谁也改变不了谁，更重要的是，两国拥有广泛的共同利益,双方合作能够做成许多有利于两国和世界的好事。"合则两利,斗则俱伤"是对中美关系本质的最真实写照。美国政府和社会各界应该深思,冷战已经过去近30年了,美国真的想走历史的老路复制"麦卡锡主义"的闹剧吗?

"牢骚太盛防肠断,风物长宜放眼量。"中美关系的好坏在很大程度上决定着21世纪国际局势的走向,关系到人类的前途命运。中方始终致力于与美国共同秉持不冲突不对抗、相互尊重、合作共赢的理念,增进互信,扩大合作,管控分歧,维护中美关系的健康稳定发展。我们期待着美方同中方一道相向而行,而不是相反。

(2018年10月6日)

顺大势担正义行正道的定力

时间终将证明，中国作出的是正确决策，中国选择的是光明大道，世界和平发展的潮流无可阻挡

随着美国政府持续升级对华贸易摩擦，世界范围的忧虑情绪正在逐步加重。在此背景下，中国发布《关于中美经贸摩擦的事实与中方立场》白皮书，系统阐明中方的政策立场，充分展现了负责任大国形象。其中，"八个坚定"的概括，更是中国面向世界作出的顺大势、担正义、行正道的郑重宣示。

"八个坚定"充分说明，中国的立场是明确的、一贯的、坚定的——坚定维护国家尊严和核心利益，坚定推进中美经贸关系健康发展，坚定维护并推动改革完善多边贸易体制，坚定保护产权和知识产权，坚定保护外商在华合法权益，坚定深化改革扩大开放，坚定促进与其他发达国家和广大发展中国家的互利共赢合作，坚定推动构建人类命运共同体。"八个坚定"，既符合中美两国人民的根本利益，也符合国际社会的共同期待，蕴涵着中国充沛的战略自信和战略定力。

坚定、沉着、自信、克制，这是国际舆论在评价中国应对中美经贸摩擦时常用的词语。人们公认，中国一向以建设性的态度和主张来处理分歧和矛盾，在中美贸易摩擦问题上同样如此。中国既坚定维护国家尊严和核心利益，同时又展现出了足够的诚意和建设性，始终为中美关系和世界经济发展的大局考虑。中国政府一再指出，对于贸易战，中国不愿打、不怕打、必要时不得不打。

对中国而言，单边主义、贸易保护主义上升现象并不足惧，没有什么能够

阻挡得了中国前进的脚步。历次国际形势不确定不稳定不安全因素骤增的挑战面前，中国都有足够的定力和能力按照既定部署和节奏做好自己的事情。中国自力更生、艰苦奋斗的精神常在，中国发展壮大的征程越走越宽广。

"经济全球化是大势所趋，和平与发展是民心所向。"白皮书中的这句话，是中国对世界大势和时代潮流的基本判断。正因如此，中国在保护主义、孤立主义甚嚣尘上的当下，仍坚定选择维护并推动改革完善多边贸易体制、促进与世界其他发达国家和广大发展中国家的互利共赢合作、坚定推动构建人类命运共同体。在联合国、世界贸易组织、二十国集团、亚太经合组织等多边框架内，中国顺应时代潮流提出的理念、提供的方案，有利于巩固多边主义，推动贸易和投资自由化便利化，推动经济全球化朝着更加开放、包容、普惠、平衡、共赢的方向发展；中国提出共建"一带一路"倡议、倡导建立亚洲基础设施投资银行，在中非合作论坛、中阿论坛、中拉论坛等框架内促进与有关国家和地区的团结合作，都是为了担负起大国应肩负的引领和促进国际合作的责任，凝聚起最广泛的和平发展的力量。

正如联合国秘书长古特雷斯所说，"面对人类和地球所面临的巨大的、关乎人类存亡的威胁，我们只能为了共同利益而采取共同行动"。中国始终与世界同行，始终为人类共同的美好未来着想，始终做世界和平的建设者、全球发展的贡献者、国际秩序的维护者。时间终将证明，中国作出的是正确决策，中国选择的是光明大道，世界和平发展的潮流无可阻挡。

（2018年9月29日）

单边主义得不到"通行证"

打着"美国优先"旗号的单边主义同倡导平等合作的多边主义之间的分歧和碰撞正变得益发明显。坚持多边主义、完善全球治理,是时代的要求,也是各国的共同利益所在

9月25日联合国大会上的一场交锋发人深思。用美国媒体的话说,这是一个"很明显看出谁是少数派"的日子。美国领导人"在多边主义的精神家园——联合国大会上指摘多边主义",广大会员国纷纷批评美国宣扬"孤立主义世界观,质疑国际组织的价值"。

一段时间以来,打着"美国优先"旗号的单边主义同倡导平等合作的多边主义之间的分歧和碰撞正变得益发明显。在本届联合国大会期间,联合国官员和多国政要均对美国的单边主义做出有力回击,表达了捍卫多边主义的强烈意愿。联合国秘书长古特雷斯说,当前多边合作原则正遭受攻击,世界面临信任赤字,国家内部的民粹主义和极化趋势有所抬头,世界对多边合作的需求到了最为迫切的时候,各国应致力于推进多边主义。

国际社会批评贸易保护主义的声音越来越响亮,人们十分担心保护主义措施将导致孤立主义,并危及国际体系、损害世界经济、贻误共同发展的机遇。"在今天的多极世界中,华盛顿越是自行其是,其他国家就越感到自己同样有权这样做。这使得今年的联合国大会危险重重。对于那些相信国际合作的人来说,联合国大会也是一个挺身而出、捍卫国际合作的机会,毕竟眼下是最需要国际合作的时候。"英国《金融时报》题为《"美国优先"下的联合国大会》

的社论如是写道。

"美国式横冲直撞"的单边主义，已经给国际社会带来诸多负能量。从四面出击挑起国际贸易摩擦到频繁地单方面退出国际组织，从撕毁国际协议到背弃国际承诺，美国政府一系列急功近利的短视做法，损害了美国的国际信誉，也在动摇美国国际地位和战略利益。美国政治哲学家弗朗西斯·福山坦言："美国给世界政治注入了巨大的不稳定因素。'美国优先'主义的政治，所走向的只能是'美国独行'的世界。"经济全球化大潮滚滚向前。美国领导人"无法灭掉全球化。全球化太大了，而且根深蒂固。"美国《华盛顿邮报》专栏作家塞缪尔森不久前在其文章中如是陈述。美国《时代》周刊尖锐指出，"美国优先"可能终结已经持续72年的"美国领先"。

世界多极化趋势不可阻挡，单边主义不可能得到，也永远得不到"通行证"。坚持多边主义、完善全球治理，是时代的要求，也是各国的共同利益所在。开放融通、顺势而为，才有可能寻得广阔的发展空间和可持续的增长动力。

（2018年9月28日）

应当客观准确认识中美经贸关系事实

以全局综合的视角看待中美经贸关系，从维护两国战略利益和国际秩序大局出发，以求同存异的态度妥善处理分歧，务实化解矛盾，才是负责任的态度和行动

9月25日，中国国务院新闻办举行新闻发布会，向中外媒体介绍和解读《关于中美经贸摩擦的事实与中方立场》白皮书。这份全文3万多字的白皮书，是中美经贸摩擦以来中国政府首次发布的全面、系统阐述中方政策立场的文件，它以翔实的数据、充分的事实回应了国际社会关切，让世界看到了中国推动问题合理解决的诚意，展示了中国政府光明磊落的胸怀和负责任的大国担当。

中美经贸摩擦缘何而起？美国以言过其实的方式建构所谓"美国吃亏论"，片面认为在对外经贸关系中流失了工作岗位、导致经济利益受损，进而为其对外肆意挥舞保护主义大棒提供借口。美方调门一拔再拔，但却无法从中美经贸关系的事实中获得支撑。有理不在声高，无理行动还会适得其反。由于美方一意孤行加征进口关税，美国民众已深受其苦。

白皮书以一连串的数据驳斥了"美国吃亏论"：2015年美国自华进口提振了美国国内生产总值0.8个百分点；美国对华出口和中美双向投资提升美国经济增长率1.2个百分点；2015年美国对华出口和中美双向投资支持了美国国内260万个就业岗位，中美贸易平均每年为每个美国家庭节省850美元成本，相当于美国家庭收入的1.5%……作为世界上最大的发展中国家和最大的发达国

家，中国和美国开展经贸合作，在本质上是互利共赢的，中美双方都从这种经贸合作中获得了巨大的经济利益，这是任何片面论调都无法掩盖的。

有目共睹，《关于中美经贸摩擦的事实与中方立场》白皮书全面、系统、深入地进行了一次"揭伪"。美方绝不是对华贸易的吃亏者，否则市场的自然力量早就作出格局调整了。毕竟，美国是世界第一大经济体，同中国市场多年打交道的美国大企业并不是傻瓜。综合考虑货物贸易、服务贸易、跨国公司全球经营各方面因素，一些颇有洞见的论者甚至提出"贸易顺差反映在中国，但'利益顺差'在美国"的看法。

天行有常，背道妄行只能是遗患。单边主义、保护主义和经济霸权主义，无论哪一条都不具备同当今经济全球化时代潮流的适配性。可是，喊着"美国优先"口号的新一届美国政府，好像理解不了这个事实，甚至搞不明白本国利益究竟在哪里。不过，美国民众的体会是实实在在的。在美国贸易代表办公室就对中国商品加征关税举行的听证会上，绝大多数业界代表明确反对加征关税。"关税清单将成为把我们企业钉进棺材里的钉子""如果因为关税措施而破产失业，这不仅是对我个人的巨大打击，更是对所有辛勤工作的美国人的莫大讽刺"……面对美国业界的呼声，美国政府切不该选择性不闻。

中美经贸关系的现实，是中美双方在过去几十年合作的结果，是双方在经济全球化背景下适应国际化工作的结果，是任何人都无法改变的。中方发布的白皮书以事实正告，不应仅看货物贸易差额片面评判中美经贸关系得失，不应脱离世界贸易组织的互惠互利原则谈论公平贸易，不应违背契约精神指责中国进行强制技术转让，不应抹杀中国保护知识产权的巨大努力与成效，不应将中国政府鼓励企业走出去歪曲为一种推动企业通过并购获取先进技术的政府行为，不应脱离世界贸易组织规则指责中国的补贴政策。六个"不应"，句句皆以充足的事实立论，希望美方不要选择性无视。

中美经贸摩擦在美方的一再挑衅下不断升级，引起世界忧虑。正如英国《金融时报》近日一篇评论所指出，美方"将摧毁创造价值的全球供应链，并削弱美国以及全球经济"。值得思考的是，大国，该当何等样子，该当在世界上发挥何等作用。以全面、客观、理性的眼光来审视世界，当是大国的要素特征。现在，以全局综合的视角看待中美经贸关系，从维护两国战略利益和国际秩序大局出发，以求同存异的态度妥善处理分歧，务实化解矛盾，才是负责任的态度和行动。

（2018年9月26日）

关于国际金融危机的再思考

只有本着合作的精神、坚持共赢的初衷、采取协同的行动，才能有助于世界经济的稳定性和可持续性，才能实现共同的发展和繁荣

刚刚过去的一周，国际舆论场集中掀起一场关于国际金融危机的再思考。9月15日，是美国雷曼兄弟公司申请破产保护10周年的日子。重新梳理10年前那个引爆国际金融危机的起点，那个被描述为"金融体系瞬间冻结，企业和个人的资金也无法流动"的时刻，人们从多种角度分析原因与后果，种种诘问、忧思、预言也随之而起。

这的确是历史罕见的危机。雷曼兄弟公司的破产迅速在超过20个国家引发银行业危机，数以百万计的人丢了工作和房产，法国《回声报》文章称之为"引发了自20世纪30年代以来最严重萧条的地狱机器"。这个"地狱机器"给世界经济带来沉重一击：很多国家经济增速明显下滑，一些国家深陷主权债务危机，国际金融市场动荡不已，各种形式的保护主义愈演愈烈……西方制度缺陷在这场危机中显露无遗，在世界范围内形成了对"没有节制、疏于监管的资本主义"的强烈谴责。

10年过去了，反思一直没有停止，今天尤其引人深思。其原因是，国际金融危机的后遗症已成为国际社会面对的新挑战——一些国家政策内顾倾向加重，逆全球化思潮暗流涌动，贸易摩擦升温。正如英国《金融时报》文章所指出，西方世界日益高涨的民粹主义和保护主义，特别是美国政府当前遵循的那些对外关系理念，就根植于国际金融危机造成的后果。

透过国际金融危机，人们可以看到西方世界内部长期积累的结构性矛盾。著名经济学家拉古拉迈·拉詹借用地质学中的术语"断层线"来解释引发这场国际金融危机的原因。当地壳岩石承受的压力超过其本身强度之后，就会发生断裂、出现断层，地震往往就沿着断层线发生。拉詹认为，美国收入差距和美国国内政治之间的冲撞、国际收支失衡以及不同金融体系之间的碰撞导致了美国金融危机的发生，继而引发全球金融海啸。

人们要问，那个"断层线"现在是否已经弥合并归于稳定？美国《华尔街日报》文章称，美国国会议员们用了数年时间指责华尔街，结果限制了其关键的做市和提供流动性的功能，却没有触及信用评级机构及其充满矛盾的模式，没有取得其他有意义的成果。国际货币基金组织总裁拉加德近日撰文指出，世界正面临新的危机后"断层线"——包括金融监管可能撤销、过度不平等带来不良后果、保护主义和内向型政策实施，以及全球失衡加剧。

事实上，一个不安的美国正在给世界带来焦虑。美国政治日益极化、铁锈地带凋敝、中产阶层缩水、贫富差距拉大、非法移民激增、阿片类药物泛滥等社会问题凸显。美国在国际舞台上的屡屡"出位"表现，已让"不确定性"成为常态，在国际组织和多边协议上的一次次"退群"，在贸易问题上的四处树敌，与传统路线渐行渐远，对国际政治经济秩序形成冲击。人们面对的现实是，全球经济"断层线"两侧颇不平静，种种摩擦挑战着"地壳"的承受力。正因为如此，很多国际经济界人士不约而同地表现出对下一次危机迫近的担心。

防患于未然，需要端起历史的望远镜。历史的教训需要记取。为避免发生冲击世界的金融危机，如何解码全球经济金融体系这台精密机器的机理，给其装上消火栓或者至少是警报器，正在考验着人类智慧。历史的经验不能忘记。回望10年前国际社会各成员本着同舟共济、共克时艰的精神，携手努力，一步步走向经济复苏，今天的人们理当认识到，只有本着合作的精神、坚持共赢的初衷、采取协同的行动，才能有助于世界经济的稳定性和可持续性，才能实现共同的发展和繁荣。

（2018年9月17日）

让中朝友好合作焕发新活力

以落实习近平总书记与金正恩委员长历史性会晤达成的重要共识为动力，中朝友好合作关系正焕发出新的生机与活力

今年9月9日，朝鲜迎来建国70周年。应朝鲜劳动党中央委员会和朝鲜民主主义人民共和国政府邀请，中共中央政治局常委、全国人大常委会委员长栗战书作为习近平总书记、国家主席的特别代表，于9月8日率中国党政代表团访问朝鲜，并出席朝鲜建国70周年庆祝活动。中方这一安排，既是中朝双方就重要节庆相互致贺的友好传统的延续，也充分体现了中方在新形势下对中朝关系的高度重视，有利于进一步推动落实两党两国最高领导人达成的共识，有利于不断巩固发展中朝传统友谊，也有利于维护地区的和平与稳定。

70年前的今天，朝鲜民主主义人民共和国成立，标志着朝鲜人民走上了当家作主和建设社会主义国家的崭新道路。70年来，在金日成主席、金正日总书记、金正恩委员长和朝鲜劳动党的坚强领导下，朝鲜人民自力更生，艰苦奋斗，克服重重困难，在社会主义革命和建设事业中取得了令人瞩目的成就。近年来，金正恩委员长继承金日成主席、金正日总书记的遗志，团结带领朝鲜人民在发展经济、改善民生方面采取了一系列积极举措，取得了前所未有的显著成果。

今年4月举行的朝鲜劳动党七届三中全会被称为"具有转折意义的政治事件"，以金正恩委员长为首的朝鲜劳动党中央提出了经济建设的战略路线，对朝鲜的人力物力资源进行总动员，集中全力投入到发展社会主义经济和提高人

民生活水平的斗争中。金正恩委员长在此次全会上强调，全党全国要集中一切力量贯彻社会主义经济建设的战略路线。几个月来，金正恩委员长密集视察工厂、农村和重点项目建设工地，对全面提速国家经济建设作出了明确指示，为朝鲜大力发展经济、不断提高人民生活水平描绘了美好前景。

今年以来，在有关各方的共同努力下，曾经一度趋于紧张的朝鲜半岛局势重新回到对话与协商的正确轨道。朝韩领导人板门店会晤和朝美领导人新加坡会晤，都对朝鲜半岛问题的政治解决进程发挥了推动作用。本月初，朝韩双方就在平壤再次举行领导人会晤达成一致。金正恩委员长在会见韩国特使团时强调，在朝鲜半岛彻底消除武装冲突危险和战争恐惧，将这片土地变为没有核武器与核威胁的和平家园，是朝鲜的坚定立场和他本人的意志。

中朝是山水相连的友好近邻，两党两国老一辈领导人亲自缔造和精心培育的传统友谊是双方共同的宝贵财富。传承发扬中朝传统友谊，符合双方共同利益，是双方共同的战略选择。今年3月以来，习近平总书记在不到3个月时间内同金正恩委员长3次会晤，就发展新时代中朝关系达成四方面原则共识，为两党两国关系发展指明了方向，开启了中朝关系发展新篇章。中国党和政府高度重视中朝友好合作关系，无论国际和地区形势如何变化，中国党和政府致力于巩固发展中朝关系的坚定立场不会变，中国人民对朝鲜人民的友好情谊不会变，中国对社会主义朝鲜的支持不会变。中国支持朝鲜发展经济、改善民生，支持朝鲜走符合本国国情的发展道路，是这一立场的体现；中国坚持实现半岛无核化，坚持维护半岛和平稳定，坚持通过对话协商解决问题并为此积极发挥建设性作用，也是这一立场的体现。

以落实习近平总书记与金正恩委员长历史性会晤达成的重要共识为动力，中朝友好合作关系正焕发出新的生机与活力。展望未来，只要中朝双方共同努力，推动双边关系长期健康稳定发展，就能够更好造福两国和两国人民，也必将为本地区的和平、稳定与发展贡献力量。

（2018年9月9日）

让中非命运共同体更具生机活力

北京峰会为新时代中非关系蓄积起强大动能，吹响了中非人民追求共同发展振兴伟大梦想的号角

这是属于中非人民的历史性时刻，这是共同描绘中非合作未来蓝图的重要里程碑。9月3日至4日，2018年中非合作论坛北京峰会举行。中非领导人围绕"合作共赢，携手构建更加紧密的中非命运共同体"主题，凝聚合作共识，对接发展战略，再次唱响中非合作共赢、共同发展主旋律。

世界处于百年未有之大变局，不稳定性不确定性增加。在这样的历史关头，更加紧密的中非命运共同体如何构建，中非合作共赢、共同发展之路如何拓展，中非如何才能在全球治理中发挥更大作用？北京峰会给出了明确答案。

习近平主席在峰会开幕式上发表主旨讲话，强调中非要携起手来，共同打造责任共担、合作共赢、幸福共享、文化共兴、安全共筑、和谐共生的中非命运共同体，重点实施好产业促进、设施联通、贸易便利、绿色发展、能力建设、健康卫生、人文交流、和平安全"八大行动"，赢得与会非方领导人一致赞同。峰会通过《关于构建更加紧密的中非命运共同体的北京宣言》和《中非合作论坛—北京行动计划（2019—2021年）》，为中非关系发展指明了方向。中非双方共同决定把中非共建"一带一路"、非盟《2063年议程》、联合国2030年可持续发展议程、非洲各国发展战略紧密结合起来，为非洲发展振兴提供更多机遇和有效平台，为中非合作提供不竭动力和更大空间。

"我们欢迎习主席刚刚宣布的新举措，这些将对非洲大陆的和平稳定发展产生积极影响,感谢您!""中国同非洲的合作给非洲带来了巨大变化,也改变了非洲在世界上的地位""我们要共同努力,打造人类命运共同体"……会场内,与会各方领导人如此表达对中国携手非洲共同发展的敬意。

"中国正在北京峰会上做所有正确的事情""中非合作在许多领域促进了非洲的发展""我们的未来一片光明"……会场外,非洲国家媒体如此畅想中非合作的美好未来。

北京峰会进一步深化了中非团结合作。中国与53个非洲国家和非盟委员会领导人共聚北京,这是中非大家庭前所未有的大团圆。双方就推进中非关系、深化各领域合作、构建更加紧密的中非命运共同体、共建"一带一路"以及共同关心的国际和地区问题发表看法,达成广泛共识,进一步筑牢了中非关系政治基础,拉紧了中非人民感情纽带,充实了中非合作时代内涵。中非合作的蓬勃发展,必将进一步提振非洲人民、国际社会对非洲发展前途的信心,带动国际合作伙伴倍加重视非洲,加大对非洲投入和合作力度。

北京峰会进一步彰显了中非在国际重大问题上的作用和担当。中非决心加强沟通和协作,坚定维护开放型世界经济和多边贸易体制,反对保护主义、单边主义,共同维护彼此核心利益和发展中国家整体利益。双方决心构建更加紧密的中非命运共同体,这是推动建设相互尊重、公平正义、合作共赢的新型国际关系的具体实践,必将为构建人类命运共同体作出新的更大贡献。正如与会的联合国秘书长古特雷斯所指出:"中非合作有利于和平安全,有利于打造人类命运共同体。"

北京峰会进一步体现了中国在发展对非关系中的光明磊落。长期以来,一些西方舆论在看待中非合作时总有一种酸葡萄心理,不时质疑和抹黑中非合作。习近平主席在北京峰会开幕式上明确提出中国发展对非关系的"五不"原则——不干预非洲国家探索符合国情的发展道路,不干涉非洲内政,不把自己的意志强加于人,不在对非援助中附加任何政治条件,不在对非投资融资中谋取政治私利。习近平主席明确表示中国希望各国都能在处理非洲事务时做到这"五不",体现出中国发展对外关系中真正的"义"和大国担当。孰浊孰清,孰高孰下,不辩自明。任何人试图阻挡中非人民振兴的步伐,以想象和臆测否定中非合作的显著成就，企图阻止和干扰国际社会支持非洲发展的积极行动，都是徒劳的。

作为世界上最大的发展中国家和发展中国家最集中的大陆，中国和非洲加强团结合作、共同发展，顺应时代潮流和历史大势。北京峰会为新时代中非关系蓄积起强大动能，吹响了中非人民追求共同发展振兴伟大梦想的号角。乘着2018年中非合作论坛北京峰会的东风，中非命运共同体更具生机活力，中非关系前景更加宽广。

（2018年9月5日）

"一带一路"承载和平发展共同心愿

"一带一路"建设回应的是各国人民对促和平、谋发展的共同愿望,点亮的是未来世界共享繁荣的朗朗星空

春华秋实,五年有成。"一带一路"倡议,中国为全球提供的公共产品,5年来得到国际社会广泛认同和热情参与,共建"一带一路"取得显著成果。8月27日,习近平总书记在推进"一带一路"建设工作5周年座谈会上发表重要讲话。"向落地生根、持久发展的阶段迈进""聚焦重点、精雕细琢"……国际社会第一时间捕捉到中国同各国共同绘制好"一带一路""工笔画"的决心以及推进"一带一路"建设走深走实、造福人民的诚意。

5年来,越来越多的国家、国际组织和企业从"一带一路"合作的平等、开放和普惠中获益,对"一带一路"建设投出了"信任票"和"支持票"。托起共建"一带一路"倡议和共商共建共享原则的核心理念已经写入联合国等重要国际机制成果文件,103个国家和国际组织同中国签署118份"一带一路"方面的合作协议。2017年首届"一带一路"国际合作高峰论坛在北京成功举办,论坛279项成果中,到目前为止已有265项完成或转为常态工作,剩下的14项正在督办推进,落实率达95%。众多跨国公司高管表示,"一带一路"倡议意味着难得机遇,特别是在基础设施等领域催生大量新商机。

5年来,"一带一路"建设以战略眼光和全球视野在当今世界百年未有之大变局中把握航向,成为完善全球发展模式和全球治理、推进经济全球化健康发展的重要途径。回应当前世界经济增长动力不足的难题,"一带一路"建设

与一些国家所奉行的单边主义、保护主义形成鲜明对比；倡导通过加强各国互联互通，进一步改进和完善全球供应链、价值链、产业链，让处在不利位置上的国家得以更好参与到全球分工中，更多地从全球价值链当中获益；面对和平赤字、发展赤字、治理赤字的挑战，中国同联合国有关机构签署"一带一路"合作协议，通过和联合国的合作更好地推动"一带一路"对接联合国2030年可持续发展议程，让各国得以从更加开放、包容、普惠、平衡、共赢的全球化进程中获益。日本前首相福田康夫就曾撰文称，"一带一路"建设让所有参与国乃至全世界都能从中受益，增进所有国家人民的福祉。

5年来，"一带一路"建设传承中华民族天下大同的理念，秉持中国人怀柔远人、和谐万邦的天下观，以扎实的行动回应外界的质疑与疑惑，成为占据国际道义制高点的中国方案。俄罗斯《导报》刊文指出，"一带一路"倡议展现了中国对全球治理新理念的思考，"对中国来说，'一带一路'与其说是路，更像是中国最重要的哲学范畴——道"。中国之道彰显了同舟共济、权责共担的命运共同体意识以及"计利当计天下利"的大国担当。在联合国副秘书长、联合国开发计划署代理署长盖图看来，中国不限制国别范畴，不搞封闭机制，不唱独角戏，更不搞一言堂，这正是"一带一路"朋友圈不断扩大的原因。

路在通，通则达，达则济天下。"一带一路"建设回应的是各国人民对促和平、谋发展的共同愿望，点亮的是未来世界共享繁荣的朗朗星空。从绘制总体布局的"大写意"到精雕细琢的"工笔画"，只要坚持一步一个脚印推进实施，一点一滴抓出成果，定能开创人类命运与共的美好明天。

（2018年8月30日）

"美国优先"刺痛美国民众

"美国优先"之殇已经抬头,只是个走多久、行多远的问题

"美国优先"的口号喊了一年多。人们记得去年1月20日的演讲:"从今往后,只有'美国优先'。每一个关于贸易、税收、移民、外交的决定,都将为了美国工人和美国家庭的利益而做出。"美国专家评论说,这些可以带上"美国主义,而不是全球主义"标签的话语,意味着美国抛弃了自己过去70年的外交政策及其同世界的契约。观察一年多来的美国外交实践,人们看到美国在"美国优先"的口号下迈开了大步,但是那些远没有感觉到"优先"之利的美国民众,其心中的抱怨正在积聚升温。

贸易摩擦,美方挑起,颇有"过把瘾就死"的气势。因为,向世界开火的同时,美国也在向自己开火。面对今秋的大豆大丰收前景,美国伊利诺伊州的豆农格里德却乐不起来——关税之战令其每英亩损失100美元,即便美国政府宣布为这样的农民提供120亿美元援助,但平均到他的田地,仅仅意味着最多每英亩补贴14美元。美国劳工部上周五公开承认,过去一年消费品价格上涨2.9%,超过了此前2011年的增幅;而且同百姓生活密切相关的粮食和能源商品价格上涨2.4%,这是自2008年9月爆发金融危机以来的最大增长。扣除通货膨胀因素,过去12个月由于美国人每小时平均薪酬下滑,工人们纷纷选择增加工作时间,从而勉强实现平均每星期收入增加0.1%。基于这些数据,美国民主党全国委员会在其上周五的声明中得出结论:"工人们并没有从'特朗普经济'中获得利益。"

当然，美国政府未必有兴趣关心美国寻常百姓家的小账本。但问题是，即便对于国家层面的大账本，美国执政者又有多少耐心进行科学盘算？减少贸易逆差，岂是一个在数字概念上赌气的事情！美方有没有认真评估过本国市场和国际市场的供需结构？6月，美方叫嚣开打贸易战之月，美国贸易逆差创一年半以来最大增幅，很大原因是关税收紧的前景迫使美国企业加大了进口的力度。英国一家宏观经济研究机构警告，贸易战的大背景下，美国贸易逆差未必能减，甚至有可能每月增加约30亿美元。恐怕谁也不能说这样的结论没道理，毕竟，美国市场的刚性需求摆在那里。就像世界银行前经济学家考希克·巴苏所指出的，对一个特定国家的双边贸易逆差进行抱怨，就如同抱怨自己家对杂货店、理发师或牙医的绝对支出一样没有意义。

令人匪夷所思的是，美国贸易政策制定者的耳朵仿佛都聋了。来自产业界的声音、来自国际社会的声音、来自专业研究机构的声音纷纷涌来，但他们都充耳不闻。"打关税牌在经济上对美国是不划算的，因为美国的生产是全球市场中极其'微观的'部分，这对我们是一次打击""我不想说'灾难性'，但对这个行业来说非常非常痛苦"……即将失去中国大好市场的美国企业家，切实感受到了"美国优先"给他们带来的痛楚。哈佛大学国际政治经济学教授丹尼·罗德里克认为，美国政府对中国挑起贸易战，说明其"发高烧已到极致"。他提醒人们不要忘记中国的政策不仅是有力实现了国内增长、国内减贫，而且为西方的出口和投资提供了巨大的市场。"美国对双边贸易失衡的攻击在经济上是无知的、在理性上是虚伪的。"美国财政部前驻华专员杜大伟的如是判断颇有代表性。

不知美国贸易政策制定者何时能够回归清醒和理性。反正，"美国优先"之殇已经抬头，只是个走多久、行多远的问题。

（2018年8月16日）

牢记历史是为了更好开创未来

日方应在正确对待历史问题上切实做到表里如一、言行如一、始终如一。中日关系向前发展的重要机遇值得珍惜

73年前的8月15日,日本宣布无条件投降。其后岁岁年年,日本如何纪念这一天,都折射出日本认同国际正义公理与否的真相,也牵动着包括中国人民在内的众多二战受害国人民的情感。

"日中两国国民不应忘记历史,更须面向未来,齐心协力为创建和平与美好的新时代而努力。"今年6月底,日本前首相福田康夫到南京参谒侵华日军南京大屠杀遇难同胞纪念馆,献上花圈表达哀悼之意,并希望更多日本人前去了解日本侵华历史,以史为鉴,避免悲剧重演。"战争绝对不能再发生,你们要把我的亲身经历告诉后人。"铭记父亲这一临终遗训的侵华日军山本武之子山本富士夫兄弟于今年8月11日前往侵华日军南京大屠杀遇难同胞纪念馆,讲述侵略历史,替父亲向南京大屠杀幸存者道歉……日本有识之士正视历史、以史为鉴、呼吁和平之举的行为,受到包括中国人民在内的各国爱好和平人士的肯定。

正确对待和深刻反省日本军国主义侵略历史,是维护和发展中日关系的重要政治基础,也是日本取信于亚洲邻国和国际社会的必要条件。1972年日本在《中日联合声明》中表示:"日本方面痛感日本国过去由于战争给中国人民造成的重大损害的责任,表示深刻的反省。"由于日本对历史问题有了这一基本认识,中日两国得以实现邦交正常化。

40年前，中日两国缔结中日和平友好条约，以法律形式确认了《中日联合声明》的各项原则，包括日方深刻反省战争责任等重要表态，明确宣示中日两国要世代友好下去，为中日关系确立了政治基础和法律规范，指明了正确方向，树立了重要里程碑。

杖莫如信。日方应切实正视和深刻反省过去那段侵略历史，彻底同军国主义划清界限，为同亚洲邻国增进互信、实现和解作出真心诚意的努力，在正确对待历史问题上切实做到表里如一、言行如一、始终如一。

"靖国神社此前与日本殖民主义历史融为一体发展起来。"东京大学哲学教授高桥哲哉日前在一个反对参拜靖国神社的活动上表示。在任何了解历史的人的眼中，靖国神社都不是一座普通的神社。靖国神社是日本军国主义对外发动侵略战争的精神工具和象征，供奉着对日本侵略战争负责的14名二战甲级战犯，因而直接涉及对人类一段重要历史的基本评价。日方在参拜靖国神社问题上的态度，就标志着其面对正义与邪恶作出的抉择。在日本投降纪念日，日方政治人物只有放弃任何形式的参拜靖国神社行为，切实明确日本军国主义对亚洲各国的加害责任，才能令人信服地表明日方有志于秉持以史为鉴、面向未来的精神。

去年春天以来，中日两国不断开展积极互动，两国领导人在多边国际会议场合保持接触，再次确认了中日关系和平、友好、合作的大方向，就推动中日关系重回正常轨道、实现长期健康稳定发展的目标达成一系列重要共识。几天前，中日双方庆祝中日和平友好条约缔结40周年，重申了遵循中日四个政治文件各项原则的重要性。中日关系向前发展的重要机遇值得珍惜，中日关系保持健康稳定不仅有利于两国和两国人民，也有利于地区乃至世界的和平、稳定与繁荣。

（2018年8月15日）

中国始终坚定支持多边贸易体制

白皮书所言"中国与多边贸易体制休戚与共"直抵要义。这是开放胸襟、拥抱世界的选择，昭示着中国和世界共同发展进步伟大历程不断延伸的壮阔前景

"中国将继续捍卫多边贸易体制""经济全球化不可逆转，中国反对单边主义"……连日来，国际舆论透过《中国与世界贸易组织》白皮书解读中国向世界传递的信号。世界眼中，这也是中国践行承诺、遵守规则，积极参与多边贸易体制建设、坚定维护多边贸易体制的大国担当。

以世贸组织为核心的多边贸易体制是国际贸易的基石，为推动全球贸易发展、建设开放型世界经济发挥了中流砥柱作用。世贸组织总干事阿泽维多不久前指出，如果多边贸易体制遭到破坏，世界经济将遭受重创，全球经济增长率将下降2.4%，60%的全球贸易会消失。世贸组织成员贸易总额占全球的98%，它作为世界经济体系的三大支柱之一，对全球贸易投资自由化便利化起着非常关键的作用。

加入世界贸易组织17年来，中国始终坚定支持多边贸易体制，全面参与世贸组织各项工作，坚决反对单边主义和保护主义，维护多边贸易体制的权威性和有效性，不断为完善全球经济治理贡献中国智慧、中国方案，成为多边贸易体制的积极参与者、坚定维护者和重要贡献者。

为积极推进贸易投资自由化便利化，中国多次发挥弥合分歧、凝聚共识的关键作用。世贸组织成立以来首个全球性贸易协定"巴厘一揽子协定"谈判期

间，中国始终扮演促谈角色，在贸易便利化议题上率先表示放弃援助要求，在农业议题上提出中间方案，显示出最大灵活性。历时3年半的《信息技术协定》扩围谈判中，中方与各成员密切沟通，寻求共识，为世贸组织自1996年以来首次通过重大减免关税协议作出重要贡献。中国深度参与贸易政策审议，并为发展中国家融入多边贸易体制作出了积极贡献。

中国用实际行动坚定维护世贸组织规则的权威性和有效性，主张通过世贸组织争端解决机制妥善解决贸易争端。中国通过主动起诉，遏制了少数世贸组织成员的不公正做法，维护了自身贸易利益和世贸规则权威。同时，中国还积极应对被诉案件，尊重并认真执行世贸组织裁决，作出了符合世贸规则的调整，无一例被起诉方申请报复的情况。

"我们要引导经济全球化朝着更加开放、包容、普惠、平衡、共赢的方向发展，造福不同国家、不同阶层、不同人群""各方将维护世界贸易组织规则的权威性和有效性，巩固开放、包容、透明、非歧视、以规则为基础的多边贸易体制，反对任何形式的贸易保护主义"……中国领导人在多边舞台上宣示中国支持多边贸易体制、推动经济全球化发展的坚定立场，国际社会对中国的引领作用赞赏有加。中国积极构建开放型世界经济，已与24个国家和地区签署16个自贸协定，与80多个国家和国际组织签署了共建"一带一路"合作协议。

中国始终倡导通过加强合作、平等对话和协商谈判来解决国际贸易中的问题，为多边贸易体制的稳定和全球贸易的健康发展注入了正能量。在世贸组织中的个别主要发达成员不惜违反世贸组织法律，放弃承担大国责任，逆势大搞贸易保护主义和孤立主义之际，中国的作为更显弥足珍贵。

大道之行，天下为公。新时代中国，继续践行承诺，积极参与多边贸易体制建设，致力于推动世贸组织在全球经济治理中发挥更大作用，为促进世界经济贸易发展、增进全球民众福祉作出新贡献。白皮书所言"中国与多边贸易体制休戚与共"直抵要义。这是开放胸襟、拥抱世界的选择，昭示着中国和世界共同发展进步伟大历程不断延伸的壮阔前景。

（2018年7月3日）

重诺笃行彰显负责任大国担当

将改革进行到底，这也是中国履行承诺、践行自由贸易理念、遵守世贸规则、大幅开放市场、追求更广互利共赢的征程

近日中国首次发表《中国与世界贸易组织》白皮书，以翔实的数据，全面介绍了中国加入世贸组织 17 年来的实践，有力展示了中国如何通过各种改革措施，不折不扣履行加入世贸组织承诺的负责任大国形象，赢得了国际社会广泛赞誉。

2001 年 12 月 11 日，历经 15 年艰苦谈判的中国，以发展中国家身份正式加入世贸组织。17 年来，中国不断完善社会主义市场经济体制，全面加强同多边贸易规则的对接，切实履行货物和服务开放承诺，强化知识产权保护，对外开放政策的稳定性、透明度、可预见性显著提高，为多边贸易体制有效运转作出了积极贡献。

重诺笃行，一路走来，中国留下鲜明印迹。自 2002 年 1 月 1 日起即大幅下调了 5000 多种商品的进口关税，速度和效率引发国际赞叹；截至 2007 年，中国服务贸易领域九大类的 100 个分部门的开放承诺已全部履行完毕，开放水平接近发达国家水平；截至 2010 年，中国货物降税承诺全部履行完毕，关税总水平由 2001 年的 15.3% 降至 9.8%，达到并超过了世贸组织对发展中成员的要求。中央政府清理法律法规和部门规章 2300 多件，地方政府清理地方性政策法规 19 万多件，社会主义市场经济体制和法律体系不断完善。中国还在保护知识产权、履行透明度义务等领域付出了巨大努力，取得显著成绩。如今，

中国已成为全球最开放的市场之一。

中国负责守信地履行承诺，积极为加强多边贸易体制作贡献，赢得各方高度肯定。中国加入世贸组织后的三任世贸组织总干事麦克·穆尔、素帕猜和拉米，都充分肯定了中国所付出的巨大努力、所取得的优异成绩。拉米多次指出，中国在履行加入世贸组织承诺上得分是 A+，而中国之所以能够很好地履行承诺，是因为中国把自己的改革进程与世贸组织规则很好地结合了起来。

中国自加入世贸组织后始终坚持社会主义市场经济体制改革方向，克服困难加快产业结构调整和技术创新，取得显著成绩。2013 年以来中国多年都是全球最大货物贸易国，去年已成为 120 多个国家和地区的主要贸易伙伴。中国之所以能够取得如此傲人的成就，不仅在于始终顺应经济全球化发展潮流而努力，而且拿出了凤凰涅槃的勇气，义无反顾地推进改革。

"中国的对外开放不会止步于履行加入世贸组织承诺。"正如白皮书所指出，面对汹涌澎湃但又充满曲折的经济全球化，中国顺应时代发展潮流和世界发展大势，坚定不移扩大对外开放，不断创造更全面、更深入、更多元的对外开放格局，实现更广泛的互利共赢。面向世界的坚定宣示，传递了中国坚持打开国门搞建设、推动建设开放型世界经济的积极信号。开放服务领域增至 120 个部门、过去 5 年两次修改《外商投资产业指导目录》并削减了 65% 的对外资限制性措施、先后设立 11 个自由贸易试验区、签署 16 个自由贸易协定……中国近年来的一系列超越加入世贸组织承诺的开放实践，彰显榜样的力量，为推动全球自由贸易作出了重要贡献。

今年是中国改革开放 40 周年。过去 40 年中国经济发展是在开放条件下取得的，未来中国经济实现高质量发展必将在更加开放的条件下进行。新时代中国对外开放的决心坚定不移，绝不会因为外部的压力而改变自身的航向。

将改革进行到底，这也是中国履行承诺、践行自由贸易理念、遵守世贸规则、大幅开放市场、追求更广互利共赢的征程。未来，中国开放的大门只会越开越大。

（2018 年 7 月 2 日）

水稻"世界波"折射创新之力

从一粒种子的进化之路望开去,中国进步与发展的壮丽画卷令人惊喜

日前,由袁隆平带领的中国研发团队在阿联酋迪拜热带沙漠实验种植水稻初获成功,最高亩产超过 500 公斤,这是全球首次在热带沙漠成功实验种植水稻。按照合作计划,未来水稻有望覆盖阿联酋 10% 以上国土面积,形成大片"人造绿洲",不但提升阿联酋粮食自给能力,而且改善当地生态环境。"整个阿拉伯世界都会将目光投向中国的这一新技术""这将有助于改善沙漠生态,提升地区粮食产量""中国将荒漠变为绿洲"……中东乃至世界媒体纷纷赞叹中国"水稻奇迹"。

其实,赞美中国"水稻奇迹"早就是一种世界级现象。去年中国两米高"巨型水稻"的图文报道掀起一阵火热的"世界波",而一再刷新单产世界最高纪录的袁隆平"超级稻"更是令世界称奇。

"21 世纪,谁来养活中国人?" 22 年前,美国世界观察研究所所长布莱斯·布朗曾提出这样的质疑,现在看来答案已经显而易见。中国不仅粮食产量稳步提升,还实现了农作物种植技术的突破。被称为"东方魔稻"的杂交水稻,不仅在中国多养活了 7000 万人,还逐渐推广到印度、越南、菲律宾等几十个国家和地区,得到了大面积的商业化种植。去年在中国,海水稻曾收获超过 620 公斤的亩产量。据预测,在中国种植 1 亿亩海水稻,按亩产 300 公斤计算,就足以养活 8000 万人口。全球有 142.5 亿亩盐碱地,由此足以看出这一科技成果对世界作出巨大贡献的潜力。

小小的种子，何以让中国屡屡书写举世瞩目的奇迹？科技创新是农业发展的重要动力，中国水稻走向世界的故事，正是中国农业技术走向世界的故事。迪拜沙漠，引入来自中国的"四维改良法"，要素物联网模组展示了神奇的"魔力"——水肥自动送达水稻根系部，土壤中渗出的多余水肥回收，运送至回收池供循环使用；地表装配智能喷洒灌溉系统，根据水稻不同时期需肥特点、土壤环境和养分含量状况，精确控制喷头和喷枪定时定量喷洒水分和养分……技术革新，让那些曾经的"不可能"一个个被抹去。

从一粒种子的进化之路望开去，中国进步与发展的壮丽画卷令人惊喜。"慧眼"卫星遨游太空，C919大型客机飞上蓝天，量子计算机研制成功，首艘国产航母下水，"海翼"号深海滑翔机完成深海观测，首次海域可燃冰试采成功……在一些前沿科技领域，中国已实现从后发到先发、从跟跑到领跑。"新兴科技将使中国成为世界下一个创新超级大国。"美国《国会山报》近日一篇报道中的观点就是人们的心声。哈佛大学商学院创业管理中心副教授斯科特·克米尼尔斯表示，中国拥有把大量不同高技术公司聚集在一起，建立一个庞大的、蓬勃发展的创新生态系统的潜力。

创新驱动的实质是人才驱动。从钱学森、邓稼先到袁隆平、屠呦呦，一大批杰出中国科学家不仅为中国乃至世界的科技发展作出巨大贡献，而且为增进人类福祉带来了巨大正能量。正如美国《橘郡记事报》所言，"中国成功的秘诀在于奋斗"。一个个志在创新的个体，敢于走前人没走过的路，勇于攻坚克难、追求卓越、赢得胜利，为中国的创新发展带来了巨大活力。

中国创新的"世界波"是温暖的，造福于世界，也赢得来自世界的广泛赞誉。

（2018年6月25日）

新时代迎来新峰会

新活力、新气象、新征程,新时代迎来新峰会,让文明之光更灿烂,让上海合作组织地区更繁荣,让各国人民更幸福

美丽的青岛海滨,一座新建筑巍然矗立,寓意"腾飞逐梦,扬帆领航"。6月9日至10日,上海合作组织扩员后的首次峰会将在这里举行,习近平主席将首次主持上海合作组织成员国元首理事会会议。新时代新峰会,世界眼中,这是一次新的逐梦之约,将成为上合组织发展进程中新的里程碑。

这是新活力的历史折射。深受齐鲁文化滋养的青岛,正汇聚着上合思想之光。和合共生、天下大同,这是源自齐鲁大地儒家文化的思想;互信、互利、平等、协商、尊重多样文明、谋求共同发展,这是"上海精神"的内容。悠久灿烂的文明融入时代创新的理念,丰富了上合价值的文化内涵。人们公认,中国创新、协调、绿色、开放、共享的新发展理念,为上合组织成员国发展提供了有益借鉴;中国提出的"一带一路"倡议,正在助力地区一体化,激发上合组织成员国更为积极的合作意愿。

这是新气象的光彩绽放。恰如上合组织秘书长阿利莫夫所言,上合组织因开放包容而繁荣壮大,伴随繁荣壮大而更显开放包容。从最初的6个成员国发展到现在的8个成员国、4个观察员国、6个对话伙伴,上合组织发展道路越走越宽,务实合作成果越来越多,国际影响越来越大。接收印度、巴基斯坦为正式成员国后,人口占世界近一半、面积超过欧亚大陆60%,上合组织成为世界上幅员最广、人口最多的综合性区域组织,也承载着地区各国人民和国际社

会更多期待。日益壮大的上合组织进一步提升了凝聚力、行动力、影响力,将为本地区乃至世界繁荣发展增添确定性、注入正能量。

这是新征程的郑重开启。知者行之始,行者知之成。上合组织峰会对增进团结互信、深化各领域合作具有不可替代的引领作用。站在新的历史起点上接任上合组织轮值主席国,中国通过举办160余项活动,推动各方政治互信升至新高度,安全协作取得新进展,务实合作实现新突破,人文交流收获新成果,为青岛峰会的成功召开奠定了坚实基础。青岛峰会期间,上合组织成员国领导人将共同签署并发表青岛宣言,批准10余份安全、经济、人文等领域合作文件,走过17年历程的上合组织,将展现更具活力的青春形象。

吸纳"合"的文化底蕴,汇聚"合"的发展智慧,黄海之滨,新峰会让世界充满新期待。"中方将认真履职尽责,同各方一道,努力给各国人民带来越来越多的获得感,携手创造本组织更加光明的未来。"凝视青岛的碧海青山,人们的耳畔回荡着习近平主席一年前的郑重宣示。新时代迎来新峰会,让文明之光更灿烂,让上海合作组织地区更繁荣,让各国人民更幸福。

(2018年6月9日)

坚守合作共赢的主航道

5月17日至18日,新一轮中美经贸磋商在华盛顿举行,双方进行了积极、建设性、务实、富有成果的对话,在多个领域达成共识,朝着解决问题的方向迈出实质性一步,无论对中美两国还是全球经济都是个利好消息。

贸易战没有赢家。自特朗普政府实施"232措施"、启动"301条款"调查以来,世界对中美两大经济体可能陷入贸易战深感担忧,"不想打""不要打"的理性声音不绝于耳。

平等互利的经贸关系是中美关系的"压舱石",其本质是合作共赢。作为最大的发展中国家、全球最大的生产基地和巨大的消费市场,中国对能源、高技术产品、农产品等方面有着强烈需求,而美国在这些领域拥有一定优势,对中国而言具有很强的互补性。

比如,中国从美国进口油气,既是我国天然气缺口的有益补充,又有助于我国获取相关开发经验,提升在全球天然气市场的议价权。"十三五"规划和十九大报告中均指出,要推进能源革命,构建清洁低碳、安全高效的能源体系。对美方而言,美国可借助这一对华大宗商品出口,降低对华贸易逆差,同时刺激就业,助力经济发展。此外,中美两国在可再生能源和提高能源效率与利用方面开展了大量合作,未来在全球向清洁能源转型进程中将发挥核心作用。

再看农业。中美两国农业合作起步最早、最有成效,也是最有潜力的合作领域之一。随着中国人口从1950年的5.5亿增至近14亿,以及工业化、城镇化和交通建设用地增加,中国市场对农产品和农业技术有着巨大需求。由于自然禀赋优越,美国农业机械化、自动化和信息化程度高,而且规模经营,具有稳定的供应能力。中美扩大农业合作，将有助于我国优化食品结构，实现食品进口多元化布局，并改善保护耕地，实现部分地区休耕，其结果是惠及两国人民。

中国扩大进口，并非是应对贸易摩擦的权宜之计，更不是迫于外界压力，而是推动国家长远发展、满足人民美好生活的市场行为和时代选择。随着中等收入阶层的不断扩大，中国将成为全球最大的市场。中国不但从美国买东西，也从全世界广泛进口不同类型的产品。今年11月，中国将举办第一届进口博览会，迄今已有80多个国家报名参加。很多人想把东西卖给中国，使得中国市场变得有高度竞争性。如果想要在中国获得一定的市场份额，本身还要让中国人民高兴。如果中国人民不买，不管提什么要求，都是没用的。

中美双方互有利益诉求，难免存在各种分歧，也会有新问题出现，对此不必感到意外，关键在于保持冷静，以对话协商来解决问题，而不是以对抗的方式让问题激化甚至失控。有长期从事美中关系的美国前官员指出，对于任何关系的发展，一走了之的任性态度都不会产生建设性作用，家庭关系如此，国家间关系同样如此。过去几十年来，中美两国在不同领域建立起了有效沟通管道和对话平台，这对于两国管控分歧、确保双边关系不偏离合作共赢的主航道发挥了关键作用。此次磋商取得积极成果，正是对中美关系发展这一重要经验的再一次认可。

不久前，习近平主席在博鳌亚洲论坛年会上承诺，中国开放的大门只会越开越大，并在大幅度放宽市场准入、创造更有吸引力的投资环境、加强知识产权保护、主动扩大进口四个方面提出了一系列对外开放重大举措，并强调这些重大举措要尽快使之落地，宜早不宜迟，宜快不宜慢，努力让开放成果及早惠及中国企业和人民，及早惠及世界各国企业和人民。

中国经济改革在全面提速，通过扩大市场、扩大开放，促进国内改革，促进经济发展，这是中国过去40年成功的重要法宝，未来也会沿着这个方向继续下去。

（2018年5月21日）

无视国际责任的轻率之举

美国退出伊核全面协议的决定表明，华盛顿外交决策正距离多边主义越来越远

当地时间5月8日，美国政府无视国际社会的普遍反对，正式宣布退出伊核全面协议。华盛顿的这一贸然举动势必将给中东局势带来冲击，给维护国际核不扩散体系造成压力，充分暴露了单边主义思维愈发浓重的美国在处理国际事务时的任性与鲁莽。

众所周知，伊核全面协议是由伊核问题六国（美国、英国、法国、俄罗斯、中国和德国）、欧盟和伊朗共同谈判达成的多边协议，并且经过安理会第2231号决议的核可，所有各方都应当认真执行，维护全面协议的完整性和严肃性。也正因为此，过去一段时间以来，中俄明确表示致力于继续维护和执行伊核全面协议，法、德、英等美国传统盟友也密集游说华盛顿，劝其留在全面协议内。8日的退出决定表明，在"美国优先"思维下，华盛顿外交决策正距离多边主义越来越远，对其自身国际责任的把握也越来越轻率。

必须指出的是，美国决定退出伊核全面协议的理由明显难以自圆其说。首先，即使在美国政府内部，包括情报界、外交界高官，也普遍承认伊朗正在执行协议。华盛顿极力将所谓伊朗的地区影响力问题、导弹开发问题与伊核全面协议存废问题相捆绑，无非是暴露了自己"为退出而退出"的既定选择。其次，华盛顿对退出协议之后怎么处理伊核问题、对伊关系，并没有拿出成熟方案，这也是为什么美国战略界普遍反对这一决定，认为决策过程中，政府出于国内

政治因素的考虑压倒了对问题本身的把握。

从国际安全治理的视角看，通过31轮艰辛谈判才达成的伊核全面协议化解了伊核危机，巩固了以《不扩散核武器条约》为基石的国际核不扩散体系，有利于促进中东地区和平与稳定，对通过政治手段解决热点问题也具有示范意义。由此看，美国的不负责行为不仅给维护核不扩散体系带来了实实在在的挑战，也极大损害了其自身形象和信誉。下一步，有关各方尤须加强沟通协调，致力于确保协议继续发挥作用。

在局势向来环环相扣的中东，美国的任性举动不可能没有反作用力。尽管伊核全面协议本身下一步命运如何，目前尚不明朗，但美国举动对中东局势的负面冲击是明显的。历史充分表明，德黑兰不会对美国的压力无动于衷，而相互加压只会让局势更为复杂危险，其影响也不会只停留在美伊关系框架内。一直以来，中东地区最不缺的就是风暴点，但从不久前对叙利亚进行军事打击，到此番退出伊核全面协议，再到下周启用美国驻以色列新使馆，华盛顿的一系列举动都在把原本就已经绷紧的中东局势发条继续拧紧。

美国媒体一篇评论认为美国政府此举是从"外交"的一次撤离。此言颇说明了一些问题。总统国家安全事务助理约翰·博尔顿在对媒体解释退出伊核全面协议的决定时明确表示，美国需按照"实力地位"参加谈判，伊核全面协议谈判没有实现这一点。看来，美国退出伊核全面协议的决定折射出一些长远性问题——面对一个更加倾向于以强力处理国际事务、更加明确以一己私利作为决策出发点的美国，整个国际关系体系需如何承压前行？管控分歧，外交的这一职能又将如何安放？

（2018年5月10日）

端起伟大真理的望远镜

世界发展的脚步如此迅猛，我们格外需要端起马克思主义的望远镜。只有能够正确辨析方向者，方能抵达人的全面发展的光明未来

今年的5月5日备受瞩目，世界范围内升腾着对马克思的敬仰之情。从马克思的故乡德国特里尔市，到英国伦敦，再到中国北京，各地将掀起纪念马克思诞辰200周年的热潮。放映电影、电视片，举办展览，召开研讨会、读书会和纪念大会……人们以多种多样的方式走进伟人的思想世界，赞叹"他是伟大的思想家，不仅仅是德国的伟大思想家，也是世界的伟大思想家""他最大的权力就是思想"……

历史就这样又一次证明：一个能思想的人，才是真正力量无边的人。马克思主义哲学、马克思主义政治经济学、科学社会主义——马克思为人类提供了辩证唯物主义和历史唯物主义的工具，并通过独特观察和分析，发现了人类历史发展规律，揭示了资本主义社会特殊的运动规律。人们犹记得，在英国广播公司和路透社1999年先后举行的民意测验中，马克思都被公认为"千年第一思想家"。至今，马克思都是互联网搜索量最大的思想家。

在西方，纪念马克思诞辰200周年，颇具反思的味道。马克思逝世已有135年，马克思主义真理的光辉非但没有随着时间的流逝而被掩盖，反而越发深入人心。历史的图景不乏反讽的对比——随着苏联解体和柏林墙的倒塌，一些西方学者曾高兴地认为历史已经终结；2008年国际金融危机的爆发，让西方世界再次将目光投向马克思主义。距离国际金融危机爆发已有10年，欧美贫

富分化导致的各类问题频发，民粹主义、保护主义、孤立主义难以退烧。岂不是"雾失楼台，月迷津渡"？人们无法不问：资本主义是否在每一次大危机过后，都能完成自我纠错并继续发展？

在中国，纪念马克思诞辰200周年，昂扬信仰的味道。马克思主义在中国得到继承和发展，中国在伟大实践中增强理论自信。中国共产党是马克思主义政党，马克思主义中国化的成果，为中国革命、建设和改革各个阶段提供了源源不断的精神力量。正是在马克思主义的指导下，中国用几十年的时间走过了资本主义几百年走过的历程，蹄疾而步稳地迈向社会主义现代化强国目标。实践出真知，中国实践证明了马克思主义的重要价值，并使其在21世纪焕发新活力，在世界范围内具有更强说服力。新时代，深刻感悟和把握马克思主义真理力量，增强运用马克思主义解决当代中国实际问题的能力和水平，意味着中国的探索和实践能为人类作出更大贡献。

"与时代同步伐，与人民共命运，关注和回答时代和实践提出的重大课题，是马克思主义永葆生机活力的奥妙所在。"习近平总书记近日强调深刻感悟和把握马克思主义真理力量的话语具有重要启示意义。在世界多极化、经济全球化、社会信息化、文化多样化深入发展的当下，马克思主义正是审视和分析当今世界的最有效工具之一，如何掌握并运用好这一有效工具，真正为国家、为全体人民谋福祉，是值得人们深入思考的重要课题。

"思想是会享用它的人的财产。"坚持和发展马克思主义，是对马克思的最好纪念。世界发展的脚步如此迅猛，我们格外需要端起马克思主义的望远镜。只有能够正确辨析方向者，方能抵达人的全面发展的光明未来。

（2018年5月4日）

顺应历史潮流的正确抉择

近年来,从冈比亚、圣多美和普林西比到巴拿马、多米尼加,各国相继同中国复交、建交的行动,充分表明何为大势所趋

北京时间5月1日,多米尼加共和国发布总统公告,宣布承认一个中国原则,与台湾地区断绝所谓"外交关系",随后中多双方在北京签署建交公报。中国同多米尼加正式建交,标志着两国关系翻开了新的历史篇章。

这是维护国际关系准则的重大决策。1971年10月第二十六届联合国大会通过2758号决议,承认中华人民共和国政府是代表全中国的唯一合法政府。坚持一个中国原则,已成为公认的国际关系准则,是国际社会普遍共识,是中国同任何国家建立和发展关系的根本前提和政治基础。多米尼加断绝同台湾所谓的"外交关系",不再同台湾发生任何形式的官方关系、不再同台湾进行任何官方往来,是维护国际关系准则与国际正义的大势所趋。"多方与支持联合国大会2758号决议的其他175个国家站到了一起。"多米尼加外长巴尔加斯在北京所言,点明了多米尼加向前迈出正确而重要一步的国际意义。

这是顺应历史潮流的正确抉择。多米尼加总统梅迪纳积极发展对华关系,表示愿积极参与"一带一路"建设,彰显了政治家的远见和智慧。"历史和现实要求我们改变方向。"多米尼加政府法律顾问弗拉维奥·达里奥宣布同中国建交的消息时的话,与当年决定和中国建交的哥斯达黎加前总统奥斯卡·阿里亚斯的话异曲同工。去年,在中国与哥斯达黎加建交10周年之际,奥斯卡·阿里亚斯曾感慨地指出,一个国家要想发展,必须适应国际大趋势,顺应时代潮流,

锐意改变方能为国家赢得灿烂的未来。

国际社会注意到，多米尼加毅然决断，承认和承诺恪守一个中国原则，不设任何前提条件地同中国建交。在建交问题上，中国一贯秉持光明磊落态度，为国际社会所普遍称道。中国是公认的世界和平的建设者、全球发展的贡献者、国际秩序的维护者，中国方案、中国理念在全球的影响力和吸引力日益提升，同中国发展关系是各国发自内心的强烈意愿。近年来，从冈比亚、圣多美和普林西比到巴拿马、多米尼加，各国相继同中国复交、建交的行动，充分表明何为大势所趋。

这是回应人民发展需求的历史性选择。中国与多米尼加互设贸易发展办事处20多年来，各领域合作显著增进。两国贸易额去年超过18亿美元，中国是多米尼加第二大进口商品来源国，多米尼加是中国在中美洲和加勒比地区的第二大贸易伙伴。同中国建交将为多米尼加发展带来前所未有的巨大机遇。随着双方合作潜力不断释放，这一机遇将迅速转化成发展动力，为1000万多米尼加人民带来实实在在的利益和福祉。正如多米尼加政府公告中所言，与中国建立外交关系是出于对多米尼加人民未来需求和发展的考虑，该决定将对多米尼加共和国未来发展具有非常积极的意义。

多米尼加是中美洲和加勒比地区最大经济体，也是拉美和加勒比国家共同体的重要成员。如今，中国在拉美多了一位守望相助的好朋友，多米尼加在发展振兴道路上有了一位互利合作的好伙伴，中多双方将成为促进南南合作、维护发展中国家共同利益的好兄弟。中多双方携手前行，势将为中国和拉美的整体合作注入新动力，开辟新空间。

（2018年5月2日）

汲取中印文明"和"的养分

国与国交往，关键在于以什么样的心态看待彼此，以什么样的思维解决问题

4月27日至28日，中印关系开启"武汉时间"。习近平主席同印度总理莫迪在武汉举行非正式会晤，两国领导人将围绕当今世界百年未有之大变局进行战略沟通，并就中印关系未来发展的全局性、长期性和战略性问题深入交换意见，为中印关系发展把握大方向、树立新目标，引领中印合作开创新局面。

"为何在武汉？"两国领导人非正式会晤的消息一经传开，这一问题便成为各界关注的热点。"深厚历史底蕴"是武汉成为会晤地点的考虑因素之一。近千年来，武汉以九省通衢之天时地利，与长江文明相伴相生。历史悠久的黄鹤楼，引得众多著名政治家、军事家、文学家等在此留下足迹、手迹和事迹；坐拥20万件文物的湖北省博物馆记录着2000多年前瑰丽绚烂的楚文化，还曾在2014年以"印度的世界"为题举办特展，将异彩纷呈的印度文明带到中国观众面前。

回顾习近平主席同莫迪总理会晤的历史，推动文明交流互鉴是一大亮点。2014年9月，习近平主席访问印度第一站来到印度古吉拉特邦，莫迪总理陪同习近平主席共同探寻中国唐代高僧玄奘西行取经的足迹，习近平主席将电影纪录片《玄奘之路》作为国礼赠与莫迪总理；2015年5月，习近平主席在古城西安同莫迪总理举行正式会见后，两国领导人共赴西安大慈恩寺参观，在庄严宝寺共话中印友好历史。"回顾中印两大文明交流互鉴、两国人民友好交往

的历史，就是要推动两国友好交流，为中印关系发展增添新的活力。"习近平主席道出了中印两国文明交流互鉴的深刻意义。

中印两国人民友好交往，谱写了一段又一段打动人心的故事，树立了世界跨文化对话的楷模。玄奘西行取经，播撒中印两国人民千年的友谊之种；中国航海家郑和七次远航、六抵印度，带去中国的友邦之谊。1937年，印度国际大学建立中国学院，印度诗人泰戈尔在讲话中指出："中国和印度接壤千里，通道不计其数。这些通道不是战骑和机枪开发出来的，而是和平的使者，往来不绝，一步一步踏出来的。"如今，中印作为全球仅有的两个10亿以上人口级别的大国都在加速发展，两大文明古国都焕发出勃勃生机。中印两大文明携手有了更为深厚的基础，对亚洲乃至世界都具有深远意义。

国与国交往，矛盾分歧在所难免，关键在于以什么样的心态看待彼此，以什么样的思维解决问题。中印文明都将"和"视作天下之大道。中华民族主张的"天下大同"与印度人民追求的"世界一家"殊途同归，中华民族推崇的"兼爱"理念同印度人民倡导的"不害"理念息息相通。从中印文明中汲取"和"的养分，无疑对当前中印两国增强互信、携手前行提供了极具价值的思维引导。

60多年前，毛泽东主席在长江边极目楚天，写下"不管风吹浪打，胜似闲庭信步"的名句，彰显"闲庭信步"背后的信心和定力。如今，世界经历百年未有之大变局的关键时期，中印两国领导人相聚江城，交心对表、共商大计。观察这一重要时刻，人们感悟到的，仍然是满满的信心和定力。

（2018年4月27日）

半岛和平信号弥足珍贵

和平是弥足珍贵的,和平的事业才是人心所向。"和平之家"当前正承载着殷殷期盼

朝鲜半岛北南双方相向而行的态势颇受关注。4月27日,朝鲜和韩国领导人将在板门店韩方一侧的"和平之家"举行会晤。这是继2000年6月和2007年10月时任两国领导人举行会晤后的第三次,也是在朝鲜半岛形势发生积极变化的关键节点举行的一次重要会面。国际社会期待"和平之家"再次释放和平的信号,为半岛形势的持续缓和进一步积聚正能量。

重塑和平的诚意,实实在在的努力,都是不可或缺的因素。本月18日,北南双方达成一致,将对会晤主要环节进行电视直播;20日,朝韩开通领导人热线并成功进行首次试通话;23日起,韩国国防部停止已持续两年多的在军事分界线一带对朝扩音喊话。尤其备受肯定的是,朝鲜劳动党第七届中央委员会第三次全体会议决定,朝鲜自4月21日起中止核试验与洲际弹道导弹发射试验,关闭丰溪里核试验场。韩国总统府称该决定对朝鲜半岛无核化而言是"有意义的进展",符合世界的期待,并为即将举行的韩朝领导人会晤、朝美领导人会晤创造"非常积极的环境";美国总统特朗普第一时间表态认为这一"重大进展"对朝鲜和全世界都是"非常好的消息";联合国承诺将对这一努力予以全力支持。

回首半岛形势近几个月来柳暗花明的变化,不少人感慨良多。上个月中朝领导人在北京实现历史性会晤后,曾于今年年初发出核武器威胁"红色警报"

的联合国秘书长古特雷斯顿释心中的"悲调",表示当前半岛局势的发展让他坚信朝核问题已经有机会解决。这种变化,源于半岛问题直接当事方释放的善意和采取的建设性行动,也离不开地区国家乃至国际社会的共同推动。

在半岛问题上,中方始终坚持实现半岛无核化目标、维护半岛和平稳定、通过对话协商解决问题。近期朝韩的积极互动,让人们更为注意到中方倡议的重要性。朝鲜宣布中止核试验与洲际弹道导弹发射试验,韩国表示将与朝方协商,发表宣布结束两国战争状态的宣言,构建半岛永久和平机制。中国提出的"双轨并进"思路与"双暂停"倡议,不但在平昌冬奥会期间发挥积极作用,如今仍是各方公认的促使半岛问题彻底解决的有效办法。如同俄罗斯外交部所表示,半岛局势目前正沿着这一轨道积极发展。

看待半岛问题,国际社会需要秉持客观公正之心,也需要因势利导的耐力。冰冻三尺,非一日之寒。彻底解决半岛问题可能还有较长的路,在这一过程中,以呵护来之不易的积极进展作为出发点,当是国际社会各方的基本态度。不积跬步无以至千里,只要是有利于推动半岛形势积极变化的行动,就应该予以鼓励;有利于推动半岛问题向彻底解决方向发展,就值得称道。

韩国总统府青瓦台亮出的标语"和平,新的开始",折射了人民的心愿。和平是弥足珍贵的,和平的事业才是人心所向。"和平之家"当前正承载着殷殷期盼。

(2018年4月26日)

任性军事干预害处多多

任何绕开联合国安理会的单边军事行动都是有害的。解决叙利亚问题必须严格遵守国际法，坚守理性和道义的准则

4月14日，美、英、法三国发射100多枚导弹，对叙利亚政府军事、民用设施发动空袭。这是继去年4月用军事手段打击叙政府军目标后，西方国家再次对叙利亚采取军事行动。理由也跟上次如出一辙，为了回应日前叙利亚东古塔地区发生的"化学武器袭击"。

叙利亚问题错综复杂，政治解决是唯一方法。"以武力解决问题"的模式再度上演，给久拖不决的叙利亚危机增添了新的复杂因素。联合国秘书长古特雷斯发表声明说，在处理和平与安全问题时，有义务按照《联合国宪章》和国际法行事。他呼吁保持克制，避免任何可能使局势升级和加剧叙利亚人民痛苦的行为。

按照西方国家的说法，叙利亚东古塔地区近日再次发生"化学武器袭击"事件，是本轮事态升级的直接导火索。但究竟有没有发生化武袭击，目前尚无定论。最先曝出这一新闻的，是一家叫做"白头盔"的组织。"白头盔"网站去年曾发布有关叙利亚救灾的新闻，但最终被揭穿属于伪造现场，目的是嫁祸叙利亚政府。此次这家由西方人创办的组织提供的新闻是否可靠，就连美国有线电视新闻网都认为，"尚不能确认这一新闻的真实性"。

任何国家、组织或个人出于任何目的，在任何情况下使用化学武器的行为都不能被容忍。叙利亚化武问题同政治解决叙利亚问题密切相关，弄清事实再

采取行动，才是负责任之举。在未对疑似化武袭击事件进行全面、公正、客观的调查，未及查明事实真相之前，即便是按照西方国家所谓的"法的精神"，也不能作有罪推定。然而禁止化学武器组织派出的调查小组13日刚刚抵达叙利亚首都大马士革，三国就对叙利亚采取军事打击行动。联想到一年前西方国家因同样原因发动袭击，有媒体发表评论道："以化武为由进行军事干预，是西方国家的'惯用剧本'。"

西方国家联手对一个中东国家实施军事打击，此举唤起不少人对15年前伊拉克战争的记忆。例如，英国剑桥大学国际法教授马克·韦勒发表题为《空袭叙利亚：他们合法吗》的文章，提醒人们同时思考15年前伊拉克战争合法性问题。2003年3月，美、英等国以伊拉克拥有大规模杀伤性武器为由，对萨达姆政权悍然发动军事袭击。人们清晰记得，2016年英国发布的独立调查报告显示，发动伊拉克战争基于未证实情报，英国前首相布莱尔不得不公开道歉。但道歉挽不回成千上万伊拉克人民的生命，也很难改变伊拉克人民因战争导致的水深火热生活。伊拉克战争前车之鉴足以表明，漠视事实真相、热衷于军事干预，不仅无益于解决问题，还会后患无穷。

"在战火和摧毁中，我们的伤口很深。"站在废墟上，叙利亚女孩安萨姆催人泪下的歌声通过各种媒体平台传向世界各地。叙利亚民众对和平的渴盼，怎样才能变为现实？任何绕开联合国安理会的单边军事行动都是有害的。这不仅冲击国际关系体系的稳定，同时也给解决叙利亚问题注入更多复杂因素。解决叙利亚问题，必须严格遵守国际法，坚守理性和道义的准则，采取的行动必须经得起历史检验。

（2018年4月15日）

美方止损的唯一出路是悬崖勒马

美国率先把手放在启动贸易战的按钮上，一副威胁、恫吓的蛮横样子。但是，中国绝对不可能怕！中国国务院关税税则委员会4月4日下午宣布，对原产于美国的大豆、汽车、化工品等14类106项商品加征25%的关税。这是中国针对美国于当地时间4月3日宣布拟对500亿美元中国商品加征关税的坚决回击。美国被一股狂傲的戾气笼罩着，显然低估了贸易战必然给自身带来的痛，但现实可以让它足足领教一下。

美国近来举着贸易保护主义大棒表演，激起世界一片讨伐之声。不可思议的是，美国政府却刻意捂起耳朵，甚至颇为自鸣得意地在自损实力的轨道上又迈出了一大步。这一次，美国根据其301调查结果公布拟加征关税的中国商品清单，高调宣示了对其所作国际承诺的背叛、对国际贸易规则的践踏。历史的一页曾经留下这样的记录：1994年美国批准世界贸易组织协定时，美国总统向国会提交行政行动声明，承诺不能通过301调查来单边认定其他国家是否违反世贸规则；1998年，欧盟将美国的301调查措施诉诸世贸组织，美国又作出国际承诺，严格按照世贸组织争端解决的程序处理相关贸易纠纷。如今，美国政府却选择避开世贸组织，单方面威胁进行贸易制裁，无异于冲自己抽了一记耳光。

令人费解的是，美国现政府的辞典中，"合作共赢"这样一个足以带来利益的关键概念似乎已经被抹去了，而"经济侵略"这类异常激烈的措辞却在在皆是。美国不停地向中国泼脏水，把贸易赤字、就业下滑等问题归咎于中国等贸易伙伴身上。作为世界第一大经济体，美国莫名其妙地自诩为国际合作的

"受害者"。可是谁都能看出来,美国这层"被害妄想症"外衣包裹的不过就是企图将"占便宜"极大化的生意经,给其通过单边措施威胁他国获得好处找借口。

凡事都得讲理,美国却不然。美国政府想方设法扒出一些根本讲不通的道道儿挑事——明明是其内因造成的困境,却冲着外因找借口,如此南辕北辙,美国显然已失却了方向。

比如,宣称中国制造业的崛起损害了美国利益。这完全站不住脚。美国制造业就业人数比例已连续65年呈下降趋势,从1953年的32%下降到2017年的8.5%。中国2001年加入世贸组织时,这一比例已经下降至12%。正如耶鲁大学高级研究员斯蒂芬·罗奇所指出的,从长期看,美国制造业就业人数的变化,反映的是技术变革的强大影响和供应链的日益全球化。与其指责他国,不如好好审视自身经济结构失衡、活力下降的根源,早点对症下药。

再如,辩称中国技术创新能力得益于"强制性技术转让"。这更是可笑的"被害妄想症"。外国企业在华投资是完全基于市场的自愿行为,中国没有任何法律规定外国企业必须转让技术给中国合作伙伴。

中国正坚定不移地实施创新发展战略,"中国制造2025"将推动中国从制造业大国迈向制造业强国。中国创新能力、制造业水平的提升,不是为了打败或取代美国,而是为了让中国人民过上更好的生活,进而为世界带来更多的利好。美国试图以增加贸易壁垒的方式打压中国高新技术产业,殊不知,这种跑不过别人就使绊子的做法不仅不可能得逞,还会让美国在经济发展和科技进步方面错失机遇。正如美国通用电气和高盛等行业巨头以及一些农业公司表达的焦虑——太平洋两岸的关税和投资限制会导致美国无缘于世界上最赚钱、增长最快的市场。亦如美国科技和投资等行业的公司发出的叹息——美国政府采取的措施旨在帮助它们,但最终可能会对它们几十年建立起来的供应链造成无法弥补的损害。

没有哪个国家可以作美国自身经济问题的替罪羊。如果美国看不明白这一点,不惜两败俱伤,执意大打贸易战,中国肯定有实力也有决心奉陪到底。如果美国愿意谈，中国也有充分诚意，但一切谈判必须在平等协商、相互尊重的基础上。

中方决不会屈服于美方的无理施压，美方止损的唯一出路是悬崖勒马。

（2018年4月5日）

"战略性"贸易保护毫无战略眼光

或许正是出于一种狭隘的自危心态，美方上演了一出无端指责与借题发挥的大戏，缺乏大国应有气度，更缺乏基本理性

美国《赫芬顿邮报》曾刊文指出："一些政治人物和西方媒体热衷于把美国经济问题归咎于中国。其实，如果这世界没有中国，美国和其他地方现在可能已陷入更严重的衰退甚至萧条。"重温这一观点对于理解当前美国对华发起的一系列单边贸易保护举措颇具启示。

外界普遍将美国本次对华301调查定性为"战略性"而非"商业性"。所谓"战略性"，是因为此番调查不仅针对美国对中国的贸易逆差，更体现出美国对于中国高技术产业深入发展可能威胁到美国未来竞争力的深层次忧虑。人们看到，美国政府发布的对华301调查报告中，广泛引用了包括"中国制造2025"、国家中长期人才发展规划纲要、《新一代人工智能发展规划》等中国创新驱动发展战略，认为中国通过强制技术转让削弱了美国公司知识产权价值、降低了美国的全球竞争力，令美国商业承压和受限。美国贸易代表罗伯特·莱特希泽直言，中国要投入几千亿元来实现自主研制和应用"中国制造2025"计划发展的主要产业，到2025年基本上达到国际领先地位，这将对美国不利。

长期在科技创新领域具有先发优势和雄厚实力的美国，如今面对中国科技创新领域的飞速发展颇感不适应。中国在高铁、量子通信、电子支付等领域已占据世界领先水平，中国的创新驱动发展理念与成果举世瞩目。美国国防部创新咨询委员会主席埃里克·施密特曾在去年秋天警告说，如果美国不在人工智

能领域采取更多行动，它将只能"在未来5年保持领先"，然后就会被中国"以极快的速度"赶超。

或许正是出于一种狭隘的自危心态，美方上演了一出无端指责与借题发挥的大戏，缺乏大国应有气度，更缺乏基本理性。美国的确是当今世界创新强国，但创新和知识产权绝非美国一家的"专利"。世界知识产权组织去年底发布的《世界知识产权指标》报告显示，中国国家知识产权局受理的专利申请量超过130万件，超过了美国、日本、韩国以及欧洲专利局的总和。这份报告同时指出，中国有望在未来3年内成为全球第一大国际专利申请国。与此同时，中美双方一直在知识产权方面保持积极合作。中美围绕知识产权问题进行了三次重要谈判，并签订了备忘录，在这些谈判中，中美双方通过沟通交流，各自的关于知识产权的法律体系的构建和法律的实施都有了很大的提升。

301调查报告中所谓的"强制技术转让"更是严重缺乏证据支撑的无稽之谈。中美企业之间的技术转让系由企业平等协商、自主决定、有偿交易，不存在政府强制和干预。中国企业到美国开展投资和收购，是经济全球化大背景下的企业自主选择，是基于市场的"条件反应"。相关交易遵守美国法律，并为美国创造了大量就业岗位。即便是在美国公众向美国政府提交的数十份评论意见中，也没有任何实质性证据支持所谓的"强制技术转让"。相反，美国《出口管理法》对技术的转让和出口倒是有着非常严格的规定，美国外国投资委员会也有很大的自由裁量权决定是否批准一个外国人对美国企业的投资并购行为。众所周知的事实是，中美双方企业正常的基于市场条件的商业贸易和投资行为，经常遭到美国政府的重重阻碍。

"几千万美国人对就业保障、对孩子的未来机遇越来越没有信心，这不是中国的错，但他们却把中国的成功，视为对美国构成了负面影响。"几天前，美国前财长、哈佛大学教授劳伦斯·萨默斯在中国发展高层论坛2018年年会上的一番话形象道出美国当前对华贸易政策的误区。把自身发展过程中遇到的问题归咎于他方的做法不可能化解自身危机感，以此为据做出贸易保护的"战略决策"毫无战略眼光可言，最终只是弄出一个损人害己的僵局，搅乱国际秩序。

（2018年3月30日）

有悖于国际规则与时代格格不入

作为国际贸易规则曾经的主要缔造者之一，美国如今的做法带有明显的"破坏者"性质，为世界埋下失序的隐患，这是国际舆论普遍感到失望和忧虑的原因

最近，美国政府频繁挥舞贸易保护主义大棒，不断威胁提高进口商品关税，强词夺理地要求他国按其意图行事。按照美国总统特朗普的逻辑，美国这个世界头号大国是自由贸易的"受害者"，在全球贸易体系中"遭受了不公平待遇"。美方以为打出这样一个幌子，自己就算是站到"道德高地"上了。但现实的景象是，面对美国政府的借口和蛮横做法，国际舆论批驳之声此起彼伏。

"任何强加关税的做法，如果没有事先经过世界贸易组织，必然会招致北京乃至美国业界的批评。""即使世贸组织规则允许征收高额关税，不将有关争议提交世贸组织在程序上也是颠倒的。"这是特朗普签署总统备忘录、要求根据301调查对从中国进口的商品大规模征收关税前后，美国《华尔街日报》报道所持的看法。"贸易争端最终要依靠规则，要在世界贸易组织框架内解决。"德国《商报》亦发出如此呼吁。

美国不合时宜地扯起贸易保护主义大旗，却发现旗下只有自己孤独的身影。即使是美国的传统盟友，在贸易争端问题上也没有站在美国身旁。在美国宣布根据232调查对进口钢铁和铝产品加征关税后，欧洲理事会斥其以"国家安全"为理由站不住脚。在近日举行的世贸组织货物贸易理事会会议上，欧盟、日本、韩国、澳大利亚等成员代表均警告美国，设置贸易壁垒对以规则为基础

的多边贸易体制构成威胁。英国国际贸易大臣利亚姆·福克斯更是对媒体明确表示:"英国是世界贸易组织的坚定拥护者,英国站在国际贸易体系一边,即站在规则一边。"这些国家的明确态度,无疑是对美国的迎面痛击。

美国发起所谓 301 调查和 232 调查,依据的是其国内诞生于冷战时期的贸易法,显示的是其身兼"警察""检察官""法官"等多重角色所必然带来的不公正。在世贸组织成立 20 多年且有成熟的争端解决机制情况下,这种选择绕开世贸组织的鲁莽单干,既有悖于国际规则,又与时代格格不入,为世界所不齿。

更为关键的是,美国大搞贸易壁垒的借口本身就缺乏事实依据。以钢铁产业为例,数据显示,2011 年至 2017 年,美国国内钢铁产量仅下降 2.6%,2009 年以来钢铁行业就业人数增加了数千人。影响"国家安全"的理由显然更是不成立的。美国的目的,无非是通过提高关税赤裸裸地对本国产业进行保护。这是对公平贸易规则的践踏。

美国政府对贸易战的狂热和盲目自信,体现出对国际贸易规则合则用、不合则弃的蛮横。在贸易问题上,美国当前就像一头闯入瓷器店的公牛,肆意践踏规则,不惜破坏现有全球贸易体系。正是因为美国的刻意阻挠,世贸组织上诉机构新成员迟迟无法得到任命,严重削弱该机制的有效性。人们越来越发现,美国所要的公平贸易,实质就是美国得利而对其他国家不必公平。但在经济全球化深入人心的 21 世纪,美国的做法是不得人心的。

没有规则,即没有秩序。作为国际贸易规则曾经的主要缔造者之一,美国如今的做法带有明显的"破坏者"性质,为世界埋下失序的隐患,这是国际舆论普遍感到失望和忧虑的原因。"21 世纪国际贸易需要基于规则,而不是实力或强权。"正如世贸组织前总干事帕斯卡尔·拉米所指出的,基于规则的多边贸易体系也许需要一定的调整,但前提是必须首先巩固好这一体系。

经济全球化时代,违拗大势的保护主义行动充其量就是一种孤家寡人式的蛮横,压缩的其实只是自己的发展空间,增加的却是别人更多的选择机会。

(2018 年 3 月 27 日)

美国须为无理莽撞之举担责

美国挥舞贸易保护主义大棒的举动从损人的目的出发,最终必将以害己的结果告终

当地时间3月22日,美国总统特朗普签署总统备忘录,依据所谓301调查结果,对从中国进口的商品大规模征收关税,并限制中国企业对美投资并购。美国无视中方加强知识产权保护的事实,无视世界贸易组织规则,无视广大业界的呼声,一意孤行采取典型的单边主义、保护主义做法,有损中美经贸关系稳定,有损全球贸易秩序,不利于世界经济复苏增长,受到国际社会共同反对。

来而不往非礼也。针对美方此种明显损害中国合法权益的行为,中方不会坐视不管。中国商务部23日发布针对美国进口钢铁和铝产品232措施的中止减让产品清单并征求公众意见,拟对自美进口部分产品加征关税,以平衡因美国对进口钢铁和铝产品加征关税给中方利益造成的损失。中国不希望打贸易战,但绝不害怕贸易战,坚决捍卫自身合法利益,且有信心、有能力应对任何挑战。

必须指出的是,中美经贸关系最终如果真的因为华盛顿的一意孤行而被拖入险境,一切责任须由美方承担。中国素来维护贸易自由化,是开放型世界经济的主要推动者和贡献者。在应对美方在经贸问题上的挑衅过程中,中国本着相互尊重、合作共赢原则付出大量努力,显示了极大诚意,并提出了合理建议。但是,华盛顿决意选择草率与冲动,其必然的联动效应就是中国坚定捍卫自身合法利益的后续行动。

当前，华盛顿有一股政治力量认为"贸易战很好，而且很容易赢"。不得不说，这是对美国企业、消费者切身利益的全然无视。自从华盛顿抛出贸易战相关言论以来，美国学界、企业界、各种社会组织乃至普通民众都明确发出警告，认为有关举动非但无助于解决中美经贸问题，而且会直接损害美国自身利益——美国消费者最终要为华盛顿关税措施造成的后果埋单，美国零售商也将受冲击；贸易战不仅不会增加美国就业，而且有损美国自身制造业，给美国就业带来潜在影响；贸易战将导致市场不确定性上升，影响美国出口商。

连日来，美国在贸易问题上不乏自鸣得意的鲁莽举动，已经在全球掀起波澜，对美国的批评之声不绝于耳。日前举行的二十国集团财长和央行行长会议上，与会人士普遍担心美国政府举动可能挑起全球贸易战，从而阻碍全球经济增长。"综合来看，特朗普的行动表明，他下定决心放弃几十年来朝着开放市场和世界经济一体化前进的方向，转而采取一种更加明确的保护主义做法，在美国堡垒的周围设置障碍。"《纽约时报》如是评价。市场已经作出剧烈反应——美国政府相关政策公布后美国股市出现大跌，这是美国市场对贸易战前景的真实表态。

可以预见，美国置各国共同利益于不顾的转向，将给全球贸易秩序和世界经济带来一系列冲击。一方面，美国的不负责任举动将极大改变市场预期和信心，澳大利亚以及亚洲多国股市已经第一时间反映了这种担忧。另一方面，美国在经贸问题上愈发背离多边主义，也是今天全球经济治理日渐突出的一个现实问题。

无论是从中美经贸关系看，还是从全球经济大局看，美国挥舞贸易保护主义大棒的举动有百害而无一利，是不得人心的。从损人的目的出发，最终必将以害己的结果告终。奉劝美方悬崖勒马、慎重决策，不要把中美双边经贸关系拖入险境，不要把全球贸易和世界经济拖入险境，更不要低估中方捍卫自身合法利益的决心与能力。

（2018年3月24日）

破坏中美关系政治基础是愚蠢的

美方一意孤行推出所谓"与台湾交往法案",挑战一个中国底线,是对中美关系和台海局势的严重干扰,中国人民不会答应

当地时间3月16日,美国总统特朗普签署美国国会此前审议通过的"与台湾交往法案",主张解除对美台高层交往的限制。美方此举严重违反一个中国原则和中美三个联合公报规定,干涉中国内政,中方对此强烈不满和坚决反对。在中美关系发展的关键时刻,美国妄图通过打"台湾牌"渔利,只会适得其反,自食苦果。

台湾问题事关中国的主权和领土完整,涉及中国核心利益。中国政府一再强调,维护国家主权、领土完整的决心意志坚定不移。中方多次敦促美方慎重处理台湾问题,不与台进行任何官方往来和接触,不向"台独"分裂势力发出任何错误信号,以免干扰和损害中美关系大局。美方一意孤行推出所谓"与台湾交往法案",挑战一个中国底线,是对中美关系和台海局势的严重干扰,中国人民不会答应。

坚持一个中国原则是国际社会普遍共识,也是台海和平稳定的基石。美国多次表示维护台海和平稳定对其具有深厚持久利益,但一些做法却自相矛盾。2016年以来,美国参众两院提交了几十项涉台议案。去年6月,美国国务院批准特朗普上任后首宗对台军售方案。去年12月,特朗普签署"2018财年国防授权法案",明确提出"强化美台防务关系"。而今,"与台湾交往法案"又企图解禁美台高层级官员"互访",对中国主权、国家统一及安全利益构成侵

害，也是在破坏中美关系政治基础。殊不知，美国采取任何破坏台海和平稳定的错误举动，都只能给自己带来同等甚至更为强烈的反作用力。

美国国内弥漫着保守主义、孤立主义和民粹主义情绪，最近炒作"中国威胁"的言论甚嚣尘上。面对繁荣发展的中国，美国部分人心理扭曲，仍抱着霸权心态，企图"制衡"中国。这种冷战思维，在21世纪不受欢迎，也不可能奏效。对此，任何有政治智慧的美国人都看得明白。美国国安委亚洲事务部前主任麦艾文和国安委中国事务前主任何瑞恩此前就联名发表文章，呼吁特朗普政府"不要把台湾当作施压中国的工具"。

一个中国原则没有任何妥协余地。在台湾问题上，中国有坚守的底线，有无可撼动的定力。我们完成祖国统一大业的决心坚定不移，日前公布的促进两岸经济文化交流合作的31条措施，受到台资企业和台胞广泛好评。中国的统一是历史必然，任何企图干扰这个大趋势的举措都是愚蠢的、徒劳的。

中国重视同美国的友好合作，始终愿意在相互尊重、合作共赢的基础上发展健康、稳定的中美关系。美方应该做的，是尊重中国的主权，而不是不断试探中国的底线；是循着双方既有共识往前走，寻求利益的最大公约数，而不是不识时务地开倒车。

中美关系的意义超越了双边范畴，一个良好、健康的中美关系符合中美两国利益，也符合亚太地区和全世界的利益。美方应认清形势，慎重、妥善处理涉台问题，以实际行动维护中美关系大局和台海和平稳定，切实履行大国责任。

（2018年3月18日）

半岛问题的积极势头应当保持下去

有善意方能争取和平,促缓和方能创造机遇

3月9日,习近平主席应约同美国总统特朗普通电话,着重就当前朝鲜半岛局势和两国关系深入交换意见。习近平指出,中方坚定致力于实现朝鲜半岛无核化、维护朝鲜半岛和平稳定,坚持通过对话协商解决问题。特朗普表示,事实证明,习主席坚持美国应该同朝鲜开展对话的主张是正确的。美方十分感谢并高度重视中方在朝鲜半岛问题上的重要作用,愿继续密切同中方的沟通协调。

在朝鲜半岛局势出现积极变化的情况下,中美两国领导人的通话具有深意。这次通话再次确认了中美两国共同推动对话协商解决半岛问题的大方向,也向世界表明在半岛问题上,中美正开展有效沟通协调,中国的建设性主张和作用得到有关各方认可与赞赏。

今年年初以来,朝韩双方抓住冬奥会契机展开密集互动。2月10日,韩国总统文在寅在首尔会见了参加平昌冬奥会开幕式的朝鲜政坛元老金永南和朝鲜最高领导人金正恩特使、朝鲜劳动党中央委员会第一副部长金与正,金与正转交了金正恩的亲笔信。3月5日,金正恩在平壤会见了韩国特使团,韩方也转交了文在寅的亲笔信。朝韩双方商定将于4月底在板门店韩方一侧"和平之家"举行领导人会谈,这将是朝韩领导人会谈首次在韩国境内举行。3月9日,美国总统特朗普表示,他与朝鲜最高领导人金正恩的会面"正在计划中",朝鲜半岛问题"正在取得重大进展"。一系列积极互动为冰封已久的半岛局势注入了久违的暖流。

有关积极互动再次证明，只有对话协商才是解决半岛问题的正途，只有有利于地区和平稳定的举措才是地区各国乃至国际社会的共同期盼。联合国秘书长古特雷斯发表声明，对近日朝韩会谈取得的进展表示欢迎，并强调需要保持这一势头，为半岛找到一条和平道路；俄罗斯外交部副部长莫尔古洛夫表示，俄方打算协助推动、扩大和加深朝韩之间的对话。

作为朝鲜半岛近邻和联合国安理会常任理事国，中国多年来本着对半岛和平和地区稳定负责任的态度，为推动谈判解决半岛问题作出了不懈努力，发挥了独特的、不可或缺的作用。

近期半岛问题的转圜与中国提出的"双暂停"倡议密切相关。平昌冬奥会期间，朝鲜没有进行新的核导试验，美韩也暂停了针对朝方的军演。如今，朝鲜方面进一步承诺在接下来一段时间内暂停核导试验。应当认识到，这些缓和的信号正是"双暂停"引生的效应。"双暂停"倡议是一剂对症下药的良方，为南北改善关系创造了窗口期。另一方面，朝韩对话对朝美对话产生的促进作用，与中国主张的"双轨并行"思路相符，即实现半岛无核化和建立半岛和平机制两条轨道，按照同步对等原则一并推进，最终一揽子解决，以实现半岛的长治久安。

在半岛问题上，中国积极发挥建设性作用，既有为地区国家和人民利益的考量，也有为当今世界维护和平的担当。中国坚决不允许半岛生战生乱，因为这不仅会伤害朝韩两国人民，也会严重威胁中国国家利益以及其他地区国家利益。

有善意方能争取和平，促缓和方能创造机遇。在当前解决半岛问题显现曙光的情况下，各方尤须拿出政治勇气、作出正确决断。只有努力把积极势头保持下去，才能一鼓作气，推动半岛问题朝着国际社会共同期待的方向不断取得进展。中方将继续为此作出不懈努力，也希望各方共同朝着这一目标努力。

（2018年3月10日）

中国新型政党制度带给世界的启示

从中国土壤中生长出来的新型政党制度,为如何践行"政党的责任"提供了可借鉴的范本,为人类探索更好政治制度提供了中国方案

"中国共产党领导的多党合作和政治协商制度作为我国一项基本政治制度,是中国共产党、中国人民和各民主党派、无党派人士的伟大政治创造,是从中国土壤中生长出来的新型政党制度。"日前,习近平总书记在全国政协联组会上系统阐述了中国新型政党制度的优越性,精辟深刻的内涵引发国际社会普遍关注、连锁思考。

作为马克思主义政党理论同中国实际相结合的产物,中国的新型政党制度经过数十年的发展和实践,愈发呈现鲜明的中国特色和中国气派。它的优越性,体现在始终为人民谋幸福的初心和使命,体现在集中力量办大事的政治特色,体现在通过科学民主决策推动社会发展进步的有效保障。

中国新型政党制度,有效避免了旧式政党制度代表少数人、少数利益集团的弊端,有效避免了一党缺乏监督或者多党轮流坐庄、恶性竞争的弊端,有效避免了旧式政党制度囿于党派利益、阶级利益、区域和集团利益决策施政导致社会撕裂的弊端。英国剑桥大学政治与国际关系学院资深研究员马丁·雅克发表的文章不无感慨:"西方国家的长期论点是,多党制是民主的一大优势,能够防止政党僵化和停滞。然而事实上,中国共产党找到了使自己保持活力与年轻的方法,而西方的政党却越来越疏远其代表的人民。"

新与旧对比,活力与停滞的反差清清楚楚,最有发言权的是人民。中国

的政党制度始终根植于人民,始终为最广大人民的根本利益服务。"今年再减少农村贫困人口 1000 万人以上""居民基本医保人均财政补助标准再增加 40 元""启动新的三年棚改攻坚计划,今年开工 580 万套"……翻阅今年的政府工作报告,一组组民生数据无不彰显一切为了人民的政治底色。而那些充斥着"金钱政治""寡头政治""政客政治"的西方国家,却只能循着"人民只有在投票时被唤醒、投票后就进入休眠期"的老剧本发展剧情。

面对党派竞争沦为政治恶斗,三权分立异化为权力掣肘,否决政治一再导致政府陷入停摆困境,越来越多的西方人士开始反思西式政党制度的弊端。这些弊端,归根结底是因为过度专注于彼此间竞争,损害了政党之间本应该维护的合作。政府执行效率的低下让《华盛顿邮报》评论员威尔感叹:"美国在大萧条时代花了 410 天建起帝国大厦,在战时花 16 个月建造了五角大楼,如今在圣迭戈造一座海水淡化厂都需要花 9 年时间才能通过审批。"有学者明确指出,西方的政党制度是"打橄榄球",一定要把对方压倒,而中国的政党制度则是"大合唱"。

中国的新型政党制度以合作、参与、协商为基本精神,以团结、民主、和谐为本质属性,彰显出中国特色社会主义民主的真正价值。而中国共产党领导的多党合作和政治协商制度所遵循的,是众人的事情由众人商量,通过协商反映全社会意愿、寻求最大公约数,形成最大范围的共识。从站起来、富起来走向强起来,"中国为什么能"的问题日益启发人们从制度角度去探秘。西方媒体注意到,中国新型政党制度是其提高国家治理能力、促进社会发展进步的重要前提,对人类政治文明作出了重大贡献。在中欧数字协会主席路易吉·甘巴尔代拉看来,"中国政治制度的突出优势在于,中国共产党能够团结其他政党,在共同协商的基础上制定出务实而长远的发展规划,并且一道为实现远大目标而奋斗"。

举世公认,在西方之"乱"的反衬下,中国之"治"更显意义重大。从中国土壤中生长出来的新型政党制度,为如何践行"政党的责任"提供了可借鉴的范本,为人类探索更好政治制度提供了中国方案。

(2018 年 3 月 10 日)

中国奋斗，带给世界的精神财富

中国作为一个和平发展的大国，创造伟大和永恒的方式是自力更生、艰苦奋斗。这将给中国乃至整个世界带来宝贵精神财富

中共十九大后的首次全国两会，凝聚起新时代全体中国人民建设现代化强国的磅礴之力。世界关注中国，期待从中国人民干事创业的满腔热情中，探寻这个东方大国发展的精神密码。

不久前，美国哈佛大学一名学者撰文称，鉴于中国取得了人类文明史上前所未有的成功，有一个重要问题需要考虑——中国的复兴模式是否会带来精神发展？其实，这个问题可以反过来问：中国的巨大发展成就是建立在什么样的精神底色上？答案不止一个，但自力更生、艰苦奋斗无疑是其中最为重要的一条。

1949年秋天起，中国闯过一穷二白的荒漠"站起来"，1978年秋天再出发，中国穿过历史的三峡"富起来"，最大的倚仗不是别的，就是奋斗不息。正如习近平总书记所说："中国的伟大发展成就是中国人民用自己的双手创造的，是一代又一代中国人接力奋斗创造的。"如今"中国号"巨轮驶入新的水域，面临中华民族"强起来"的历史飞跃，面对人民日益增长的美好生活需要，依然在发扬埋头苦干的精神——"新时代是奋斗者的时代""只有奋斗的人生才称得上幸福的人生"，习近平总书记的话，再次强调接力奋斗在中国当前历史方位的重要意义，也指出了新时代所需要的一种精神气质。

新时代的奋斗，是为了让中国和中华民族百尺竿头更进一步，也是为这一

代人创造更多人生出彩的机会。改革开放40年,中国"闯出了一条新路、好路,实现了从'赶上时代'到'引领时代'的伟大跨越",这不仅为中华民族的伟大复兴奠定了基础,还为个人的奋斗搭起更大的舞台。

中共十八大以来,随着中国经济发展进入新阶段,中国人民的奋斗不再停留在勤劳革命的层面,而是体现出更多再创新再创业的气质。在数字化等诸多领域,中国制造和设计的创意发明,正在塑造全世界的进步。有国外媒体评价说,与中国古代四大发明一样,中国当下享誉世界的"新四大发明"也具有三个基本特征:中国制造和设计、丰富日常生活、推动全球进步。迈开创新的脚步飞奔起来,新时代中国人民的奋斗足音令世界惊叹不已。

政治学家曾论述大国的历史使命,认为它们注定要创造伟大和永恒,同时承担责任与痛苦。中国是一个和平发展的大国,创造伟大和永恒的方式是自力更生、艰苦奋斗。英国剑桥大学教授马丁·雅克因此指出:"中国提供了一种'新的可能',这就是摒弃丛林法则、不搞强权独霸、超越零和博弈,开辟一条合作共赢、共建共享的文明发展新道路。这是前无古人的伟大创举,也是改变世界的伟大创造。"

桃李不言,下自成蹊。中国现代化取得的巨大成就以及所走过的发展道路,已经成为一笔世界性的精神财富,鼓舞了那些既希望加快发展又希望保持自身独立性的国家和民族,为实现自身的现代化而奋斗。曾经21年担任埃塞俄比亚领导人的梅莱斯生前经常表示,希望本国可以效仿中国的经济战略。他的继任者海尔马里亚姆甚至更加充满激情,谋求建设一个东亚模式的发展型国家。如今,这个有近1亿人口的非洲大国在借鉴中国经验的基础上,不断探索适合本国的发展道路,正行驶在经济社会发展的快车道上。

著名经济学家科斯有句名言:中国的奋斗,就是全人类的奋斗。投身于建设社会主义现代化强国伟大事业的中国人民,以不息的奋斗实现自己的梦想,也为世界共同发展繁荣作出贡献。新时代中国伟绩闪耀的精神光芒,汇入人类文明的灿烂星河。

(2018年3月7日)

中国实力与道义兼具的底气

近来涌现的中国军事题材电影深入人心，展现了中国不好战但也绝不畏战的形象，揭示了实力与道义兼具的底气

一声"勇者无惧、强者无敌"，喊出新时代中国军人的精气神；一句"中国海军，我们带你们回家"，让人动容之余更为强大的祖国而自豪。正在全国热映的军事题材电影《红海行动》再次点燃中国人的大国豪情，让世界关注正在强起来的中国维护世界和平的担当精神。

根据真实故事改编的《红海行动》引来不少外国网友赞叹。影片讲述的中国海军"蛟龙突击队"在异国他乡解救人质、执行撤侨任务等精彩故事，正是中国军队近年来勇担和平使命的真实写照。从10年前远赴亚丁湾护航，到3年前从也门撤离中国和其他多国公民，再到中国维和军人在全球为和平坚守，凝聚着中国责任与担当的真实行动多年来深得世界赞誉。

"作为中国强大外交自信在电影领域的展现，银幕英雄将会越来越多地挥舞着中国旗帜。"透过电影，国外媒体敏锐地观察到新时代的中国更加自信。这种自信，伴随国家实力上升而增。又逢戊戌，但中国早已抛却两甲子前的落后迷茫。百年巨变，书写了中国站起来、富起来、强起来的不凡历程，中国正以铿锵脚步走近世界舞台中央。优秀的艺术作品总是镌刻鲜明的时代烙印。正如新加坡《联合早报》指出，《红海行动》向世界展现了中国海军形象和国家实力。

与国际政治领域一些人热衷炒作的"中国威胁论"相反，那些托起《红海

行动》的真实故事,让更多人看到了中国在各国人民面临共同威胁时的担当。银幕上的海盗、恐怖威胁等,都是当今世界的共同安全挑战。安全领域问题层出不穷,世界期待也需要更多来自中国的力量。"当今世界还不太平,地区冲突频仍,恐怖威胁不断,国际社会需要增加制约战争的力量,中国军队作战能力的提高有利于国际和平力量的壮大。"荷兰海牙国际反恐研究中心执行主任阿拉斯泰尔·里德的话,道出了热爱和平人士的心声。

近来涌现的中国军事题材电影深入人心,展现了中国不好战但也绝不畏战的形象,揭示了实力与道义兼具的底气。正如今日俄罗斯网站报道指出:"中国虽然有强军梦,但对损害他国利益、干涉别国内政没有丝毫兴趣与意图。"人们不会忘记,巴基斯坦大使在感谢中国也门撤侨行动中对巴基斯坦公民的救助时流下的激动泪水;伴随着"别人因埃博拉撤了,中国因埃博拉来了"的歌声,中国的"白衣战士"为西非带去战胜疫魔的希望;在海盗猖獗的亚丁湾、索马里海域,中国海军护航编队已为6000余艘中外船只保驾护航,其中半数以上为外国和世界粮食计划署船只……这些行动彰显的,正是守正义、护和平、保安全的中国底色。

随着现代化建设的稳步推进和综合实力的进一步提升,中国为世界提供着越来越多的公共安全产品。作为联合国安理会常任理事国中派遣维和人员最多的国家,中国已累计派出维和人员近4万人次。从成立联合国和平与发展基金,到加入联合国维和能力待命机制;从以实际行动支持非洲维和能力建设,到承诺成立公安部国际执法学院为发展中国家培训执法人员……中国以实实在在的行动,践行着"始终是世界和平的建设者"的承诺。

"大千世界,我也许只是一根羽毛,但我也要以羽毛的方式承载和平的心愿。"在海地执行任务时不幸殉职的中国维和女警察和志虹,曾满含深情地写下这样的承诺。而千千万万"中国羽毛",早已汇聚成强而有力的羽翼,承载起对世界的担当,拥抱和平理想。

(2018年2月28日)

穿越历史的真理之光

社会主义中国的新探索新实践,正不断丰富与发展马克思主义、推动马克思主义在当今世界产生更大影响

今年是《共产党宣言》发表170周年。这部具有划时代意义的著作问世以来,通过200多种文字传遍世界,鼓舞各国共产主义运动,改写了人类历史进程。今天审视《共产党宣言》对历史与现实的深刻影响,人们尤其能够感受到马克思主义的真理光辉。

概括《共产党宣言》核心的基本思想时,恩格斯在1888年英文版序言中写下了"属于马克思的"思想——"每一历史时代主要的经济生产方式与交换方式以及必然由此产生的社会结构,是该时代政治的和精神的历史所赖以确立的基础,并且只有从这一基础出发,这一历史才能得到说明"。恰如这段话所概括的,《共产党宣言》通篇贯穿彻底的历史唯物主义,为人们认识世界、改造世界提供了科学的思想工具。也正因为如此,《共产党宣言》被尊为学习马克思主义的"入门老师""小百科全书"。

历史的荡涤、时代的变迁不断印证马克思主义的科学性。因为深刻揭示了客观世界特别是人类社会发展的一般规律,马克思主义在当今时代依然具有强大生命力。邓小平同志曾指出:"我坚信,世界上赞成马克思主义的人会多起来的,因为马克思主义是科学。它运用历史唯物主义揭示了人类社会发展的规律。"

21世纪的今天,环顾全球,马克思主义的现实"相关性"正获得越来越多重视。10年前爆发的国际金融危机充分暴露了资本主义体系的内在弊端,

而在寻找出路的过程中，有西方学者坦言"真正的改变离不开马克思主义"。10年后，虽然国际金融危机的直接影响正在褪去，但西方社会财富分化问题却愈演愈烈，马克思主义分析现实、批判现实的思想力量愈加彰显。欧美学者认为，西方社会对马克思主义的认知偏见正逐步被打破，马克思主义的现实影响力、特别是对年轻一代的影响力正在逐步上升。

马克思主义基本原理是普遍真理，具有永恒的思想价值，但马克思主义经典作家并没有穷尽真理，而是不断为寻求真理和发展真理开辟道路。今天重读《共产党宣言》，不仅是为了温习马克思主义的经典论断，更是为了以历史唯物主义的科学态度把握世界，创造更加美好的未来。

时代是思想之母，实践是理论之源。社会主义中国的新探索新实践，正不断丰富与发展马克思主义、推动马克思主义在当今世界产生更大影响。习近平总书记强调："我们一定要以我国改革开放和现代化建设的实际问题、以我们正在做的事情为中心，着眼于马克思主义理论的运用，着眼于对实际问题的理论思考，着眼于新的实践和新的发展。"正是因为自觉运用历史唯物主义的科学方法，中国的发展理论不断为世界贡献智慧。这方面的例子举不胜举。根据变化了的国内国际环境，中国主动调整发展思路，提出新发展观，在适应经济新常态的过程中成功为新一轮发展打开局面。新发展观的提出充分体现必须不断根据社会生产力发展调整生产关系的历史唯物主义态度。在国际金融危机后的全球发展迷思中，中国一以贯之强调向创新要动力，强调推动世界经济复苏要医其受病之处、塞其起弊之原。靠治本以谋世界经济的长远发展，中国方案充分体现了生产力是推动社会进步的最活跃、最革命的要素这一历史唯物主义态度。世界有目共睹，习近平新时代中国特色社会主义思想作为马克思主义中国化最新成果，正在引领中国阔步走向中华民族伟大复兴。

恩格斯说过："马克思的整个世界观不是教义，而是方法。它提供的不是现成的教条，而是进一步研究的出发点和供这种研究使用的方法。"过去170年的历史已经充分证明《共产党宣言》所蕴含的科学真理。将视线投向未来，不断得到丰富与发展的马克思主义必将继续书写新的光辉历史。

（2018年2月23日）

朝鲜半岛需要和平的行事逻辑

为平昌的突破而感到欣慰的人们，实际上都在期盼朝韩双方能继续保持这来之不易的互动，并以此为起点，一步步推开半岛对话谈判的大门

平昌是位于韩国东北部、人口仅 4 万的一座小城，正在举行之中的冬奥会却让它站到了世界的聚光灯下。2 月 9 日晚的开幕式上，当朝韩代表团时隔 11 年再次伴随着传统民谣《阿里郎》共同步入赛场，世界为之动容。

触动人心的，自然不只关乎体育。一年前，甚至几个月前，朝鲜半岛局势剑拔弩张的情景依旧历历在目，难怪有现场观众对媒体说，"只要能一起入场，已经很感动了"。《纽约时报》的报道更是用了这样一个标题——"冬奥会以朝韩共同入场开幕，带来和平的希望"。

没有人会天真地认为仅靠冬奥赛场的暖流就能彻底驱散朝鲜半岛的阴霾，"和平的希望"也不能只靠一时的"惊喜"来支撑。为平昌的突破而感到欣慰的人们，实际上都在期盼朝韩双方能继续保持这来之不易的互动，并以此为起点，一步步推开半岛对话谈判的大门。毕竟，要想真正化解半岛僵局、打破恶性循环，对话谈判是唯一出路。

韩国将冬奥会开幕式演出的主题定为和平，导演为全世界观众讲述了 5 个孩子探索和平的时空之旅，呼应了和平的呼声。然而，在和平问题上，世界需要的却远远不只是一种情境中的感动，而当是一种道义责任的切实认同。用法国哲学家雷蒙·阿隆的话说，尽管国际关系具有"不可简约的复杂性"，但和平仍是"道德的必须"。

在朝鲜半岛问题上,"和平的希望"取决于有关各方能否共同把和平作为行事的第一逻辑。围绕冬奥会,朝韩双方朝着缓和局势共同迈出的第一步十分及时,也非常重要。要真正把握住这来之不易的转机,把南北改善关系的努力扩展到维护半岛和平、实现半岛无核化的共同努力,暂停一切相互刺激、激化矛盾的举动,共同为对话谈判营造气氛,积累条件。

不得不指出,在国际社会共同期待朝鲜半岛问题尽快回归对话谈判解决正轨的背景下,背道而行的国家只会给自己徒增尴尬。在这方面,现实的例子也不鲜见。据报道,日本领导人日前在同韩国总统举行会谈时杞人忧天地提出,目前尚不是推延韩美联合军演的阶段,联合军演照常进行尤为重要。对此,文在寅总统直言相告——要求不要推延韩美军事演习是涉及韩国主权和内政的问题,日本领导人不宜亲口言及该问题。

作为半岛近邻,中国向来是和平力量的贡献者。中国秉持的原则是,邻居出了问题,应该去帮一把。此前,半岛局势不断升级之时,中国是最坚定、最有力的劝和促谈者。如今,半岛南北双方围绕平昌冬奥会展开一系列积极互动,中国对此自然是予以支持。中国希望南北双方把冬奥会期间的对话转变为日常不间断的对话,把朝韩之间的互动扩大到各方尤其是朝美之间的互动,把南北改善关系的努力拓展为维护半岛和平稳定、实现半岛无核化的共同努力。

瑞士作家黑塞曾说:"不应为战争和毁灭效劳,而应为和平与谅解服务。"就维护朝鲜半岛和平稳定而言,有关各方眼下尤需齐心协力,相向而行,直至重新敲开半岛对话谈判之门。

(2018年2月13日)

拉美缘何不买"门罗主义"的账

"门罗主义"代表的"胡萝卜加大棒"那一套,只会让拉美人民进一步看清楚谁才是真正的"掠夺者"

2月7日,美国国务卿蒂勒森结束上任以来的首次拉美之行。蒂勒森此行从一开始就充满了争议和火药味。在启程前往墨西哥前,他在得克萨斯大学奥斯汀分校发表演讲,公然建议委内瑞拉军队策划让马杜罗下台的"和平过渡",大肆鼓吹早已落满灰尘的"门罗主义",并指责他国与拉美开展互利合作,表现出十足的傲慢和虚伪。只要是有一定国际常识的人,大约都会对这个情况深感震惊。

"门罗主义",出自1823年时任美国总统门罗提出的"美洲是美洲人的美洲"宣言,虽几经衍变,但长期是美国对拉美政策内核。"门罗主义"名义上声称美洲是美洲人的美洲,实质是为美国独霸美洲、推行强权政治开路,使其可以在美洲任意行使所谓"国际警察权",迫使拉美国家按美国意志行事。在拉美国家人民眼中,"门罗主义"毫无正义可言,但在蒂勒森的话语中,这一充满争议的理念"在今天的重要性丝毫不亚于当年""(门罗主义)很明显……是成功的"。

对美国来说,"门罗主义"当然是"成功"的。蒂勒森在得州发表此番言论时,脚下所踩的土地便是"门罗主义"的"战利品"。1846年,美国武装入侵墨西哥,强迫墨西哥签订《瓜达卢佩—伊达尔戈条约》,将包括得克萨斯在内的230万平方公里墨西哥领土收入囊中,这也是"门罗主义"第一次付诸实践。

"门罗主义"给拉美带去的是无休止的军事干涉、政权颠覆和社会动荡。在过去 100 多年间，美国武装入侵过墨西哥、古巴、尼加拉瓜、多米尼加、海地、洪都拉斯、危地马拉、格林纳达和巴拿马等多个国家。"门罗主义"早就是美国干涉、扩张和称霸的一个代名词，并深深嵌进拉美人的血泪史。

美国如今试图旧戏重演，拉美国家显然不会答应。当蒂勒森对委内瑞拉发出威胁言论时，不仅委内瑞拉总统马杜罗予以谴责，连与美国关系密切的墨西哥也表示不支持任何使用暴力解决委内瑞拉问题的选项。古巴外交部声明，蒂勒森的言论与美国一贯推崇的"政权更迭"计划如出一辙，是导致暴力、战争、人道主义危机和政局动荡，数百万无辜者生命遭屠戮的罪魁祸首。蒂勒森坚称美洲不是一块大陆，而是一个"价值观集合体"。但历史早已证明，价值观的聚合并不出自利剑的功效。

让美国与拉美关系倒退到 200 年前的企图注定是徒劳的，既不符合时代潮流，也与当今国际主流价值观相违背。连上届美国政府负责拉美问题的官员都认为，这"肯定不是关于拉美和西半球关系的现代眼光"。

冷战早已结束，世界多极化是大势所趋，相互尊重、平等互利已经成为发展国家间关系的全球共识。作为全球最大的发达国家，美国当然有同拉美国家发展外交关系、开展经贸合作的现实需求，但回到帝国旧梦之中是不可能的。

当下的美拉关系着实有不少痛点。美国执意修建美墨边境墙，在无证移民、毒品犯罪等议题上对拉美国家横加指责。最新民调显示，美国政府在拉美地区的支持率遭受重挫。美国媒体评论指出，整个拉美地区对美国政府越来越怀疑。"门罗主义"代表的"胡萝卜加大棒"那一套，只会让拉美人民进一步看清谁才是真正的"掠夺者"。

早在 2013 年，美国时任国务卿克里就曾坦言，"门罗主义"的时代已经终结，美洲国家间关系建立在平等伙伴关系和共同责任基础上，美国不再致力于干预其他美洲国家事务。但遗憾的是，其继任者把这些主张抛在了脑后。不过，时代毕竟是向前发展的，不合时宜的终不可能得势。"绝不会回到'门罗主义'时代""美洲已经醒来"……来自拉美的这些声音，折射了当今时代的方位。

（2018年2月9日）

非洲人民明白谁是真朋友

假的东西就是真不了,中非合作的根基完全不可能被谬论和谎言所撼动

中国—非盟第七次战略对话在即,又将是彼此政治互信、深化合作的一次重要呈现。源远流长的中非情谊,在在皆是的中非合作,早已成为世间最美好的画卷之一。不过令人费解的是,面对满满正能量的中非友谊故事,有些人竟然生出怨愤,还躲在角落里忙不迭编造谎言。

法国《世界报》就是一例。该报日前刊文造谣称中国在非洲联盟总部大楼里进行盗取电脑信息、安装窃听器等"间谍行为",挖空心思拿中非合作的地标性建筑做文章,还煞费苦心选择在第三十届非洲联盟峰会开幕前夕发表,引来一些西方媒体跟风炒作。生拼硬凑的无稽之谈,暴露了一些人的险恶用心。面对中非合作生机勃勃的现实,他们已经焦虑到无以自持的程度,殊不知他们抹黑中非合作的目的昭然若揭。

非洲人民的眼睛是雪亮的,知道谁是非洲真正的朋友和发展伙伴。非洲国家领导人当即纷纷对法国《世界报》的报道予以驳斥。非盟轮值主席、卢旺达总统卡加梅表示绝不相信这些报道。非盟委员会主席法基在非盟峰会闭幕后举行的新闻发布会上指出,非盟与中国一直保持很好的关系,没有发现非盟总部大楼有任何受到监视的迹象。埃塞俄比亚总理海尔马里亚姆表示,非中保持着全面和战略性的关系,不相信对中国的无端指责。

假的东西就是真不了。西方一些势力抹黑中非合作的伎俩花样翻新,前些年指责中国搞"新殖民主义""掠夺非洲资源",现在污蔑中国盗取非盟信息。

但事实证明，中非合作的根基完全不可能被谬论和谎言所撼动。

回顾历史，人们不难发现，中非之间政治上平等互信、经济上合作共赢、文明上交流互鉴、安全上守望相助、国际事务中团结协作的"五大支柱"，不是凭空而来的，而是有其深厚的历史渊源和坚实的现实基础。它们植根于中非人民反殖反帝、争取民族独立的斗争中，植根于中非携手追逐梦想、发展振兴的道路上。这是同呼吸、共命运、心连心的情谊。无论国际风云如何变幻，中非关系的列车总是能够一往无前。中国成为非洲稳定的最大贸易伙伴，中国帮助非洲兴建了大量基础设施，中国在医疗卫生、农业、科技等诸多领域对非洲的援助与合作，加快了非洲现代化进程。

公道自在人心。中非合作是否使非洲受益，只有非洲人民心里明白，也只有非洲人民才有发言权。权威民调机构"非洲晴雨表"发布的调查结果显示，非洲36个国家的受访者中，近2/3认为中国对其国家的影响是积极或非常积极的。中国对非洲的真心帮助，任何不戴有色眼镜的人都会给予积极评价。英国《金融时报》曾多次在文章中指出，"中国将非洲当成朋友""比起西方对非洲的价值观植入，中国为非洲提供了更实在的帮助"……

今年，中非合作论坛峰会将在北京举行，中非关系将站上新的历史起点。中国始终秉持真实亲诚的对非政策理念，中非发展相互关系的意愿只会越来越强。那些别有用心者如果坚持对此保持焦虑并行抹黑之举，等待他们的就只有失信和幻灭的深渊。

（2018年2月7日）

冷战思维，堪比"无赖"的顽症

美国新版《核态势审议报告》简直就是一个十足的自变量，将给全球安全稳定带来风险

日前，美国政府推出新版《核态势审议报告》。相较 8 年前的版本，新报告弱化了核裁军承诺，暗示扩大美国核武使用条件，明确提出开发新核武，引发了战略界的广泛忧虑与不安。

这份《核态势审议报告》毫无根据地放大美国面临的所谓"战略威胁"，进而为核武政策倒退寻找借口。五角大楼在报告中无端指责称，"中国在战略和计划中加强了核武力的突出地位，而且不断增加咄咄逼人的行为""正在挑战自由和开放的国际秩序"。这种与事实明显不符的论调，透出一种生怕天下太平的挑衅意味。

长期以来，中国始终恪守在任何时候、任何情况下不首先使用核武器政策，明确承诺无条件不对无核武器国家和无核武器区使用或威胁使用核武器；中国在核武器发展方面始终采取极为克制的态度，始终把自身核力量维持在国家安全需要的最低水平。美国忧思科学家联盟在一份报告中明确指出，五角大楼最新《核态势审议报告》夸大了"中国威胁"。该联盟中国项目主管顾克冈强调，没有迹象表明中国提升了核武在军事安全战略中的地位，也没有证据显示中国改变了长期坚持的不首先使用核武政策。

美国是拥有世界最大核武库的国家，在核裁军方面拥有特殊、优先责任，但其最新《核态势审议报告》透露出的政策方向，却明显没有责任意识。一段

时间以来，华盛顿一再高调宣示要打造一个强大的核武库，再三传出"维护核武库花大价钱、仅起威慑作用不划算"等说法，且提出要扩大动用核武的条件，不得不让人对其真实战略意图产生怀疑。美国强化核武器在安全政策中的作用，无非是为其全球战略增加砝码，最终将加剧全球战略失衡。

不得不指出，在全球战略平衡这个动态体系中，眼下这份《核态势审议报告》远非如其所称的那样只是对"环境变化的反应"，简直就是一个十足的自变量，将给全球安全稳定带来风险。报告提出的改进低当量潜射核弹头、发展可携带核弹头的舰载巡航导弹等具体措施，都将冲击欧洲乃至全球战略平衡。这也是为什么美国前助理国务卿托马斯·康特里曼强调："很遗憾的是，美国发出的信号是更加重视核武器，这会让核武器对于那些核武库较小以及无核国家更具吸引力。" 16名美国联邦参议员在公开信中写道，新报告"加大了核军备竞赛与核冲突的可能性"。

2002年，小布什政府拿出一份明显倒退的《核态势审议报告》，《纽约时报》为此专门发表社论，标题是《美国是个核流氓》。文章构建了这样一个逻辑——如果别的国家计划发展新型核武器，并考虑对一些无核国家实施先发制人的攻击，华盛顿就会将该国列为危险的"无赖国家"，但五角大楼的报告却建议美国自己这样做。2018年的今天，华盛顿咄咄逼人的最新《核态势审议报告》让人们不得不遗憾地发现，16年前那篇评论的逻辑依然成立。

同近来华盛顿先后推出的国家安全战略报告、国防战略报告鼓吹大国竞争、渲染他国威胁一样，新版《核态势审议报告》进一步暴露出华盛顿的冷战思维。在一个呼唤共赢的时代，美国却身患零和博弈的偏执症而无力自拔——身体已进入21世纪，脑袋却停留在过去。

美国那些无视国际社会核裁军呼声、背离和平与发展时代主题的人应当自问：在浩浩荡荡的时代潮流面前，逆势而行岂不是徒劳？他们应当治一治思维上的顽症。

（2018年2月6日）

全球治理关键在于顺应历史潮流

——二〇一八年世界形势展望①

世界正经历百年未有之大变局，如何看待这场变局是影响全球治理的关键

"2018年元旦，我不再提出呼吁。我向我们的世界发出一个警报——一个红色警报。"联合国秘书长古特雷斯发表的新年致辞，警醒世人重视应对全球性问题。如何弥合分歧、重建信任、加强团结，进一步加强全球治理，这是2018年世界各国应该思考的问题。

回望2017年，世界经济实现国际金融危机爆发10年来最大范围的增长提速，极端组织"伊斯兰国"在伊拉克和叙利亚的大本营被消灭，波恩气候大会为《巴黎协定》实施细则谈判如期完成奠定良好基础……但与此同时，国际形势依旧变乱交织。贸易保护主义声浪汹涌，极端组织外溢效应冲击世界多国，难民问题难觅根本解决之道。美国接连"退群"，多边主义遭遇前所未有的挑战。

"失序""混乱""茫然"……不少西方学者在看待当前世界时似乎患上了集体焦虑症。去年2月，慕尼黑安全会议以"后真相、后西方、后秩序？"为主题，正是这种心理的体现。近一年后，这种心理造成的阴影仍在扩散。"西方分裂与世界失序"，这是英国《金融时报》首席经济评论员马丁·沃尔夫今年初发表评论的标题。美国咨询机构欧亚集团甚至把2018年同2008年相提并论，认为"如果要挑一年可能迎来一场意想不到、地缘政治角度堪比2008

年金融危机的大危机的话,感觉像是2018年"。

的确,世界正经历百年未有之大变局,如何看待这场变局是影响全球治理的关键。与其说世界失序、混乱,不如说是变革与调整。前者反映的是自我视角和消极心态,后者才是顺应潮流的积极心态。世界银行近日发表的《全球经济展望》报告显示,2018年新兴市场国家和发展中国家经济增速预期为4.5%,是发达经济体增速的2倍以上,中国是世界经济增长的第一大贡献国。这些充分说明,世界多极化加速发展在继续,国际格局日趋均衡的国际潮流大势不可逆转。

国际格局的调整,必然带来全球治理参与者角色的变化。新兴市场国家和发展中国家的作用在上升,领先的高收入国家主导的时代已经结束。看不到或错判这种积极变化,就会导致在历史进程中出错牌,扰乱全球治理。发达国家只有承认并适应这种新现实,与新兴市场国家和发展中国家团结协作,才能共同弥补全球治理赤字。一边大喊国际公共产品不足,一边冷漠对待加强全球治理呼声;一边担心世界失序,一边肆意破坏多边国际体系;一边担心其他国家搭便车,一边炒作他国"填补全球领导力空白";一边分享经济全球化带来的好处,一边挥舞保护主义的大棒,执意当"21世纪的鲁滨逊"……这些落后于历史潮流的言行,只会贻误加强全球治理的最佳时机,给世界造成更大的不确定性。

2018年,单边主义和孤立主义的声音依旧强劲,反全球化之风和贸易保护主义仍将是世界经济复苏的大敌。但可喜的是,顺应历史潮流、追求共商共建共享的全球治理之道,正以不可阻挡之势在全球兴起。继去年以"领导力:应势而为、勇于担当"为主题后,今年世界经济论坛年会主题定为"在分化的世界中加强合作";今年将在阿根廷召开的二十国集团领导人峰会以"为均衡和可持续发展建设共识"为主题,延续杭州峰会和汉堡峰会成果;在巴布亚新几内亚举行的亚太经合组织领导人非正式会议,将以"把握包容性机遇,拥抱数字化未来"为主题……开放、包容、团结、合作的共识将不断凝聚。

新时代需要新思维。只有站在全人类共同利益的高度,集各国力量和智慧化解全球性挑战,才能为人类创造更加和平繁荣的美好未来。这样的未来,需要发达国家与发展中国家共同缔造。

(2018年1月15日)

抓住改革的历史机遇期

——二〇一八年世界形势展望②

政策制定者不能仅仅停留于盯着镜子里的向好镜像制定短期政策，关键是，要端起历史的望远镜谋求长远发展

2018年，"改革"成为全球领导人新年贺词中的关键词。中国国家主席习近平指出，我们要以庆祝改革开放40周年为契机，逢山开路，遇水架桥，将改革进行到底；法国总统马克龙强调，法国在2018年将继续改革，迎接"法兰西的复兴"，并表达了重塑欧盟的宏伟改革愿景；英国首相特雷莎·梅关注"脱欧"进程，同时筹划着英国社会由此需要进行的改变。

放眼国际机构对于2018年世界经济的预期，各方在一致看好全球经济体实现共同增长的同时，也不约而同地强调了当下推行"改革"的紧迫性。世界银行报告认为，威胁世界经济可持续增长的各类风险尚未根本解决，对政策制定者而言，如何确保利益广泛分享、提高潜在产出和增强对下行风险的抵御能力应成为决策重点；国际货币基金组织总裁拉加德指出，各国应抓住经济环境如"阳光灿烂天气"的良机，实施"修补屋顶"式的经济改革。

有学者认为，2015年至2017年见证的是全球旧秩序的瓦解与重构，国际政局呈现混乱和纷争态势，"黑天鹅"事件频发，各国对政治风险的防范超过对国内改革议程的关注。及至2017年世界经济渐次摆脱危机阴影，世界主要国家完成大选、换届，2018年将进入新的政治周期，各国政策取向从"选举模式"切换到"改革模式"，各国有望将议程重心转入国内改革，通过改革来

促进繁荣的新阶段。

世界怀着希望走进2018年，如何把握住当前经济周期性上行的有利窗口期，以改革促进经济社会长远发展，这是一个至关重要的课题。政策制定者不能仅仅停留于盯着镜子里的向好镜像制定短期政策，关键是，要端起历史的望远镜谋求长远发展。

改革是一场马拉松，需要驰而不息、久久为功。实践证明，唯有持之以恒落实改革方案，才能为改革成功创造必要条件。国际金融危机后，德国得益于长期以来对结构性改革的重视，不断优化要素配置、有效激励创新、增强本国核心竞争力，经济表现出较强韧性，成为引领欧洲经济增长的核心之一。回顾40年来改革开放的历程，中国以敢闯敢试、自我革新的勇气和智慧，实现了从"赶上时代"到"引领时代"的伟大转变，让这个全球最大的发展中国家发展成为世界第二大经济体。研究中国改革的奥秘，欧洲国际政治经济研究中心主任弗雷德里克·埃里克松得出结论：中国在推进改革上展现的强大领导力，系统性规划以及与时俱进推进改革的行动力，为世界各国改革提供了有力借鉴。

置于促进世界经济实现强劲、可持续、平衡增长的大背景下，各国自身的改革亦离不开相互之间的政策协调与战略对接。展望2018年，"改革"的伏笔早已埋下。金砖国家领导人厦门会晤期间，五国领导人共同强调把握新工业革命的历史机遇，加快经济结构优化，共同实现更高质量、更具韧性、更可持续的增长；去年10月，在德国担任二十国集团主席国期间举行的最后一次财长和央行行长会议上，与会各方一致提出，各经济体应抓住经济提速的周期机遇推进改革，采取合适的政策组合提高潜在产出，以增强经济韧性；2018年亚太经合组织领导人非正式会议已经将"通过结构性改革增强包容性增长"作为四项优先议题之一。

几十年前，美国著名政治学家卡尔·多伊奇曾说，当今世界唯一最大的力量是变革的力量。而今，改革的历史机遇期已经来临，如何抓住机遇、顺势而为实现改革承诺，如何协调合作、谋求各方利益的最大公约数，考验着各国执政者的勇气与智慧。

（2018年1月16日）

惟创新者强

——二〇一八年世界形势展望③

就像"中国制造"的崛起改变了世界经济图景，今天"中国创新"也正日益带给全球深层改变

"社会的劳动生产力，首先是科学的力量。"站在 2018 年的起点上，回味马克思的这一论断，观察世界未来，更能感悟到"科学的力量"正又一次在全球范围酝酿巨大突破。如何将随之而来的生产力飞跃转化为人类福祉，考验着时代的智慧。

闻所未闻的前沿突破每一天都在带来新的震撼。互联网正从"人人相联"向"万物相联"升级，随之而来的海量数据已成为经济发展的"新石油"。有研究者认为，视觉、听觉、触觉等所有模拟信号都在被转化成数字信息，所有被数字化的信息都被储存起来，所有被储存的信息都被用于分析，所有被分析的信息都被用来制造全新事物或者颠覆旧事物。

旧有的生产和生活模式，似乎正被逐一颠覆。有人说，今天全球最大的"酒店"集团是网上房屋出租平台，它自己不拥有一间房屋；最大的资讯平台是社交网络，自己不发布任何新闻内容；最大的"出租车"公司是网约车平台，自己没有一辆出租车；最大的零售商是电子商务网站，自己不掌管任何仓库。越来越丰富的业态和模式创新，不仅是从无到有、把"0"变"1"，也是把"1"变成"N"，正在更宽广的维度重塑世界。

惟创新者强。伴随着新一轮科技和产业革命不断萌发，创新已经成为全球

竞争高地。从企业到国家，以创新求胜，普遍成为战略性抉择。无可否认，良性竞争从来都是激发创新的最好催化剂，但是在一场时代巨变面前，如果没有及时打造安全网的未雨绸缪，没有营造有序竞争的基础性合作，创新对社会公利的增进作用乃至创新本身的可持续性就会大打折扣。

从全球范围看，对这一轮科技和产业革命的探讨，从一开始就伴随着对创新社会成本的思考。2018年，各种科技展望都认为，智能制造、物联网、机器人等技术与相关应用将在新的一年继续大步迈进。在此背景下，如何化解创新对就业的冲击，如何防止形成科技垄断，如何确保创新系统的安全性，这些问题的紧迫性正日益上升。

不妨看看以下两个例子。其一，据世界经济论坛预计，到2020年，人工智能将取代全球逾500万个工作岗位。其二，新年伊始，全球最大芯片制造商英特尔公司被曝产品有安全漏洞，影响几乎涉及全球所有电脑、移动终端和云服务提供商。随着这一轮科技和产业革命走向深入，诸如此类的问题恐怕还会不断出现。要解决问题，关键还是在于以全行业、跨行业、政府间等不同层面的合作打造一种更具包容性的创新路径，更具安全性的创新基础。

就像"中国制造"的崛起改变了世界经济图景，今天"中国创新"也正日益带给全球深层改变。尤其值得一提的是，创新之路上，中国一直是全球合作的倡导者。在二十国集团等全球治理平台上，中国不仅倡导全球走创新发展的道路，同样呼吁各国加强合作，携手增强发展的包容性，处理好公平和效率、资本和劳动、技术和就业的矛盾。中国提出"一带一路"合作倡议，这对全球经济治理本身就是一大创举，其建设过程更是注重创新合作，纳入了连接21世纪的数字丝绸之路、开展"一带一路"科技创新行动计划等诸多内容，有利于科技与产业变革的红利为更多国家所享。

马克思指出："科学绝不是一种自私自利的享乐，有幸能够致力于科学研究的人，首先应该拿自己的学识为人类服务。"在创新热潮席卷全球的今天，唯有遵循分享与合作的价值取向，才能让这一历史性变革对人类进步的推动作用得到最大程度发挥。

（2018年1月17日）

延续世界经济的"甜蜜时刻"

——二〇一八年世界形势展望④

体制机制变革释放出的活力和创造力,科技进步带来的增长动力,是历次重大危机后世界经济走出困境、实现复苏的根本

10年前,有158年历史的美国雷曼兄弟轰然倒塌,成为国际金融危机的标志性时刻。10年来,世界经济历经低谷的煎熬和爬坡过坎的艰辛。近期,随着各大国际机构不断公布对世界经济的乐观预期,人们终于看到新增长周期的曙光。

世界经济大面积恢复增长始自2017年。联合国报告显示,去年世界经济增长率约为3%,是近10年来最大范围的增长提速。大宗商品价格上涨,国际贸易增速提高,企业和消费者信心都在增强……全球经济评论人士几乎一致认为——2017年全球经济实现了同步的、强劲的周期性回升。美国《华盛顿邮报》去年底发表的社论,甚至将"世界经济的持续增长"列为当年全球发生的17件好事之首。

2018年伊始,世界经济复苏图景更加清晰。国际货币基金组织和世界银行分别将2018年世界经济增速预期上调至3.7%和3.1%。世界银行更是预测,世界经济将在2018年迎来国际金融危机之后的全面复苏,"2020年前增速预计会一直保持在3%上下"。乐观情绪不断扩散,一切似乎如西班牙《阿贝塞报》所说,世界经济正在经历一个"甜蜜时刻"。

然而，长达 10 年之久的国际金融危机噩梦已教会所有人保持"危机感"。即便从去年开始不少经济学家相继指出危机已经结束，人们仍然充满了对"肥皂泡破裂"的恐惧。英国《卫报》就提出了一个大大的问号：世界经济这般理想的复苏时刻究竟能够持续多久？

需要人们保持清醒的是，世界经济仍旧面临诸多挑战。2017 年的复苏增长主要源于全球性的投资恢复、制造业回暖以及全球贸易稳步增长，而这些如何持续都有待观察。不少人倾向于担心世界经济增速已达到顶峰，而人口增长、投资不足、生产率提高速度放缓等结构性因素有可能阻碍世界经济进一步提速。美银美林强调，地缘政治风险、贸易保护主义及通胀超预期增长是未来值得关注的三大风险。此外，全球债务水平过高、英国"脱欧"进程、美国政策调整、贫富差距拉大等都是经济发展的不确定因素。

纵观人类社会经济发展史，波浪式前行、螺旋式上升是一般规律。"世界经济长远发展的动力源自创新"——总结历史经验，体制机制变革释放出的活力和创造力，科技进步带来的增长动力，是历次重大危机后世界经济走出困境、实现复苏的根本。

美国经济学家努里尔·鲁比尼不久前指出，大型经济体实行结构性改革是确保世界经济回升的必要努力，贻误结构性改革将使世界经济下行风险加大。法国《费加罗报》则担心，经济和政治上的持续风险使西方民主国家面临关键抉择：是加速改革、重新团结起来，还是加剧衰落和分裂？西方国家的踌躇迟疑，更是衬托出中国深化改革的深刻世界意义。日本《读卖新闻》观察中国 40 年改革经验，捕捉到 2018 年的新关键词"从量到质"。澳大利亚前总理陆克文指出，中国领导人早就认识到，必须以施行改革来适应未来发展的需要，从长远看，中国和世界都将因此获得巨大的改革红利。

经济危机往往是孕育重大技术的黄金时期。历史上每一次经济危机都催生着科技革命的因子，每一次危机过后都会迎来新技术发展的高潮。新一轮科技和产业革命正在创造历史性机遇，"互联网+"、分享经济、智能制造等新理念、新业态蕴含着巨大商机，正在创造巨大需求，以新技术改造传统产业的潜力不可限量。

法国作家乔治·贝纳诺斯曾指出:"未来不是等火车一样等出来的,是做出来的。"经历震荡的世界经济是雨后的沃土,但观望培育不出美丽的花朵,各国只有抓住机遇,撒下改革和创新的种子,辛勤耕作,"甜蜜时刻"才会有长期延续的可能。

(2018年1月18日)

为冲破迷雾提供思想的正能量

——二〇一八年世界形势展望⑤

只有引领人类走向共同美好未来的思想，才能照亮前进征程

世界经济论坛1月17日发布的《2018年全球风险报告》显示，近1000名全球专家和决策者中，59%的受访者认为今年全球风险将增加。报告对西方国家社会极化、民粹主义和保护主义抬头等透出深深忧虑，提醒人们警惕全球政治社会思潮领域的不安定因素。

西方发达国家困惑尤甚。欧洲去年经历民粹主义冲刷，暴露出政治社会的隔阂与伤痕。德国大选之后迟迟无法完成组阁，民粹主义政党在法国等国的高得票率，让人担心今年3月的意大利大选会不会掀起新的民粹波澜。美国的保护主义、排斥外来移民做法，让人忧虑会不会再次爆发类似去年白人至上主义导致的冲突。而在大洋洲，澳大利亚网球公开赛主办方因为使用进口矿泉水而遭舆论抨击。

民粹主义、保护主义、孤立主义思潮形成的冲击波，在世界地图上投射出不稳定性、不确定性的阴影。很多问号随之产生——英国公投"脱欧"，是否要"退回到本土主义"？受难民危机等冲击，欧洲大陆民粹主义兴起，莫非"欧洲的政治光谱向右移动"？强调"美国优先"的美国政府不时宣布"退群"，多边主义大厦是否依然牢固？……

"每一个历史时代的经济生产以及必然由此产生的社会结构，是该时代政治的和精神的历史的基础。"恩格斯135年前作出的判断，对厘清当今世界思潮之谜仍有帮助。分析世界思潮之变，不能看不到冰山的水下部分——贫富差距拉大

和民众的获得感减少。根据国际货币基金组织的数据，过去30年全球53%的国家收入差距拉大，尤以发达国家最为严重。在美国，10%的人掌握了50%的财富，而1%的人掌握了20%的财富。国际金融危机带来的世界经济增速退潮，让这些问题暴露无遗，并随着西方的选票政治泛滥成灾。《2018年全球风险报告》指出，不断拉大的收入和财富差距未来10年仍将是催生全球风险的主要动因。

"经济稳健与政局动荡还能并行多久？"英国《金融时报》首席经济评论员马丁·沃尔夫今年初提出这样的问题。这一问题的背后，是对西方国家遏制民粹主义等思潮的能力的不信任。当欧洲国家一而再、再而三地将关系国家未来走向的大事交给选民公投决定，当政客一次又一次靠煽动普通民众的情绪、利用他们对经济全球化的不满获得支持，民粹主义的潮头又将如何退去？正如卡内基国际和平基金会欧洲项目主任埃里克·布拉特贝里所说："如果主流政党不能帮助选民缓解挫败感和对未来的恐惧，那么下一次选举民粹政党得到的选票份额可能会更大。"西方国家"贫富分化—不满情绪—民粹思潮"恶性循环形成的"戈迪亚斯之结"，迫切需要有人来斩断。

再过几天，包括数十位国家元首和政府首脑在内的全球政治、经济界精英将再次相聚瑞士达沃斯，探讨如何在分化的世界中加强合作。一年前，中国国家主席习近平正是在这里发表被称为"冬日阳光"的主旨演讲。面向世界，中国主张打造富有活力的增长模式、开放共赢的合作模式、公正合理的治理模式、平衡普惠的发展模式，让发展更加平衡，让发展机会更加均等、发展成果人人共享。在国内，以创新、协调、绿色、开放、共享的发展理念为指导，中国共产党正带领13亿多中国人民走在全面脱贫、全面建成小康社会、全面建设社会主义现代化的大道上。中国理念和中国实践，为世界走出经济全球化困境指明方向，也为那些期待斩断"戈迪亚斯之结"的国家提供了启示。

历史是勇敢者创造的。面对民粹主义等思潮造成的迷雾，关键在于重拾直面问题的勇气，拿出解决问题的决心。只有引领人类走向共同美好未来的思想，才能照亮前进征程。

（2018年1月19日）

任何"政治傲慢"都是愚蠢的

企业赛场上的胜者,只可能是擅长"界内控球"的一方。永存对所在国法律的敬畏之心,承担起应尽的政治责任,当是所有企业的必修课

近日,美国连锁酒店万豪国际集团被发现在发给中国会员的邮件中,将中国香港、澳门、台湾、西藏等地区列入"国家"一栏。此后还有媒体曝出,万豪酒店在美国社交网站推特上为一个"藏独"团体账号"点赞"。中国民众对此表示了强烈不满,国际舆论场也十分关注。继万豪之后,美敦力、达美航空等在华经营的跨国企业也因相同原因,受到舆论的严厉批评。

虽然上述被曝光企业闻讯及时作出更正,但也充分说明,现实中确有一些外国企业只图在华挣钱,却完全无视已成为国际共识的政治底线。究竟是因为无知,还是在刻意打擦边球?这些企业自己心知肚明,外界也不难得出结论。

古希腊哲学家亚里士多德曾作著名的"政治人"假设,指出"人是天生的政治动物"。显然,由人组织起来的企业,不可能脱离政治属性。经济活动和政治活动是人与人社会关系的两个必然联系的层面,企业经营虽集中于经济层面,但却牵涉公共管理的方方面面。企业不是生存在荒漠中的,更不可能生存在法外之地。对于那些到他国投资的企业来说,在现今主权国家体系之下,政治责任更是社会责任的核心部分。

政治责任,有其不可逾越的边界。比如,尊重所在国主权和领土完整,遵守所在国法律,尊重所在国人民的民族感情,都是任何企业到其他国家投资兴业、开展合作应当守住的起码政治底线,也是基本人性的体现。即便是在西

方，守住基本政治正确，也是社会行为规范的基本要素。眼下比较突出的例子是，今年1月1日起，德国针对社交媒体平台监管的《网络执行法》正式施行。根据该法案，对虚假新闻、仇恨言论等违法内容处理不力、不当的社交网络平台，将被处以最高5000万欧元的罚金。这意味着，网上任何行为主体都被要求不可以有"出界"行为，否则必将付出代价。在德国运营的外国社交媒体网站均对此表示配合执法。

"万豪事件"，不乏"出界"的故意，说明西方一些人忽视甚至蔑视中国作为一个统一的多民族国家，对主权和领土完整的关切。但遗憾的是，在报道"万豪事件"时，美联社等西方媒体仅选择性地强调，中国官方及民间对台湾、香港、澳门、西藏等涉及主权的问题"极为敏感"，而不情愿指出问题的本质是那些外国企业不惮伤害别国人民感情的"政治傲慢"。

中国人讲，没有规矩，无以成方圆。企业赛场上的胜者，只可能是擅长"界内控球"的一方。正如苹果公司首席执行官库克所悟到的——去年11月在出席第四届世界互联网大会时，他曾明确表示"当你到一个国家，进入一个市场，就要遵守该国的法律法规"。

历史一再证明，任何"政治傲慢"都是愚蠢的。对于在华外企乃至任何赴他国投资的企业而言，永存对所在国法律的敬畏之心，承担起应尽的政治责任，都应该是必修课。

（2018年1月13日）

澳大利亚政客应多些自省意识

面对中国同太平洋岛国蒸蒸日上的合作态势，澳大利亚政客与其一再妄加评论，倒不如反躬自省，看看自己哪里出了问题

1月10日，澳大利亚国际发展与太平洋事务部长孔切塔·菲拉万蒂—维尔斯妄言，中国在太平洋岛国的基础设施项目不具成效，还附加了不利的金融条款。这位澳大利亚部长以太平洋岛国代言人自居，一派无稽之词，暴露出看不得中国同太平洋岛国走近的酸葡萄心理，以及挑拨中国同太平洋岛国关系的叵测居心。

"我们的地盘"，这是澳大利亚一些人眼中的太平洋岛国，他们习惯于把其他国家称为"非传统的外部力量"。这也就是为什么澳大利亚那个部长动辄拿出"我们不想要""我们要确保"之类的句式，来表达其对太平洋岛国的傲慢。实际上，这种傲慢导致澳大利亚长期容不下其他国家与太平洋岛国的正常合作。

澳大利亚面积近770万平方公里，与太平洋岛国相比无疑是大国，但这个大国却经常显得相当蛮横。去年，太平洋岛国所罗门群岛为更便捷地连接互联网，准备同中国公司合作铺设一条海底电缆。谁料澳大利亚官员竟当面威胁所罗门群岛总统称，"你敢用中国公司修建海底电缆，我就敢用鱼雷给你炸毁"。当然，如此赤裸裸的攻击与挑衅，改变不了中国同太平洋岛国加强合作的大势，澳大利亚的国家形象反而大打折扣。

"在历史上，有的国家往往喜欢对我们的内政外交指手画脚，但中国从没

有这样做过。我们同中国打交道时，中国官员会看着我们的眼睛，而不是趾高气扬、盛气凌人，我们将此视为对斐济人民的尊重。"斐济外交部第一副部长伊萨拉·纳亚希的话，说出了中国对外交往之道与某些国家的本质区别。

长期以来，中国充分尊重太平洋岛国政府和人民意愿，充分考虑当地发展需要，向这些国家提供了力所能及的援助，进而赢得太平洋岛国的信任。2014年11月，中国与8个太平洋建交岛国建立相互尊重、共同发展的战略伙伴关系，开启了双方友好合作的崭新篇章。中国还宣布了支持太平洋岛国经济社会发展的一揽子计划。平等的对话、真诚的帮助，让太平洋岛国不仅看到了发展的前景，而且体会到了合作的温度。

中国与太平洋岛国的合作好不好，援助是否有成效，只有太平洋岛国政府和人民最有发言权。"中国是太平洋地区的好朋友"，这是该地区人民的心声。去年3月，中国援建的斐济索摩索摩小型水电站正式启用，斐济总理姆拜尼马拉马说，该项目为当地提供了价格低廉的能源，方便了民众的工作和生活，使孩子们在晚上也能学习，为他们追求更好的人生创造了条件。巴布亚新几内亚总理奥尼尔也说，与中国合作建设的基础设施项目有利于改善人们的生活。瓦努阿图总理议会秘书、资深议员约翰尼·科纳波认为澳大利亚有些人"没有足够重视中国对太平洋岛国地区发展所发挥的积极作用"，却不时放出"典型的西方人的陈词滥调"。

面对中国同太平洋岛国蒸蒸日上的合作态势，澳大利亚政客与其一再妄加评论，倒不如反躬自省，看看自己哪里出了问题。显然，澳大利亚对太平洋岛国的外交更像是"扩音器外交"，嗓门大而实惠少。该国前外长唐纳曾指出，澳大利亚热衷于在太平洋地区充当大哥角色，却在地区国家真正有需要的时候缺乏前瞻性立场。澳大利亚作为发达国家，其官方发展援助远未达到联合国要求的占国民总收入0.7%的目标，而且近年来还削减了110亿澳元的发展援助。难怪听了维尔斯对中国的指责，连澳大利亚议员都说其"伪善"。

实际上，澳方越是在太平洋岛国问题上释放罔顾事实、不负责任的态度，越是显现自身的外交短板。

（2018年1月12日）

华盛顿应扔掉保护主义"旧唱本"

经济全球化时代,只有通过国际经济合作才能寻得打造优势的"真经"

一段时间以来,美国以"国家安全审查"为名导致中国企业赴美投资折戟的案例时有翻新,折射出美方在经贸问题上日益加重的保护主义心态。日前,因为迟迟无法获得美国外国投资委员会许可,中国数字支付企业蚂蚁金服收购美国汇款公司速汇金国际的交易宣告终止,为这一现象再添新例。

不时放出"关门大招"的美国外国投资委员会名声确实大起来了,但其含糊标准、讲不通道理的形象也暴露无遗。名义上,在美国发生的并购案只有沾上了"危害美国国家安全"的嫌疑,该委员会才会介入。但是,"危害美国国家安全"这个框子的边界在哪里,却让外界不甚了了。近年来倒在该委员会审查之下的中企投资案,被扣上了五花八门的所谓"安全威胁"帽子——并购案涉及的美国企业要么是临近"敏感地带",要么是涉及"敏感行业",要么是关乎"战略技术"等等。那分"自危"之色,颇为令人费解。

英语中有一句俗语:手里拿着锤子,看什么都是钉子。美国外国投资委员会手拿"国家安全"这把大锤,多拐几道弯自然就不怕找不到需要敲打一番的所谓"安全风险"。如此举动,对正常的国际经贸关系却构成了障碍甚至风险。长期以来,连美国国内都不乏对该委员会的批评之声,认为其放大"国家安全"概念,审查缺乏透明性与可预期性,为保护主义提供了掩护。

观察美国外国投资委员会的审查目标,不难发现美国参与国际竞争的"靶向"。该委员会成立之初,日本经济突飞猛进,美国深陷滞胀危机,因此该委员会当时审查的最主要对象是日企。近年来，随着中国经济不断发展壮大，中国企业逐步走向全球，中企发起的投资案则成了该委员会的"重点"关注对象。据该委员会2016年公布的报告，中国已连续3年成为其审查最多的国家。行业数据显示，自2016年年初以来，有27起中国企业对美收购未能完成，这一数字几乎相当于英国、法国、德国、日本、意大利、加拿大6国未完成交易的总和。需要重视的是，华盛顿目前正在酝酿该委员会改革，拟进一步扩大其审查范围。

各方广泛关注蚂蚁金服并购速汇金国际遇阻，与当前华盛顿在经贸问题上的强硬言辞不无关系。一段时间以来，如何处理对华经贸关系，在美国是一个"热门"政治话题。中美经贸关系正在发生一些变化，其中有些变化甚至是结构性的。在此背景下，双方的确需要一些观念上的更新，但无论如何，都不能同现实脱节，更不能以夸张或扭曲的方式对待现实。从保护主义的"哈哈镜"中观察，不可能获得中美经贸往来的真实图景。

美方应该看到的是，新一轮改革迅猛推进的中国，正继续向包括美国在内的世界各国扩大开放。一个巨大且不断发展的中国市场能为美国企业提供极大机遇，中国企业赴美投资也在为美国创造大量就业机会。而且，中国越是发展，中美合作的空间越大。特朗普总统去年11月访华期间，两国签署的商业合同和双向投资协议总金额超过2500亿美元，刷新世界经贸合作纪录。这一数字本身就是中美合作具有广泛基础和广阔前景的最好证明。

经济全球化时代，只有通过国际经济合作才能寻得打造优势的"真经"。事实证明，那些抱着保护主义"旧唱本"不放的，只不过是在做自我唱衰的表演而已。美国外交关系委员会高级研究员亚当·塞加尔就意识到，仅靠加强外国投资委员会，并不能确保美国的科技领先地位。在美国的政治环境中，在对外经贸关系问题上展示强硬立场往往能赢得一时支持，因为保护主义措施的受益者相对集中且政治表达意愿强烈，其成本被均摊稀释了。但从国家长远竞争力的角度看，保护主义从来不会是"好买卖"，它冲击国家间经济关系，也不利于本国企业创新发展。

中美经贸合作的本质是互利共赢，但美国有股势力却在想方设法妨碍双方发挥合作潜力，释放出力图与现实脱节的负能量。显然，能否在对外经济政策层面析疑匡谬，将成为衡量美国执政者智慧的一个标准。

（2018年1月8日）

开辟更加恢弘的外交新格局

2018年，全面贯彻中共十九大精神的开局之年，中国新气象将引领中国外交走向更加恢弘的新格局

1月1日，8名礼号手在天安门城楼上吹响号角，北京迎来新年的第一缕曙光。习近平主席十九大后首次发表的新年贺词传遍世界，象征新时代的号角振奋人心。"习近平新年誓言持续推进改革""中国将积极推动'一带一路'建设""中国将在所有重大国际问题上有话说""北京将是'国际秩序的维护者'"……各国媒体的关注点不同，但从这些报道中可以读出，中国携手各国共同开辟人类更加繁荣、更加安宁的美好未来备受期待。

刚刚过去的2017年，既是中国发展史上极不平凡的一年，也是中国与世界关系发生深刻变化的关键一年。"如果说以前的大会决定了国家的未来，那么这次大会决定的就是世界的未来。"国外媒体如此评价中共十九大。这样的评价既基于中国自身发展进步对世界的影响，也基于中国在世界舞台上驰而不息的主动作为。面对世界百年未有之大变局，中国积极投入全球治理和国际合作，为世界注入稳定与繁荣。2018年，全面贯彻中共十九大精神的开局之年，中国新气象将引领中国外交开辟更加恢弘的新格局。

改革开放政策的全球号召力更加深入人心。2018年，中国将迎来改革开放40周年。"21世纪始于中国的1978年"，英国知名学者马丁·雅克多年前作出如此判断，如今世界对此认识更为深刻。40年来，在中国日益走向世界、世界日益走向中国的历史进程中，中国与世界的关系实现了历史性变化。一个

在 40 年中人均国内生产总值增长 40 多倍的国家，带来的不仅是国际格局重心的转移，更是全球发展理念革新。有美国媒体日前就指出："定义我们这段历史时刻的，可能是中国惊人的经济崛起。"以隆重纪念改革开放 40 周年和开创性地举办中国国际进口博览会为契机，中国改革开放政策的先进性将更为世界熟知，中国特色社会主义道路的理论价值和实践意义将更为彰显。

中国智慧和方案将继续助力解决世界性问题。"'一带一路'建设将继续是国与国合作的旗舰"，麦肯锡咨询公司最近在题为《2018 年我们能从中国期待什么》的文章中指出。逆全球化阴云不散，世界面临经济发展和国际合作动力不足双重难题。2018 年将迎来"一带一路"倡议提出 5 周年。5 年来，共建"一带一路"在世界范围内编织起广泛的互利合作网络，让中国梦与世界梦更加交融。去年中国成功举办首届"一带一路"国际合作高峰论坛，让国外媒体看到"这个亚洲大国已不再是国际舞台上的一个普通角色，而是世界议程的领导者"。新的一年持续推进"一带一路"这一世纪工程，仍将是中国对世界和平繁荣未来的主要贡献。

两场峰会将让世界见证中国构建人类命运共同体的新作为。时隔 6 年，上海合作组织峰会将再次在中国举行。时隔 12 年，中非合作论坛峰会也将再次在中国举办。前者着力推动中国与周边国家合作，后者将成为加强中非团结合作的新契机。与去年的金砖国家领导人厦门会晤一样，两次峰会将凸显新兴市场国家和发展中国家在国际格局中的重要地位和作用。上海合作组织成员国、观察员国领土总面积占全球陆地面积 1/4、人口接近世界的一半，中国与非洲分别是世界最大的发展中国家和发展中国家最集中的大陆，人口近 25 亿。以构建新型国际关系和人类命运共同体为目标，两场盛会将为世界合作共赢的历史打上深深中国印记。

新的一年，新的足音，中国特色大国外交的步履坚实有力。始终做世界和平的建设者、全球发展的贡献者、国际秩序的维护者，中国矢志不渝的追求，势将更加广泛、深入地影响世界。

（2018 年 1 月 2 日）

大使随笔

打造更紧密的中巴命运共同体

姚 敬

今年是中国改革开放40周年。40年来,中国和巴基斯坦的关系随着改革开放的历程不断巩固加强。

改革开放初期,中国政府曾派团赴巴基斯坦考察当地市场经济制度,邀请巴专家赴华介绍利用国际金融机构资金和发展援助的经验。巴基斯坦也是中国企业开展对外合作的最早伙伴之一。多年来,巴基斯坦经济社会发展得益于中国技术、设备和企业经验,大批中国企业也通过与巴基斯坦合作,培养了许多国际化经营人才,积累了许多"走出去"宝贵经验。

自从习近平主席提出"一带一路"倡议以来,中巴关系再次走在中国扩大对外开放、推动合作共赢发展的前列。2015年4月,习近平主席对巴基斯坦进行历史性国事访问,将双边关系提升为全天候战略合作伙伴关系。中巴经济走廊作为"一带一路"的先行先试项目,确定的瓜达尔港、交通基础设施、能源和产业合作四大合作领域中,已有10个项目完工,12个项目在建,取得显著的早期收获成果。在中巴经济走廊建设带动下,中国已连续3年成为巴最大贸易伙伴国,连续4年成为巴最大投资来源国,2017年双边贸易额首次突破200亿美元,人员往来近20万人次。今年11月,巴总理伊姆兰·汗首次对中国进行正式访问并出席首届中国国际进口博览会。两国领导人一致同意加强中巴全天候战略合作伙伴关系,继续推进中巴经济走廊建设,打造新时代更加紧密的中巴命运共同体。

中国正处于实现"两个一百年"奋斗目标的历史交汇期,中国人民正在习近平新时代中国特色社会主义思想指引下,努力实现中华民族伟大复兴的中国梦。巴政府提出了建设"新巴基斯坦"口号,巴人民在新政府带领下为实现经济社会繁荣发展而努力奋斗。中方始终将巴基斯坦置于中国外交优先方向,支持巴基斯坦政府顺利施政和推进国家建设事业,将同巴方进行政策对接,加强治国理政交流,分享发展、扶贫和反腐经验,携手实现强国富民的伟大梦想。

中巴双方将开展更紧密的务实合作,促进经贸交流与投资,夯实中巴经济走廊早期收获。在此基础上,推动走廊建设向产业园区、社会民生等领域拓展,鼓励中国企业对巴直接投资,扩大科技、农业、教育等民生合作。巴方作为主宾国之一,受邀参加了首届中国国际进口博览会,为巴企业开拓中国市场提供了重要机遇。

中巴双方将继续加强在联合国、上海合作组织等多边平台的协调和沟通,就推进区域互联互通、打击恐怖主义、维护开放包容的全球贸易体系、推动构建人类命运共同体等开展深层次、多维度合作,更好维护两国主权、安全和发展利益。

中方将与巴方一道,继承并弘扬中巴全天候传统友谊,秉持开放、合作、共赢的精神,继续深化"一带一路"国际合作,为建设新型国际关系和构建人类命运共同体作出贡献。

(作者为中国驻巴基斯坦大使)

(2018年12月16日)

谱写新时代中葡关系崭新篇章

蔡 润

习近平主席即将对葡萄牙进行国事访问。这是中国国家主席时隔 8 年再次访问葡萄牙，也是习近平主席担任国家主席以来首次对葡萄牙进行国事访问。这将是中葡关系史上的一次历史性访问，必将推动中葡全面战略伙伴关系进入新时代。

葡萄牙地处欧亚大陆最西端，是中国企业走出去的投资热土、拓展三方合作的有效平台，是"一带一路"建设的重要参与方，也是中国在欧盟内和多边外交领域的好朋友、好伙伴。

当前，中葡关系正处于历史最好时期。两国高层往来频繁，政治互信不断加深，各领域务实合作成果丰硕。中国是葡萄牙在亚洲第一大贸易伙伴，葡萄牙是中国对欧投资第五大目的地国。据不完全统计，中国对葡投资已超过 90 亿欧元，涉及能源、电力、金融、保险、健康医疗等多个领域，取得显著经济效益和社会效益。与此同时，葡萄牙对华投资也在稳步增长。葡萄牙是第一个与中国正式建立蓝色伙伴关系的欧盟国家，并有望成为第一个在中国发行人民币债券的欧元区国家，也即将成为第一个在欧洲大陆同中国共建鲁班工坊的国家。可以说，中葡各领域务实合作已成为国与国互利共赢的典范，展现出良好发展前景。

葡萄牙是古老的航海国家和古代海上丝绸之路的欧洲起点，葡社会各界对

"一带一路"建设有着天然的亲近感和参与热情。葡总统德索萨和总理科斯塔都明确表示葡方支持并愿积极参与"一带一路"建设,实现葡萄牙发展战略同"一带一路"倡议的有效对接,共享"一带一路"建设的机遇和成果。今年11月,中国驻葡使馆在葡知名学府埃武拉大学举办"一带一路"倡议图片展,该校将图片展作为学校459周年校庆的两大重要庆祝活动之一。参观展览的学校师生都积极评价"一带一路",认为这是中国对世界的一大贡献,将给全球发展带来重要机遇。"国之交在于民相亲","一带一路"建设的一个重要方面就是民心相通。为此,葡萄牙朋友积极学习中文。素有葡"鞋都"之称的圣若昂—达马德拉市自2013年起就在全市公立小学推广汉语教学,目前全市12所公立中小学中有近800名学生将汉语作为必修课,成为葡萄牙社会"汉语热"和"中国热"的生动写照。当然,中国学葡语的学生近年来也有了大幅增长。在同葡各界交往的过程中,可以明显感受到他们都对葡是亚洲基础设施投资银行的57个创始成员国之一、是最早对签署共建"一带一路"合作谅解备忘录作出反馈的西欧国家之一津津乐道、引以为豪。

习近平主席访葡期间,中葡双方将发表联合声明,两国领导人将见证签署一系列涉及领域广、分量重的务实合作协议。我们要把握好此次访问带来的历史性机遇,落实好各项访问成果,利用好明年中葡两国建交40周年等契机,为新时代中葡全面战略伙伴关系的发展作出更大贡献。

(作者为中国驻葡萄牙大使)

(2018年11月29日)

远隔天涯　心心相印

杨万明

中阿关系正如当前布宜诺斯艾利斯的春色一样，处于历史最好时期

阿根廷首都布宜诺斯艾利斯是距北京最远的首都之一，也是我生活时间最长的外国城市。在两任长达6年多的阿根廷常驻经历中，我最喜欢的就是布宜诺斯艾利斯的春天。每到11月，在满城绽放的蓝花楹衬托下，布宜诺斯艾利斯进入一年最美好的季节，紫花绿树映衬，春色令人沉醉。

在这美好的时节，二十国集团（G20）领导人峰会将于本月底在布宜诺斯艾利斯召开。今年恰逢G20领导人峰会机制启动10周年。中国国家主席习近平将出席峰会并对阿根廷进行国事访问。一段时间以来，国际局势发生深刻转变。作为国际经济合作主要论坛，引领好世界经济发展方向是G20的首要责任。阿根廷接过历史的接力棒，成为首个举办G20峰会的南美国家，中国予以全力支持，并与阿方保持着密切协调配合，共同维护发展中国家和新兴市场国家的利益。习近平主席与会不仅是对阿方办会的大力支持，也将发出捍卫多边主义、构建开放型世界经济、建设全球伙伴关系的时代强音，为完善全球治理注入中国力量。

这也将是中共十九大后习近平主席首次出访拉美，对中阿以及中拉关系都有里程碑意义。访阿期间，习近平主席将与阿根廷总统马克里就新时代扩大和

深化两国全面战略伙伴关系深入交换意见，擘画两国关系未来的发展方向，引领双方各领域合作迈上新台阶。

4年前，习近平主席对阿根廷进行国事访问，同阿方领导人共同推动两国建立全面战略伙伴关系。近年来，习近平主席与阿根廷总统马克里4次会晤，就继续推动中阿全面战略伙伴关系全面深入发展达成重要共识，进一步夯实两国政治互信，为两国务实合作打下坚实根基。

中阿虽然相距遥远，但各自发展优势和需求高度互补。中国持续多年保持阿第二大出口市场和第一大农产品出口目的地、第二大进口来源国地位。中阿合作领域从传统的基建、能矿领域扩大到新能源、现代农业、生物技术等新兴领域，合作模式从传统的工程承包、货物贸易延伸至PPP、服务贸易等，呈现全方位发展的良好局面。

与此同时，"中国热"和"阿根廷热"在对方国家持续升温。我担任驻阿大使4年来，申请签证赴华旅游经商的阿根廷人数快速增长，爱上中国文化和学习汉语的人也越来越多，每年的布宜诺斯艾利斯春节庙会已经成为拉美最盛大的中华节日庆典。与之相应的，越来越多的中国孩子来阿学球，梦想成为中国的"梅西"。近两年来，中国探戈俱乐部总数已突破50家。阿根廷牛肉、红虾、蓝莓等也成为中国人的盘中珍馐和馈赠佳品。相信未来还会有越来越多的中国人来到阿根廷，品尝门多萨的美酒、欣赏伊瓜苏的瀑布、流连巴里洛切的山水、踏足卡拉法特的冰川，在世界最南端的城市乌斯怀亚留下自拍，并最终同我一样喜欢上这个极富魅力的国度。

中阿关系正如当前布宜诺斯艾利斯的春色一样，处于历史最好时期。阿根廷朋友纷纷向我表示，阿方已经为习近平主席出席峰会和国事访问做好了各项准备。相信在两国政府和人民的共同努力下，在绚烂的蓝花楹花海中，习近平主席此行将取得丰硕成果，在全球经济治理领域留下重要印记，开创中阿关系的新篇章，使远隔天涯的两国人民更加心心相印。

（作者为中国驻阿根廷大使）

（2018年11月27日）

风劲帆满海天阔　中萨友好正当时

欧箭虹

中萨关系必将成长为一棵根深蒂固、枝繁叶茂的参天大树,结出累累硕果,为两国和两国人民创造更大福祉

"结交一言重,相期千里至。"今年 8 月 21 日,萨尔瓦多共和国政府在一个中国原则基础上、不设任何前提地同中国建交,成为中国第 178 个建交国,中国的"朋友圈"又多了一位新成员,在推进"一带一路"建设和构建人类命运共同体的事业中又多了一位新伙伴。应习近平主席邀请,今年 10 月 31 日至 11 月 6 日,萨尔瓦多总统桑切斯对华进行国事访问并出席了首届中国国际进口博览会。

萨尔瓦多位于中美洲地峡北部,西濒太平洋,是拉美最小的国家之一。但正如当地谚语所说:"萨尔瓦多虽然偏居一隅,却如同她的人民一样伟大。"这里有古老而神秘的纳瓦特尔文明和玛雅文明,有火山、雨林、大海毗邻交融的独特风光,有富饶肥沃的土地和勤劳淳朴的人民,还有享誉全球的顶级咖啡……

"相知无远近,万里尚为邻。"虽远隔重洋,中萨人民友好交往却已有 150 余年的历史。早在 19 世纪 60 年代,首批中国劳工就已抵达萨尔瓦多,为当地咖啡、甘蔗种植园的满满收获洒下辛勤汗水。岁月流转,旅萨华侨华人积

极融入当地社会，为萨尔瓦多经济社会发展作出了不可磨灭的贡献。2012年，萨尔瓦多议会正式通过法案，将每年2月22日定为萨尔瓦多"华裔日"，以表彰和纪念旅萨华侨华人的历史功绩。

中萨建交，进一步激发了两国人民相知相惜的热情。仅仅两个多月，中萨各领域交流呈现出生机勃勃的新气象。萨尔瓦多先后两批共34名奖学金获得者在短时间内顺利来华留学。萨尔瓦多14家主流媒体的记者代表团应邀访华，通过他们的镜头和文字向萨各界呈现出一个客观、真实的当代中国，增进了两国人民的相互了解。萨尔瓦多近期遭受史上最严重旱灾，中国第一时间向萨尔瓦多灾区提供了3000吨大米人道主义援助，萨尔瓦多人民深为感谢。

"志合者，不以山海为远。"中萨建交伊始，双方合作面临定方向、打基础、搭架构的重要任务。桑切斯总统此次访华，承载着萨尔瓦多人民对增进两国交往的热切期许，肩负着萨各界对深化两国务实合作的满满重托。习近平主席11月1日同桑切斯总统举行了历史性会见，从战略和全局角度擘画双边互利友好合作新蓝图。两国围绕加强"一带一路"建设框架下的合作，深化贸易、投资、基础设施建设、金融、农业、旅游等多领域务实合作进行探讨，并签署一系列合作文件。中萨关系将进入务实发展、全面深化的新阶段。

中国将始终坚持国家不论大小、贫富、强弱一律平等，本着互相尊重主权和领土完整、互不侵犯、互不干涉内政、平等互利、和平共处五项原则发展中萨关系，深化双边合作，实现互利共赢，共同发展。

中萨关系已像一株顽强而坚毅的嫩苗破土而出，必将在两国领导人的亲自关心、两国各界人士的共同呵护和两国人民的精心培育下，成长为一棵根深蒂固、枝繁叶茂的参天大树，结出累累硕果，为两国和两国人民创造更大福祉！

（作者为中国驻萨尔瓦多大使馆临时代办）

（2018年11月23日）

携手开创中菲关系"黄金时代"

赵鉴华

站在新的历史起点上,中菲两国战略互信必将更加巩固、经贸融合必将更加深化、人文交流必将更加紧密

中国和菲律宾一衣带水、隔海相望,两国血缘相亲、文缘相通、民缘相融,传统友谊源远流长。2016年10月菲律宾总统杜特尔特首次对华进行国事访问两年多来,在两国元首英明决策和正确引领下,中菲双边关系实现全面转圜,持续巩固深化,驶入提速升级的快车道。

中菲在政治安全、经贸及人文领域的务实合作渐呈"三足鼎立"格局,合作基础愈加稳固,合作成果日益丰硕。这既符合两国和两国人民的现实和长远利益,也为两国共同维护本地区和平、稳定与繁荣作出了重要贡献。

中菲高层往来日益频密,战略互信不断深化。习近平主席同杜特尔特总统已在双、多边场合举行5次重要会晤,为两国关系指明了互利共赢的发展方向,规划出行稳致远的宏伟蓝图。两国重视加强执政党间治国理政交流,积极开展外交、防务等双边对话,在国际和地区事务中的协调配合更加紧密。两国已多次举行南海问题双边磋商机制会议和海警合作联委会会议,在渔业、海事、联合搜救、海洋科研与环保等领域拓展互利合作。两国在禁毒、反恐、军事等领域合作成果也不断显现。

中菲经贸潜力迅猛释放，合作成效日益显著。2017年，中菲贸易额首次突破500亿美元大关，中国对菲直接投资5384万美元，同比增长67%。中国已是菲第一大贸易伙伴、第一大进口来源地和第四大出口目的地。双方在经贸、农渔业、科技、能源等领域对话卓有成效，已签署40多项合作文件。中国高度重视"一带一路"倡议同菲"雄心2040"和"大建特建"计划对接，帕西格河桥梁、戒毒中心及赤口河灌溉项目已破土动工，卡利瓦大坝、南北铁路南线、平安菲律宾、中国在菲工业园区等重大基建项目有望尽快启动。此外，中国还积极支持南部棉兰老地区经济与社会发展，积极参与马拉维战后重建，援手助力达沃民生项目，利用援款建设道路、桥梁、市场、农村饮水泵站、中小学校舍等项目，用实际行动帮助菲提振民生，减贫助困，实现可持续发展。

中菲人文往来方兴未艾，民意基础持续巩固。中国是菲第二大游客来源国。今年前三季度，中国赴菲游客数量已达97.2万人次，较去年同期增长34.9%，全年赴菲游客总数有望突破150万人次，预计将为菲带来320亿比索（1比索约合0.13元人民币）收入。马尼拉、宿务等菲主要城市已开通往返中国多个城市和港口的航线。两国友城、科教、文化、媒体、智库、青年交流日益热络，两国民心越走越近，传承千载的友好情谊正焕发出强大活力。

习近平主席即将对菲进行首次国事访问，这是中国国家元首时隔13年再次对菲律宾进行国事访问。我们有理由相信，此次访问将有力促进新时期中菲关系发展，推动中菲关系成为构建新型国际关系、构建人类命运共同体的典范。

"千里不辞行路远，时光早晚到天涯。"站在新的历史起点上，中菲两国战略互信必将更加巩固、经贸融合必将更加深化、人文交流必将更加紧密。中菲双方也必将以习近平主席此访为重要契机，继续秉承传统友谊，坚持和平友好，推进互利共赢，携手开创中菲关系"黄金时代"的光辉未来。

（作者为中国驻菲律宾大使）

（2018年11月19日）

"和平之邦"传佳话

杨 健

文莱地处加里曼丹岛北部,素有"和平之邦"的美誉,也被称为"婆罗洲闪亮的明珠"。中国史书中称文莱为"浡泥"。据学者研究,中国和文莱的交往最早始于西汉时期,宋朝时即有贸易往来,明代郑和船队也曾到访文莱。明永乐年间,浡泥国王麻那惹加那乃率庞大代表团到访南京,受到明成祖朱棣的高规格接待。浡泥国王因病不幸在南京去世,留下"体魄托葬中华"的遗愿,明成祖以王礼将其葬于南京安德门外。1958年王墓遗址被发现,中国政府对其进行了多次修缮,目前是全国重点文物保护单位。浡泥国王墓是两国传统友谊的历史见证。

1991年中国和文莱正式建交以来,两国高层接触频繁,双边关系发展迅速。两国相互信任、相互支持,各领域交流与合作不断扩大,两国人民之间的了解与友谊日益加深。2013年,两国元首决定将中文关系提升为战略合作关系。在两国领导人的亲自关心下,中国和文莱的双边关系已成为大小国家平等相待、互利共赢、共同发展的典范。

5年前,习近平主席提出"一带一路"重要倡议,为深化中国和文莱的合作注入前所未有的强劲动力。文莱和东盟其他国家一道,成为亚洲基础设施投资银行的创始成员国。中文经贸合作乘势而上,中国现在是文莱最大进口来源国,越来越多的中资企业到文莱投资兴业。两国最大的合资项目恒逸石化项目正在全面建设，明年建成投产后将带来可观的经济和社会效益，带动当地就业。"文莱—广西经济走廊"建设走深走实，双方在港口运营、海水养殖、香料加工与贸易等方面的合作稳步推进。

两国人文交往持续升温。2003年中国给予文莱公民免签待遇，2016年文莱给予中国公民落地签待遇，两国通航城市近年不断增加，双方百姓可以随时来一场"说走就走的旅行"。去年中国赴文游客人数5.2万人次，创历史新高，中国成为文莱最大的游客来源国。双方教育、文化、媒体、青年及友城交流日益热络，两国民众的心越来越近。

中国和文莱在国际和地区事务中有着广泛的共同利益，双方在涉及彼此核心利益和重大关切的问题上相互理解、相互支持，共同推动中国同东盟关系稳步发展。双方坚持通过"双轨思路"妥善处理南海问题，共同维护南海和平稳定。文莱在地理上处于东盟中心地带，是东盟东部增长区的核心，是中国同东盟及其他各方共建21世纪海上丝绸之路的重要伙伴。

习近平主席即将对文莱进行国事访问，这是中国国家元首时隔13年再次访问文莱，对新时期提升中文关系具有里程碑意义。习近平主席将同文莱苏丹哈桑纳尔举行会谈，就中文关系和共同关心的地区国际问题深入交换意见，全面部署和规划两国各领域互利合作。相信以此次访问为契机，中文关系将站在新的历史起点上，为两国人民开辟更加美好的未来，共同为地区繁荣稳定作出新贡献。

（作者为中国驻文莱大使）

（2018年11月18日）

共同擘画中巴新关系美好前景

薛 冰

莫尔兹比港的主要街道挂起了中国结和红灯笼,到处可见五星红旗迎风飘扬,充分体现巴新政府和人民对习近平主席访问的热切期盼

11月15日至18日,中国国家主席习近平将对巴布亚新几内亚进行国事访问,在巴新首都莫尔兹比港出席亚太经合组织(APEC)第二十六次领导人非正式会议,并同建交太平洋岛国领导人会晤。这是中巴新建交42年来,中国国家元首首次对巴新进行国事访问,在两国关系史上有着重要的里程碑意义。巴新政府和人民真诚期待习近平主席来访,希望通过此次访问进一步深化双方交流合作,共同擘画巴新同中国关系的美好前景。

巴新位于太平洋西南部,是太平洋岛国地区面积最大、人口最多、最具发展潜力的国家。在这个面积46万多平方公里依山傍海的美丽国度,居住着约800万人口和800多个传统部落,有820多种不同语言,传统生活方式与现代文明相互交织,勾画出一幅多姿多彩的生动画卷。

中巴新虽远隔重洋,但两国友谊源远流长,人民亲如一家。早在150多年前,就有华人漂洋过海来到这片土地,他们辛勤劳作、繁衍生息,与当地人民和睦相处。1976年10月中巴新建交,两国关系取得长足发展。2014年11月,习近平主席和奥尼尔总理共同宣布两国建立相互尊重、共同发展的战略伙伴关系,为新时代两国关系发展指明了方向。双方合作不断提挡加速,内涵更

加丰富，为两国人民带来了实实在在的福祉。

近年来，两国高层交往频繁，政治互信不断加深。奥尼尔总理2011年执政以来已多次访华，习近平主席多次会见奥尼尔总理，两国领导人就深化战略伙伴关系、加强各领域务实合作达成诸多重要共识。2016年7月，习近平主席在会见奥尼尔总理时第一个表态将出席巴新APEC会议，并承诺提供力所能及的帮助，极大提升了巴新成功办会的信心。中国说到做到，在基础设施和能力建设等方面为巴新提供了及时有效援助，包括升级改造国际会议中心、援建两条交通主干道、提供会议用车、开展人员培训等，解决了办会燃眉之急，受到巴新各界一致好评。

巴新与中国是共建"一带一路"的志同道合的伙伴，巴新今年6月成为第一个同中国签署共建"一带一路"合作协议的太平洋岛国。目前，近40家中资企业在巴新投资经营，累计创造就业数以万计。

国之交在于民相亲，两国友好交往的故事数不胜数。2000年5月，应时任福建省省长习近平邀请，巴新东高地省代表团访问福建，双方签署友好省协议和《福建省援助东高地省发展菌草、旱稻生产技术项目协议书》。近20年来，福建农林大学林占熺教授多次率专家组到东高地省开展援助工作，在极端困难的条件下建立起岛国地区第一个菌草、旱稻生产示范与培训基地，为当地实现脱贫、创造就业作出重要贡献。2002年以来中国已向巴新派遣9批医疗队，诊治患者10多万人次，开展上千人次医疗培训，创下多项"巴新史上第一"的诊疗案例。近年来，中国累计向440余名巴新学生提供政府奖学金，向1000余名各界人士提供短期赴华培训机会，培养行业精英，增进两国友谊。

正如奥尼尔总理所言，巴新是中国在太平洋岛国地区的重要亲密朋友，巴新同中国的关系正处于历史最好时期。巴新政府将全力以赴，以最高规格礼遇接待好习近平主席。现在，莫尔兹比港的主要街道挂起了中国结和红灯笼，到处可见五星红旗迎风飘扬，充分体现巴新政府和人民对习近平主席访问的热切期盼。我相信，此次访问必将给中巴新战略伙伴关系注入新动力。

（作者为中国驻巴布亚新几内亚大使）

（2018年11月15日）

中国的这位新朋友不一般

张 润

建交半年来，中多合作的美丽画卷徐徐展开

应习近平主席邀请，多米尼加总统梅迪纳于本月初对中国进行国事访问。这是今年5月1日中国同多米尼加建交后，两国元首首次会晤，具有历史性意义。

多米尼加这位远在地球另一端的新朋友，是加勒比地区一颗闪亮的明珠。近年来，该国政治社会稳定、经济政策得当，独特资源禀赋和区位优势得到有效发挥，国内生产总值连续多年保持6%左右的增长率，是拉美地区近25年来经济表现最佳的国家之一，并成为中美洲和加勒比地区最大经济体。多米尼加同48个国家签有自贸协定，并在国内设有近70个保税区。

多米尼加三面环海，风光旖旎，白沙与椰林相伴、碧水共蓝天一色，是外国游客喜欢的观光度假胜地，去年接待了600多万人次国际游客，是南美洲、中美洲和加勒比地区旅游创汇最多的国家之一。这里盛产的高品质雪茄，独一无二的蓝珀，香醇美味的可可，被誉为多米尼加"三宝"。多米尼加人民热情奔放，发源于此的美凌格舞节奏欢快，被列入联合国教科文组织非物质文化遗产名录。多米尼加还是世界棒球运动强国，对外输出了大批杰出球员。

多米尼加在国际和地区事务中表现活跃，积极维护多边主义和自由贸易，曾担任拉美和加勒比国家共同体、中美洲一体化体系的轮值主席国，不久前还成功当选2019年和2020年联合国安理会非常任理事国。

中国同多米尼加正式建交，掀开了两国关系新篇章。这既是两国领导人的英明政治决断，更是历史潮流滚滚向前的必然结果，符合两国的根本利益和两国人民的热切期待。

建交半年来，两国关系开局平稳，各部门紧锣密鼓沟通对接，积蓄已久的合作潜力逐步释放，中多合作的美丽画卷徐徐展开。两国政府、议会、政党互访不断。多米尼加在总统府专门设立中国事务办公室，统筹协调与中国开展合作事宜。双方签署建立政治磋商机制、航权安排、人力资源培训等领域合作文件，多米尼加已经成为中国公民出境旅游目的地国。今年前8个月，中多双边贸易额同比增长23%。建交为两国人员往来打开闸门，赴多中国旅客增加50%，多家中资企业赴多设立分公司或代表机构，数量比建交前翻了一倍。已有数家中资企业在多保税区投资设厂，经营状况良好。多方企业界开拓中国市场热情高涨，截至目前赴华签证申请量已突破去年总量。前不久两国智库媒体举行了首次对话。日前，中国海军和平方舟医院船抵达多米尼加进行友好访问，受到当地民众热烈欢迎。

此次梅迪纳总统率领阵容强大的政府、企业代表团对中国进行首访，具有历史性意义。中多双方领导人会晤友好深入，达成广泛共识。访问释放出三个明确信号：中多是彼此信赖的好朋友，将在一个中国原则基础上，互相尊重，携手同行；中多是天然互补的好伙伴，将本着互利共赢的原则，发挥各阶层积极性，深入挖掘经贸、旅游、文教、科技等领域的务实合作潜力，中方将为多方社会发展提供力所能及的支持；中多是国际社会的好成员，将密切沟通协调，共同倡导多边主义和开放发展，共建"一带一路"。相信在两国领导人的引领下，中多已绘就未来合作新蓝图，必将拥有更加美好的明天。

（作者为中国驻多米尼加大使）

（2018年11月12日）

中摩全面推进务实合作

李　立

高水平的中摩战略伙伴关系必将为中非合作贡献新智慧、注入新动能、提供新模式

"地中海畔任飞翔，抵达摩京喜欲狂。东半球到极西处，今朝放眼大西洋。"这是1963年12月时任中国国务院副总理陈毅陪同周恩来总理访问摩洛哥时写下的诗作。在那个风云激荡的年代，同样拥有古老文明、近代遭遇相似的中摩两国领导人第一次会晤，不仅为中摩关系发展奠定了坚实基础，也引领了中非关系发展方向。

时光荏苒，今年中摩迎来了建交60周年的重要时刻。60年来，两国关系取得巨大发展，各领域务实合作全面推进。2016年摩洛哥国王穆罕默德六世访华，两国元首决定建立中摩战略伙伴关系，开启了双边关系新篇章。除渔业、磷酸盐、基础设施、通信、摩托车组装等传统合作领域外，两国也在可再生能源、航空航天、金融等新兴领域积极开展合作。中国中信戴卡公司在摩投资4.1亿美元建设铝制轮毂厂，创近年来中国对摩投资新高。中摩文化交往密切，摩洛哥是地区国家中唯一建有3所孔子学院的国家。摩洛哥对华免签的效应日增，今年前7个月到访摩洛哥的中国游客数量已经达到14万人次，超过了去年全年总和，达到免签前的数倍，这充分体现出两国人员往来的勃勃生机。

中摩关系的良好发展是中非合作全面开花结果的重要组成部分,也将在中非全面战略合作伙伴关系新航程中发挥举足轻重的作用。中摩两国将以建交60周年为契机,乘着2018年中非合作论坛北京峰会之东风,加紧对接发展理念、战略和举措,不断充实战略伙伴关系内涵。

中国和摩洛哥有着共同的历史遭遇、发展任务和政治诉求,两国人民同呼吸、共命运,结下了深厚友谊。当前,国际形势中不稳定、不确定因素增多,单边主义和保护主义抬头,反全球化逆流涌动。中国将继续秉持正确义利观和真实亲诚政策理念,深化与包括摩洛哥在内的非洲国家关系。摩洛哥一贯奉行开放包容多元的对外政策,积极为各国投资者营造良好的营商环境。中摩携手合作,对接发展理念,将为中非合作发挥示范效应,助推中非人民共同实现追求美好生活的向往,共同构建更加紧密的中非命运共同体。

中方"一带一路"倡议和摩方"2014—2020年工业加速计划"理念契合,未来双方将进一步释放互补性潜力,切实加强在基础设施建设、商业投资、港口物流及可再生能源等领域的务实合作。中摩发展战略将与中非共建"一带一路"、联合国2030年可持续发展议程、非盟《2063年议程》有效对接,共同促进中非产能合作,不断扩大中非战略对接点和利益汇合点,为中非合作共赢、共同发展注入新动能。

摩洛哥地处连接地中海和大西洋、欧洲和非洲的"十字路口",地区辐射作用强,产业配套设施完备,是开展对非地区性合作的重要平台。相信中摩两国将充分发挥各自比较优势,积极探讨中摩非三方合作的新模式,大力开展中非合作论坛框架下的各项务实合作,先行先试各项倡议举措,推动南南合作迈出坚实步伐。

历史已经证明,无论国际风云如何激荡,中国和包括摩洛哥在内的非洲人民始终是相互支持、相互信赖的好朋友、好伙伴、好兄弟;历史正在也即将证明,高水平的中摩战略伙伴关系必将为中非合作贡献新智慧、注入新动能、提供新模式,惠及更多非洲人民。

(作者为中国驻摩洛哥大使)

(2018年11月2日)

发出捍卫自由贸易的中国强音

刘晓明

只要国际社会团结协作，我们就一定能抵制保护主义的肆虐，驱散贸易战的阴云

今年以来，中美经贸摩擦成为国际社会热议话题，英国各界对此也十分关注，担心中美经贸摩擦冲击英国及全球经济发展势头。我多次在英国主流大报撰文，并面向英国各界发表演讲，呼吁中英、中欧一道反对保护主义、捍卫自由贸易。不久前，中国发布《关于中美经贸摩擦的事实与中方立场》白皮书，全面阐述了中方立场，向世界发出了响亮的中国强音，充分展现了中国智慧。

首先，白皮书展现了中国理性负责的担当精神。美国政府无视中美经贸合作互利共赢的历史与现实，肆意宣扬"美国吃亏论"，指责中国"进行经济侵略""盗窃知识产权""搞不公平贸易"，使得中美经贸摩擦不断升级。白皮书用大量事例和详实数据，进行了切中肯綮的批驳，使美方各种不实指责和错误论调不攻自破。中国政府通过发表白皮书把脉中美经济摩擦症结，分析其成因和实情，充分展现了中方规劝美方认清事实、回归理性，推动合理解决问题的负责任态度。

第二，白皮书阐明了中方对国际贸易问题的一贯立场。面对美方不断升级加码的经济恫吓和极限施压，中方立场始终明确、坚定。中国奉行开放、融通、

互利、共赢的合作观,主张维护世界贸易组织规则,支持多边贸易体制,构建开放型世界经济。这与美国坚持"你输我赢""以邻为壑"的旧思维,将一己私利凌驾于他人利益乃至国际规则之上的做法形成鲜明对比。中国作为一个大国,历来言必信,行必果。白皮书中的"八个坚定",既是中国维护自身尊严和利益的庄严承诺,也是对美国贸易保护主义和霸凌主义的坚决回击,更是坚持多边主义和自由贸易的郑重宣言。

第三,白皮书指明了合作共赢的明智之道。中美经贸摩擦不仅事关中美两国切身利益,更是一场单边主义与多边主义、保护主义与自由贸易、强权与规则之间的较量。中方始终认为,中美合则两利,斗则俱伤,合作才是处理中美经贸摩擦的唯一正确选择。中方愿在平等、互利的前提下,本着相互尊重、合作共赢的精神,聚焦合作,管控分歧,推动中美经贸关系造福两国和两国人民。中方愿以推动构建人类命运共同体为引领,以深化改革扩大开放为契机,以深入推进"一带一路"国际合作为抓手,为维护国际多边贸易体制、推动全球治理体系变革作出更大贡献。

当前,单边主义、保护主义愈演愈烈,经济全球化遭遇逆风,国际自由贸易体制面临日益严峻的挑战,世界正站在何去何从的十字路口,每个负责任的国家都不应置身事外。中英两国一贯倡导自由贸易。英国首相特雷莎·梅不久前表示,英国"脱欧"不是拒绝多边主义和国际合作,反对保护主义的最佳方式就是更加开放。中英在反对保护主义、坚持多边主义、建设开放型世界经济上,不仅有共同的利益和相同的主张,也拥有广阔的合作空间。

千磨万击还坚劲,任尔东西南北风。白皮书展现了"中国智慧",提供了"中国方案",更显示了中国与霸凌行为斗争的决心和信心。我坚信,美国所谓"极限施压"根本吓不倒中国人民,只会进一步激发中国人民自力更生、改革创新的斗志。只要国际社会团结协作,我们就一定能抵制保护主义的肆虐,驱散贸易战的阴云,捍卫基于规则的国际贸易秩序,携手共创世界和平与繁荣的美好未来。

(作者为中国驻英国大使)

(2018年10月11日)

推动中国与东盟战略合作行稳致远

黄溪连

中国—东盟战略伙伴关系将更具实质性和先进性内涵,更具国际和地区意义

今年 10 月 8 日是中国—东盟建立战略伙伴关系 15 周年纪念日。15 年前,中国和东盟国家领导人在印度尼西亚巴厘岛正式签署《中国—东盟面向和平与繁荣的战略伙伴关系联合宣言》,将中国—东盟关系提升为战略伙伴关系,中国成为第一个与东盟建立战略伙伴关系的对话伙伴国。

15 年来,中国与东盟风雨同舟,携手前行,共同应对了风险与挑战,收获了和平与繁荣。双方贸易额从 552 亿美元跃升到 5148 亿美元,增长近 10 倍。人员往来从 387 万人次增加到 4900 万人次,增长近 13 倍,即将跨越"5000 万门槛"。中国连续 9 年成为东盟第一大贸易伙伴,东盟连续 7 年成为中国第三大贸易伙伴,双向直接投资累计已超过 2000 亿美元。中国在东盟国家设立直接投资企业 4000 余家,雇用当地员工 30 余万人。事实证明,中国—东盟关系的蓬勃发展给双方 20 亿民众带来了巨大福祉,也有力促进了地区和平与稳定。

今年是中国改革开放 40 周年,也是东盟第二个 50 年的起步之年。随着中国与东盟各自进入发展新阶段,中国—东盟关系由成长期进入成熟期,迈入提质升级的新时代。习近平主席提出打造更高水平的中国—东盟战略伙伴关系、迈向更为紧密的中国—东盟命运共同体,为双方关系未来发展明确了大方向。

潮平两岸阔，风正一帆悬。在双方领导人的直接关心下，中国—东盟合作的巨轮破浪前行，前景广阔。双方正在加紧制定《中国—东盟战略伙伴关系2030年愿景》。双方一致同意加强"一带一路"倡议同《东盟互联互通总体规划2025》的对接，构建以政治安全、经贸、人文交流三大支柱为主线，多领域合作为支撑的合作新框架。"2030年愿景"有望在今年11月的中国—东盟领导人会议暨双方建立战略伙伴关系15周年纪念峰会上发表，从而指引中国—东盟关系未来的发展方向，推动中国与东盟战略合作行稳致远。

展望未来，中国—东盟战略伙伴关系将更具实质性和先进性内涵，更具国际和地区意义。

中国与东盟可成为维护和平与共同安全的更紧密伙伴。中方支持打造以东盟为中心，以国际法和规则为基础，开放包容的亚太区域架构。前不久，中国和东盟国家形成了"南海行为准则"单一磋商文本草案，这是"准则"磋商取得的又一重大进展。这充分表明，中国和东盟国家完全有能力共同维护好南海和平与稳定，完全有智慧达成一份各方共同遵守的地区规则。

中国与东盟可成为维护自由贸易及经济全球化进程的更紧密伙伴。我们愿同东盟方一道，加快推进"区域全面经济伙伴关系协定"谈判，坚定反对单边主义和贸易保护主义，共同维护基于规则的多边贸易体系，为地区乃至世界发展繁荣注入正能量。

中国与东盟可成为倡导多样、和谐、包容文明的更紧密伙伴。我们共同秉持和而不同、和谐共生的价值观。中方愿与东盟国家加强在文化、教育、旅游、媒体等领域合作，鼓励不同群体、不同信仰间对话，促进民心相通，推动可持续、包容性、均衡增长和社会和谐。

历史是一面镜子，提供启示，催人奋进。中国—东盟关系过去15年发展历程最宝贵的经验，就是双方共同追求睦邻友好、和平发展的目标，共同奉行讲信修睦、平等相待、开放包容、合作共赢的相处原则。展望未来，中方愿与东盟一道，携手前行，继往开来，开辟更加美好的未来！

（作者为中国驻东盟大使）

（2018年10月8日）

弘扬丝路精神　携手共同发展

肖　千

在双方共同努力下，中印尼在"一带一路"框架下的合作一定能够行稳致远，结出更多硕果，造福两国人民

印度尼西亚地处两洲、两洋交汇之处，是古代海上丝绸之路的重要枢纽。2013年10月3日，习近平主席在对印尼进行国事访问期间首次提出共建21世纪海上丝绸之路的倡议，再续中国和印尼的丝路之缘，引领两国合作步入新的历史时期。过去5年来，中印尼两国本着共商共建共享原则，积极对接21世纪海上丝绸之路倡议和"全球海洋支点"战略，持续推进"一带一路"框架下合作，取得积极进展和丰硕成果。

政策沟通日益密切。5年来，中印尼两国元首就对接各自发展战略达成重要共识，为两国在"一带一路"框架下全面推进务实合作提供了战略引领，完善了顶层设计。为落实两国高层共识，双方利用业已建立的政治、经贸、人文等领域对话合作机制持续加强政策协调和沟通，不断优化两国对接发展战略、推进"一带一路"合作的政策环境。

设施联通亮点纷呈。5年来，中印尼在"一带一路"框架下合作开展的一系列重大基础设施项目取得积极进展，持续释放经济和社会效益。东南亚的首条高铁——雅加达至万隆高铁项目稳步推进，有望带动沿线地区形成新的经

济增长中心；印尼第二大大坝——加蒂格迪大坝于2015年下闸蓄水，灌溉面积达9万公顷，惠及下游几百万民众；印尼最大钢拱桥——塔园大桥2016年建成通车，结束了当地人依赖轮渡连通两岸的历史；印尼目前单机容量最大机组——爪哇7号电站去年正式开工，设计年发电量约150亿千瓦时，建成后将极大缓解印尼电力紧缺现状；印尼首个轻轨系统——巨港轻轨今年及时顺利通车，为印尼亚运会赛事提供有力保障。

贸易畅通成果丰硕。5年来，中国始终是印尼最大贸易伙伴。2017年，中印尼双边贸易额达到633亿美元，同比增长18.3%。其中，印尼对中国出口增长33%，双边贸易更加平衡发展。今年上半年，双边贸易额达328.7亿美元，同比增长31.9%。随着中国国内消费需求结构的变化和提升，印尼各类优势产品对华出口稳步增长。印尼已经成为向中国出口棕榈油和燕窝最多的国家。产自印尼的橡胶、咖啡、热带水果等产品也有望更多进入中国市场。

资金融通提速发力。5年来，中国对印尼投资快速增长。据印尼方统计，从2013年到2017年，中国年度对印尼直接投资额从3亿美元增至33.6亿美元，中国在印尼外资来源国排名从第十二位跃至第三位。中国对印尼投资呈现多主体、多领域、多方式的特点：既有国有企业，也有大量民营企业；既聚焦能矿、农业等传统产业，又拓展至金融、电商、大数据等新兴产业；既进行绿地投资，也越来越多采用股权收购和债券投资方式。目前，约有1000家中国企业在印尼投资兴业，在扎根当地实现自身发展的同时，为印尼带来资金、技术和先进管理经验，增加当地税收和就业。

民心相通稳步深化。5年来，中印尼教育、文化、旅游等交流合作积极发展。中国同印尼建立了中国与发展中国家首个高级别人文交流机制，先后举行3次会议。两国人员往来达到历史新高。据统计，2017年，中国内地游客到访达206万人次，比5年前增长275%。中国成为印尼海外游客最大来源国。印尼赴华留学生数量稳步增长，目前已超过1.4万人，中国成为印尼第二大留学目的地。两只可爱的中国大熊猫落户印尼野生动物园，深受当地民众特别是孩子们的喜爱，成为新时期中印尼友好的"形象大使"。

今年是推进"一带一路"建设工作5周年，也是中印尼建立全面战略伙伴关系 5 周年。当前，双方已就新时期对接发展战略的标志性合作项目——"区域综合经济走廊"达成共识，签署协议。我相信，在双方共同努力下，中印尼在"一带一路"框架下的合作一定能够行稳致远，结出更多硕果，造福两国人民。

（作者为中国驻印度尼西亚大使）

（2018 年 10 月 3 日）

北京峰会开辟更加宽广合作道路

孙保红

在中非合作论坛北京峰会的新蓝图指引下，中国和肯尼亚以及其他非洲国家将在更加宽广的发展道路上携手前行，共建更加紧密的中非命运共同体

肯尼亚正为越来越多的中国老百姓所熟知。以前我们知道肯尼亚，多是因为马赛马拉每年上演的动物迁徙——"天河之渡"。现在更多人知道肯尼亚，是因为蒙内铁路。

蒙内铁路是"一带一路"建设的旗舰项目，是肯尼亚独立以来最大的基础设施建设工程，在共商共建共享原则基础上建成。它采用中国标准、中国技术、中国装备，承载了肯尼亚实现工业化、现代化的世纪之梦。蒙内铁路建设为肯尼亚创造了 4.6 万个就业机会，带动经济增长 1.5 个百分点。蒙内铁路是中国人在海外运营的第一条铁路，顺利通车一年多来，已运送旅客 160 万人次，累计运送货物 136 万吨。蒙内铁路缩短了肯尼亚首都内罗毕和东非最大港口城市蒙巴萨之间的路程，也拉近了中国与肯尼亚之间的距离。

今年是中肯建交 55 周年，是"一带一路"倡议提出 5 周年，中非合作论坛北京峰会成功举办，中肯关系佳话不断、好戏连台：

两国高层交往频繁。肯雅塔总统赴华出席中非合作论坛北京峰会，并与习近平主席再次会晤。两国元首共同规划双边关系发展新蓝图，引领中肯关系进入

"黄金时代"。

两国务实合作紧密。中国已连续3年成为肯第一大贸易伙伴、第一大投资来源国和第一大工程承包方。400多家中国企业在肯投资兴业,创造13万个就业机会。中肯基础设施建设合作涵盖铁路、公路、住房、供水、电力、通信、机场、港口等各个领域。中肯合作规划建设蒙巴萨经济特区、纳瓦沙工业园区,建成后将极大推动肯工业化进程。

两国人文交流密切。中非联合研究中心、由中国政府援建的中国—肯尼亚作物分子生物学联合实验室在肯落地生根,中非环境合作中心、中国文化中心即将成立。每年近千名肯方人员赴华留学或培训。两国合作在肯设立4所孔子学院,越来越多的肯尼亚人学习汉语。肯尼亚已成为中国游客的热门旅游目的地,去年赴肯旅游的中国游客近7万人次,今年有望突破10万人次。现在每周有10趟直飞航班往来于中肯之间。

2018年中非合作论坛北京峰会成功举行。习近平主席广邀非洲领导人共同规划中非新时代合作蓝图。中非双方一致决定携手打造责任共担、合作共赢、幸福共享、文化共兴、安全共筑、和谐共生的中非命运共同体,决定携手实施"八大行动"。峰会把中非共建"一带一路"、非盟《2063年议程》、联合国2030年可持续发展议程同非洲各国发展战略结合起来。中肯合作再次迎来大发展的黄金机遇,中方将继续秉持真实亲诚对非政策理念,推动中非合作论坛北京峰会成果、"一带一路"建设与肯政府"四大发展目标"等战略规划有效对接。中肯在发展的道路上将携手砥砺,共创美好未来。

中非关系正站在新的历史起点,在中非合作论坛北京峰会的新蓝图指引下,中国和肯尼亚以及其他非洲国家将在更加宽广的发展道路上携手前行,共建更加紧密的中非命运共同体。

(作者为中国驻肯尼亚大使)

(2018年9月19日)

全方位推动中哈共建"一带一路"

张 霄

"一带一路"建设正带动中亚这个古老的丝路地区更快地融入全球经济体系,重新焕发勃勃生机

在哈萨克斯坦首都阿斯塔纳市南部,矗立着一座造型宏伟的建筑群,这就是哈萨克斯坦最高学府——纳扎尔巴耶夫大学。2013年9月7日,习近平主席正是在此发表演讲时,提出了共同建设丝绸之路经济带的倡议。

当今世界正在经历百年未有之大变局,人类发展向何处去、如何实现共同发展是各国共同面对的一道难题。习近平主席以其战略眼光和全球视野,把握时代发展大势,顺应全球治理体系变革的内在要求,提出共建"一带一路"的伟大倡议,彰显了同舟共济、权责共担的命运共同体意识,为完善全球治理体系变革提供了新思路新方案,为促进全球共同发展繁荣提供了中国方案。

5年来,越来越多国家热烈响应、积极参与"一带一路"建设,100多个国家和国际组织与中国签署共建"一带一路"合作文件。5年来,中国与"一带一路"相关国家的货物贸易额逾5万亿美元,对外直接投资超过600亿美元,为当地创造20多万个就业岗位,"一带一路"正在为拉动世界经济增长作出贡献。更为重要的是,坚持共商共建共享原则,聚焦政策沟通、设施联通、贸易畅通、资金融通、民心相通,"一带一路"建设正在跨越不同地域、融通不同

文明，成为一个开放包容的合作平台和多方共同打造的全球公共产品，其合作模式、发展思路日益为国际社会所认可。

中亚是"一带一路"建设集中取得早期收获的主要地区之一。5年来，中国与中亚五国在持续巩固政治互信的基础上积极推进发展战略对接，实现了签署共建"一带一路"合作协议全覆盖，在双边框架内和上海合作组织、亚信等地区性国际组织中开展全方位合作。中国还同欧亚经济联盟签署了经贸合作协定。得益于参与共建"一带一路"，中亚国家间联系日益紧密。"一带一路"建设正带动这个古老的丝路地区更快地融入全球经济体系，重新焕发勃勃生机。

中国同哈萨克斯坦山水相连，两国早在2011年就建立了全面战略伙伴关系。作为"一带一路"倡议的首倡之地和先行先试地区，哈萨克斯坦是与中国共建"一带一路"的天然优质伙伴。5年来，在两国领导人的亲自关心和指导下，中哈顺利推进"一带一路"和"光明之路"新经济政策对接；中国对哈累计投资逾430亿美元，双方在产能合作框架内商定的51个重点合作项目，总投资额近280亿美元；双方进行本币互换和结算，开设中哈产能合作基金，成立合资国际交易所；中欧货运班列去年过境哈逾1800次，中亚班列中哈段发运货值达1.2亿美元；中方投建的农产品加工厂已为哈生产优质食用油2300吨、面粉4600吨；双方互设5所孔子学院和5个哈萨克斯坦语言文化中心，1.4万多名哈青年在华留学。

今年6月，习近平主席在北京与哈斯克斯坦总统纳扎尔巴耶夫会谈时指出，中国愿同哈萨克斯坦在构建人类命运共同体道路上先行一步，为开创人类更加光明的未来凝聚智慧和力量，并表示愿同纳扎尔巴耶夫总统一道"为中哈友好事业这艘巨轮掌舵领航"。这一提议得到哈方的热烈响应。两国元首亲自"掌舵领航"，为中哈关系发展奠定了坚实政治基础，注入了强劲发展动力，指明了光明发展前景。我们需要做的，就是积极落实两国元首共识，全方位推动中哈共建"一带一路"合作，建设好中哈命运共同体，在构建人类命运共同体道路上迈出坚实的步伐。

（作者为中国驻哈萨克斯坦大使）

（2018年9月7日）

推动共同发展的"及时雨"

李 辉

中国与俄罗斯、与中亚国家的友好互利合作,将通过共建"一带一路"这个纽带,得到更好发展,造福人类

"一带一路"倡议提出5年来,不断收获共识,在沿线国家地区务实推进。"五通"建设正在全面展开,"共商共建共享"正成为共鸣共识共举。俄罗斯和中亚作为"一带一路"沿线重要国家和地区,通过与中国的务实合作,不仅取得了积极成效,更成为中国可靠的合作伙伴,各方都对"一带一路"给予高度评价。

然而,一些人以自己狭隘的心态评判事物,妄称中国不会无缘无故帮中亚国家,是借"一带一路"推行地缘政治扩张。试问,邻里之间、朋友之间相互帮助、共同致富不是常理吗?中国自古就有"邻帮邻"的传统,只有大家富起来、强起来,才会"各美其美,美人之美,美美与共"。

历史是最好的见证。中国与中亚五国山水相连,交往千年,见证了古代丝绸之路的发展与繁荣。2013年,习近平主席在访问哈萨克斯坦时,提出用创新的合作模式,共同建设"丝绸之路经济带"。5年来,"一带一路"倡议成为中国与中亚密切联系的新纽带,搭乘"一带一路"建设的快车,积极谋求将自身发展战略与"一带一路"建设有机融合、深入对接,深度参与"一带一路"建设,正成为中亚各国的自觉行动。

比较是最好的老师。近年来，中国已成为中亚最大的投资来源国和主要贸易伙伴。在"一带一路"框架内，新亚欧大陆桥经济走廊被激活，中欧班列陆续开通、中哈连云港物流合作基地正式启动。"欧洲西部—中国西部"高速公路稳步推进，安格连—帕普铁路卡姆奇克隧道、中吉乌国际公路顺利通车。中国—中亚天然气管道已形成A、B、C三线并行输气格局，中国还实现与中亚五国的全面通航……这些都对中亚地区的经济发展具有重要意义。

民心是最好的说明。2014年，由中哈吉三国联合申报的"丝绸之路：长安—天山廊道的路网"在第三十八届世界遗产大会上成功入选世界遗产名录。近年来，中国成为中亚留学生优选目的地国之一，中国政府设立的"丝绸之路"奖学金，为沿线国家学生来华学习或研修提供了更好的平台；《舌尖上的中国》《少林寺》《温州一家人》《水浒》等多部中国影视作品，登上中亚各国的荧幕；中国与中亚国家的文艺团组频繁往来，高品质文化展演实现常态化。

事实更是最好的证明。截至今年7月，中国已与100多个国家和国际组织签署了共建"一带一路"合作文件；截至今年6月，中国与沿线国家货物贸易额累计超过5万亿美元，在沿线国家建设的境外经贸合作区总投资289亿美元，为当地创造24.4万个就业岗位和20多亿美元的税收；中国已经成为25个沿线国家最大的贸易伙伴。中国的倡议为全球经济发展和区域一体化开创了一种新的合作模式。在这一大背景下，中国与中亚国家的互利共赢合作只是其中一个组成部分。

改革开放40年，中国不仅实现了自身经济和贸易体量的双增长，也为拉动全球经济增长作出了贡献。"一带一路"倡议更是被公认为当今全球最大公共产品，也是推动经济全球化、打造人类命运共同体的一场"及时雨"。中国与俄罗斯、与中亚国家的友好互利合作，将通过这个纽带，得到更好发展，造福人类。

（作者为中国驻俄罗斯大使）

（2018年8月30日）

中欧携手推动"一带一路"行稳致远

张 明

中欧围绕"一带一路"合作形成越来越多的共识和成功实践,双方政府和企业将各尽其责,让规则先行,按市场规律办事,让一切在阳光下运行

2013年金秋时节,习近平主席提出建设"一带一路"重大倡议。5年来,"一带一路"建设在欧洲大地稳步推进,成果不断显现。这是中欧两大经济体优势互补、互惠互利的战略对接,更是中欧携手推进和平与发展事业,共建人类命运共同体的宏大工程。我出使欧盟近一年来,与欧洲政商学界人士广泛接触交流,切身感受到欧洲各界对"一带一路"建设的高度重视与普遍支持。

中欧双方传承和而不同、美美与共的精神,秉持开放、包容的价值理念,是共建"一带一路"的天然合作伙伴。志合者,不以山海为远。700多年前,《马可·波罗游记》引起无数欧洲人对东方的神往,一个个探路人的足迹串接成联通欧亚的古丝绸之路。如今,中欧之间拥有更快捷便利的交通往来,更紧密互补的商贸合作,更丰富多彩的文化交流。今天,中欧两大经济体着眼新的时代背景,展现历史担当,加强战略沟通协调,共同致力于打造开放型世界经济,抵制保护主义与单边主义,推动更加开放、包容、普惠、平衡、共赢的全球化。中欧加强"一带一路"合作,将有力促进中欧和全球经济发展。

中欧互利合作渐入佳境,"一带一路"与欧洲发展战略对接前景广阔,大

有作为。去年，欧盟及欧洲多国领导人出席首届"一带一路"国际合作高峰论坛，共商合作大计。迄今，中国已同11个欧盟成员国签署政府间"一带一路"合作文件，一大批合作项目扎实推进。中欧共同投资基金首单项目成功启动。中欧班列发展势头迅猛，目前已通达欧洲14个国家42个城市，成为促进经贸合作的有效新型载体。中欧双方今年共同举办了一系列"中国—欧盟旅游年"活动，促进民心相通，为中欧合作共同发展提供更多正能量。在刚刚结束的第二十次中欧领导人会晤上，双方重申推动"一带一路"与欧洲投资计划等欧盟发展战略和倡议深度对接，通过兼容的海陆空运输、能源和数字网络促进"硬联通"和"软联通"。这为未来中欧合作提供了更加清晰的指引，必将创造更多互利共享的务实成果。

中欧共同推进基于规则的开放合作，携手当好国际规则体系的建设者和守护人。虽然欧洲仍有人对"一带一路"怀有疑虑，踟蹰观望，但5年来"一带一路"建设在欧洲的实践充分证明，中欧有关合作项目坚持遵循现有国际准则和标准、各自的国际责任和项目受益国的法律，同时考虑受益国的政策和国别情况；始终坚持高质量、高标准的多元化合作，遵循国际规则和市场运作，重视债务的可持续性以及绿色环保。中欧"一带一路"合作遵循市场规则、透明原则，本身就体现了对国际规则体系的尊重和维护。中欧围绕"一带一路"合作形成越来越多的共识和成功实践，双方政府和企业将各尽其责，让规则先行，按市场规律办事，让一切在阳光下运行。

人类追求发展进步、共享开放合作的历史潮流从来就不可阻挡。所当乘者势也，不可失者时也。中欧将致力于成为共建人类命运共同体的合伙人、同行者，继续秉持共商共建共享原则，推动"一带一路"建设与欧洲发展战略深入对接，结出硕果，惠及中欧人民。

（作者为中国驻欧盟使团团长、大使）

（2018年8月27日）

让中非关系绽放更美丽花朵

宋爱国

近年来,中埃友好合作之树在两国领导人的亲自浇灌下茁壮成长,硕果累累

"志合者,不以山海为远。"中国与非洲,虽然远隔万水千山,但彼此患难情谊和真诚合作像尼罗河水一样奔流不息。无论国际风云如何变幻,相互尊重、相互信任、相互扶持、携手发展始终是中非关系发展的主旋律。

62年前,中埃建交开启了中国与非洲国家建立外交关系的先河。长期以来,中埃关系始终是中非之间团结友谊、合作发展的缩影和代表。近年来,中埃友好合作之树在两国领导人的亲自浇灌下茁壮成长,硕果累累。在双方的共同努力下,2014年建立的中埃全面战略伙伴关系正步入提速发展的新时期。两国领导人定期会晤,有力推动中埃友好合作不断深入发展。两国发展战略高度对接,促进双方务实合作取得长足进展。中国"一带一路"倡议和埃及"新苏伊士运河走廊"开发等国家发展计划正在协同推进。两国大项目建设合作突飞猛进,在电力能源、铁路交通、城市建设、卫星科技、文化教育等领域的合作潜能正不断释放。中国对埃及投资规模不断扩大,不少重要双边合作项目成为中非重点合作项目。双方携手并进,不断开辟合作新前景。

我出使埃及多年,是中埃关系快速发展的见证者和参与者。在埃及,我亲

身感受到埃及悠久文明的博大精深和深远影响力，它促使埃及民众近年来在历史选择的紧要关头把握住民族前进的大方向，迎难而上。现在埃及不仅步入致力于社会稳定、经济发展的新时期，也大为重视对非外交，埃及总统塞西明年将担任非盟轮值主席。中埃、中非关系发展齐头并进，势头强劲。我和我的埃及朋友们都深感自豪和高兴。

习近平主席在中非合作论坛约翰内斯堡峰会上指出："中方将秉持真实亲诚对非政策理念和正确义利观，同非洲朋友携手迈向合作共赢、共同发展的新时代。"中非都怀有发展振兴的美好梦想，双方聚焦合作发展，汇聚智慧力量，正有力推动中非各国发展，造福各国人民。中非真诚牵手，将进一步为世界和平与发展作出重大贡献。双方完全可以在建设人类命运共同体的伟大实践中先行一步，为构建新型国际关系树立典范。

如埃及谚语所说，"喝过尼罗河水的人还会再回来"。中埃、中非领导人的再次相聚，又一次证明了双方关系的稳固性和勃勃生机。即将召开的中非合作论坛北京峰会将为双方深化务实合作提供新的强有力的政治引领和难得历史机遇。衷心祝愿中非合作论坛北京峰会成为中非实现共同发展、合作共赢的新起点，祝愿中埃、中非关系在充满生机和希望的田野上绽放出更加美丽的花朵！

（作者为中国驻埃及大使）

（2018年8月26日）

让"黄金时代"更加熠熠生辉

刘晓明

5年前,当习近平主席提出"一带一路"倡议时,一位英国友人问我,古丝绸之路最西边只到达欧洲大陆,不知道"一带一路"会否跨越英吉利海峡来到英国?我对他讲,"一带一路"的种子不仅能在英国扎根,还会不断开花结果。5年来的实践充分证明了这一点。我认为可以用4个字概括中英"一带一路"合作的特点及前景,即"先、热、实、广"。

英国参与"一带一路"建设首先体现在"先"。英国历来具有敢为人先的魄力和远见,很早就将"一带一路"视为机遇。特别是2015年习近平主席访英开启中英关系"黄金时代"以来,中英"一带一路"建设合作进入快车道。英国在西方大国中第一个申请加入亚投行,率先共同核准并签署《"一带一路"融资指导原则》,第一个任命"一带一路"特使和设立专家理事会,第一个宣布支持250亿英镑"一带一路"亚洲项目。正如去年英国财政大臣作为首相特使出席"一带一路"国际合作高峰论坛时所说,英国是共建"一带一路"的"天然合作伙伴"。

英国各界对"一带一路"建设关注和支持热度不减。英国是世界上最早主张自由贸易的国家,英国人素以开放、包容、务实闻名。丝路精神和共商共建共享理念与英国的民族传统和性格不谋而合,不断激发英国各界看好和支持"一带一路"建设的热情。特雷莎·梅首相多次表示,"一带一路"将为英中合作带来丰硕成果和广阔前景。英国工商界对"一带一路"建设热情高涨,英中贸易协会已发表4份"一带一路"报告。英国皇家国际问题研究所、剑桥大学等竞相举办"一带一路"专题研讨会,牛津大学学者彼得·弗兰科潘撰写的《丝绸之路:一部全新的世界史》更是畅销全球。

中英"一带一路"框架下"五通"不断走实。政策沟通上,中英领导人每次会面必谈"一带一路"。今年初梅首相访华期间,两国领导人一致同意就"一带一路"开展更大范围、更高水平、更深层次合作。设施联通上,欣克利角核电C项目、皇家阿尔伯特码头等大项目取得积极进展,义乌至伦敦的中欧班列实现往返运行。贸易畅通上,英国是中国在欧盟内第二大贸易伙伴,2017年中英双边贸易额近800亿美元。资金融通上,英国渣打银行承诺将为"一带一路"建设提供至少200亿美元融资支持,两国金融界期盼已久的"沪伦通"有望在今年年内开通。民心相通上,中英人文往来日益密切,交流领域不断扩大,合作成果丰硕,亮点纷呈。

展望未来,英国参与"一带一路"建设前景很广。伦敦是世界首屈一指的金融中心,金融服务业全球领先;英国是普通法系发源地,法律体系、咨询服务产业成熟完善;英国是现代航运发源地和全球航运服务中心,也是国际规则的引领者。这些优势为英国参与"一带一路"建设提供更多机遇,也为中英开展高水平、高标准合作提供广阔空间。此外,英国与很多"一带一路"沿线国家传统关系密切,中英探索开展第三方市场合作潜力巨大。目前,英国正处于"脱欧"关键时期,致力于打造"全球化英国","一带一路"将为英国拥抱世界、把握未来提供难得的机遇。

有一句英语谚语,"路途虽遥远,但越走越近"。中英两国虽分处欧亚大陆两端,但距离并未阻挡双方心灵相通和利益相连。中英"一带一路"合作就是一个生动诠释。中英"一带一路"建设合作之路必将越走越宽,中英关系"黄金时代"必将更加熠熠生辉。

(作者为中国驻英国大使)

(2018年8月23日)

开辟中瑞合作新天地

耿文兵

瑞士政府在其外交部设立"一带一路"咨询协调办公室，企业参与"一带一路"建设的热情不断增强

瑞士闻名于世，不仅因其钟表和军刀等精密制造，也因其富有创新精神，并且对国际合作孜孜以求。中国"一带一路"倡议提出之后，瑞士积极响应，双方围绕"一带一路"建设展开一系列富有成效的合作。

我自2016年2月出使瑞士以来，听到最多的、谈论最多的就是"一带一路"建设与合作。2017年1月，习近平主席对瑞士进行国事访问，更是把中瑞两国围绕"一带一路"建设的合作推向高潮。习近平主席抵达瑞士当天，同时任瑞士联邦主席洛伊特哈德交谈的第一个话题就是"一带一路"。洛伊特哈德当场表示，愿出席当年5月在北京举行的"一带一路"国际合作高峰论坛。习近平主席对瑞士的成功访问，不仅充实了两国创新战略伙伴关系内涵，也夯实了两国"一带一路"建设务实合作的基础。

瑞士是首批加入亚投行的西方国家之一，瑞士联邦政府对"一带一路"建设理念高度认同。洛伊特哈德主席高度赞赏"一带一路"是和平之路、繁荣之路、开放之路、创新之路、文明之路，并在率团参加"一带一路"国际合作高峰论坛后，立即研究部署瑞士参与"一带一路"建设方案，从政策层面鼓励两国企业直接对接。瑞士联邦政府决定在其外交部设立"一带一路"咨询协调办公室，负责向瑞士企业、民众推广介绍"一带一路"并解答问题。上个月，瑞士联邦委员兼经济部长施耐德—阿曼在访问中亚"一带一路"沿线国家、实地调研"一带一路"项目推进情况时对媒体表示："'一带一路'建设激发了中亚地区的发展活力，带来了巨大的发展机遇。"

瑞士企业参与"一带一路"建设的热情不断增强，中瑞企业在"一带一路"框架内合作前景广阔。瑞士银行家协会设立了"一带一路"金融联络办公室，利用联邦政府积极引导政策推动中瑞两国在金融领域深化"一带一路"合作；世界500强企业之一、瑞士ABB集团负责人表示，愿在能源、工业、交通基础设施建设等领域深度参与"一带一路"建设；全球最大的人力资源公司瑞士德科集团今年5月在西安建立分公司，以"立足西安，面向西北，放眼'一带一路'"为战略，致力于促进"一带一路"沿线国家和地区的人才合作。

瑞士公众和科研学术机构对"一带一路"倡议的关注度也在日益提高。过去两年里，瑞士经济协会、瑞中经济协会、瑞士西北应用科技大学等民间协会和学术机构多次举办"一带一路"主题研讨活动。在中国驻瑞士大使馆举办的"'一带一路'与瑞士"研讨会及配套活动中，瑞士政、商、学界嘉宾参与踊跃，积极建言献策。

"一带一路"倡议是为解决当前世界和区域经济面临的问题而给出的中国方案，是为实现全球经济复苏、世界经济联动发展注入的动能，也是构建人类命运共同体的重要基础和抓手。在当今贸易保护主义抬头、全球贸易壁垒增多的关键时期，"一带一路"所倡导的共商共建共享理念将为推动建设更加开放包容、公平合理的国际经济秩序注入更多正能量，也更需要各国积极广泛地参与。

中瑞两国在制造业、金融业、基础设施建设、科技创新等领域行业互补性强，两国对在"一带一路"框架内深化合作的理念契合。我完全相信，在双方的共同努力下，"一带一路"建设必将开辟中瑞全面合作新的更广阔的领域。

（作者为中国驻瑞士大使）

（2018年8月20日）

中格关系进入历史最好时期

赵永琛

相信在未来的岁月中,中格人民的友谊必将焕发出更加强大的生命力,中格关系的明天一定会更好

今年3月15日一大早,格林纳达大选后首个工作日,我如约来到米切尔总理官邸拜访,祝贺他赢得大选并连任。米切尔总理高兴地说,我是他赢得大选后会见的第一位外国使节,同中国恢复外交关系是他政治生涯中做出的最正确、最重要的决定之一,他为此感到骄傲。他娓娓道来,指出复交13年来格中关系快速发展,各领域合作稳步推进,两国关系已进入历史最好时期。

米切尔总理所言不虚。近年来,中格政治互信不断加深,高层交往密切。2013年习近平主席在特立尼达和多巴哥会见米切尔总理,开启了两国关系的新篇章。格总督、总理和大多数部长先后访华。中国全国人大常委会领导和外交、商务、民航等部门负责人多次访格。双方在经济技术合作、基础设施建设、文化旅游交流合作、执法合作等领域达成广泛共识,签署了中格引渡条约、中格关于刑事司法协助的条约等重要协议以及民航合作协定等重要协议,为两国关系进一步发展奠定了坚实基础。格林纳达朝野多次表示,格大力与中国发展友好合作关系,恪守一个中国原则,是格社会各界的共识。

在合作共赢的旗帜下,中格经贸和务实合作迎来了发展新阶段。格首都圣

乔治国际机场扩建项目获得中国进出口银行贷款支持。该项目完工后将改善其机场交通设施，极大提高格航空运力，促进旅游经济发展。中国援建的格低收入住房二期项目在全国5个地块同步推进建设。为感谢中国政府和人民的无私援助，格政府计划以中国5个城市为这些新社区命名，比如"北京花园""上海花园"等。中国早期援建的格国家田径场等体育场馆为格举办国际田径邀请赛发挥了重要作用。中国援助格农业合作项目顺利进入第七期，受到该国农民的欢迎。中国提供的人力资源培训项目，为当地培养了大量各类人才，其中有的已成为当地经济社会发展的领军人物。

国之交在于民相亲。中格人文交流日益丰富多彩，促进了两国人民间的友谊。近年来，中国驻格大使馆推出的"中华武术之夜""中国电影节""欢乐春节""中国文化之夜"等品牌活动在当地很受欢迎，中国文化影响日益深入格林纳达人民心中。中国海军"和平方舟"号医院船更被格林纳达人民誉为"生命之船"。2015年该船访格仅有7天，就为近万名当地民众提供免费医疗服务，并举办医疗、文化交流活动，成为中格友好的一段佳话，格民众至今仍对此津津乐道。玛丽秀社区大学孔子课堂的中文课程颇受热捧。一些中小学如西莫兰学校开始将汉语列为其小学必修课。格留华同学会新近成立，为中格民间友谊又架起一座新桥梁。格青年发展、体育、文化和艺术部长考克斯说，中国武术、杂技、魔术等在格有大量粉丝，期待更多的中国文艺团组来格访问交流演出。

尽管中格远隔重洋，但正如唐诗所言，"海内存知己，天涯若比邻"。相信在未来的岁月中，中格人民的友谊必将焕发出更加强大的生命力，中格关系的明天一定会更好！

（作者为中国驻格林纳达大使）

（2018年8月1日）

相互调适天地宽

张向晨

面对不断成长的中国,世贸组织成员需要一个调整适应的过程。面对自身在国际舞台上作用和影响的变化,中国也需要对世界贸易投资自由化便利化进程和多边贸易体制与时俱进的改革提供更多中国智慧和中国方案

《中国与世界贸易组织》白皮书发表了,这是中国的一份自我鉴定。7月9日开始的一周,世贸组织将对中国进行第七次贸易政策审议,届时世贸组织成员将对中国加入世贸组织后尤其是近两年的表现发表评论。

17年了,时间越久,加入世贸组织对中国的影响就看得越清楚。当年很多人担心,加入世贸组织会使中国国内的汽车工业遭受灭顶之灾,农业也会被进口产品冲垮。如今这些担心已随着中国经济的快速发展烟消云散。中国成为融入经济全球化的主要受益者之一,这已是一个不容置疑的事实。

但是,中国加入世贸组织对世界有何影响,国际看法并不一致。拍手称赞的有,质疑否定的也有。西方国家有人认为,中国在履行承诺方面做得不好,没有走向市场经济,而是采取了更加扭曲市场的政策。还有人建议,由于现有的世贸规则无法制约中国这个庞然大物,国际社会需要为中国量身定做一套新规则。

这并不奇怪。和中国一样,世界其他国家也没有预见到中国加入世贸组织

后的快速发展。我记得当年在进行加入世贸组织谈判时，中方曾提出，某些世贸规则过于严苛，中国难以做到。对方回答，你们参加的是一场国际篮球比赛，篮筐不会为你们而降低。如今，却有人提出要专门为中国设置篮筐的高度，真是时移世易，难以预料。

面对不断成长的中国，世贸组织成员需要一个调整、适应的过程。适应中国在国际市场上由打工者到合作者、竞争者的转变，适应在制定国际规则过程中中国由倾听者到平等的谈判者的转变。在此过程中，最难的恐怕是心态的调整。突然来了一个大个子站在身边，周围的空间好像一下子被压缩了，自然会有不适感。希望这种不适感能够渐渐消失，因为中国的崛起不以任何人的意志为转移。而且，只要摘下有色眼镜，所有人都会看到，中国的崛起是一个温和、和平的过程。

面对自身在国际舞台上作用和影响的变化，中国也需要调整和适应。有人说，中国不能再做躲在蚂蚁身后的大象了。我记得加入世贸组织不久，中国参加了多哈回合谈判，作为发展中成员和新成员，我们提出了一系列特殊和差别待遇的要求：在进一步开放市场方面，范围小一点（less），幅度低一点（lower），用时长一点（longer），实施晚一点（later）。我本人正是这4个"L"的"始作俑者"。当时这样的要求自然有其合理性，但17年后世界的期待和中国的能力已发生了很大变化。中国仍然是一个发展中国家，从量和质两个维度都还有漫长的发展道路要走，但毫无疑问，中国需要对世界贸易投资自由化便利化进程和多边贸易体制与时俱进的改革作出更大贡献，包括贡献中国智慧和中国方案。

至于有人硬扣给中国的几顶大帽子，什么国家资本主义和重商主义者、政府干预和市场扭曲者、有组织的知识产权盗窃者，等等，我们当然会敬谢不敏。也请凡有疑问者，看看这本白皮书吧，毕竟事实胜于雄辩。

（作者为中国常驻世界贸易组织代表、大使）

（2018年7月9日）

中非合作提升非洲国际地位

旷伟霖

很长时间以来，非洲不得不仰仗西方，但随着中非合作的不断深入，非洲在国际上所处的环境得到了改善，有了更多回旋余地

在埃塞俄比亚首都亚的斯亚贝巴，中国援建的非盟总部大楼是中非友谊与合作的新丰碑，得到非洲各国领导人交口称赞。现在，非盟总部内正在建设一座 2000 平方米的中非友谊花园，两座各有中国传统与非洲特色的楼阁通过水、路、桥相连，象征中非虽山水相隔、相距万里，但在"一带一路"建设中，紧密相连、友好合作，共同开启合作共赢、共同发展的新时代。

近年来，中国与非盟在"三网一化"、安全、农业、教育、人员培训、公共卫生等领域开展了紧密合作。其中，公共卫生合作将是中非双方今后几年合作的亮点，非洲疾控中心建设就是其中的旗舰工程。此外，中国对非盟机构建设也提供了大力支持。中国已同意非盟在北京设立驻华代表处。目前，双方正在加紧商谈有关事宜。驻华代表处将是非盟在外设立的第二个国别代表处，对中国同非盟合作以及中非合作都具有重要意义。

中非合作论坛北京峰会将于今年 9 月举行。这将是中非关系史上又一件大事。非洲各国深感中非合作面临的巨大机遇，纷纷要求将今年的中非合作论坛部长级会议升格为峰会。北京峰会将为下一阶段中非合作指明方向，描绘蓝图。

相信通过这次峰会，中非合作将进入一个崭新时代。

这几年，我有一个深刻的感受：中国对非洲的影响日益凸显，中国在非洲人心中的地位越来越高。每当我和非盟领导人交流时，他们都会谈论这些问题。在非盟领导人看来，中国为非洲发展提供了一种新的选择。过去非洲国家希望西方模式为非洲带来发展，而事实并未如其所愿。现在，他们觉得中国的发展方式对非洲可能更适合。中非合作论坛机制建立以来，中国对非洲的投入大幅增加，对于带动其他国家对非合作起到了引领作用。非盟领导人还认为，中国对非洲的合作，也提高了非洲国家在与其他国家和地区打交道时的地位。很长时间以来，非洲不得不仰仗西方，但随着中非合作的不断深入，非洲在国际上所处的环境得到了改善，有了更多回旋余地。

中非合作是南南合作的样板。中国与非洲共有约25亿人口，中非合作、实现共同发展对于世界和平、稳定、发展的意义不言而喻。去年，中非减贫发展高端对话会在非盟总部举办，引起非洲社会各界强烈反响。过去40年，中国让7亿多人摆脱贫困，中国减贫的成功经验极大鼓舞了非洲。中国的发展也引发了非洲各国领导人的思考，他们认为中国的发展经验给非洲指明了一条道路。

每当非洲领导人谈到中国发展成就时都会竖起大拇指。过去他们主要关注中国的经济发展，如今，中国的治国理政经验在非洲也越来越受到重视。一些非洲国家迫切渴望学习中国共产党的执政经验，很想知道中国如何在中国共产党领导下取得如此巨大的成就，并跻身世界第二大经济体。《习近平谈治国理政》一书在非盟很受欢迎，许多人都看过这本书。在非盟委员会副主席托马斯·奎西·夸蒂看来，这本书对于非洲实现发展、摆脱贫困具有非常重要的意义，为非洲国家治理提供了全新的思路。

（作者为中国驻非盟使团团长）

（2018年6月26日）

积极培育中巴友谊之树

魏 强

建交一年来，中巴关系实现全面、跨越式发展，各领域合作不断推进，给两国人民带来实实在在的利益

时光回溯到1854年。搭载着700余名华人的"海巫"号帆船漂洋过海，首次抵达太平洋彼岸的巴拿马，开启了双方交往的历史。

164年后的2018年4月5日，由北京出发经休斯敦至巴拿马城的国航CA885航班安然降落在巴拿马城托库门国际机场，标志着中巴两国间直航成功开通，成为中巴建交一年来两国关系全面快速发展的缩影。

2017年6月13日，巴拿马总统巴雷拉作出恪守一个中国原则的庄严承诺，宣布与中华人民共和国建立外交关系，揭开了中巴关系崭新的历史篇章。中巴友好合作在历经风雨后终于驶入新航道，迈向新征程。

一年来，在两国领导人的亲自引领和大力推动下，中巴关系一日千里，实现全面、跨越式发展，各领域合作不断推进，给两国人民带来实实在在的利益。

双方以共建"一带一路"为统领，以共同发展繁荣为目标，高速度、高起点、高标准加强发展战略对接，把两国互补优势转化为全面合作优势。在建交后短短一年里，双方成功搭建双边议程的"四梁八柱"，从政府到立法机构、从官方到民间、从媒体到智库，各行各业都积极培育中巴友谊之树，促其全面开花结果。

我们相互尊重、平等相待，开启中巴关系新纪元。两国领导人频繁互动，围绕建交、国庆和新年多次互致贺电，高度肯定中巴关系强劲发展势头。2017年11月，巴雷拉总统对华进行历史性国事访问，与习近平主席共绘中巴关系宏伟蓝图，为其顺利发展提供坚实的政治引领和保障。坚定奉行一个中国原则已经成为巴各界广泛共识，两国关系持续发展的根本政治基础日益巩固。

我们携手并进、共谋发展，开辟互利合作新前景。两国关系长期蓄积的巨大能量充分释放，贸易、投资、海运、民航、金融、农业、质检、旅游、基础设施等领域合作全面推进。中巴签署关于共同推进丝绸之路经济带和21世纪海上丝绸之路建设的谅解备忘录，巴拿马成为第一个与中国签署上述协议的拉美国家，为"一带一路"向拉美延伸、实现丝路与运河的海上对接发挥关键作用。目前，已有40多家中资企业在巴设立机构，充分利用巴区位优势向地区辐射。

我们互学互鉴、春风化雨，开创民心相通新征程。建交以来，两国民众对增进彼此交流和相互认知的渴望势如泉涌。巴拿马第一所孔子学院成功开课，一批批巴青年学子赴华学习培训。两国学者、智库和新闻媒体往来热络，共同为中巴关系发展建言献策、加油鼓劲。"文化中国·四海同春"等文化活动给当地民众献上一场场精彩的文化盛宴。随着两国直航开通，中国游客开始将巴视为热门旅游目的地。"中国热"和"巴拿马热"在两国同频共振，促进两国友好一步步深入人心。

正如习近平主席所说，"一个国家、一个民族要振兴，就必须在历史前进的逻辑中前进、在时代发展的潮流中发展"。回顾过去一年，中巴建交符合历史潮流，顺应世道民心，充分证明了恪守一个中国原则已成国际社会广泛共识，推进互联互通、加快融合发展是促进共同繁荣的必然选择。展望未来，中巴优势互补，互利合作潜力巨大、前景广阔。中方愿同巴方一道，沿着两国元首指引的航向，积极作为，共建"一带一路"，共同打造中拉命运共同体，进而为构建相互尊重、公平正义、合作共赢的新型国际关系和人类命运共同体不断作出贡献。

（作者为中国驻巴拿马大使）
（2018年6月14日）

"一带一路"，中日互利合作新平台

程永华

中日围绕"一带一路"开展相关合作，将为两国关系持续向好发展注入新的推动力

日本政府对"一带一路"建设的态度经历了一个由消极观望、警惕质疑向客观看待和积极参与转变的过程。去年春季以来，以日本执政的自民党干事长二阶俊博率团出席"一带一路"国际合作高峰论坛为契机，日方对"一带一路"建设的态度出现积极变化。日本首相安倍晋三多次表示日中两国可以合作，称赞"一带一路"是"连接东西方和不同地区的有潜力的构想"，期待"一带一路"倡议能为世界和平与繁荣作出贡献，日本希望以此为目的同中方合作。

"一带一路"倡议是开放、包容、透明的重要国际合作平台和公共产品，秉持共商共建共享原则，只要中日合作起来，逐步积累互信，日方的疑虑完全可以在合作中逐步化解。目前，日本政府在"一带一路"建设上采取了相对务实的态度，把重点放在日中携手开展第三方市场合作上，特别是在基础设施建设领域。这与中国政府推动同发达国家在"一带一路"沿线开展合作的思路完全可以对接上。就经济体量和互补性而言，中日两国在携手开辟第三方市场方面颇具优势。

事实上，日本企业对参与"一带一路"建设一直抱有热情并已形成势头。日本通运是该国最大物流公司，自 2015 年起同中国铁路总公司合作，协助在

华日企借助中欧班列开展通往中亚和欧洲的定期运输业务。乘着"一带一路"的东风，该公司在去年9月宣布将与哈萨克斯坦国家铁路公司合作，提供连接中日港口、中亚和欧洲的陆海联运服务。

两国企业在拓展第三方市场方面已摸索出一些成功经验，两国政府自去年以来还就支持企业间在"一带一路"沿线国家开展第三方市场合作进行了多次讨论。前不久，两国经济部门签署了《关于中日第三方市场合作的备忘录》，同意设立跨部门的"推进中日第三方市场合作工作机制"，举办"中日第三方市场合作论坛"。这将为两国企业开展第三方市场合作提供较为完善的制度政策保障和有效的合作平台。

中日之间政策沟通、设施联通、贸易畅通、资金融通、民心相通的不断强化，不仅有利于双方利益融合和双边关系改善，而且为开展第三方市场合作创造良好条件。在经贸领域，中国是日本第一大贸易伙伴，日本是中国第二大贸易对象国和第三大外资来源地，在华投资的日企超过5万家，中国企业对日投资也保持高速增长。在金融领域，两国已实现人民币和日元直接结算，正在商谈续签本币互换协议。近期，中方宣布给予日方2000亿元人民币合格境外机构投资者额度。在基础设施联通方面，每周有1000多个航班往返两国60多个城市之间，两国的主要港口之间也几乎都通有定期航线。人文交流领域，双方每年人员往来连续数年超过1000万人次，友好城市数量达345对。日本是古代丝绸之路的重要组成部分，日本人民对丝绸之路具有高度亲近感和认同感。

今年是《中日和平友好条约》缔约40周年，中国迎来改革开放40周年，中日关系面临进一步改善与发展的重要契机。两国围绕"一带一路"开展相关合作，将为中日关系持续向好发展注入新的推动力。双方应抓住机遇，深化政治安全互信，努力推动各领域"联通"，夯实中日关系根基，联手拓展第三方市场，让"一带一路"带来的机遇真正惠及两国人民，助力亚欧非地区乃至世界的和平、发展与繁荣。

（作者为中国驻日本大使）

（2018年6月5日）

叙利亚期盼和平的春天

齐前进

不能对国际法采取"能用则用,不能用则弃"的机会主义做法,更不应迷信狼牙大棒,践踏公平正义

"叙利亚问题的出路与前景"国际研讨会日前在中国上海举行,来自有关各方的人士集中探讨"叙利亚问题的解决出路""影响叙利亚问题解决的主要因素""国际社会在叙利亚问题上的作用"等议题,折射了国际社会对叙利亚问题的高度关注。

美英法三国上个月以叙利亚政府使用化学武器为由,向叙数个目标发射100多枚导弹。三国声称军事行动的依据,是叙违反了"人道主义保护"原则和《禁止化学武器公约》。

这让我想起十几年前我在联合国工作时的经历,当时那里掀起了关于"保护的责任"的讨论。有国家提出,冷战后世界上发生了一些譬如种族清洗等人道主义危机,主张国际社会对其进行干预。其他国家则表示质疑,提出如何界定、如何干预、谁来干预等问题。中国在认真研究后表示,"保护的责任"是国际法中的新概念,存在模糊不清的地方,尚未达成共识,不应成为国际法准则。更重要的是,中国主张必须根据《联合国宪章》处理国际危机。宪章第七章规定,一国只能在两种情形下对另一国动武:一是得到联合国安理会授权,

二是一国受武力攻击时有权进行单独或集体自卫。显然，美英法对叙军事打击并不符合以上条件。安理会未通过有关叙化武问题的决议，未授权对叙动武；叙利亚战争属于内战，没有对美英法国家安全构成威胁。至于指称叙政府使用化武，也有点勉强。毕竟禁止化学武器组织专家尚未进行现场调查，而《禁止化学武器公约》也仅要求对指称使用化学武器的情况进行调查并追究相关责任，没有允许武力报复措施。所以，对此次美英法向叙动武，中国态度非常坚定明确，即反对三国军事行动，认为其违反《联合国宪章》和国际法准则。

国际法遵循的是国际社会达成一致、自愿遵循的原则，不能搞"强权即公理"的丛林法则。国际社会成员不能对国际法采取"能用则用，不能用则弃"的机会主义做法，更不应迷信狼牙大棒，践踏公平正义。

中国在叙利亚问题上兼顾和平性、正当性和建设性，主张通过政治谈判途径解决矛盾分歧。我们尊重国际法原则，坚持客观公正立场，维护叙主权、独立和领土完整，并主张各方发挥建设性作用，不从中谋取地缘战略等私利。7年多来，中国积极推动叙利亚问题政治解决进程，参与联合国安理会所有关于叙问题的磋商和决议草案表决，既维护叙的合法利益，捍卫国际法原则，又努力保持联合国成员的团结，增强安理会权威。

我作为驻叙利亚大使，与叙政府官员和叙国内合法反对派人士都有交流，了解各方想法，阐述中国政府政治解决叙问题的立场。我的基本印象是，叙各界人士都盼望战争早日结束，均认同政治谈判是解决叙问题的必由之路。他们认为中国在叙问题上秉持公正公允立场，不图私利，欢迎中国在叙问题上发挥更大作用。

"沉舟侧畔千帆过，病树前头万木春。"叙利亚局势目前发生重大变化，出现了停火与和解的迹象。我期待叙利亚人民与国际社会共同努力，早日实现和平稳定，迎来万物生辉的春天。

（作者为中国驻叙利亚大使）

（2018年5月18日）

中瓦共同发展之路越走越宽

刘 全

瓦努阿图人民的眼睛是雪亮的，猜疑和谣言阻挡不了中瓦关系前进的步伐

中国同瓦努阿图是相互信任、相互支持的好朋友、好伙伴，双方在共同关心的国际和地区问题上有着良好合作。我本人就是中瓦关系的亲历者与见证者。

2001年至2003年，我曾在瓦努阿图工作两年，2016年我开始担任中国驻瓦大使。我担任中国驻瓦大使后出席的首场大型活动，是中国援瓦太平洋小型运动会体育场馆项目开工仪式。当时几乎所有内阁部长和在野党领袖都亲临现场，很能说明中瓦合作所承载的心愿。

中国援瓦医疗队30多年来服务当地民众，为百姓解除病痛。近几年，中国广东省的眼科专家每年都来瓦举办"光明行"活动，帮助白内障患者重见光明。值得一提的是，2015年3月，飓风"帕姆"给瓦造成巨大损失，中方第一时间提供价值3000万元人民币的紧急人道主义物资援助。患难见真情，中方真诚的帮助受到瓦各界人士交口称赞。

近几年来，近千名瓦努阿图人赴华参加中方举办的各类培训。中方为瓦人力资源能力建设作出重大贡献，有力促进了两国人员交流与合作，增进了相互理解和友谊。此外，中国政府奖学金项目资助上百名瓦优秀学子赴华求学，帮

助瓦培养科学、技术、工程、人文等各方面人才。中国还在南太大学埃马路斯分校设立了孔子课堂奖学金，鼓励瓦学生学习汉语，推动两国文化互学互鉴。

中国承建的塔纳—马勒库拉公路和桑托岛卢甘维尔码头有力促进了瓦农产品出口和旅游业发展，为百姓带来了实实在在的利益。正如瓦努阿图总理萨尔维所说："中方援建的建筑已成为瓦国家的象征。"

中国政府支持的2017年太平洋小型运动会体育技术合作项目取得圆满成功。中方不仅帮助瓦建设了运动会场馆，还提供了运输车辆和比赛器材。此外，中方资助了近200名瓦运动员和教练员赴华训练5个月，15名中国教练赴瓦进行赛前训练和现场指导。瓦努阿图运动健儿不负众望，勇夺76枚奖牌，创下瓦努阿图历史最好成绩。

经过双方共同努力，中瓦友好合作硕果累累，成为中国与太平洋岛国关系的典范。

中方在对瓦提供优惠贷款时，始终充分考虑瓦的负债情况和偿还能力，避免瓦政府承受过大债务负担。所有相关援建项目都要经过认真的可行性研究和市场化论证，以确保瓦方能获得应有的经济和社会收益。此外，中方所有援助项目都充分考虑并尊重瓦政府意愿。正如瓦努阿图政府不久前在声明中强调的那样："中方从不附加任何政治条件，而是基于瓦政府的要求，向瓦提供各类援助。"

路遥知马力，日久见人心。虽然近期个别国家官员对中瓦合作有一些罔顾事实的指摘，但瓦努阿图人民的眼睛是雪亮的，猜疑和谣言阻挡不了中瓦关系前进的步伐。我坚信，在两国政府和人民的共同努力下，中瓦相互尊重、共同发展之路必将越走越宽广。

（作者为中国驻瓦努阿图大使）

（2018年5月15日）

超越历史与国界的马拉松

邹肖力

希望马拉松这条纽带联系起更多国家和人民，继续照亮人类和平、合作、发展的历史进程

日前，首届马拉松论坛在希腊马拉松市召开。中希两国各界代表齐聚一堂，围绕马拉松运动的历史文化与精神内涵，就该领域的广阔合作空间展开热烈讨论。

马拉松长跑发源于马拉松市，她不仅是希腊的骄傲，更是属于全人类的历史文化遗产。很多中国马拉松长跑爱好者都希望沿着2500年前菲迪皮茨的足迹，跑一次最正宗的马拉松；中国的马拉松赛事组织者希望与希腊和世界同行们交流学习办赛经验；马拉松市希望通过论坛提升自己的国际知名度和国际化水平；中希两国的体育文化企业则希望共商共建共享马拉松之路，实现合作共赢……以马拉松论坛为平台，中希两国和两国人民之间又多了一条强劲的纽带。

马拉松市是除雅典之外我到访次数最多的希腊城市，不仅因为这里山清水秀、鸟语花香，宁静得仿佛能听见菲迪皮茨在山间小道上奔跑的脚步声，更因为这是一片让我沉思冥想，给我启迪和力量的神奇土地。我常常想，为什么2500年前，一个普通的雅典士兵会因为一次长跑而获得永生？为什么一项考

验人体耐力极限的运动能够风靡世界？为什么一个古战场能够成为全球长跑爱好者向往的圣地？为什么马拉松能够成为唯一以城市命名的奥运会比赛项目？也许人们会给出许多不同的回答，但可以肯定的是，马拉松长跑与马拉松这座城市超越了历史、国界和体育范畴，成为人类文化和精神的重要象征。

我们生活在一个正在发生深刻复杂变化的时代，当今世界仍然充满各种挑战和威胁，战争的硝烟、生灵的涂炭无论在记忆还是现实中都离我们不遥远。选择开放、包容、合作、共荣，还是封闭、排他、争霸、毁灭，几千年来一直是人类社会永恒的话题。希望马拉松这条纽带能够联系起更多国家和人民，让马拉松精神和奥林匹克精神得到传承与弘扬，继续照亮人类和平、合作、发展的历史进程。

中希分别是东西方文明的重要发祥地，拥有悠久历史和灿烂文化。这些年，我走访了不少希腊历史名城，在同当地政府、企业和文化机构的接触中，双方谈论最多的就是如何充分利用两国独特的历史文化遗产，促进交流合作，造福两国人民。我相信，通过举办马拉松论坛，中希双方能够探索出一条以历史文化遗产为媒介，人文交流与经贸合作交相辉映、协同发展的成功之路，让尘封在博物馆和历史教科书中的古老智慧结晶真正渗透到现代人的思维和生活中，焕发新的生机和活力。不久的将来，奥林匹克论坛、希波克拉底论坛、海岛文化发展论坛等将会应运而生，中希文化交流和地方合作也将呈现绚烂多彩、争相斗艳的喜人局面，极大丰富两国关系内涵。

在习近平主席提出的"一带一路"倡议指引下，去年中希携手发起"文明古国论坛"，推动以史为鉴、文明对话的新进程，受到国际社会高度关注和热烈欢迎。中希两国从人类文明发展的源头走来，历经苦难辉煌，见证沧海桑田，始终没有忘却肩负促进和平、合作、进步的历史使命。虽然前路漫长，但只要双方坚定信念，勇往直前，相互鼓励，密切合作，就一定能迎来互利共赢、皆大欢喜的胜利。

（作者为中国驻希腊大使）
（2018年5月7日）

中非合作，事实胜于雄辩

王世廷

评价中非合作不能罔顾事实，更不能不顾非洲人民的感受

不久前，美国前国务卿蒂勒森公开诋毁中非合作，这一言行与其说是"鸡蛋里挑骨头"，倒不如说是美国看到中非合作风生水起、得到当地人民热烈欢迎而急红了眼，不断编造故事与谎言。

中国与埃塞俄比亚、坦桑尼亚、南非等非洲国家的合作开展得如火如荼。但很多人不知道的是，中国同马拉维这样的非洲国家的合作也开展得很好。

马拉维是非洲东南部的内陆国家，自然环境优美，拥有非洲第三大湖泊，但由于交通不便，经济发展落后。长期以来，虽然西方对马拉维有过不少援助，但都收效甚微。2007年年底中马建交，这个国家因中国的援助而真正改变：城市中开始出现现代化建筑，最偏远地区第一次有了公路……

总有个别国家或个别人别有用心地揣度中国支持和援助非洲背后的意图，指责中国掠夺非洲资源，特别是矿产资源。但马拉维是没有什么矿产资源的国家。两国建交后，中国援助该国修建公路、学校、体育场、议会大厦、国际会议中心、五星级酒店、农业示范中心等等，唯一没做的就是开矿。中国在马拉维虽然没有特大型投资项目，却有60多家中小型轻工产品与日用品生产企业。这些企业为当地创造了约2万个就业机会，产品也主要供应当地，物美价廉，

广受欢迎。

为诋毁中非合作，有人还妄称中国对非援助助长了非洲的腐败。到底是谁助长了非洲的腐败？还是以马拉维为例。过去，很多西方国家对马拉维采取直接预算援助，援助资金比例一度占该国总预算的40%，个别政府官员利用监管漏洞盗取资金，贪污自肥，使这种援助方式广受质疑。中国则以项目援助为主，双方官员都不直接经手资金，有效避免了腐败，务实而高效。

鞋子合不合脚，只有穿鞋的人知道。对于中非合作，非洲人民心中自有一杆秤。不久前在马拉维举行的中非合作国际研讨会上，当个别人质疑中非合作时，一直坐在台下静听的埃及驻马拉维大使坐不住了，他站起来大声说："看看过去几十年西方为马拉维做了什么！去年马拉维与世界银行举行庆祝活动，还是在中国出资建设的会议中心举行的，指责中非合作实在不公平。"马拉维总统穆塔里卡在日前举行的中国投资的棉纺厂项目开工仪式上说，该项目能延长棉花产业链，提高棉花附加值，助力马拉维从消费进口型国家转变为生产出口型国家，这是全国人民的梦想。感谢中国使我们梦想成真！

事实胜于雄辩，谎言不攻自破。习近平主席说，中方提出真实亲诚的对非政策理念和正确义利观，就是要把中国发展同助力非洲发展紧密结合起来，实现合作共赢、共同发展。今年9月，中非合作论坛峰会将在北京召开，中国还将出台更多对非合作举措。过去对非洲颐指气使的人对此产生"酸葡萄心理"可想而知，但他们评价中非合作不能罔顾事实，更不能不顾非洲人民的感受。我们希望那些对中非合作有偏见的人，都能认真倾听非洲人民最质朴的声音。

（作者为中国驻马拉维大使）

（2018年4月30日）

把脉龙象共舞　纵论天下大势

罗照辉

4月27日至28日，习近平主席将同印度莫迪总理在武汉举行非正式会晤。印度各界普遍满怀惊喜与期待。中印关系应对变局、顺势有为，是时代的重大课题，是现实的迫切需要，是两国和国际社会的共同期许。

从国际层面看，中印关系全球和战略意义愈加突出。中印作为最大发展中国家、重要新兴市场国家，既共同面临守成大国压力，又要探索相邻新兴市场大国相处之道。在逆全球化、贸易保护主义甚嚣尘上的背景下，中印领导人交心对表，唱响推动经济全球化、自由贸易的时代强音，有利于增强发展中国家团结合作，维护世界公平正义。

从各自国内情况看，中印关系现实和务实意蕴更加鲜明。双方都处在发展经济、深化改革、推进现代化进程关键阶段。中国特色社会主义进入新时代，十九大制定了全面建设社会主义现代化强国的宏伟蓝图。印度制定三年行动议程，正在绘制2022年"新印度"蓝图、十五年发展规划。其中三年行动议程67次提到中国，建议借鉴中国的经济特区和孔子学院建设。双方发展目标不仅时间重叠，内容上也可相互借鉴。

从双边关系看，中共十八大以来，习近平主席与莫迪总理先后13次会面，"家乡外交"传为佳话。去年发生洞朗对峙事件后，两国领导人直接指挥，双方外交部门展现智慧予以稳妥解决。习近平主席与莫迪总理在厦门会晤时，同意开新篇、朝前看，敲定举行非正式会晤的重要共识。

当前中印关系趋稳向好，为非正式会晤奠定了良好基础。

一是对话机制全面覆盖。中印各类对话机制30余个，涵盖政治、经贸、防务、人文、安全、地方等各领域。去年年底以来，中印边界问题特别代表互访，两国外长互访，两国经贸联合小组会议、战略经济对话等机制全面启动，为非正式会晤营造气氛，积累共识。

二是经贸合作逆势上扬。去年中印双边贸易额达844亿美元，中国继续保持印度第一大贸易伙伴地位。印度是中国在南亚第一大承包工程市场、第二大投资目的地，800多家中国公司在印开展业务。中国品牌手机占据印度市场半壁江山。

三是人文交流方兴未艾。中印已建成14对友城友省。去年人员往来超过百万人次，两万多印度学生在中国学习，每周有42个航班往来于两国。练瑜伽、品大吉岭红茶、赏宝莱坞电影成为中国年轻人的时尚。我最近访问印度多个地方邦和大学，很多大学校长希望中国派汉语教师来印度授课，汉语教学在印度有着良好前景。

现实源于历史。回望历史，玄奘、菩提达摩等高僧大德梯山航海，匹马孤征，沿着古丝路，留下动人佳话。20世纪50年代两国共创和平共处五项原则，为现代国际关系作出新贡献。毛泽东、周恩来等老一辈领导人为中印关系倾注心血。习近平主席此次与莫迪总理纵论天下大势，把脉龙象共舞，必将在中印交往史上，在构建新型国际关系和人类命运共同体进程中写下浓墨重彩一笔。

不可否认的是，中印双边关系呈现复杂、多棱面。邻国间有分歧也属正常。分歧不能很快解决时，就要妥善管控，聚焦合作。中印之间共识远多于分歧，合作远大于竞争。

对中印关系，我们应当志存高远，立足当下，保持合理期许，充满乐观期待。我们要用好五大"法器"，即战略引领"导航器"，务实合作"加速器"，人文合作"助推器"，多边合作"增色器"，分歧管控"稳定器"。中印友谊之舟已蓄势待发，扬帆起航。让我们共同期待两国领导人武汉非正式会晤。

（作者为中国驻印度大使）

（2018年4月25日）

美方挑拨动摇不了中拉合作根基

贾桂德

美国以地区国家的领导者自居,指责中国抢夺拉美地区领导权,是"门罗主义"阴魂不散

近日,在秘鲁首都利马举行的美洲峰会上,有美国高官无端指责中拉经贸合作对美洲没有成效,扬言不会将拉美地区"领导权"让与他国,要求拉美国家同美国而不是中国合作,为"美国优先"作出最新注解。

中拉经贸合作怎么样,事实最有说服力,当事国最有发言权。"相知无远近,万里尚为邻"是中国同拉美国家关系的生动写照。近年来,中拉各领域合作快速发展。习近平主席4年内3次访问拉美,双方确立了平等互利、共同发展的中拉全面合作伙伴关系。中国已成为多数拉美国家的第一或第二大贸易伙伴。2017年中拉贸易额接近2600亿美元,同比增长18.8%。中国在拉美直接投资存量超过2000亿美元,累计为当地创造180万个就业机会。中方对拉美一揽子融资安排已惠及20多个拉美和加勒比国家的近百个民生项目。巴拿马总统巴雷拉在利马峰会期间对媒体表示,巴拿马对巴中关系全面发展非常满意。

中拉经济互补性强,二者合作体现互利共赢的准则,符合中拉人民的根本利益,是双方的共同愿望和选择。新世纪以来,秘鲁拉斯邦巴斯铜矿、厄瓜多

尔辛克雷水电站、巴西美丽山水电站特高压直流输电等合作项目为拉美国家改善基础设施、促进经济发展发挥了重要作用。仅中国投资的拉斯邦巴斯项目就拉动秘鲁经济增长1.5个百分点，去年秘鲁对华出口增长39%，谁能说中国贸易政策对美洲没有成效？事实证明，中国的发展为拉美国家带来了更多机遇，中拉合作契合拉美国家发展进程中对资金、技术的需求，是南南合作的重要组成部分和成功典范。

美方无视拉美国家外贸的多元需求，以其从拉美进口制成品、中国进口原材料和农产品为由，声称自己才是拉美更好的贸易伙伴。国家间贸易与合作是两情相悦的"自由恋爱"，不是"强迫婚姻"。事实上，就如同鱼生和炒牛柳都是秘鲁美食，原材料、农产品和制成品都是拉美外贸的重要组成部分。美国没有请客的诚意与埋单的勇气，却要替人决定就餐地点与盘中料理，天下哪有这样的"霸王席"！

近年来，智利樱桃、秘鲁蓝莓、巴西牛肉、墨西哥牛油果、阿根廷红酒、厄瓜多尔玫瑰等越来越多的拉美优质产品登陆中国，极大丰富了中国百姓的"菜篮子"，也鼓起了拉美人民的"钱袋子"。与此同时，增强贸易多样化，助力拉美工业化一直是中拉合作的重要内容。拉美对华出口早已不再局限于初级产品，支线飞机、农牧制品、医药保健品等越来越多拉美特色优势产品和高附加值加工产品进入中国市场。在拉美投资的中国企业也积极推动中拉合作向包括深加工在内的全产业链迈进，帮助拉美不断提高产品附加值。

美国以地区国家的领导者自居，指责中国抢夺拉美地区领导权，是"门罗主义"阴魂不散。不干涉内政、不附加任何政治条件，是中国开展对外合作的基本准则。拉美国家经历过漫长的殖民史，平等、独立、不屈从于外来势力的观念深深根植于人民心中。玻利维亚总统莫拉莱斯在利马美洲峰会上就直指"拉美不是任何国家的后院"。墨西哥总统培尼亚也表示："团结协作应建立在相互尊重的基础上，牺牲域内绝大多数国家来促进某个国家的发展是不可取的。"

中国是多边主义的坚定支持者、维护者。中国坚定不移奉行互利共赢的开放战略，实施高水平的贸易和投资自由化、便利化政策,这必将为包括拉美在内的世界各国提供更多元商机和更广阔市场。中方愿同拉美国家一道,推动中拉合作行稳致远,共同开创更加繁荣、美好的未来。

(作者为中国驻秘鲁大使)

(2018年4月19日)

"不走的医疗队"铸就友谊丰碑

张建国

50年来,中国援毛里塔尼亚医疗队用实际行动表明,两国人民始终是互利合作的好伙伴、患难与共的好朋友、情深意切的好兄弟

出任中国驻毛里塔尼亚大使以来,我多次听到当地人士讲述他们与中国医疗队的故事。

毛塔国民议会议长布伊利勒亲口对我说,他小时候家住内地,医疗条件差,是中国医生为他成功实施了头部手术;古都辛盖提的市长说,得益于中毛眼科合作中心的成立,毛塔眼疾患者不必再赴邻国乃至欧洲治疗,每人能节省数百欧元医药费;去年"光明行"义诊期间,一位白发苍苍的老太太手捧一张老照片,讲述半个世纪前她接受首批医疗队治疗的场景,向我打听当年那位"李医生"……

1968年4月11日,受中国政府委托,由黑龙江省组派的第一批医疗队抵达毛里塔尼亚,执行卫生援助任务。半个世纪以来,中国先后向毛塔派出32批医疗队、833人次医疗队员,他们以实际行动践行"不畏艰苦、甘于奉献、救死扶伤、大爱无疆"的中国医疗队精神,在中毛关系史上立起一座不朽的丰碑。50年来,毛塔有无数因中国医生诊治而重燃希望的患者,有无数因医疗队的仁心妙手而免遭破碎的家庭。走在基法的大街上,只要你是中国人,无论

是不是医疗队队员,都会有当地人热情地打招呼,伸出大拇指。当塞利巴比医疗分队撤离时,有当地市民不舍地放声大哭。

毛里塔尼亚位于非洲西北部,人口近430万,面积约100万平方公里,3/4的国土被撒哈拉沙漠覆盖,自然条件恶劣,经济社会发展落后。50年来,一代代中国医疗队队员牢记党和国家的重托,坚定履行使命,忍受同祖国、亲人分离之苦,经历疾病、动荡之险,克服高温、风沙之难,诊疗足迹遍布毛塔各地。在首都努瓦克肖特,中国建立起援毛塔国家公共卫生研究院,每逢重大疫情暴发,中国医生都奋不顾身地冲到第一线;在毛塔国家首都医院,中国捐赠成立中毛眼科合作中心,并以其为依托连续三年举办"光明行"眼科义诊活动,在非洲国家中绝无仅有;在内陆城市基法和塞利巴比,医疗队队员常年置身于40多摄氏度的酷热环境中,他们克服用水不便、经常停电等困难,白天在简陋的病房工作,晚上身居斗室研讨病情……

中国医疗队有效补充了毛塔医生的严重短缺,所到之处,中国医生都是绝对主力,甚至是唯一的大夫。毛塔高层多次接见医疗队,向其颁发集体或个人勋章及荣誉证书。除医护人员外,中方还向毛塔提供大量药械和多形式援助。仅首次"光明行"义诊活动,中方即投入价值400万元人民币的医疗物资;中毛眼科合作中心成立两年多来,共接诊3万多名患者;连续3年的"光明行"眼科义诊活动中,每次都会为200多位白内障患者免费实施复明手术。此外,中国医疗队还经常组织各类培训和实践活动,帮助毛塔培养医务人员,提高诊疗水平,创建人才队伍和后备力量,留下一支"不走的医疗队"。

50年来,中国援毛医疗队将爱国主义与国际主义相结合,以精湛的医术和高尚的医德,用奉献与奋斗树立起中国人民热爱和平、珍视生命的良好形象,为巩固中非与中阿友谊、推进人类和平发展作出积极贡献。他们用实际行动表明,无论国际风云如何变幻,中国人民和毛塔人民始终是互利合作的好伙伴、患难与共的好朋友、情深意切的好兄弟。

党的十八大以来,中毛关系取得长足发展,中毛卫生合作进入活跃期,越来越多的高端医疗合作项目相继落地。中毛卫生合作的深入推进恰逢其时,前景广阔。我相信，援毛医疗队将不忘初心、砥砺前行，在下一个50年中百尺竿头、更进一步，继续为毛塔民众解除病痛，为推动中毛卫生合作、深化两国人民相互了解与传统友谊作出独特贡献。

（作者为中国驻毛里塔尼亚大使）

（2018年4月17日）

恰逢其时的"超级访问"

李晓驷

"超级访问"反映了奥地利开展对华合作的巨大热情,也预示着中奥关系即将迎来新的历史起点

仲春,阿尔卑斯山积雪渐融、草木欣欣,蓝色多瑙河水天一色、奔涌向前。在这春意盎然的美好时节,奥地利总统范德贝伦应邀出席博鳌亚洲论坛2018年年会并访华。随同访华的还有奥地利总理库尔茨、4名联邦部长、联邦商会主席等政府要员。这一奥地利史上最大规模的国事访问引得当地媒体纷纷以"超级访问""极为罕见""非同寻常"等高规格词语评价。

"超级访问"反映了奥地利开展对华合作的巨大热情,也预示着中奥关系即将迎来新的历史起点。近年来,中奥关系发展势头良好,新的动能不断积蓄,各领域合作成果丰硕。中国是奥地利在亚洲最大、在全球第五大贸易伙伴。2017年,中奥双边贸易额达83.9亿美元,中国对奥投资3.2亿美元,奥对华投资9488万美元,中国游客赴奥旅游近90万人次。中奥科学家实现世界首次洲际量子保密通信视频通话,成为两国科技合作新的亮点。双方人文交流十分活跃,精彩纷呈。

深化中奥双边关系恰逢其时。中国深入贯彻创新、协调、绿色、开放、共享五大发展理念,奥地利将改革、创新、促进经济增长作为施政重点,二者有

许多契合之处。中奥双方应抓住当前机遇，本着相互尊重、增进互信、聚焦合作、互利共赢的精神，共同开启两国关系发展的新篇章。

共话中奥友好，共绘发展蓝图。中奥传统友好，两国民众相互欣赏对方的历史、文化及发展成就。以范德贝伦总统访华为契机，两国国家元首与政要相互结识、深入交流，从战略高度和长远角度出发，为中奥关系未来发展指明方向、擘画蓝图，将有力引领并推动中奥关系提质升级、持续发展。

共筑美丽家园，共建"一带一路"。奥地利经济发达、技术先进、环境优美，企业创新力强，在诸多领域是世界"隐形冠军"。奥地利政府及企业欢迎、支持并希望积极参与"一带一路"建设国际合作。中国经济已从高速增长阶段转向高质量发展阶段，国家大力实施供给侧改革，治理环境污染，推进"一带一路"建设。中奥在高端制造、创新研发、基础设施建设、生态保护、绿色发展、健康医疗、冬季运动等领域合作潜力巨大，将为两国民众创造更加美好的生活。

共商全球治理，共促中欧关系。中奥都主张多边主义、贸易自由化、投资便利化，在和平解决地区冲突及应对恐怖主义、气候变化等全球挑战方面有着广泛共同利益。今年下半年，奥地利将接任欧盟轮值主席国。中奥双方加强沟通协调，有利于促进中欧互信及中欧和平、增长、改革、文明四大伙伴关系建设，共同推动完善全球治理，维护国际和平与安全，促进各国共同发展。

中国人说，知者乐水，仁者乐山。愿中奥友谊如水绵长、如山高耸。我坚信，在两国领导人的指引下，在双方各界人士的支持下，中奥关系将不断迈上新台阶。

（作者为中国驻奥地利大使）

（2018年4月10日）

"尼铁"会成钢

周平剑

去年,英国广播公司的一项全球民调显示,83%的尼日利亚受访者认为,中国对世界的影响总体上正面积极,高居19个样本国家之首。这一结果引得中国网友亲切称呼尼日利亚为"尼铁"。

中尼虽然远隔万里,两国人民却心心相通。"尼铁"一说,实则情理之中。两国建交47年,友好互利合作硕果累累,实实在在惠及两国和两国人民。一个个合作项目的落地,一次次真诚平等的交往,尼日利亚人民都看在眼里,记在心上。

拿尼日利亚家喻户晓的阿卡铁路来说吧。这条联通首都阿布贾和北部重镇卡杜纳的铁路全长186.5公里,设计时速150公里,是让尼日利亚举国欢腾的重大成就。2016年7月26日正式通车当天,尼日利亚总统布哈里与众多政府要员一并到场,喜形于色的"第一乘客"布哈里总统在检票乘车前对欢呼的人群说:"我们今天为尼日利亚人民开通一条安全、快捷、舒适的现代化标准铁路。阿卡铁路将会为联邦首都区和卡杜纳州之间提供一条必不可少的交通要道,形成一条工农业发展和人力资源开发潜力巨大的经济走廊。"的确,作为非洲大陆第一条全部采用中国技术、中国标准、中国装备建设的现代化铁路,阿卡铁路的通车宣告尼日利亚境内无标轨铁路历史的终结,既缓解了"行路难"问题,更鼓舞起发展信心。当年11月全程体验阿卡铁路时,我一路上仍能强烈感受到尼日利亚朋友们的兴奋和自豪。

对于中国的帮助，尼日利亚政府和人民交口称赞。阿卡铁路建设累计雇用当地员工16738人，间接创造本地就业岗位近15万个，极大带动了当地水泥、钢筋、沥青等行业发展。通车后，中方企业提供全方位的技能培训和技术支持，帮助当地培养了一大批稀缺的铁路运营管理人才。截至目前，该条铁路累计发送旅客逾61万人次，列车准点率99%，旅客满意度95%以上，成为当地人出行首选交通方式。阿卡铁路是尼南北走向的铁路现代化项目第一期，第二期拉各斯至伊巴丹段于去年3月7日正式开工，尼日利亚人民离实现铁路联通南北的梦想又近了一步。

阿卡铁路只是中尼合作共赢的一个缩影。尼日利亚是非洲第一人口大国、第一大经济体，近年来稳居中国在非洲第一大海外工程承包市场、第二大出口市场、第三大贸易伙伴和主要投资目的地，双边产能合作风生水起，生动诠释了习近平主席提出的正确义利观和真实亲诚的对非政策理念，不断展现出合作共赢、共同发展的力量。

尼日利亚人民对中尼合作最了解，也最有发言权。布哈里总统不久前感慨，自从尼日利亚独立以来，没有任何一个国家能够像中国这样帮助他们推进基础设施建设，尼日利亚衷心感谢中方在融资和技术等方面提供支持。这番话真切道出了尼日利亚人民的共同心声。中尼友好合作深得人心，近来国际上某些人刻意抹黑中非合作的言论实属自讨没趣。当地主流媒体纷纷发声，直指靠"耍嘴皮子"诋毁中国好名声不得人心，务实合作方是正道。

"尼铁"只是"非铁"的一个缩影。随着今年9月中非合作论坛北京峰会临近，尼日利亚同其他非洲国家一样更加心向北京，对新时代中非合作充满信心和期待。中非共建"一带一路"，将为中尼战略伙伴关系开辟更广阔前景。

（作者为中国驻尼日利亚大使）

（2018年4月2日）

西方媒体谎言骗不了非洲人民

林松添

中国与非洲兄弟合作从不附加政治条件，从不提强人所难的要求，从不干涉非洲国家内政，从不向非洲兄弟开空头支票

不久前，法国《世界报》报道污蔑中国对非盟会议中心进行窃听。《世界报》刻意选择在非盟峰会期间造谣，用心险恶，但它骗不了中非人民。

2015年12月，习近平主席在中非合作论坛约堡峰会上提出了中非"十大合作计划"，目的就是支持非洲破解基础设施建设滞后、人才不足、资金短缺三大发展瓶颈，致力于实现经济自主可持续发展。在双方共同努力下，论坛峰会成果落实成效显著。亚吉铁路、蒙内铁路等一大批标志性旗舰项目竣工并投入运营，中非产能合作快速推进，双边贸易逆势而上，中国已成为非洲最大贸易伙伴和主要投资方，中国对非洲投融资存量已超过1000亿美元，为当地创造了大量就业，中非合作惠及广大非洲民众，得到非洲各界热烈欢迎。

非洲经济不独立，政治上永远受制于人。真心诚意帮助非洲国家实现经济独立进而实现政治上完全独立，是中国政府的政治承诺和正确选择。中国愿同非洲友好国家紧密团结，紧紧抓住中非合作发展互有需要、互有优势，迎来了发展战略和产业发展对接的难得历史性机遇，把推进"一带一路"建设和中非"十大合作计划"同非盟《2063年议程》紧密结合起来，致力于合作共赢、共

同发展。

中国于2011年援建的非盟大厦建筑群,是中国应非盟和非洲友好国家要求,支持非洲联合自强和一体化进程的重大举措,也是继坦赞铁路这一中非友谊历史丰碑之后,新世纪中非友谊的又一重要象征。中国与非洲兄弟合作,是发展中国家之间南南合作,坦诚相助,从不附加政治条件,从不提强人所难的要求,从不干涉非洲国家内政,从不向非洲兄弟开空头支票。中国同非洲兄弟姐妹相互沟通没有任何障碍,用不着使用有些国家惯用的卑鄙下流手段窃取非盟的情报。西方媒体或许忘了中国援助非盟所有电脑的芯片都是由西方制造的,不可能由中国操控。

遗憾的是,有些国家的人做着长期控制非洲的痴梦,希望非洲永远止步不前。他们对中国大规模支持非洲发展深感不安,自己既不愿帮助非洲实现持久和平与自主可持续,也不愿看到中国支持非洲实现共同发展,企图挑拨中非关系,干扰中非合作,打断非洲致力于自主可持续发展进程,最终实现分化非洲、弱化非洲、长期控制非洲的目的。他们改变不了自身的政治偏见,如此伎俩还会不断翻新。

我们真诚希望各国媒体都能到非洲各国走走,看看中国在非洲做了些什么,看看那些害怕中国在非洲扩大影响的国家在非洲做了些什么,切莫落入西方一些媒体编造的谎言陷阱。希望非洲媒体充分发挥自身优势,讲好中非合作共赢、共同发展的鲜活故事,当好中非共同利益的促进者、维护者和捍卫者。

(作者为中国驻南非大使)

(2018年2月11日)

国际论坛

继续与中国改革开放同行

横尾定显

多年的亲身经历，让我切身感受到中国发生的翻天覆地的变化。中国经济实现大幅度增长，每一位普通百姓的生活都发生了巨大变化

1978年10月28日，对松下公司来说是永远值得纪念的一天。这一天，时任中国国务院副总理邓小平先生在大阪参观了松下公司茨木工厂。在松下公司创始人松下幸之助的陪同下，邓小平先生参观了松下的电视机、高速传真机、录像机等产品的生产流水线。当邓小平先生问松下幸之助是否愿意为中国现代化建设帮忙时，松下幸之助毫不迟疑地答道："无论什么，我们都将全力相助。"松下公司与中国因此结缘。

第二年，松下幸之助应邀访问中国，受到邓小平先生接见，并与中国政府进行了第一次技术合作，向上海灯泡厂提供黑白显像管成套设备。回国后，年逾八旬的松下幸之助通过约见日本电子工业巨头、接受媒体采访等多种方式，积极介绍中国改革开放政策。由于日中两国建交不久，日本电子工业界对当时的中国不够了解，企业间也存在竞争等种种原因，松下幸之助没能成功说服其他日本企业一同前往中国。有人劝说松下幸之助给邓小平先生写封信，说明情况放弃此事。但松下幸之助说："我与邓小平先生是君子之约，不能实现的话，更要当面说明。"1980年，松下幸之助再次访华，向邓小平先生当面说明情况，

并为邓小平的话语所深深感动，表示松下公司愿单独同中国合作，为其他日本企业树立一个日中合资的典范。

1987年9月，松下公司与中国相关单位正式合资成立了北京松下彩色显像管有限公司。也是这一年，我大学毕业进入松下公司工作。当时病重的松下幸之助一直关心该厂的建设情况，当看到工厂竣工的照片时，松下幸之助脸上露出了满意的笑容。北京松下彩色显像管有限公司是当时投资规模最大的日中合资企业，投产当年就盈利，在日本经济界引起巨大轰动。此后，其他日本企业纷纷开始进入中国。

经过近40年的发展，松下公司目前在中国大陆有75家公司，销售额约为500亿元人民币，占松下公司整个销售额的10%左右，共有6万名员工。随着中国经济不断发展，相信松下公司在中国的销售额还会继续增加。

上世纪90年代末，我第一次来到中国出差，此后多次到中国。2011年，我有幸到中国常驻，在无锡的松下能源公司担任负责人。两年后，我回到松下公司日本总部，但我依然时刻关注中国。2015年，我再次来到中国常驻，担任松下空调公司中国区负责人。去年4月，我出任松下电器（中国）有限公司董事长之后，经常到中国各地走访。多年的亲身经历，让我切身感受到中国发生的翻天覆地的变化。中国经济实现大幅度增长，每一位普通百姓的生活都发生了巨大变化。家用电器、智能手机走进千家万户，高速公路和高速铁路连接全国各地，这样的变化深深地触动着我。前段时间，我去深圳出差，在那里我感受到中国的生机、活力与创造力。通过在中国各地走访，我越发觉得中国蕴藏着无数商机，松下公司在中国大有可为。

中国未来具有巨大的发展潜力和空间。改革开放以来，中国企业取得了巨大的发展成就，在很多领域已经超过了日本企业，我们为此感到高兴。我们非常期待与中国企业加强合作，实现共赢发展。包括松下公司在内的很多日本企业如今更加重视中国市场，纷纷加大在中国的研发力度。

尤其值得一提的是，中国设立的雄安新区是一个非常先进的城市开发计划。我们希望把松下公司所拥有的技术、产品和服务用于雄安新区建设，共同把雄安新区打造成一座绿色低碳、信息智能、宜居宜业的现代化新城，为中国改革开放继续贡献力量。

今年是中国改革开放40周年，也是松下公司成立100周年。松下公司在中国能有今天的发展，得益于邓小平先生和松下幸之助的君子之约，得益于中国各界人士的大力支持。松下公司将以此作为重要里程碑，继续与中国改革开放同行，为中国人民过上更加幸福美好的生活贡献自己的力量。

【作者为松下电器（中国）有限公司董事长】

（2018年12月28日）

改革开放经验值得学习借鉴

李熙玉

中国改革开放的成功要素值得思考,经验值得借鉴

上世纪 80 年代末,我首次访问中国,从大连到沈阳的火车沿线上,是一望无际的玉米田和平原;我亲眼见过当年牛车穿梭于成都机场,忙着托运旅客行李的景象……迄今我访问中国百余次,回望那些仍历历在目的过去,更加感慨中国翻天覆地的变化。

40 年来,中国经济快速增长,稳步成长为世界第二大经济体。中国越来越走近世界舞台中央。随着中国老百姓的国家自豪感增加,中国的文化自信也在增强。

中国改革开放的成功要素值得思考。一是坚持渐进改革。中国选择了"先试验后扩散"的模式;二是坚持集腋成裘。即从经济特区到沿海开放地区,采取连接内陆的点线面战略等,实现从量的发展向质的发展,积累经验;三是坚持思想解放,普通大众认识到改革开放是解决自身问题的重要抓手,成为能动的主体力量。

中国改革开放 40 年走过的路,有不少外国可以借鉴的经验。首先,中国经验向发展中国家展示了有效的产业政策对政治稳定的重要性;向发达国家揭示了有效分配有限社会资源的长期国家战略的必要性;向处于中等收入陷阱的

国家证明了重视深化改革和保持强大政治领导力的重要性。其次，面对腐败与特权的滋生和蔓延，推进持续反腐败工作至关重要。

中国共产党对改革开放战略进行顶层设计，具有重大意义。强有力的领导小组推进决策效率，保障政策的一贯性和延续性。与此同时，改革开放不是结果，而是一个永不停歇的过程，是为了国计民生谋福利的重要途径。

我们需要认识到，当今世界并不是"守城门"的时代，而是"拓宽道"的时代。以邻为壑、冲突对抗的冷战思维不可取。抵制保护主义、开启开放时代是对世界的重要贡献。开放不仅对本国有利，对地区、对世界都会有所帮助。"一带一路"倡议、亚投行等就是基于这一点，为地区经济，为世界经济作出贡献。

信息化革命和第四次工业革命正让国与国之间跨越边境，把全世界联通起来，多边主义、对外开放、贸易自由化是大势所趋。中国的改革开放，对全世界都具有重要意义。

（作者为韩国成均中国研究所所长）

（2018年12月17日）

中国是最真诚的合作伙伴

韦斯利·道格拉斯

中非合作论坛以及中国提出的"一带一路"倡议等,给当前的国际环境带来了一股清新的空气。有了中国的支持,我相信非洲的经济腾飞指日可待。我相信,中非合作论坛将不断深化非中之间的政治、经济和文化等方面交流,支持非洲未来发展

2018年中非合作论坛北京峰会期间,我再次来到中国。这些年,我十分荣幸见证了诸多非中双边合作项目。我观察到,中国是南非乃至整个非洲诚实且值得信赖的朋友,也是最真诚的合作伙伴。

在过去的18年间,通过中非合作论坛机制,我看到一批批项目得到有效落实;看到港口、道路、机场、大坝、铁路、电站及其他重要基础设施在非洲落地;看到来自中国的投资和技术正不断帮助非洲提高人民生活水平。

中非合作论坛为非中提供了文化交流合作的宝贵机会。18年来,在非中双方共同努力下,非中文化交流的主体越来越多元,合作形式越来越多样。让我欣喜的是,非中双方正在这种多样性中不断寻找共同点。这对非中关系的发展和繁荣,推动非中文明之间的平等对话有着十分重要的意义。

在反恐和军事方面,我也期待中国能够加强与非洲的合作,以确保非洲大陆的和平与稳定。当今世界,有许多西方国家持续受益于非洲的地区冲突和不

稳定。为了获得非洲丰富的资源，这些国家几乎不想制止冲突，反而非常热衷于延长冲突。我相信，非洲需要一个更加强有力的和平保障，为中国及世界其他国家未来在非洲的投资和经济合作保驾护航。

中国有许多地方值得非洲学习。例如，中国坚持通过"五年规划"指导国民经济和社会发展。作为非洲人，我们也应该有自己的五年、十年、五十年甚至一百年的经济增长规划。我们应将非洲各国团结起来，为了一个共同的愿景，朝着一个共同的目标而努力。

中国的真实亲诚对非政策理念开放透明，深深赢得了非洲人民的心。中非合作论坛以及中国提出的"一带一路"倡议等，给当前的国际环境带来了一股清新的空气。有了中国的支持，我相信非洲的经济腾飞指日可待。我相信，中非合作论坛将不断深化非中之间的政治、经济和文化等方面交流，支持非洲未来发展。

（作者为南非政府高级顾问）

（2018年12月14日）

世界文明历史上最为伟大的转型

艾伦·麦克法兰

我和我的夫人于1996年第一次访问中国，2002年以后，我们几乎每年都会到中国访问。在中国访问期间，我与中国各地不同层面的人进行交流。我还作为客座教授，在很多大学就我所感兴趣的主题发表演讲。在西方，了解中国的人并不多，而对中国有所洞悉的就更少了。能够连续多年在中国进行访问，是我与中国的缘分。对于外国学者来说，这是难得的深入了解中国的机会。

过去40年，中国经历了世界文明历史上最为伟大的转型，而在实现这个转型的过程中，中国并没有像西方工业革命阶段那样，经历了诸多痛苦。中国在农业和工业层面进行的深层次、快速的改革，让中国人在衣食住行等方面有了巨大的改善，7亿多人摆脱了贫困。中国也从计划经济转向了更加开放的市场经济，支持民营经济等多种经济形式共同发展。

曾经，中国是一个"自行车王国"，铁路也不发达，依靠落后的邮政系统实现通信，靠着高污染的传统能源发展经济；而今，中国的高速公路、民航和高铁让世界各国赞叹，社会由互联网加速联结，电力和通信设施覆盖了最偏远的村落，清洁能源技术世界领先，治污决心可鉴。同时，中国在民主、法制等方面也取得了长足的进步，为中国人民营造了一个更加安全、可信的社会。

中国从一个封闭的"孤岛"，变成了一个在诸多科研领域都逐步领先世界的国家。这些成就，源于其高校和研究机构近年的快速发展。中国的教育，从过往等级分明、严格的传统教育体制，发展成为世界上最优良的教学系统之一。中国的教育普及程度也位居世界前列。同样的发展也见诸卫生事业。中国在医疗方面有很多领先世界的创新，在基础健康护理方面的水平也相当高。

值得注意的是，中国在改革开放40年中，经历了巨大的社会与文化转型。中国家庭的规模和人数有了明显的缩小，但是家庭作为社会核心组织的理念仍保留了下来。家庭成员中老幼、男女之间的关系被重新塑造，但仍旧和谐亲密。中国农村人口向城市的流动，呈现出了一个奇妙的过程。

如今，提出"一带一路"倡议是中国为全世界作出的又一项巨大贡献，通过对沿线国家的投资，有助于推动各国发展进步。这项倡议提倡中国一贯秉持的和谐、和平等理念，"一带一路"倡议是一个富有智慧的、精心的、理智的选择。

"一带一路"倡议如同一座桥梁，桥梁正是我们当下所需。

在这个高度联通的世界，我也希望为促进各个文明的和谐共存做一些事情，因此于1983年在剑桥大学创立了"康河计划"文化保护项目，并和我年轻的同事们创立了英国剑桥康河出版社。我们致力于将中国的各种文化形式带到英国，翻译中国的著作，邀请中国学者来剑桥大学访问与讲学；同时我们也通过与博物馆、档案馆的合作，建立起国际性的数据库与数字博物馆，收集中国文物和手稿的信息。这样的文化交流之桥梁，不仅让西方社会拥有更多机会了解中国，还让中国人能够更多地了解西方社会。

作为一个对中国、中国人民以及中国传统文化有着非常深厚的感情，并且从中汲取了许多知识的人，我衷心希望中国前程似锦。

（作者为英国国家学术院院士，剑桥大学国王学院终身院士、社会人类学教授）

（2018年12月13日）

让"破冰者"的事业薪火相传

斯蒂芬·佩里

世界各国必须认识到,"破冰者"的任务,即打通全球化贸易渠道,无论在过去还是当下都是正确的道路

今年10月,当我走进人民大会堂见到习近平主席时,许多关于我父亲上世纪50年代初"破冰之旅"的记忆,以及对中国发展历程的深刻印象,涌上我的心头。当我离开时,我看到我的儿女,感受到了这个时刻的重要性。透过中国,我们能够更深刻地理解世界的变化。

习近平主席的思想来源于实践,以及对中国和世界历史的深刻剖析。习近平主席亲切地会见了我,并给了我充分的时间表达自己的想法。他是一位坚毅而又温和的人,这种印象从我第一次见到习主席一直保持到现在。我察觉到,他接见外国友人时,总能发现新的实际问题,同时也在一定程度上为中国如何与世界相互影响带来了参考。

习近平主席深刻地知道,第一批贸易"破冰者"是如何冲破重重困难来到中国的。当时中华人民共和国刚刚成立,西方对中国有诸多猜疑和敌意,这让"破冰者"重启欧中贸易的举动显得更加勇敢无畏。"破冰者"做好了承担巨大风险的准备,将打通贸易视作通向和平的道路。

与中国合作,重启贸易路线,如今有了新的内涵——"一带一路"倡议。这是丝绸之路的重新焕发。上千年来,丝绸之路帮助地处亚洲和欧洲的国家互通有无,改善居民的生活,并推动文化和艺术多彩纷呈、相互借鉴。

我遵循着父亲的期望,努力将父辈们的事业薪火相传。我感受到了他们当

年经历过的艰辛，但我们都深知，这是唯一正确的道路。"一带一路"倡议为世界带来了惊人的、富有创造力的现代贸易形式，依托"一带一路"这个超越国界的概念，亚洲、欧洲、非洲、美洲国家及人民和谐联通。"一带一路"倡议的基石是尊重每个国家和民族的文化及体制，用实现共同的可持续发展这一目标将人们紧紧团结起来。

我同时了解到中国道路和制度的合理性。中国用自己的方式，将亚当·斯密理论中的市场与中国实际联系起来，在有效管控市场过度逐利本性的同时，更好地释放人们的创新和需求，这是中国特色社会主义市场经济体制的优势。世界上许多国家在实现现代化、参与经济全球化的过程中也面临过同样的课题，但不少国家由于发展过程中的严重不平等而遭受了许多痛苦。

如果不是我的父亲和他那一代人的努力，我不会有机会站在这里，他们为我铺设了今天来到这里的道路。我在内心深处非常怀念他，也十分敬佩他当年的洞见。正是因为这一批人以及我的诸多思考让我明白，我们正处在新的十字路口。如今，美国害怕变化，向孤立主义、保守主义倒退。世界不断前进发展，在这个过程中，人类文明和社会在不断地勃发和融合。联合国正是这样一个寻求凝聚力、力图避免战争的组织。但直到如今，世界仍然饱受冲突的困扰，多边主义和多边贸易体制仍不停受到冲击。

历史的经验告诉我们，各国应协力合作。世界各国必须认识到，"破冰者"的任务，即打通全球化贸易道路，无论在过去还是当下都是正确的道路。不同文明、不同制度的国家可以和谐共存，携手共建一个让所有人都能够摆脱贫困的世界。大多数人并不会过度索求，人们想要的是安全感与和平。各国政府的要务便是找寻途径并保持平衡，最重要的是，培养一种艰苦奋斗的精神，并将其传承下去。这或许需要100年甚至更长时间。

习近平主席给了我们一张路线图，为我们指明了未来方向。虽然前路会有坎坷，但是我们前进的方向是正确的。"一带一路"倡议用一个共同的目标将大家团结起来。

（作者为英国四十八家集团俱乐部主席）

（2018年12月12日）

对实现高质量发展的几点思考

林建海　刘　菲

改革开放 40 年里，中国经济以年均近 10% 的高速增长，综合国力跃居世界前列。当前，中国经济进入转型期，开始从资本投资和出口带动型增长，过渡到以消费和服务业为重心、以技术为导向的新型发展方式上来。这个转型任重道远，但意义重大，它不仅将支持中国的可持续发展，也会为世界带来更多发展机遇。

高质量发展不等于是低速增长，在适合的政策支持下，能够实现质量与速度并存的持续的经济发展，并给人们带来实实在在的好处。

稳定的宏观经济环境是高质量发展的前提。高质量发展是个长期目标，达到这个目标需要稳定的宏观经济环境，避免主要经济变量出现过度波动。政府应采取合适的财政、货币、金融等政策组合，并通过推进结构性改革、优化资源配置、提高机构效率等方式促进经济转型。公共支出应该主要应用在教育、社会保障等最能提高增长潜力和促进包容性增长的方面。

坚持对外开放是高质量发展的必要条件。自由贸易使世界受益。研究发现，在国际贸易快速发展的 20 年间，脱贫人口超过人类历史上的任何其他时期。自由贸易降低了家庭的生活成本，也显著提高了生产率。贸易自由化也有助于促进市场竞争，带来公司研发动力和前沿技术的溢出效应。据国际货币基金组织估算，贸易摩擦升级可能会在未来两年内降低全球经济增长率超过 0.8 个百分点;相反,如果全球服务贸易成本降低15%,那么今年二十国集团的GDP可能再增加3500亿美元,这相当于一个南非的GDP。

转变发展动力、提高生产率是高质量发展的核心。近年来,中国在诸多领域快速发展,整体经济的技术含量有所上升,但要转变到全面依靠技术进步和提高劳动生产率来保持中高速、高质量发展上来,仍大有可为。以创新驱动增长,包括技术创新、管理创新和产品创新,是发展的关键。实现可持续高质量发展要求不断学习、不断积累知识和人力资本。在这方面,政府应当进一步健全市场经济体制、完善法律法规,倡导竞争,加强现代化市场监督监管职能。要保持创新的持久活力和领先地位,不仅需要公共投入,也需要不断增加私人研发投入,需要政府对研发商业化、对敞开大门吸引高技能人才的支持。

完善金融体系、发展服务业是高质量增长的桥梁。中国金融市场还有很大空间丰富金融投资产品,规范金融市场行为,疏通投资者和需要集资的优良企业之间的融资渠道,让金融市场充分发挥其金融媒介作用。近年来,加密资产和区块链在内的金融新技术的广泛应用大大加快了金融交易速度,降低了交易成本,给未来发展带来广阔前景,但如何对这一新领域进行有效、合理的监管,还需摸着石头过河。发展服务业不仅有助于可持续增长,而且有利于创造就业机会,提高人民生活水平。从全球来看,服务业占GDP比重约为2/3,发达国家服务业占比近80%。中国近几年服务业发展很快,已经超过GDP的一半,但还有很大的发展空间和增长潜力。

推进普惠、包容、绿色增长,提高人民福利,这才是高质量发展。中国几十年的高速增长,解决了十几亿人的温饱问题,7亿多人脱贫,这是中国的辉煌成就,也是世界经济中里程碑式的发展。全面建成小康社会需要让人们共同分享经济发展的成果。尤其是在中国人口老龄化问题日益突出的情况下,完善社会保障网络对于全面提高人民福利水平、实现普惠的高质量增长至关重要。从长期来看,推进清洁能源的研究、开发和使用,提高污染物排放标准等政策,对从资源使用型过渡到环境保护型的新型发展方式非常重要。

实现可持续、高质量发展需要一个国家坚持不懈的长期努力和务实奋斗。

中国作为发展中的经济大国,更需了解国际经济特点,把握发展趋势。天时人事日相催,冬至阳生春又来。世界经济风起云涌,挑战中孕育着巨大的发展机会。中国逐渐步入高收入国家行列,将会为世界带来更多发展机遇。

（作者分别为国际货币基金组织秘书长和该组织经济学家）

（2018年12月10日）

中国是全球经济发展的关键要素

埃万德罗·卡瓦略

中国秉持平等合作、互惠互利原则,强化与中国的伙伴关系对于巴西等拉美国家来说有着重要意义

在 2008 年国际金融危机背景下,二十国集团领导人峰会机制应运而生。二十国集团被认为将促进全球经济的长期合作。伴随着新兴市场国家的良好表现,它们以更加积极的姿态参与到全球经济发展的进程中,金融危机随后被成功化解。世界银行和许多相关国际机构的研究都表明,新兴市场国家在全球经济中扮演着日益重要的角色。

中国在应对和解决全球问题上一贯保持积极主动作为。在当前的全球背景下,中国发挥了更为突出的作用,在全世界范围内承担起更多的责任。例如中国国家主席习近平所倡导的构建人类命运共同体理念基于所有国家都求同存异、携手奋斗,共同捍卫世界的和平与稳定。在具体行动方面,"一带一路"是构建人类命运共同体的实践平台,这一宏伟计划将促进各国共同发展,推动全球经济治理体系的变革。

当前的中国经济增长率在 6.5% 左右,相比于 2008 年有所下降,但只要我们仔细研究这些数字就会发现其重要意义。与发达国家的增长速度相比,中国仍然保持着令人羡慕的经济表现。2008 年中国的 GDP 为 4.6 万亿美元,2017

年达到 12.2 万亿美元。中国经济体量不断增大，即使经济增长率下降，其经济增量仍然非常可观，每年增量相当于贡献了一个中等发达国家的经济规模。

事实上，中国对世界经济的贡献不仅在于这些数字。中国是 120 多个国家和地区的主要贸易伙伴。无数事实表明，中国已成为全球经济发展的关键要素，在世界舞台中扮演了极为重要角色。中国秉持平等合作、互惠互利原则，强化与中国的伙伴关系对于巴西等拉美国家来说有着重要意义。

今年二十国集团领导人峰会的主题是"为公平与可持续发展凝聚共识"。在我看来，本次峰会还有一个中心议题：促进国际关系民主化。这是一直以来都应该被列入重要国际会议议程的主题，只有实现国际关系民主化才能保证多边主义力量对冲当前盛行的保护主义和孤立主义倾向，推动国际秩序朝着更加公正合理方向发展。中国是唯一一个将这一议题系统地纳入其外交方略的国家，一直以来都坚持国家不分大小、强弱、贫富一律平等，支持联合国发挥积极作用，支持扩大发展中国家在国际事务中的代表性和发言权。期待今年的二十国集团领导人峰会能在推动国际关系民主化方面发挥重要作用，坚持捍卫多边主义，应对共同挑战、实现共同发展。

（作者为巴西中国研究中心主任、瓦加斯基金会大学国际法教授）

（2018 年 11 月 30 日）

进博会,打开世界对未来的想象

达尼洛·图尔克

美好的未来并不是奢望,进博会向我们展示了进一步推进经济全球化向前发展的可能性

近日,首届中国国际进口博览会在上海闭幕。这一开创性举动,预示在未来几十年内,中国将成为全球最具潜力的商品和服务进口市场。这为扩大国际经济合作提供了新思路,拓宽了新视野。

进博会是中国为世界提供的一个愿景。这一愿景并不抽象。包括进博会上达成的合作项目在内,很多非常具体的商业决策都有体现。扩大与中国经济合作的决策,显然符合当前的经济形势。比如,今年中国的海信集团成功并购斯洛文尼亚的国际知名家电制造商戈兰尼亚。中国的家电市场巨大,而且正在持续扩大,随着人们生活水平的不断提高,预计未来几十年内,中国将成为全球最重要的家电市场。戈兰尼亚作为在全球市场中打拼多年的品牌,非常清楚这一发展趋势。戈兰尼亚在科技水平、设计能力、专业技能和商业实践等方面的积累与海信的需要十分匹配。对于戈兰尼亚来说,与中国合作,扩大市场并寻找双赢模式是最好的出路。斯洛文尼亚民众很快理解了并购的双赢逻辑,这种理解有助于短期的商品交易,也关系到合作共赢的长期愿景。

这样的故事成千上万,这与进博会所传递出的信息相似:中国正从以出口

和制造业为主的经济体,迅速转型为一个更重视内需和服务业的现代化经济体。在中国经济快速增长的背景下,中国转变为全球潜在的最大进口市场。这一变化将给全球带来巨大影响。这正是中国主动举办进博会的重要原因。

进博会帮助我们形成了对未来世界的想象。习近平主席在进博会开幕式上的主旨演讲,为中国与世界经济未来的交往描绘了鼓舞人心的前景。包括斯洛文尼亚在内的各国商界、政界人士,无疑会把中国的对外开放铭记在心。通过加强合作和互联互通,有助于进一步改善世界经济和社会福祉,实现包括联合国2030年可持续发展议程在内的宏伟目标。

中国政府显然已经认识到,外国投资者的利益和中国国内需求可以通过国际合作来满足。通过科技合作、保护知识产权、促进创新,中国努力打造世界级的商业环境。所有这些措施都有助于促进合作伙伴相互了解、共同努力。增设中国上海自由贸易试验区新片区的举措,将为创新发展和国际经济技术合作提供更多机会。

进博会所展现的未来愿景,需要有充分的全球商业环境,以及以世贸组织为代表的多边机构相配合。美好的未来并不是奢望,进博会向我们展示了进一步推进经济全球化向前发展的可能性。

(作者为斯洛文尼亚前总统、中国人民大学重阳金融研究院外籍高级研究员)

(2018年11月14日)

把正确的事情坚持做到底

孔 君

3年来的实践已充分证明,全面协议成功化解了伊朗核危机,对维护国际核不扩散体系、促进中东和平稳定发挥着重要作用

当前,伊朗核问题面临脱轨的危险。继今年8月6日恢复对伊朗汽车行业、黄金及货币交易等单边制裁之后,美国11月5日进一步恢复对伊朗能源、金融等领域单边制裁。根据2015年达成的伊朗核问题全面协议,美国原本应当暂停实施并最终取消这些制裁。但是,特朗普政府不但没有履行全面协议要求,反而于今年5月单方面退出,并对伊朗实施"极限施压"。过去几个月,美国还在不遗余力地要求各国停止与伊朗经贸往来,特别是完全停止自伊朗进口石油,甚至威胁对"不听招呼"的国家实施单边制裁。

退群、制裁、施压,熟悉的套路并没有将伊朗核问题推入美国预设的轨道。在全面协议执行协调员欧盟召集下,中国、俄罗斯、英国、法国、德国和伊朗短时间内举行两次外长会,并两次发表联合声明,一致发出了维护全面协议、反对单边制裁的明确信号,共同制定了保障与伊朗经贸合作、维持全面协议执行机制的具体目标。这些挽救全面协议的外交努力得到国际社会广泛支持和响应。特别是在不久前举行的联合国大会一般性辩论期间,"维护全面协议"成为成员国最响亮的呼声之一。

得道多助，失道寡助。伊朗核问题很复杂，但道理其实很简单。全面协议是美国发起、各方谈判达成的多边协议，并且经过联合国安理会第2231号决议核可。各方都有义务认真执行，谁都没有权利随意修改或退出。3年来的实践已充分证明，全面协议成功化解了伊朗核危机，对维护国际核不扩散体系、促进中东和平稳定发挥着重要作用。对这样一份协议，谁都没有理由不支持、不执行。

厘清这些基本事实，就不难理解全面协议已然超越了伊朗核问题本身。维护全面协议，就是维护国际核不扩散体系及中东和平稳定，就是维护联合国和安理会权威，就是维护多边主义和国际规则，就是维护各国的正当合法权益。这是一个原则问题，对于所有负责任的国家，答案都是显而易见的。至于所谓单边制裁和"长臂管辖"，本来就没有任何国际法依据，国际社会早已深恶痛绝。

全面协议体现了各方权利和义务的平衡。伊朗迄今认真执行全面协议核领域措施，国际原子能机构已连续12次发表报告予以确认。相信伊朗会继续严格履行义务。同时，伊朗有权享受全面协议所赋予的经济红利，这也毋庸置疑。令人鼓舞的是，其他各方维持与伊朗经贸合作的努力不断取得新的进展。例如，欧盟专门出台了抵制单边制裁"长臂管辖"的"阻断法令"，并积极筹建与伊朗开展金融结算的"专门机制"。

在伊朗核问题上，中国始终秉持客观、公正和负责任态度。在全面协议谈判和执行过程中，中国贡献了源源不断的正能量。在当下全面协议面临严峻挑战之际，中国坚定维护多边主义成果，认真履行全面协议各项规定和义务，同时推动各方凝聚共识、协调行动。只要是有利于全面协议的事，中国都支持。同时，中国也会全力维护好自身的正当合法权益。

历史的重大关头，尤需定力和担当。美国应该本着对历史负责的态度，从大局和长远出发，做出理性和明智的决断。当然，我们不能把关乎和平与安全的重大问题寄托于某一个国家的善念。国际社会所有成员都应该拿出担当，坚定立场，把正确的事情坚持做到底。

（2018年11月6日）

创造农业领域南南合作新历史

若泽·格拉齐亚诺·达席尔瓦

中国已是联合国粮农组织加强和拓展南南合作最重要的合作伙伴和最大贡献者

当前,在世界许多地方,联合国的核心价值正面临威胁。人道主义与和平遭遇不同形式的威胁,包括宗教纷争、对移民的偏见以及对贫困人口的忽视等。世界经济尚未从肇始于2008年的国际金融危机中恢复过来,青年失业问题便是这场危机遗产的鲜明例证。除此之外,气候变化、武装冲突都将导致面临饥饿和物资匮乏威胁的人数上升。联合国粮农组织数据显示,2017年全球仍有8.21亿人处于饥饿状态。

在此背景下,旨在讨论加强农业和农村领域南南合作的2018全球农业南南合作高层论坛恰逢其时。凭借鼓舞人心的原则和具体成果,发展中国家与联合国专门性机构的合作无疑是艰难时期取得进展的必由之路。40年前,为推动南南合作,联合国大会通过了《布宜诺斯艾利斯行动方案》。2019年3月,第二届联合国南南合作高级别会议将在阿根廷举办,这将强化联合国的核心价值,再次明确我们对联合国2030年可持续发展议程的承诺。

中国始终积极参与南南合作,这次在中国长沙举办的2018全球农业南南合作高层论坛就是一个例子。过去40年,中国对发展中国家的技术协助稳步增长。中国是粮农组织南南及三方合作项目的坚定支持者，为粮农组织—中国南南合作建立总额为 8000 万美元的专项信托基金。

通过实施粮农组织—中国南南合作项目，约有 100 万发展中国家的农民从中受益。超过 1000 名中国专家和技术人员在 28 个国家和地区与当地伙伴开展合作。他们在农作物种植、灌溉、牲畜及水产养殖、农林业、农业机械化和农业综合经营方面提供了宝贵的技术援助。

今年 7 月，"中国—联合国粮农组织大湄公河次区域跨境动物疫病防控"南南合作项目协议在北京签署，以加强"一带一路"地区动物疫病防控，保障安全贸易和公共卫生。该协议的签署标志着中国与粮农组织在南南合作领域的合作迈进了新的发展阶段。可以说，中国已是粮农组织加强和拓展南南合作最重要的合作伙伴和最大贡献者。

作为全球最早实现联合国千年发展目标中减贫目标的发展中国家，中国在消除贫困和饥饿方面有大量知识、不少经验可以共享。这些成就的取得归功于中国政府强大的领导力、有效的资源调动，以及减贫方法的持续创新。

中国作为一个负责任大国，在自身发展的同时积极向其他发展中国家提供力所能及的帮助和支持。近年来，中国政府倡导人类命运共同体理念和共建"一带一路"，积极推动全球发展合作，为实现联合国 2030 年可持续发展议程目标作出卓越贡献。"一带一路"倡议与粮农组织的目标一致，这将为双方的合作提供诸多良机。在"一带一路"倡议框架下，双方可在包容与可持续食品体系发展、数字农业领域创新、跨边界动植物疾病控制、保护生物多样性及应对气候变化方面携手合作。

中国和粮农组织的伙伴关系日益深化，如今我们的战略合作进入了新时代。希望在长沙举办的全球农业南南合作高层论坛能够为发展中国家实现可持续发展目标指明新的方向。

（作者为联合国粮农组织总干事）

（2018 年 11 月 1 日）

改革开放是不断向前的伟大航程

福田康夫

1978年10月,我作为日本时任首相福田赳夫的秘书,有幸在东京见到正在日本访问的邓小平。他是一位慈祥、令人倍感亲切、精力充沛的老人。除了与福田赳夫首相在东京谈笑风生之外,邓小平先生还去多地参观了新日铁公司、日产汽车公司和松下公司等企业的工厂。这之后不久,中国共产党第十一届三中全会召开,做出了改革开放的伟大决定。

中国共产党做出的这一政治决断非常英明。没有改革开放,中国后来的快速发展就难以实现。上世纪80年代初,我曾经前往北京、西安、上海等地访问,中国当时依然十分贫穷,跟现在完全不一样。我依然清晰地记得从北京首都国际机场到市内的公路十分狭窄,道路两边是农田。农民在田里劳作的场景仍历历在目。

此后,我访问中国约30次。每次去中国,都能切实感受到中国发生的巨大变化和勃勃生机。我曾两次乘坐中国高铁,体会到中国高铁不仅速度十分快,而且车厢内非常干净、漂亮、舒适。1964年,日本第一条新干线通车,到现在日本才建设了约3000公里新干线。中国只用了十几年的时间,高铁通车里程已超过2.5万公里,这么算下来,中国高铁通车里程相当于日本的8倍。

今年4月,在博鳌亚洲论坛年会上,许多国家领导人都为中国发展速度如同高铁建设速度一般快速而惊叹。2000年,中国国内生产总值约是日本的

1/4。2010年，中国超越日本成为世界第二大经济体，如今中国国内生产总值差不多是日本的2.5倍。在人类历史上恐怕从来没有哪个国家能像中国这样实现快速发展。

中国改革开放之所以能取得巨大成就，最重要原因是在中国共产党的坚强正确领导下，中国人民根据本国国情，找到了一条适合本国的发展道路，艰苦奋斗，勤勉工作。正如邓小平先生所强调的"发展才是硬道理""稳定压倒一切"那样，在中国共产党领导下，中国政治稳定、社会秩序良好，为经济腾飞创造了良好的环境。历史已经反复证明，如果政治不稳定，经济发展就无从谈起。日本当年经济高速增长，也是因为日本政局长期稳定。日本和中国国情不同，日本政党用适合日本的方法管理日本，中国共产党用适合中国国情的方法治理中国。中国的发展道路非常适合中国国情。

此外，我们需要认识到，邓小平先生具有远见卓识，他非常重视教育，恢复高考制度，实施九年义务教育制度，这为中国经济社会发展培养了大量优秀人才。

我非常赞同习近平主席提出的构建人类命运共同体理念。各国人民都生活在同一个地球上，大家都是朋友，应该命运与共。习近平主席不久前访问亚非多国，就是在实践构建人类命运共同体的理念。非洲是世界上发展落后的地区，很多国家依然贫困，不少非洲人民的生活依然没有保障。近代以来，欧洲列强在非洲制造了大量的殖民地，给非洲人民带来了巨大的苦难，致使这些国家经济基础非常薄弱，他们没有技术，经济发展经验不足。习近平主席访问非洲，目的是与非洲携手发展，与非洲各国人民一起构建人类命运共同体。令人欣慰的是，中国帮助非洲建设了大量基础设施，改善了非洲民生。如果日本能和中国一起助力非洲发展，将极大地造福非洲人民，这不仅有利于非洲经济发展，而且也有利于世界和平与发展。

今年是中国改革开放40周年。正如今年4月习近平主席在博鳌亚洲论坛年会开幕式上所强调的那样，"让我们坚持开放共赢，勇于变革创新"。改革开放是不断向前的伟大航程，希望中国继续深化改革、扩大开放。今年也是日中和平友好条约缔结 40 周年，中国和日本作为一衣带水的邻邦，分别是世界第二大和第三大经济体，中国的发展对日本是机遇，希望两国密切合作，为构建人类命运共同体贡献力量。

（作者为日本前首相）

（2018 年 10 月 31 日）

架设民心相通的桥梁

伊里斯马特·阿卜杜哈利科夫

中国的包容赢得了世界各国的尊重和支持,"一带一路"倡议在世界上的影响力越来越大

我已年过古稀,与中国的缘分从孩提时代就已开始:我喜欢喝绿茶,它的清香让人心情舒畅。品味这种东方饮品的习惯已经伴随我一生。如今我应邀来到中国参加"一带一路"媒体合作论坛——这是我第一次来到中国,在激动和感谢之余,我也在思考这片土地上所蕴含的激情与带给世界的能量。

如今在很多国家提起中国,大家首先想到的就是"一带一路"倡议。的确,这些国家与中国共建"一带一路",在中国帮助下建设基础设施和工业园区等,发展本国经济的同时促进居民就业。"一带一路"倡议是开放的,中国不会把自己的想法强加给任何国家。中国的包容赢得了世界各国的尊重和支持,"一带一路"倡议在世界上的影响力越来越大。

作为中国的近邻,乌兹别克斯坦热情支持和拥抱"一带一路"倡议,而且我们对"一带一路"更有一份特别的感情。乌兹别克斯坦自古就是丝绸之路的重要节点,我们通过丝绸之路与中国互通有无,在文化上互相影响。直到现在,撒马尔罕、布哈拉等古城的博物馆里仍陈列着很多与中国有关的文物,这是乌中两国人民友好交往源远流长的具体例证。

在当前共建"一带一路"的宏伟愿景下，乌中两国民众的心贴得更近了。现在有 700 多家中资企业在乌兹别克斯坦运营，两国还在能源、化工等产业方面进行紧密合作，这些都为当地经济作出了不小的贡献，两国领导人对此给予高度评价。正因为如此，有志于学习中国语言和文化的乌兹别克斯坦年轻人越来越多。我想说的是，乌兹别克斯坦非常欢迎中国朋友前来投资兴业，在这里你们将满载而归。

乌兹别克斯坦人常说"得信息者得天下"，这很好地说明了信息的重要性。因此，记者的报道在共建"一带一路"上的作用显得尤为重要。人民日报社主办的"一带一路"媒体合作论坛已经成为各国媒体交流合作的良好平台。未来我们应该进一步建立机制，建设合作中心以加强信息和经验交流，为共建"一带一路"建言献策。

乌兹别克斯坦国家通讯社十分重视对华报道，已经开设了中文网站。《人民日报》是中共中央机关报，其权威性毋庸置疑，乌兹别克斯坦读者十分希望通过《人民日报》了解中国经济发展的最新成就和"一带一路"建设的最新进展。在今年的"一带一路"媒体合作论坛上，我们两家媒体将签署合作谅解备忘录，在新闻交换、人员交流等方面开展合作。这是乌中媒体合作中的一件大事，我们将以该协议的签署为契机，加大对对方国家的报道，为加强乌中两国的战略合作和民心相通作出自己的贡献。

这次中国之行让我亲眼看到了中国的快速发展，深入了解了"一带一路"倡议的深刻内涵，收获颇丰。一路上我看到了很多桥梁，我觉得"一带一路"倡议正如这些桥梁一样，将乌兹别克斯坦与中国紧密地连接起来。如果有机会，我也希望邀请中国的记者和游客朋友们来感受乌兹别克斯坦的灿烂文化。

（作者为乌兹别克斯坦国家通讯社首席编辑）

（2018 年 10 月 29 日）

中国是联合国维和行动的重要力量

王汉水

联合国维和行动始于1948年,是联合国为防止、控制或解决武装冲突,由安理会授权建立、秘书长负责实施、成员国自愿参加,秉持"当事方同意、公正中立、非自卫或履行授权不使用武力"三项基本原则的国际性、非强制性军事和民事行动。

70年来,联合国维和行动得到了越来越多的认同。目前共有125个国家的超过10万名军警和文职人员参与,还有80多个国家加入了联合国维和待命机制。联合国维和行动发挥的作用也越来越重要。一项权威研究数据显示,与部署前相比,维和行动通常能使平民被杀人数减少90%以上。迄今为止,已有57个联合国和平行动完成使命,还有14项维和行动正在实施之中。联合国秘书长古特雷斯称之为"国际社会对和平、安全与繁荣最成功的投资之一"。这些成就的取得,是维和人员冒着巨大风险换来的。1948年以来,3500多人在执行联合国维和行动期间遇难。

自1990年以来,中国积极参加联合国维和行动,中国军队先后参加了24项联合国维和行动,累计派出维和军事人员3.7万余人次,新建、修复道路1.4万余公里,排除地雷及各类未爆炸物9800余枚,接诊病人20余万人次,运送各类物资器材135万吨、运输总里程1300余万公里,13名中国军人为联合国维和事业献出了生命。中国被国际社会誉为"维和行动的关键因素和重要力量"。参加联合国维和行动28年来,中国积极履行大国责任义务,扎实推进维和能力建设，用实际行动兑现着维护世界和平的郑重承诺。

党的十八大以来，中国军队参与联合国维和行动进入了新时期。2015年，习近平主席在出席联合国维和峰会时指出，和平是人类共同愿望和崇高目标。联合国维和行动为和平而生，为和平而存，成为维护世界和平与安全的重要途径。世界那么大，问题那么多，国际社会期待听到中国声音、看到中国方案。习近平主席的一系列重要论述，为中国参与联合国维和行动指明了方向，明确了道路，开启了新的篇章。

近6年来，中国军队以实际行动诠释了负责任大国对维护世界和平的担当，更广泛、更深入地参与到联合国维和行动中。2013年首次向马里派遣1支170人警卫分队，2015年首次向南苏丹派遣1支700人维和步兵营，2016年首次向苏丹达尔富尔派遣1支140人直升机维和分队。2017年9月，中国8000人规模维和待命部队完成注册。截至2018年8月，中国共有2507名官兵在联合国8个任务区及维和部执行任务。中国是联合国安理会5个常任理事国中派遣维和人员数最多的国家，也是联合国维和摊款第二大出资国。今后，中国将继续支持并扩大参与联合国维和行动，与联合国在维和待命部队派遣、维和装备技术合作、高级别磋商、高层互访等领域加强务实合作，为国际和平注入新的动力，为世界提供更多的公共安全产品。

联合国维和行动作为维护世界和平与安全的重要创举，成效显著，但也面临严峻挑战。维和行动规模日益扩大，凸显维和经费不足、人力资源短缺等问题；区域组织和个别国家为谋求在国际事务中拥有更大话语权，展开单独维和行动，以及个别大国奉行单边主义和强权政治、动辄以削减维和经费相要挟，对联合国倡导的集体安全理念和联合国对维和事务的主导权构成挑战；恐怖主义的蔓延，恐怖组织装备水平和战术素养的提升，以及一些维和地区恶劣的自然条件，对维和行动的安全构成巨大威胁等。克服这些挑战，需要恪守维和基本原则，完善维和行动体系，突出联合国在维和行动中的引领作用，强化会员国在维和行动中的主体作用，重视发挥区域组织在维和行动中的配合作用。

（作者为军事科学院军事法制研究院科研办公室主任）

（2018年10月19日）

"一带一路"建设真正实现互利合作

伊戈里·伊万诺夫

5年时间充分证明,"一带一路"倡议是一个自由、开放、平等的合作机制,能够给沿线国家带来真正的利益

回顾历史,不少国家都曾提出过将古丝绸之路沿线国家整合起来的类似建议。然而实践证明,只有"一带一路"倡议真正实现了互利合作、平等对话,得到沿线国家特别是中亚各国的大力支持。

习近平主席提出的"一带一路"倡议为沿线国家和各国民众带来了实实在在的利益。"一带一路"倡议对参与国的政治和经济制度没有特殊要求,不强迫相关国家进行所谓"改革"。"一带一路"建设致力于为更多国家带来投资和发展机遇,最大限度激活所有参与国家的经济发展潜力。

"一带一路"建设与欧亚经济联盟对接合作不断深化,在中亚地区得到广泛认可。正是因为意识到"一带一路"框架下的务实合作对于推动地区经济发展具有重要意义,俄罗斯及中亚各国一直是该倡议坚定的支持者和参与者。同时,地区各国的支持也进一步推动"一带一路"建设不断取得成功。

"一带一路"建设旨在为实现共同繁荣和可持续发展创造便利条件。落实该倡议有助于各国搁置争议,相互尊重,携手解决棘手问题。沿线国家在倡议框架下获得了宝贵的投资,为发展国民经济,特别是加快基础设施建设注入了

强大动力。

"一带一路"建设有助于沿线各国扩大对外贸易,增加政府收入。通过激活交通运输潜能,减少制度性障碍,促进物流服务业实现跨越式发展。"一带一路"建设还涉及能源、农业、文化、教育、旅游等众多领域,为沿线国家进一步深化各领域务实合作创造了条件。

显然,对中亚各国以及许多其他国家而言,中国提出的"一带一路"倡议是一项具有吸引力的区域发展计划。然而,这种情况却引起某些国家的不安。在美国看来,"一带一路"倡议是中国与其争夺世界领导地位的重要工具。一些学者甚至发出"一带一路"建设可能威胁沿线国家主权的奇谈怪论,这完全与实际情况大相径庭。特别需要强调的是,中国一直将相互尊重主权与领土完整作为外交政策的基本原则。5年时间充分证明,"一带一路"倡议是一个自由、开放、平等的合作机制,能够给沿线国家带来真正的利益。

对"一带一路"倡议的质疑和批评表明,某些国家害怕在与中国的竞争中成为失败者。未来,对"一带一路"倡议的诋毁也许仍将存在,但事实终将证明,在"一带一路"倡议框架下开展互利合作,实现共同繁荣,符合大多数国家的利益。这样的倡议比"零和博弈"、军事威胁的方式更具吸引力和生命力。

(作者为哈萨克斯坦—德国大学副教授)

(2018年10月18日)

美国当以"共赢"取代"零和"

史蒂芬·罗奇

美国以中国为"替罪羊"来回避数十年来自身储蓄不足、生产率下降等棘手问题,只能是堂吉诃德式的自欺欺人

美中贸易不平衡问题确实存在,但其根源在于美国自身宏观经济结构性矛盾。美国对全球102个国家的商品贸易存在逆差,对中国商品加征关税只会使美对华贸易赤字转移至其他成本更高的国家,给美国消费者带来更大压力。贸易赤字本质上是多边问题,不可能仅通过双边途径解决。

贸易摩擦是美中更深层次竞争的反映。不久前,一份白宫报告提出,中国"企图通过各种手段夺取美国科技和知识产权'皇冠上的宝石'"。这些指控的主要依据是美国贸易代表办公室对华301调查报告,该报告已经成为美打压中国的核心依据,但这份报告错得离谱。

首先,报告指责中国通过合资公司强迫技术转让,事实是美国公司和中国合作伙伴基于商业利益的判断,自愿签订具有法律约束力的协议,建立合资公司并分享人力、系统和流程。我曾代表摩根士丹利公司与中国建设银行合资组建中国国际金融股份有限公司。在长达15年的合作中,我从未被强制向中方伙伴转移任何东西。第二,报告指责中国利用网络窃取商业机密,实际上这个问题早在2015年就已得到澄清。第三,报告夸大了中国通过"走出去"政策

并购美国公司、获取专利技术的情况。根据美国企业研究所的报告，在2017年之前的10年中，中国海外并购的228个项目中，只有16个属于技术领域。第四，报告攻击中国的产业政策，但事实上日本、德国等国均有自己的产业政策，美国在农业和制造业领域也存在大量补贴，这对于主要经济体来说是常态。

美国贸易代表办公室极力将中国描述成科技创新的"闯入者"，似乎中国在创新领域乏善可陈，这忽视了一个重要的事实，那就是古代中国曾是世界上卓越的创新者。曾经孕育了四大发明的中国文化完全有能力再创辉煌。

关于创新的辨析对于当前美中的争端至关重要，它提出了一个更深层次的问题：中国能否通过自主创新避免长期以来大多数发展中国家陷入的"中等收入陷阱"？就此而言，有五项令人信服的证据表明，中国将取得成功。

一是科技孵化中心。中国建立了多个科技中心，为一流大学、风险资本投资者和企业家之间的文化融合提供沃土。二是创业公司。如今，全球每5家独角兽企业里，就有两家出自中国。中国的独角兽企业涉及面很广——从互联网金融到电子商务平台，再到云计算、大数据管理、新能源和物流等，众多中国上市公司已经位列全球创新的前沿。中国和美国是本世纪最重要的科技领域的全球领导者。三是战略和治理。中国制定了创新发展规划蓝图，其成功实施和有效治理将激发企业家和创新者的创造力。四是中国的创新基因。中国的教育改革让更多大学毕业生脱颖而出，科学家和工程师的数量不断攀升，质量也越来越令人印象深刻。当代的中国创新者正在打磨中国自己的"皇冠上的宝石"。五是研发投入。中国的研发投入仅次于美国，其中84%的研发资金用于支持开发，这使得中国在很多前沿领域处于全球领先地位。2016年，中国首次超越美国，成为世界上科学出版物总数量最多的国家。

解决"创新困境"并不意味着一方须在国际竞技场上击败另一方，以"共赢"取代"零和"至关重要。美国应该认识到，美国面对的挑战归根结底来自其自身。美国以中国为"替罪羊"来回避数十年来自身储蓄不足、生产率下降等棘手问题，只能是堂吉诃德式的自欺欺人。

（作者为耶鲁大学高级研究员、摩根士丹利亚洲区前主席）

（2018年10月14日）

发出坚持多边主义的主流声音

殷 淼

在今年的联合国大会一般性辩论上，绝大多数国家发出坚持多边主义的声音，充分表明世界的主流和大势是和平发展、合作共赢，冷战思维和零和博弈不得人心

坚持多边主义，还是听任单边主义？维护国际基本秩序，还是任由它遭侵蚀？这关系到各国的未来发展，关系到人类前途命运，是每一个国家必须思考和回答的重大问题。在日前举行的第七十三届联合国大会一般性辩论中，绝大多数国家主张坚持多边主义、维护联合国权威，遵守国际规则，发出了坚持多边主义的主流声音。

今年的联合国大会一般性辩论从一开始就吸引世界目光。美国政府奉行保护主义、单边主义，退出多个国际组织和国际协议，今年以来挑起与他国的经贸摩擦，给长期以来国际社会遵循的多边主义原则蒙上阴影。国际舆论关注今年的联大一般性辩论，希望看到在美国越来越倾向于单边主义路线的背景下，其他国家将何去何从。

本届联大以"使联合国与所有人都息息相关：通过全球领导力和责任分担，建设和平、平等和可持续的社会"为主题，蕴含着对国际社会共担责任、同舟共济的殷切呼唤，体现的正是多边主义理念，为今年的联大一般性辩论奠定了

基调。虽然在联大演讲中，美国领导人为种种不负责任的"退群"行为及贸易保护主义政策进行辩护，但其单边主义言论明显与国际社会普遍支持和维护的多边主义共识背道而驰。

在联合国总部大厦引起强烈反响的仍是多边主义声音。联合国秘书长古特雷斯指出，各国面临的挑战越来越具有全球性质，只有通过多边治理和基于规则的国际体系才能够应对这些挑战。第七十三届联合国大会主席埃斯皮诺萨警告说，削弱或质疑多边主义只会造成不稳定、困惑、不信任和分化对立，强调多边主义是应对我们所面临的全球挑战的唯一可能对策。

英法等美国传统盟国领导人在发言中也力挺多边主义。法国总统马克龙表示不会接受任何对多边主义的"侵蚀"，强调单边主义将导致隔绝和冲突。英国首相特雷莎·梅指出，为本国公民提供服务不一定要以牺牲全球合作以及作为基石的价值观、规则和理想为代价，强调只有全球合作才能利用合法的自身利益实现共同目标，就气候变化、核扩散和促进包容性经济增长等全球挑战达成协议。

绝大多数国家领导人在发言时强调，在人类社会面临诸多"前所未有"的全球性重大威胁与挑战时，只有通过紧密的全球性合作才能有效应对。卢旺达总统卡加梅表示，多边主义对全球未来至关重要，非洲的大势是加强而不是减少合作。新加坡外长维文认为，没有任何一个国家可以从贸易冲突和保护主义中获益。在相互联系和相互依赖日益加深的时代，现在比以往任何时候都更需要多边的解决办法和强有力的规则。

多边主义是国际关系发展的必然结果，是国际社会携手应对各种挑战的必然选择。联合国是支持和践行多边主义最主要平台，联合国大会一般性辩论虽然只有短短几天时间，但其风向标作用不容忽视。在这一全球关注的多边舞台上，绝大多数国家发出坚持多边主义的声音，充分表明世界的主流和大势是和平发展、合作共赢，冷战思维和零和博弈不得人心。

（2018年10月12日）

破解安全难题的金钥匙

曹延中 洛 岩 张晓明

2014年5月,习近平主席在亚洲相互协作与信任措施会议第四次峰会上,首次提出并倡导共同、综合、合作、可持续的安全观。在中国特色大国外交的积极践行和推动下,这一新安全观得到了越来越多国家的认同和接受,成为凝聚世界各国安全共识、促进安全合作,维护世界和平的重要思想引领,日益显现强大生命力和影响力。

新安全观顺应了时代发展的安全需求。世界正处于百年未有之大变局,世界多极化、经济全球化、社会信息化、文化多样化深入发展,国际力量对比和国际格局正在发生深刻变化,国际治理体系和国际秩序面临的挑战和风险日益增多,传统安全和非传统安全威胁相互交织、跨国联动,世界各国深受其害。着眼解决局部战争和武装冲突带来的地区安全问题,应对日渐复杂多样的安全威胁,反对霸权主义、单边主义和强权政治,解决安全威胁背后的发展问题,新安全观要求尊重和保障各国安全,统筹维护传统安全和非传统安全,通过对话合作促进各国安全,发展和安全并重以实现持久安全,顺应了世界大多数国家的安全需求,满足了广大发展中国家参与国际安全事务的期待,提供了破解当今世界复杂多样的安全难题的金钥匙。

新安全观突破了传统安全观的理论局限。新安全观倡导共同安全,超越了传统的联盟安全、单方面安全观,超越了弱肉强食的丛林法则,强调不能一个国家安全而其他国家不安全，一部分国家安全而另一部分国家不安全，更不能牺牲别国安全谋求自身所谓绝对安全。新安全观倡导综合安全，超越了传统的军事安全观，强调既要维护传统安全又要保障非传统安全。新安全观倡导合作安全，超越了传统的依靠对抗、制衡来维护安全的观念，超越了冷战思维、零和博弈，强调构建不结盟、不对抗、不针对第三方的建设性伙伴关系。新安全观倡导可持续安全，超越了简单、机械地就安全论安全，强调发展就是最大的安全。新安全观在安全理论认识上的这些重大突破，为促进世界和平稳定开辟了广阔前景。

新安全观创新了国际安全的治理理念。根植于中华文明"大道之行，天下为公""协和万邦，和衷共济，四海一家"的智慧，继承中国和平发展、和平共处的理念，新安全观在打破陈旧安全思维模式束缚的同时，发展了以联合国宪章宗旨和原则为核心的国际关系基本准则和国际法基本原则，为完善国际治理体系、增强国际安全治理能力贡献了中国智慧和中国方案。坚持共同安全，就是认清当今世界各国利益交融、安危与共的现实，树立普遍的、平等的、包容的安全观，凝聚推进国际安全治理的共识。坚持综合安全，就是要政治、经济、科技、社会、文化、安全等领域多管齐下、综合施策，努力消除传统和非传统安全威胁，破解国际安全治理困境。坚持合作安全，就是坚持以和平方式解决争端，通过坦诚深入的对话沟通增进战略互信，通过发展各领域合作扩大共同利益，在合作中推进安全治理。坚持可持续安全，就是把发展作为最大的安全，通过标本兼治的措施，积极改善民生，缩小贫富差距，实现世界的持久和平与稳定。

新安全观为构建人类命运共同体提供了有力支撑。构建人类命运共同体，主张世界各国不分大小、强弱、贫富一律平等，共同享受尊严、发展成果和安全保障，契合了世界各国求和平、谋稳定的真诚愿望，反映了国际社会促合作、要发展的迫切需求，成为引领世界发展和人类进步的旗帜。安全是发展的前提、进步的基础。树立新安全观，尊重并照顾各方合理安全关切，保障各国平等参与地区安全事务的权利，赋予各国平等维护地区安全的责任，一体维护传统安全和非传统安全，协调推进国际安全治理，扩大合作领域、创新合作方式，以可持续发展促进可持续安全,有利于增进各国的互信协作,促进建立相互尊重、公平正义、合作共赢的新型国际关系,走出一条共建共享共赢的安全之路,为构建人类命运共同体打下坚实的安全基础。

(作者均为军事科学院战争研究院研究员)

(2018年10月12日)

二十一世纪的开创性倡议

多米尼克·德维尔潘

"一带一路"倡议具有长远视野，从其诞生之日起就是21世纪的一项开创性倡议

在一个缺乏集体行动、受到2008年国际金融危机削弱的世界里，习近平主席提出的"一带一路"倡议从一开始就具有长远视野。该倡议展现了三个互为补充的前景：政治上，促进不同国家与人民之间的包容与合作；经济上，推动经贸往来，扩大投资，满足发展的各项具体需求；文化上，延续古丝绸之路精神，促进各国人民间的文明互鉴。总而言之，"一带一路"从其诞生之日起就是21世纪的一项开创性倡议。

当今世界所面临的挑战，让"一带一路"建设具有特别的意义与内涵。民粹主义的抬头撕裂了世界，全球经济复苏因保护主义而黯然失色，美国对来自中国、欧洲、加拿大等多个国家和地区的商品大幅提高关税，对自由贸易构成极大威胁。这些行为给许多国家带来不稳定因素，并对和平发展构成巨大挑战。在此背景下，我始终坚信"一带一路"能够将破碎的世界聚合起来，推动可持续发展。

当前，"一带一路"建设正处在关键节点：一方面，它不断取得进展，获得了很高的期望；另一方面，一些国家由于担心中国影响力不断扩大，从而对

其产生质疑。面对这些担忧，我们有必要通过设定建立在捍卫普遍共同利益与相互关切基础上的愿景，给予明确与具体的回应。它涉及以下三个方面：

首先，我们需要更好地了解这一倡议的益处。通过思想的交流与碰撞，我相信人们将充分认识到"一带一路"的优势，促进建立更公平、更可持续和更均衡的经济全球化。本着这一精神，我在去年成立了国际马可波罗协会，成员由一些国家的前总理与前外长组成，旨在在更高层面促进了解与互动。

其次，我们应该更好地在"一带一路"框架下开展经济协调。当前，中国采取一系列行动，加大对"一带一路"建设的支持。中国国家开发银行、中国进出口银行等提供专项贷款用于支持"一带一路"基础设施建设、产能、金融合作等。中国倡议建立的亚洲基础设施投资银行拥有超过1000亿美元法定资本，能够成为撬动发展的有力杠杆。欧洲同样拥有重要的融资杠杆，如欧盟3150亿欧元规模的"容克计划"，主要用于基础设施、新能源、信息技术等领域的投资。在促进更可持续和更具活力的增长方面，欧中持有相通的看法，双方应通过政府部门以及机构间的合作来鼓励经济和金融协同发展。

第三，我们可以建立新的区域和世界政治合作机制，推动"一带一路"建设。例如我们可以设立类似秘书处的机构，负责保持高层间的沟通联络。这一机制将有助于处理重大的金融或贸易问题，并回应各方重要关切。通过举行经常性会议，秘书处可以为未来发展确定共同议程，并阐述关于全球问题的共同看法。

过去一段时间，中国与欧洲多次承诺将继续坚持多边主义。面对本世纪每一个重大问题，中国正在提供令人信服的应对之道。面对极端主义，中国承诺包容性发展；面对经济增长放缓，中国通过承诺进一步扩大开放为世界提供增长动力。

对于通过将"一带一路"打造成更加紧密有效的合作之道来提升欧中关系，我们抱有极大兴趣。让我们抓住机会，促进和平的未来，发展更加稳定的经济全球化。

（作者为法国前总理、国际马可波罗协会主席）

（2018年10月7日）

携手见证非中合作新时代

阿里·邦戈·翁丁巴

我深信，中非合作论坛北京峰会所提供的合作平台，将有效加强非中关系，包括加蓬与中国的双边关系，从而更好地造福加中两国

非洲与中国有着许多共同点和共同抱负。我们都人口众多，面临着共同的发展任务；我们都有着独特的地理和文化多样性；我们都致力于大刀阔斧地采取行动，积极应对气候变化、非法野生动物贸易等复杂的全球性问题。在很多关键问题上，非洲与中国都持有相同立场，推动更广泛的多边互动。

访问中国的次数越多，我越能切身感受到中国发生的一系列积极变化，正是这些变化激励着我们去实现对于未来的共同愿景。

在9月初举行的中非合作论坛北京峰会期间，非中双方共同探索提升合作水平、促进互利共赢之路。我确信，随着非中全面战略合作伙伴关系不断深化，双方将携手见证一个新时代。

过去几年，中国政府采取有力措施，积极鼓励中国企业到非洲投资，让非洲国家能够逐步弥补基础设施领域的短板。中国承诺与非洲开展长期合作，这不仅极大地推动了相关企业的发展，也增强了非洲各国对于经济发展的信心。我深信，中非合作论坛北京峰会所提供的合作平台，将有效加强非中关系，包括加蓬与中国的双边关系，从而更好地造福加中两国。

过去几年，中国是加蓬第一大贸易伙伴，2017年双边贸易额超过1万亿非洲法郎。中国是加蓬主要的产品出口国，我们正在通过创新和增加资源附加值，不断挖掘国内产业的发展潜力。

事实上，贸易增长的喜人态势以及两国关系不断深入发展的基础早在10年前就已奠定。2009年，加蓬政府开始实施"新兴加蓬战略计划"，加速经济多元化发展，注重合理利用自然资源和人力资源，始终秉持可持续发展和对环境负责原则。此后，加蓬努力发展新兴产业并致力于改善整体营商环境，从而降低国民经济对石油的依赖度。加蓬国家投资促进署致力于满足投资者的需求，并制定了完善的配套制度，为投资者在加蓬开展业务提供便利。目前，加蓬能够为中国投资者和消费者提供更多优惠政策以及更优质的产品和服务。

贸易、投资以及相关合作不仅是促进加蓬与中国双边关系日益紧密的重要动力，也为投资加蓬的中国企业带来了大量发展机遇。加蓬政府已与中国投资者在林业、农业、基础设施和卫生等领域签署了多项协议，很多项目正在按照计划展开。

在本次中非合作论坛北京峰会之前，我同习近平主席进行了一次里程碑式的双边会晤。会晤期间，加中两国重申了上述协议，并就支持"一带一路"倡议签订了谅解备忘录，这将有助于两国进一步加深合作，尤其是在基础设施建设、贸易便利化等领域的合作。

加中两国的合作已达到空前水平，并为未来贸易的持续增长打下了坚实的基础。尤其值得一提的是，在国际原油市场价格波动导致的危机中，中国与加蓬发展合作的立场从未动摇。加中关系的加强以及中国企业在加蓬的日益活跃充分表明，两国间的持续合作给彼此带来了双赢。

对加蓬来说，中非合作论坛北京峰会是一次非常难得的机会，我们回顾两国业已取得的合作进展，并进一步规划创造建设性成果的新途径，致力于让两国人民生活质量实现质的飞跃。

（作者为加蓬共和国总统）

（2018年9月25日）

非洲国家高度关注中国成功路径

比尔·盖茨

我从上世纪90年代初开始多次访问中国。每次来中国,无论是高耸入云的摩天大楼还是正在施工的建筑工地,都能让我感受到巨大的发展变化。方方面面的数据印证了我的这种感受。

中国在改变自身的同时也在改变着世界。到今年年底,中国的科研投入将有望超过美国,跃居全球首位。尽管西方富裕国家对全球化的质疑日益加深,中国仍继续加大力度应对能源、气候变化等方面的全球挑战。

中国对全球的重要贡献,还体现在全球健康和发展领域。中国在过去几十年里取得了任何其他国家都无法企及的成就,不仅将数亿人从贫困和疾病的恶性循环中解救出来,还建立了现代化的经济体系,推动了全球经济发展。目前全球其他发展中国家,尤其是很多非洲国家高度关注中国成功路径,这更加凸显出中非合作论坛的重要性。

对非洲国家而言,目前正是关键的转折时刻,可谓风险与机遇并存。据预测,到2050年,非洲人口数量将至少增加一倍,突破25亿大关。如果非洲的年轻一代能像中国青少年一样健康地成长并接受良好的教育,他们将成为推动非洲经济快速增长、改变非洲大陆现状的生力军。

中国和非洲在过去几十年里建立起了深厚的合作关系,令人备受鼓舞。中非合作论坛、"一带一路"倡议以及中国组建国家国际发展合作署等举措,都十分有助于中国分享自身在经济转型过程中积累的经验教训，帮助非洲国家更好规划自身发展路线并最终实现繁荣发展。中国在这些方面具备独一无二的优势。

我认为有两个领域与非洲未来发展息息相关，中国经验值得借鉴。一是消除非洲许多地区依然面临的疾病和贫困，二是挖掘非洲国家在农业方面的发展潜力。

健康的重要性不言而喻。中国在健康创新领域的领导力日益彰显。比如，通过药物创新和有效的疾病监测与控制体系，中国已经在2017年实现了本土疟疾零病例，这是一个非常了不起的成绩。中国可以为其他发展中国家消灭疟疾提供高效且可负担的解决方案。

农业是中国能够帮助非洲加快发展的另一重要领域。过去几十年里，中国农业生产率的增长速度比撒哈拉以南非洲地区快了4到6倍。设想一下，如果非洲能够借鉴中国的知识、经验和资源，实现类似的农业转型，非洲未来就会大有希望。

例如，我们可以利用中国在杂交水稻培育方面的专业知识，为非洲农民研发产量更高、抗病能力更强的稻米品种；中国还可以在农业研究的国际合作中发挥更为积极的作用，让数以百万计的小农户受益。

盖茨基金会将一如既往地支持中国加快创新步伐，积极支持中国将其丰富的疾病监测和控制经验与非洲国家分享，从而帮助非洲国家提升针对疟疾和其他流行病的防控能力。盖茨基金会也将通过开展一系列项目，鼓励中国企业投资非洲，为非洲的健康和农业发展作出持续贡献，改善撒哈拉以南非洲人民的生活。

中国的实践证明，改变是可能的，而且可以很快发生。

（作者为比尔及梅琳达·盖茨基金会联席主席）

（2018年9月3日）

三十五次访华的感悟

费尔南多·巴博萨

中国在短短 40 年间创造的成就令世界刮目相看，与此同时，中国的快速发展对所在地区和全世界也带来积极影响

我在读中学时就阅读过中国诗歌的译本，这些由哥伦比亚诗人纪叶尔莫·瓦伦西亚翻译过来的诗句让我现在还记忆犹新。比如李白的诗句："花间一壶酒，独酌无相亲。举杯邀明月，对影成三人。"

上大学时，我身边的朋友们开始讨论毛泽东思想，这为我打开了通向另一个思想世界的大门。而直到 1983 年我首次访问中国，我对中国零散的印象才被拼合起来。从那一年到现在，我作为外交官、学者和游客先后 35 次到访中国。这一次次的访问汇聚成一个万花筒，让中国的色彩和形象在我的脑海中丰富而鲜活起来。

最初，在香港眺望刚诞生不久的深圳经济特区，一切都刚起步，发展充满了困难、挑战与不确定性。当时包括上海在内的其他地区，说实话，并不是那么发达，但人们却充满了热情与干劲。1985 年，我作为代表团成员随哥伦比亚外长访问北京，庆祝哥中两国建交 5 周年。那一次，也是我第一次近距离了解中国特色社会主义道路。

自那以后，中国的发展速度和发展水平一次次刷新我的印象：宽阔的高速

公路、众多的新机场……一开始，这些高速公路上的汽车和新机场的航班并不多，但这些项目的重要性随着时间的推移而逐渐显现。事实证明，这些基础设施建设的背后是中国对未来长远的规划，而这正是哥伦比亚乃至其他拉美国家所欠缺的。基础设施建设不是发展的补充，而是发展的基础。

自1978年改革开放以来，中国在短短40年间创造的成就令世界刮目相看。中国有两点成就尤其令我惊叹：一是中国通过成功的脱贫政策让贫困率显著下降，这与其他许多类似经济体的状况形成鲜明对比；另一个则是中国是通过独立自主、极具自身特色的发展道路获得了惊人的发展成就，而非借助马歇尔计划或类似计划的外部援助。这两点给中国发展带来的深远影响不言而喻。与此同时，中国的快速发展对所在地区和全世界也带来积极影响。

提到中国为世界带来的机遇，首屈一指便是"一带一路"倡议。从亚洲到欧洲，从非洲到拉美，从基础设施互联互通到金融和技术合作，这项由中国发起的倡议覆盖范围广、涉及议题多，无疑将产生深远影响。"一带一路"倡议将推动基础设施建设，促进地区发展，改善数以亿计人民的生活，当然拉美地区也不例外。除了中国与拉美的直接合作，直接受惠于"一带一路"倡议的其他国家经济得以快速发展后，也会间接给拉美地区发展带来积极影响。无论是商品贸易还是投资建设，无论在传统领域还是新兴领域，拉美国家需要抓住中国提供的这一机遇。

中国为世界带来机遇还在于中国提出的人类命运共同体等理念。这些一脉相承的理念为所有居住在地球村的人们谋求一个共同的美好未来，不分种族、宗教、意识形态、文化，无论地域和出身。

（作者为哥伦比亚政治学家、亚洲问题专家）

（2018年8月14日）

了解中国 读懂中国

罗思义

中国是全球人口最多的国家和世界第二大经济体，习近平主席对于经济全球化的正确主张有着特殊分量

今年4月，《习近平谈治国理政》第二卷多语种版在伦敦成功举行首发式。第二卷收录了99篇讲话、谈话、演讲、批示、贺电等，阐述了各个层面的不同话题，从中国特色社会主义，到法治建设，再到环境保护和文化自信等，具有全面系统性。作为一名研究国际关系的外国读者，我尤其关注书中有关中国对外政策的文章，这也是我在研读思考第二卷内容时的出发点。

习近平主席对经济全球化的支持是极为明确的。他谈到，"经济全球化是社会生产力发展的客观要求和科技进步的必然结果"，"当然，发展失衡、治理困境、数字鸿沟、公平赤字等问题也客观存在。这些是前进中的问题，我们要正视并设法解决，但不能因噎废食"。这些观点和主张与贸易保护主义和经济民族主义形成了鲜明对比。无论是2017年1月在瑞士达沃斯出席世界经济论坛年会的西方发达国家领导人，还是2017年5月到北京参加"一带一路"国际合作高峰论坛的各国领导人，都能够听到这样的中国倡议和主张。

中国是全球人口最多的国家和世界第二大经济体，习近平主席对于经济全球化的正确主张有着特殊分量。很显然，全球面临的共同威胁，如气候变化和恐怖主义，只能通过国际合作来应对。习近平主席有关构建人类命运共同体的倡议，为这种国际合作建立了一个更加坚实的基础。

全人类能否更好地生存，取决于能否进行高效的国际合作。正如习近平主席所说，"当今世界，各国相互依存、休戚与共"。国际劳动分工有利于经济发展，并不是因为各国经济发展状况相当，而是因为各国经济发展侧重点不同。世界应该欢迎多样性。习近平主席对此也有论述，他引用《三国志》中的话告诉大家："和羹之美，在于合异。"习近平主席还指出："文明差异不应该成为世界冲突的根源，而应该成为人类文明进步的动力。"

《习近平谈治国理政》一书中有诸多文章都阐述了如何从严治党。1949年中华人民共和国成立，中国走上民族复兴的道路。这一过程可谓世界历史上最快的大国复兴进程：中国从几乎是世界上最贫穷的国家成长为世界第二大经济体、初步建成小康社会，这些与中国共产党的特殊作用密不可分。

《习近平谈治国理政》结合了中国传统思维和西方读者习惯的逻辑方法，贯穿着马克思主义，是一本读懂中国不可或缺的著作。没有读过这本书的外国人，不能说对中国有足够的了解。

（作者为英国伦敦经济与商业政策署前署长、中国人民大学重阳金融研究院高级研究员）

（2018年8月9日）

让交流与发展的明灯长盛不衰

赫尔曼

中国40年改革开放以其看得见、摸得着、感受得到的巨大成就,证明这是人类实现彼此交流和共同创造的正确道路

1978年12月3日,寒风料峭中的上海,西门子公司举办的电子和电气技术展览会开幕,近4万人以极大的热情参观了这一展览。或许仅仅是个巧合——20天后,中国公布了十一届三中全会的会议公报,改革开放从此破冰开道,浩浩荡荡。

我钦佩公司那个年代的前辈们,他们继承了公司创始人的胆识和果敢。在充满忐忑甚至是未知的年代,他们敏锐地察觉"春江水暖",坚定地扮演了先行者的角色。

中国的改革开放,被称为"二战后人类历史上最为成功的经济改革运动"。40年来,几乎中国的每条街道、每个家庭都发生了巨大变化。在我来看,这种变化远远超出了经济和商业层面。

40年间,中国从快速追赶,到融入世界经济,再到引领世界经济;与此相伴,全球企业在中国从逐步试水,到携手合作,再到融入中国社会,始终与中国相迎相伴。改革为中国提供了创新和技术的沃土,开放则推动交流不断扩大,带动更多、更新的技术应用在中国落地生根,从而最终推动社会和大众生活不

断向好。交流与发展始终是改革开放的历史命题。

西门子在1989年成立第一家在华合资企业时,在中国仅有200名员工。今天,这个数字已经猛增到3.4万人,是当年的170倍,其中99%都是中国本地人。同样是在上世纪80年代,西门子北京办事处不过是北京民族饭店里的一间客房,文件只能堆放在浴盆里。而今天,西门子在中国几乎所有重要城市都开设了办事机构。

如果有什么能解释这些巨变,那一定就是信心。

上世纪90年代,当德国一些企业对是否到中国投资踟蹰不前时,当时的西门子总裁兼首席执行官、德国经济亚洲太平洋委员会主席冯必乐说:"不去中国的风险要大于去中国的风险。"这句话在德国引起了巨大反响。德国企业开始逐渐扩大在华投资,德中经贸领域的成功合作由此成为一段佳话。我相信,那时他心中也是充满了信心。

就在不久前,有记者问西门子全球首席执行官凯飒,中国改革开放中的哪件事情给他留下了最深的印象。他回答"签证"——就在今年年初,他成为第一批获得10年期中国签证的外籍人士。他说,这是一种最大的信任。

信心与信任,这是超越单纯商业动机的默契与相互尊重,是对共同发展的共识,是推动合作的精神力量。正如西门子公司创始人维尔纳·冯·西门子的名言:我不会为短期利益出卖未来。西门子正是以为中国社会创造可持续的社会价值,赢得尊重与信任,成为中国改革开放进程中的一员。

很难想象,如果没有当初德中两国领导人的高瞻远瞩,如果没有中国改革开放的历史性决策,我们会失去多少相互了解和促进的机会,会失去多少对企业和国家都至关重要的竞争力。中国改革开放40年的历史揭示,只有在改革开放的道路上,才能实现在交流中创新,在交流中发展。

德国著名哲学家莱布尼茨在他撰写的《中国近事》一书中阐述的观点是,欧洲与中国的文化交流不仅仅在于学习对方的历史性的知识与文明的成果,而且可以在两种文化的交流与碰撞中产生新的创造性思想的火花,从而推动两大文明的发展。他说:"我们的相遇和交流意义重大,它会孕育千万美好成果、千万发明创造。"

今天，当数字化推动价值以前所未有的速度跨越国界流动，当"一带一路"以前所未有的合作精神推进共同繁荣，当经济全球化以前所未有的力量席卷每个角落，任何地理、文化、民族、政治、意识形态的差异都不应该成为我们的障碍。

中国40年改革开放以其看得见、摸得着、感受得到的巨大成就，证明这是人类实现彼此交流和共同创造的正确道路。我也欣然听到，中国发出"将改革进行到底""中国开放的大门不会关闭，只会越开越大"的声音；我更相信，继续真诚支持、积极参与改革开放仍将是国际社会的政治、经济和商业共识。

同样如莱布尼茨所说，中国人应当与欧洲人交换礼物，互相取长补短，用一盏明灯点燃另一盏明灯。唯有改革开放，才能让交流与发展的明灯长盛不衰。唯有参与改革开放，才能孕育千万美好成果、千万发明创造。

（作者为德国西门子大中华区首席执行官）

（2018年8月8日）

当美国不想保护欧洲的利益

约瑟夫·巴拉姆

美国政府把欧洲乃至欧洲的领导层视为对手，甚至想通过分裂欧洲国家来更好地控制欧洲，欧洲必须为此做好准备

美国驻德国大使理查德·格雷内尔6月初对媒体表示，希望帮助欧洲保守派壮大力量。格雷内尔说这些话时刚履职不到一个月，难以相信这是一个国家外交官应该说的话。但对此我并不感到吃惊。面对美国政府想要分裂欧洲的愿望，我们应当做好应对准备，更好地维护欧洲团结的局面。

我一年前就公开提出警告，美国可能试图以分裂欧盟的方式，来削弱欧盟在贸易和货币政策方面的竞争力。目前的情形甚至已经超出了我的最坏预期。而这一刻到来的速度之快，更令我印象深刻。

特朗普就职总统几个月后，德国总理默克尔就表示"我们可以完全依靠他人的时代已经过去了"。默克尔在表达自己的观点时已经非常委婉。作为德国总理，她只能如此表达。但人们必须读懂话里话外的意思。

美国政府把欧洲乃至欧洲的领导层视为对手，甚至想通过分裂欧洲国家来更好地控制欧洲，欧洲必须为此做好准备。

从美国总统及其安全与经济顾问们的世界观出发，企业与企业之间、国家与国家之间，只存在竞争关系。在他们看来，国家之间没有朋友，只有利益。

加之其"零和思维",认为只有牺牲他人才能成就自己的利益。

如果一个人认为世界的法则就是人人互斗,那么对他而言外交就显得毫无意义。联合国、世界贸易组织、北约……那些在第二次世界大战后成立的国际组织,对其而言都将变得无足轻重。

欧洲不得不去思考的是,繁荣的跨大西洋联盟时代现在真的结束了。我想说,如果想要被美国人认真对待,欧洲人就必须学会更自信地思考。如果美国不想保护欧洲的利益,那么欧洲就需要一个强大的自我支柱,可以果断做出决定并采取行动。

当然,格雷内尔没有提到"民族主义者"或"右翼民粹主义者",而是用了"保守主义者"这个概念。这也暴露出问题一角。欧洲和美国通常被视为拥有共同的价值观。但单看对自由价值的界定,欧美就存在巨大差异。如今,美国有一位总统正在以牺牲自由为代价。至少目前很明显,美国和欧洲之间存在很大的价值观差异。多年来,我一直秉承的一个观点是,价值观不是将欧洲和美国黏合的胶水,而是能拆散彼此的爆炸物。

(作者为德国外交政策协会美国问题专家、《国际政治年刊》总编辑)

(2018年8月8日)

"金砖"的意义

吉姆·奥尼尔

作为"金砖"概念的提出者,如今,金砖五国大大超越了我 17 年前的预期。金砖五国想要进一步发挥影响力,推动贸易投资自由化便利化就是一大合作目标

再过几天,金砖国家领导人将齐聚南非,出席金砖国家领导人第十次会晤。我衷心希望本次会晤取得丰硕成果,再次证明金砖国家合作的高效性。作为"金砖"概念的提出者,我个人也受益良多。金砖国家领导人接受了我提出的概念并在此基础上成功开展合作,让"金砖"一词成为变化世界的一个新名词。当然,"金砖"的意义远不止于此。

到今年 11 月,就是我首次撰写论文论述金砖国家经济 17 周年的日子了。那篇论文的标题是《全球需要更好的经济之砖》,我在文中提及了金砖国家的经济发展超越其他经济体的三种情形,以及金砖国家整体上在世界经济中所占的分量。众所周知,金砖国家的表现,无论是单个国家还是作为一个整体,都超过了我当时的假设,并在上一个十年间迎来了卓越的经济发展。2003 年,我和同事发表了《与金砖国家一起梦想:通往 2050 之路》,文章预测到 2050 年,金砖国家的经济体量将在全球数一数二。这也是"金砖"一词在全球经济和金融圈颇具影响力的原因,并客观上促进了金砖国家此后的合作。如今,金砖

五国大大超越了我 17 年前的预期。应当说，中国的经济发展具有重要的带动作用。

今年的金砖国家领导人会晤在即，我期望与会各国领导人就促进金砖五国间的贸易、投资进行深入沟通，促进金砖国家实现更好的经济发展。金砖五国想要进一步发挥影响力，推动贸易投资自由化便利化就是一大合作目标。单单是中国和印度之间，降低贸易壁垒就可以为双方带来巨大的潜在经济价值。当然，在贸易方面的合作还将让全球看到，金砖国家所提倡的贸易往来与目前美国政府的贸易保护主义政策是相反的。无论是实际行动还是这种目标的潜在影响力，都能够将美国单方面发动的贸易战的破坏效果降低到最小。如果金砖国家领导人会晤这样的机制可以反制贸易保护主义，那么就将能够对全球市场产生巨大的正向影响力。

在经济领域合作之外，金砖五国还可以在健康、教育等方面进行务实合作。我近期花了很多时间推动抗生素耐药性研究，感受到在这样的领域开展合作研究很有意义。金砖国家新开发银行也可以加大在结核病药物或新疫苗研发等方面的投资，这对其他国家而言将是一个强烈的信号。此外，在农业方面，金砖五国也有广阔的合作空间，例如减少农业抗生素的使用等。

金砖五国可以合作的领域非常广阔，我期待看到越来越多有影响力的政策出台。

（作者为英国皇家国际事务研究所主席）

（2018 年 7 月 24 日）

阿中合作论坛：阿中关系新未来

盖 特

阿拉伯国家和中国的关系同两个古老文明一样源远流长、底蕴深厚，涵盖经贸、文化、人文等各个领域。虽然早在阿中关系建立之前，中国就同世界其他地区有所接触，但是阿拉伯伊斯兰文明为中国和世界其他文明搭建了沟通桥梁。这不足为奇，因为阿拉伯伊斯兰文明自公元8世纪起进入繁荣时代，此时正值中华文明在经济、科技和人文方面的鼎盛时期。欧洲将这段时期称为"黑暗的中世纪"，因为当时的西方一片黑暗，而阿拉伯人和中国人所处的东方却是一片光明。

在现代，阿中关系早已超越实现互利共赢和经济发展的阶段，双方人民间也早已建立超越传统友谊和文化交往的深厚关系，双方在国际事务和重大问题上立场相近，1949年中华人民共和国成立后，阿拉伯国家纷纷在中国获得联合国承认之前就率先承认中国。

1955年万隆会议召开之际，国际阵营对立严重，而会后阿中关系却实现了重大发展。上世纪70年代初，阿拉伯国家支持中国恢复在联合国的席位，还发表声明称，支持一个中国原则是阿拉伯国家对华政策的一个重要支柱。

2004年阿中合作论坛的成立无疑是阿中集体合作关系的一次实质性飞跃。论坛将阿中关系纳入机制性框架，跟踪和规划阿中关系发展，协调解决发展中出现的问题，从而实现这一关系的全面提升。论坛项下已成立15个合作机制，涵盖政治、经济、文化和科技等各个领域。中国国家主席习近平2016年1月对阿盟总部进行的历史性访问为阿中关系发展注入了前所未有的动力，开辟了发展和提升的广阔空间。

过去14年里，阿中合作论坛推动阿中关系和双方协调合作实现质的飞跃。双方贸易额从论坛成立时的364亿美元猛增至2017年的1910亿美元。不少报告显示，中国已成为阿拉伯国家第二大贸易伙伴。毫无疑问，双方在贸易领域仍有很大潜力，贸易前景广阔多元，而不仅局限于能源等传统领域。阿拉伯国家凭借自身区位优势、经济实力、自然和人力资源，在"一带一路"建设中占据突出地位，双方期待在"一带一路"倡议框架下，将贸易额提升至6000亿美元。

"一带一路"倡议将激发阿拉伯世界的潜能，并将其转化为地区亟需的投资，以振兴市场、提升就业和改善基础设施。"一带一路"倡议蕴含着前所未有的机遇，这不禁令人回想起中阿两大文明的黄金时代，并为其打开了复兴之路。

阿拉伯世界不仅把中国视为贸易伙伴，还将其视为实现经济平衡增长和帮助数亿民众脱贫的典范。中国践行的独特经济模式（中国特色社会主义）引起了众多阿拉伯政治家、学者、经济学家和工商业人士的关注，这一模式包含了如何用魄力、创新和自信应对全球化的宝贵经验。毫不夸张地说，凭借这一模式，中国成了全球化最大的受益者之一。

阿中双方的合作与交往不仅局限于经济领域，在当前复杂多变的国际秩序架构下，双方应进一步加强在政治领域的协调，尤其是双方对国际秩序有着相似的看法，都认为应建立一个以国际法准则为基础的公正的国际秩序，都奉行尊重主权和不干涉别国内政等一系列国际关系基本原则，都认为恐怖主义是对国家社会稳定和福祉的重大威胁，必须坚决予以打击。

巴勒斯坦问题对阿方有着特殊重要意义，中国在该问题上的原则立场无疑值得阿方高度赞赏。无论是在支持国际法和国际决议赋予巴勒斯坦的权利方面，还是在结束占领、推进"两国方案"这一巴以冲突唯一可行的解决方案方面，中国的立场一贯坚定不移，毫不动摇。在此，我要特别赞赏习近平主席为实现巴勒斯坦问题政治解决提出的四点主张,我还要赞赏中国的中东外交政策,这一政策与旨在建立以1967年边界为基础、以东耶路撒冷为首都、拥有完全主权的独立巴勒斯坦国的阿拉伯和平倡议高度契合。

最后,我相信将于7月10日在北京召开的中阿合作论坛第八届部长会将为牢固的阿中友谊再添新瓦。

(作者为阿拉伯国家联盟秘书长)

(2018年7月8日)

中共理论和实践堪称伟大

塞维利诺·卡布拉尔

我从此书中看到了中国共产党发展进程中的理论创新,充分显示了一种非凡能力,为中国在 21 世纪全球变革中取得成功指明了方向

中国以惊人的速度崛起为全球第二大经济体,在国际事务中扮演至关重要的角色。在国际社会和中国国内都发生深刻变革的历史阶段,习近平总书记运用创新的理念和方法引领中国,使之不断适应新的历史时期出现的变化。《习近平谈治国理政》是其治国理念和执政方略的集中体现。

我收藏有《习近平谈治国理政》第一卷和第二卷。我认为,国际社会可以通过此书更好地了解习近平新时代中国特色社会主义思想。我从此书中看到了中国共产党发展进程中的理论创新——既是对前人观点的思考和发展,又是执政观念的创新成果。这充分显示了一种非凡能力,为中国在 21 世纪全球变革中取得成功指明了方向。事实上,中国共产党在治国理政理论和实践方面的努力堪称伟大。

通过理解习近平总书记对当前一系列重大问题所作深入阐释和分析,读者可以获得一个个关键问题的答案:中国是如何不断适应、把握、引领经济发展新常态的;中国是如何为实现"两个一百年"奋斗目标而不懈努力的;中国是如何推动"一带一路"建设,为全球基础设施建设注入强劲动能的。

这些问题值得所有国家不同背景的读者思考，也让我们日益关注那些具有独特性和普遍性的，反映中国发展现实的关键词：中国政府的治理方案，实现中华民族伟大复兴的中国梦，深化改革开放，现代化以及构建人类命运共同体……

关于改革开放，习近平总书记指出："改革开放是一项长期的、艰巨的、繁重的事业，必须一代又一代人接力干下去。"40年改革开放彻底改变了中国的面貌，也深刻影响当今世界。书中展现在读者面前的是中国国家建设伟大而复杂的征程，这也是实现中国梦的过程，不仅关系到中国的命运，还关系到全人类的命运。

中国的发展具有全球影响力。正如习近平总书记所指出："世界繁荣稳定是中国的机遇，中国发展也是世界的机遇。"这是他对当今世界和中国发展问题思考的重要论断。举例来说，中国倡导共建"一带一路"，其目的是为了复兴世界贸易重要线路，沿线各国共同努力，实现整体经济复苏。

《习近平谈治国理政》蕴涵的思想与中国的未来息息相关，众多议题都发人深省。对于西方读者来说，这是研究中国政治、经济、社会、外交政策等方面极富建设性的重要参考。读者不仅要阅读，更要研究。

（作者为巴西亚太—中国研究所所长）

（2018年7月5日）

从中国智慧中汲取营养

马丁·阿尔布劳

《习近平谈治国理政》不仅是一本供中国人阅读的书籍,所有关心人类命运和世界未来的人都应该读一读

在《习近平谈治国理政》第一卷发表3年多后,我非常兴奋地看到《习近平谈治国理政》第二卷的问世。

第二卷反映了习近平最新的思想,涉及的领域包括从严治党、文化自信、保障和改善民生、美丽中国等,体现了中国政府坚持改革、扩大开放的决心和信心。

第二卷突出强调了中国共产党在指引国家前进方向、带领人民寻求幸福中的重要作用。我早已注意到,不像美国梦只是提倡个人奋斗和成功,中国梦追求的是全民族的复兴。

随着中国走近世界舞台中央,"一带一路"倡议背后的理念也在进一步发展,第二卷书中就包含相关阐释。《共同构建人类命运共同体》是习近平2017年1月在瑞士日内瓦万国宫发表主旨演讲的题目,这也是第二卷中的重要内容。

从阅读《习近平谈治国理政》第一卷开始我就不断思考,西方应该从习近平思想中汲取营养、得到启示。第二卷给西方提供了比第一卷更多样的视角。

比如，中国的民主是中国人民在中国共产党领导下实现的，这是一个持续的过程，也是一个不断摸索的过程。

如今，西方仍然无法摆脱冷战思维及对社会主义国家的偏见。但中国共产党是独特的，它孕育于中华大地，是中国人民在剧烈历史动荡中经过不懈追寻和英勇斗争的必然选择。从1949年中华人民共和国成立，到40年改革开放取得的巨大成就，无数事实证明了中国共产党的不同凡响。

中共十八大提出"加强社会主义核心价值体系建设"，倡导富强、民主、文明、和谐、自由、平等、公正、法治、爱国、敬业、诚信、友善。中共党员们将这些价值观融入日常工作生活中，深入中国各地、各行各业，引领全国人民共同推动民族复兴。

从群众中来，到群众中去。中国共产党坚持走群众路线，不仅汇集了全社会智慧和力量办成大事，而且在群众路线中具备了监督自我的能力。这是集体决策与分步式决策的结合，整个社会都为同一个目标努力，这就形成了中国特色的民主理念，正如习近平主席所阐述的社会主义协商民主正向"广泛多层制度化"发展迈进。

因此，《习近平谈治国理政》不仅是一本供中国人阅读的书籍，所有关心人类命运和世界未来的人都应该读一读，而且，我也想对那些对中国崛起怀有警惕和恐惧心理的西方人说："不要害怕，除了偏见的枷锁，你没有什么可失去的。"

（作者为英国社会科学院院士）

（2018年5月24日）

了解中共执政方略的重要工具书

阮荣光

这本书让国际社会更加清楚中国的发展战略和未来走向

1978年大学毕业后,我一直在越南外交领域工作。我学习中文,对中国文化有初步了解,很喜欢研究中国问题。两度在越南驻华大使馆工作的经历,让我更加关注中国共产党的理论研究与创新。

《习近平谈治国理政》一书出版发行后,无论在中国国内还是在国际社会都备受关注。可以说,这本书是外国人了解和研究新时代中国国家治理、中国共产党执政方略的一本重要工具书。这也是我参与该书越南文版翻译、校订工作的重要原因。2015年11月初,中共中央总书记、国家主席习近平访问越南之际,《习近平谈治国理政》越南文版发行仪式在越南首都河内举行。

该书内容涵盖中国特色社会主义事业的方方面面。这本书中展示的"中国智慧""中国方案",也因应了一些发展中国家在发展过程中遇到的普遍性难题,譬如经济可持续发展、扶贫减贫、生态文明建设等。因此,翻译、校对这本书的过程,也是一次系统、全面学习和钻研的过程。从这本书中,我了解到习近平总书记面对错综复杂的国内和国际形势,对中国发展和社会主义建设提出的新思想。这本书让国际社会更加清楚中国的发展战略和未来走向。

越南共产党非常关注中国共产党的执政经验和理论创新,希望和中国共产党在治党治国方面相互借鉴经验。特别是中国如何推进关乎党和国家前途命运的反腐败工作，我们非常感兴趣。《习近平谈治国理政》这本书全面介绍了近年来中国共产党在预防和惩治腐败方面的有益做法和成功经验。例如，2013年1月22日，习近平总书记在中国共产党第十八届中央纪律检查委员会第二次全体会议上的讲话中强调"把权力关进制度的笼子里"，这一表述通俗易懂、寓意深远。

的确，权力如果没有制度的约束，就会被滥用；制度如果不能像笼子一样严密，就会让一些人存有侥幸心理，滋生腐败行为。我观察到，中共十八大以来，中国共产党不断加强对权力运行的制约和监督，可以说，不敢腐的惩戒机制、不能腐的防范机制、不易腐的保障机制取得显著效果。

中共十八大以来，以习近平同志为核心的中共中央查办了一批腐败大案要案。反腐风暴不但在中国国内赢得人民拥护，也被越南媒体广泛报道。"打虎拍蝇"在越南成为热词，很多越南百姓茶余饭后都谈论中国反腐行动"老虎""苍蝇"一起打。既坚决查处领导干部违纪违法案件，又切实解决发生在群众身边的不正之风和腐败问题，可以说中国惩治腐败是全方位的。

越南和中国同为共产党领导的社会主义国家，越南的革新事业和中国的改革开放事业都取得了巨大成功。两党两国有必要交流和分享各自治国理政的成功经验。我将中国权威的理论著作翻译成越南文，也是希望能为越南国内提供参考。

我先后翻译了《社会主义：转折与创新》《两个主义一百年：社会主义、资本主义》等一系列著作，得到越南读者和越南领导层的认可。2016年，中国政府还授予我第十届"中华图书特殊贡献奖"。我还计划将中共十九大的所有文件都翻译成越南文，这样更有利于促进越中两党相互了解和借鉴。

（作者为越中友好协会副主席、越南国际关系发展与战略研究中心高级顾问、越共中央对外部东北亚司原司长）

（2018年5月17日）

是什么支撑起中国的经济发展和改革

米歇尔·阿列塔

中国经济现象已成为全球瞩目的焦点。人们都很好奇,究竟是什么支撑起中国的经济发展和改革?

中国传统文化对当今中国发展影响深远。"水可载舟,亦可覆舟",中国传统认为维护人民利益、增进人民福祉的实际效果至关重要,对此我非常赞同。经济和政治行为是否民主,应由其结果,即是否有利于人民福祉来判断。照搬西方模式,演变为唯选票至上的刻板形式极其危险。中国正致力于全面建成小康社会,加强基础设施建设、助力人民财富积累、提高国家治理能力、推动科技发展,这些都是增进人民福祉的举措,因此也是民主的。

民主政治与经济理念总是一体两面,西方的民主政治对应的是自由市场理念,中国特色的民主政治对应的一定是中国特色的经济理念。中国政府继承了中国的传统,重视保持国家的稳定性和连续性。市场化只是实现目标的工具,而非最终目的。正因如此,政府及其非市场机制在中国经济发展过程中持续发挥重要调节功能。这与西方盛行的新古典主义经济观点截然不同。

中华人民共和国成立以来,中国政府不断发现问题、解决问题并寻找新的改革动力,在经济改革中发挥了重要的积极作用。中国政府在上世纪 70 年代引进先进农业技术,解放生产力,提高农民收入,一系列改革措施获得农民支持;80 年代坚持改革开放,克服社会转型中的种种矛盾;通过财政调节成功抵御1997年亚洲金融危机和2008年国际金融危机,保证了经济高速增长。当前,中国经济进入了新时代,中国的目标是实现可持续发展和社会稳定和谐,力图克服发展不平衡的矛盾,以及影子银行、地方债务、房地产泡沫等严重威胁,为经济社会结构性调整与转型奠定基础。

中共十九大报告强调了平衡发展的重要性,这体现了中国已摆脱"以国内生产总值论英雄"的旧观念,强调经济发展质量。提高经济发展质量最重要的是创新。中国作为制造业大国,正在摆脱"世界加工厂"的定位,着力向高端技术领域迈进,在大数据、人工智能、新能源等领域发展势头迅猛,在国际市场已具备竞争优势。科技发展同样促成了网络教育、远程诊疗技术等现代健康生活潮流,有助于解决民生资源分布不均衡的问题,应对人口老龄化并进一步提高生产力。另外,创新也将对城市进行重新组织、重新定义,使城市更美好,极大推动中国的城市化进程。

具体来看,中国通过引导银行向创新型企业贷款、鼓励企业和科研机构合作、提高科技产品转化率等一系列措施,保护和促进了创新型中小企业的成长;利用设立特区、试验区等措施进行试验,一经成功即全面推广,加快了创新效率;地方政府根据不同地区发展条件和需求进行有差别的创新引导。总的来说,中国的政府顶层设计和社会草根创业相得益彰、相互促进,科技创新氛围浓厚,发展前景非常光明。

当前,中国经济的发展面临两个选择,是关起门"闭门造车"还是继续深化改革开放?显然,习近平主席具有长期目标和战略眼光,他提出的"一带一路"倡议设计精巧、定位准确,让资金、人才、技术流动起来,确保相关国家在世界经济发展大潮中互利共赢不掉队。许多国家在"一带一路"建设的帮助下,经济得到发展,社会趋于平稳,管理更为优化。"一带一路"倡议促进了多边平衡发展,对地区稳定乃至世界和平起到了积极作用。

(作者为法国著名经济学家、调节学派创始人)

(2018年5月15日)

思想的光芒永远闪耀

塞勒斯·比纳

马克思发现的是人类社会关系的根源,重新认识马克思的大门已经打开

如果人们要从过去200年间寻找那些塑造我们今天思考方式、改变我们生存方式的思想家,不会有太多名字出现在脑海中。在我看来,只有三个名字可以归入这一类别——查尔斯·达尔文、阿尔伯特·爱因斯坦、卡尔·马克思。

正如达尔文发现了物种的起源、爱因斯坦探索了宇宙的起源,马克思发现的则是人类社会关系的根源。这样一个"认知三角",塑造了我们今天的想象空间和我们的社会存在。从这样的视角出发,我们也更能够准确把握马克思对人类社会整体的多层面贡献——这种贡献超越了种族、国家、文化、宗教和性别的界限。

马克思对资本主义竞争关系的阐释,早在1847年发表的《哲学的贫困》中就已经出现。其中,马克思着重强调了以下这一点——资本主义的竞争过程是一个资本不断集中的过程,这同时又导致了阶级的极化。在马克思的分析中,竞争和资本集中构成了一个整体概念,恰如在爱因斯坦的理论中,空间和时间从本质上就是相互联系在一起的概念。在马克思的分析中,无论是资本的竞争,还是资本的集中,都不是独立存在的概念。这种对于资本主义的认识,马克思此后在《资本论》中进一步深化了。但今天的不少学者,要不就是全然避开马克思的这一理论，要不就是将它看成是19世纪的遗迹，带着一种怀疑态度来看待它，进而把握不住资本主义的历史性。

在美国，目前一种"怀旧"和"被击败"的心理组合正在国内外事务中充分显现。经历了阿富汗、伊拉克、利比亚、叙利亚等一系列干预战争的失败和国际金融危机的冲击，美国的状态还没有恢复。中产阶层社会稳定器的角色摇摇欲坠。小布什政府的税收改革以及今天特朗普政府的税改，皆为利好富人的"再分配"改革，都像是火上浇油，正让阶级冲突愈来愈激烈。事实上，这一过程从上世纪80年代就已经开始。伴随其间出现的是激烈社会竞争、大量失业以及资本的国际化。今天美国的狭隘民族主义情绪只不过是一种酸葡萄心理。对于这一点，马克思会看得很清晰——马克思的著作对社会极化和资本全球化问题阐释得很清楚。

马克思教导人们了解现代资本主义的起源，教导人们资本主义是如何让人受困于一种"商品拜物教"。在21世纪的今天，马克思主义关于阶级关系、价值形成、经济危机以及权力关系的理论正显现出更耀眼的光辉。今年是马克思诞辰200周年，重新认识马克思的大门已经打开，马克思主义思想光芒将永远闪耀。

（作者为美国明尼苏达大学莫里斯分校经济学教授）

（2018年5月8日）

读懂真理的深厚历史性内涵

拉荻卡·德塞

"马克思是当代最遭嫉恨和最受诬蔑的人",恩格斯在马克思墓前的讲话中如此说。这种"嫉恨"和"诬蔑"的原因在于,马克思发现了击中资本主义心脏的真理——作为一种压制性社会组织方式,资本主义既不是自然的存在,也不会是永恒的存在。

首先,资本主义的存在依赖于一种完全非自然的历史过程,该过程中人类的大多数被强制性或欺骗性地剥夺了掌握生产资料的权利。这样一种充满内在矛盾性、对抗性的社会秩序必须终结。其次,马克思发现了资本主义的运行规律,即资本家是如何通过剥削工人获得剩余价值,资本家之间如何为剩余价值的分配而争斗,以及上述两种冲突如何表现为国际竞争和帝国主义行为。

马克思的观点含有丰富的历史性。这种历史性体现在两个维度:首先,它阐释的资本主义是一种历史性的存在,在人类的过去与未来之间占据特定位置;其次,阶级之间与阶级内部的斗争,国家之间与国家内部的斗争,给资本主义带来一种危机不断的历史。

《资本论》给世界带来了独特的影响,世界各地的工人阶级运动在它的旗帜下组织起来。从俄国革命开始,《资本论》的思想支撑了一个世纪的革命。今天,西方正受到资本主义的新一轮危机影响,人们更加强烈地为不断上升的不平等问题感到担忧。这种心态正在资本主义内部激励变革运动。

众所周知，马克思解决了政治经济学的经典问题——价值是什么，剩余价值来自哪里，经济危机为什么出现，利润率为什么会下降，工资水平如何决定，并揭示了资本主义的剥削关系、危机宿命和国际扩张本性。伴随着马克思理论的出现，欧洲工人阶级变得越来越坚定，旧有的理论再也无法为资本主义提供合法外衣。

因此，欧洲资本主义者急切地拥抱一种学说——一种被马克思在《资本论》中批评为"庸俗经济学"的学说。这一学说将分析的范围缩小——聚焦于交换，却抛弃了生产；聚焦于价格，却抛弃了价值；聚焦于个人，却抛弃了阶级。它的均衡假说掩盖了资本主义的内在矛盾和危机。因为危机在现实中不断出现，可是"庸俗经济学"将它描述为一种外在于资本主义的问题。

在马克思的历史分析中，有组织的人类集合体（阶级、政党、国家等）在特定的历史条件下做出选择，推动历史发展。但在一些在西方流行的社会学方法论中，本是由人类特定历史决定和行为所塑造的结果，却成了不得更改的、适用于所有人的规律；资本主义经济学好似成了"永恒"的、普遍适用的学说。但是，此种学说让人们失去了真正把握资本主义动荡性的机会。

今天我们阅读马克思的相关著作，必须认识到其深厚的历史性内涵。今天的读者必须将脱离历史的所谓经济学和社会学拒之门外，然后开始阅读马克思。我们必须真正读懂马克思所说的——他的著作邀请人们倾听历史的诉说。

（作者为加拿大曼尼托巴大学政治学系教授）

（2018年5月7日）

在原著中品读马克思的思想

克里斯蒂安·施密特

今年5月,我的新书《卡尔·马克思导论》即将出版,该书可以作为大学生了解马克思主义的教辅。卡尔·马克思,这位不知疲倦的理论家,通过持续阅读、摘录、评论、扬弃既有理论,不断寻找、起草、创造着新理论。他的思想理论在生前只发表了很有限的一部分,至今未能得到完整编纂。过去近20年里,德国也几乎没有新出版系统介绍马克思理论的书。

我撰写《卡尔·马克思导论》的目的,就是为了回应有关这位不辍研究的哲学家、经济学家的一个问题——马克思主义是在马克思对黑格尔哲学思想的继承、质疑和批判中产生的,这个过程中,他如何同时实现自由与理性?马克思一直在谨慎探索现代社会暗含的力量与机制,这种力量与机制足以消除压迫与剥削,带来自由与平等。

近10年来,德国舆论开始发生变化,尤其是哲学界出现了越来越多客观谈论马克思的声音,年轻人对马克思的兴趣也不断增长。实际上,马克思再次在德国"热"起来,可以追溯到2008年。国际金融危机爆发以来,很多人重新关注、阅读《资本论》,继而产生进一步了解马克思及其思想的兴趣。每当德国进行评选本国最重要历史人物的民调时,马克思总能稳居前10位。换言之,德国民众很清楚马克思主义在历史上的重要作用。一方面,马克思的名字与社会主义、共产主义紧密联系,这些是他思想理论的重要方面;另一方面,马克思对社会危机尤其是金融危机的分析方法，因具有现实意义而备受瞩目。

今年是马克思诞辰200周年。最近一段时间，德国密集出版了20多本与马克思有关的新书，其中有描述马克思生平的，也有尝试重新构建马克思哲学体系的，另一些则着重介绍马克思的经济理论。可以说，这些新书内容覆盖了与马克思相关的方方面面。但了解马克思主义的最好渠道，仍旧是阅读他的著作原文。只有仔细阅读思考马克思的话语，才能真正领会他的想法。

诚然，精读马克思的著作并不轻松。以《资本论》为例，不论是大部头的厚度，还是高度凝练的语言，对年轻人而言，都需要沉心静气。因此，几乎每座德国大城市都会举办阅读马克思经典的读书会。在柏林，罗莎卢森堡基金会10年来每年都举办马克思秋季学校，组织对马克思著作感兴趣的人定期研读、讨论学习《资本论》。还有更多读书会全年开展，主要吸引年轻群体。大家同步阅读，定期交流，培养阅读兴趣，不断加深对马克思主义的了解。

（作者为《卡尔·马克思导论》一书作者、莱比锡大学哲学系教师）

（2018年5月4日）

从马克思主义中寻求答案

本·凡恩

今年 5 月 5 日是马克思诞辰 200 周年纪念日,英国马克思纪念图书馆将举行盛大活动,这也是英国马克思主义再次盛行的标志性、指向性事件之一

距离 2008 年国际金融危机爆发已近 10 年,即使我们奉行着紧缩的财政政策,世界经济仍未恢复到危机前水平,这使一些人开始重新关注并思考马克思主义,马克思的巨著《资本论》《共产党宣言》的销量在今年猛增。此外,由于英国近期政治上波动不断,"脱欧"公投带来的震荡余波仍在,经济上增长乏力、不确定性犹存,人们对传统精英阶层的不信任感增强,更多的人倾向于从马克思主义中寻求答案。这种情况下,具有社会主义色彩的英国工党左翼领袖杰里米·科尔宾脱颖而出。

虽然左翼思潮的发展与马克思主义的发展不能混为一谈,但英国工党中确实有许多左翼人士受到马克思主义的影响,或是马克思主义的坚定支持者,即便他们此前从没想过工党会与社会主义产生交集。今年 5 月 5 日是马克思诞辰 200 周年纪念日,英国马克思纪念图书馆将举行盛大活动,这也是英国马克思主义再次盛行的标志性、指向性事件之一。届时,影子财政大臣约翰·麦克唐纳将发表主旨演讲。麦克唐纳曾对《金融时报》表示:"我们的目标是社会主义。这意味着在平衡劳动人民的权利和财富方面将有一场不可逆的转变。"一旦工

党在未来的选举中胜出，他的经济政策将影响整个国家。

在伦敦举办活动纪念马克思诞辰200周年再适合不过。马克思诸多的思想成果都是在这座城市完成的，马克思逝世后安葬在伦敦城北的海格特公墓。他的墓碑上刻着《关于费尔巴哈的提纲》第十一条的内容："哲学家们只是用不同的方式解释世界，问题在于改变世界。"

谈及改变世界，马克思对英国学术界产生的影响最为深远。他的思想在学科之间、教与学之间绽放着光芒，尤其是在经济学领域。英国的经济学长期被所谓的主流经济理论主导，容不得其他学派掺入，这恰恰暴露了这种经济理论的局限性：它不仅没能预测经济危机，还认为经济危机仅存在于历史之中；它无法解释当今社会经济危机的成因，更无法提出解决危机的办法。结局便是，多元论者、其他经济学派日渐兴盛。经济学专业的学生一边在该领域的边缘试探，一边将政治经济学融入其他社会科学研究之中，以寻求新的答案。在这个过程中，马克思主义为促进政治经济学的进一步发展作出了极大贡献。在英国，马克思主义政治经济学是透视新自由主义本质的前沿思想，可以用来解释国际金融危机的成因、原有理论为何无法实现稳定持续的复苏、经济金融化扮演何种角色等问题，是在经济、政治、意识形态等领域不断壮大的思想脉络。

（作者为英国伦敦大学亚非学院经济学教授）

（2018年5月3日）

马克思主义永远值得信任

拉乌尔·佩克

马克思是资本主义和社会主义发展历史上的关键人物,其思想对我们理解当今世界意义非凡

我生于海地,那是一个贫穷且贫富差距巨大的地方。我曾不禁质疑,那些巨富凭什么靠投机日进斗金、坐拥巨量资产?我20岁时在西柏林学习、生活。那个年代,西柏林是一个政治氛围十分浓厚的城市,我在大学学习研究资本主义,接触并研究了马克思主义思想理论,我发现马克思也对少数人掌握大量财富的不公平与荒诞提出了相同的疑问。他的理论对我个人的思想体系架构产生了深远影响,已成为我思想的一部分,因而最终促成我拍摄了《年轻的卡尔·马克思》这部电影。这部电影并不浪漫,但充满反思。因为在我看来,马克思主义不仅是理论,而且是关乎生命、生活、价值观,关乎我是谁、我追求什么的深入灵魂的命题。

这部电影展现的马克思是追求真理的年轻人,是同你我一样的普通人,不是冷冰冰的雕塑,因此他的思想富有朝气、易于接受,并成为新思想的源泉。《年轻的卡尔·马克思》中的场景均取材于真实历史事件,源于马克思和恩格斯及其他人的书信,真实地展示了马克思主义思想产生和发展的过程。马克思开创了工人阶级斗争的先河。他和同志们不仅研究理论,更投身于社会运动,

促进了最早的共产主义政党的产生。他们用行动证明，理论不是闭门造车，而是需要不断地分析和实践，不断从事实出发，不断地观察社会，分析数据和财政情况，了解生产力和生产关系的变化，不断更新对社会阶级划分和社会发展的认识，理清哪些是社会基础，哪些在发生着变化。

对马克思来说，教授、了解历史非常重要。马克思是教育家，他一生中多次通过创立报刊等手段为工人阶级提供教育。他认为，要斗争，就要先理解。他追求的是系统的科学的社会主义，这使他的思想脱离了单纯的政治运动与空想的状态，具有蓬勃的生命力，形成不断发展壮大的系统。马克思的思想已融入生活的方方面面，很多时候我们都在享受他的思想带来的福利而不自知。

我的电影不是为了纪念历史，而是为了给当今社会带来启发。现代西方社会深陷难民危机、恐怖主义、经济危机等重重矛盾和泥沼中难以自拔。最让我痛心疾首的是欧洲民粹主义候选人得票率高企，越来越多的选民对选举投票丧失信心而放弃投票权，民主程序正在失效，民主体系摇摇欲坠。西方正在堕落、崩坏。将这些过错归咎于外国威胁？这未免太容易了。人们总是缺乏耐心，想快速地得到简单直白的答案，这本身就是巨大的问题。我们应该一起探讨解决之道，意识到问题的复杂性，并为寻找截然不同的复杂的解决方法做好准备。

在我看来，解决之道应从马克思主义思想源头中寻找。在柏林墙倒塌和苏联解体后，人们一度认为马克思主义已成为过去时。10年前正值国际金融危机，那时几乎所有的经济刊物甚至一些最为保守的刊物又开始重新谈论马克思及其经济政治理论，认为"马克思有可能是正确的"。我那时起正在筹拍《年轻的卡尔·马克思》，就是想要促进人们对马克思的重新审视，将马克思对资本主义的分析工具带入被资本主义征服了的西方现代社会，运用这一工具去了解资本主义体系的运作，让马克思的思想继续在今日发光发亮。事实上，本片推出后，确实也让更多的观众对马克思及其思想产生了强烈的兴趣。

更重要的是，如何将马克思的理论工具带给年轻一代。年轻的马克思对社会进行了精妙分析，他的思辨对年轻一代很有借鉴意义。年轻人应借助他的理论工具，审视社会，审视自身。沉迷网络的年轻人通过学习马克思，可以重新审视自己。没有什么比讲述一个欧洲年轻人怀抱改变世界抱负的故事更能激励年轻人反思自身时代角色的了。

马克思主义的分析工具对我们了解中国也很重要。运用这套工具，我们可以了解、分析中国究竟是怎样的社会主义国家。历史上，正是中国找到了适合本国国情的道路，中国的革命、建设才取得了巨大成功。今日中国虽然面临各种各样的问题和挑战，但我相信，无论形势如何变化，中国都会遵循马克思主义思想，更为主动地对抗不公、解决问题。我坚信，未来中国将在寻找当今社会面临的民主、生态、财富分配等关键问题的解决之道方面扮演重要的角色。

追根溯源、回望初心，马克思主义认为个人幸福与全人类解放是同等重要的，它永远与不公平、不平等作斗争，永远值得我们信任和依靠。

（作者为法国高等国家影像与声音职业学院院长、传记电影《年轻的卡尔·马克思》导演）

（2018年5月1日）

观察中国发展道路的重要窗口

马莱克·特拉契克

这是一本充满理论创新并指引实践创新的巨作，对整个世界来讲也是一部经典之作

我经常对身边的朋友和同事说，如果有什么书籍能让你清晰地理解当前中国发展的道路和方向，应该没有比《习近平谈治国理政》更好的选择了。

作为当今世界最具影响力的领导人的著作之一，《习近平谈治国理政》第一卷和第二卷在海外持续热销，在全球范围内"圈粉"无数，从政要、学者到普通民众，刮起一阵阵学习旋风。为什么此书会如此受欢迎？一方面是因为从中可以窥见中国领导人治理这个世界第二大经济体的奥秘，另一方面也凸显了中国在世界舞台上魅力的提升。

中国发展越来越好，为世界经济提供了巨大机遇。当前全球经济复苏仍然乏力，增长动力不足，贸易和投资低迷，而全球性挑战更加剧了世界经济的不确定性。在此大背景下，世界各国对发展有着更加强烈和急切的渴望与期待。作为世界第二大经济体，中国已经成为世界经济的重要利益攸关方和主要贡献者，并且始终保持着世界经济火车头的态势。中国的开放和发展为世界提供了巨大的机遇，因此越来越多的人希望通过《习近平谈治国理政》了解中国发展、学习与中国合作的方式，自然也是情理之中。

中国道路越走越宽，为其他渴望发展的国家提供了借鉴。中国是世界上最大的发展中国家，改革开放仅仅40年就创造了巨大的发展奇迹，解决了一系列困扰世界的发展难题。中共十九大报告指出，中国特色社会主义进入了新时代，给世界上那些既希望加快发展又希望保持自身独立性的国家和民族提供了全新选择，为解决人类问题贡献了中国智慧和中国方案。可以说，《习近平谈治国理政》是一个观察和感知当代中国发展方式和发展道路的重要窗口，从中既能看到中国对历史的继承，也能看到习近平主席对理论的创新。

中国创造越来越多，为世界提供了更多的公共服务和公共产品。虽然目前《习近平谈治国理政》第二卷还没有波兰语版本，但我在第一时间就阅读了英文版，里面有非常多的篇幅谈到了中国特色大国外交、"一带一路"倡议和人类命运共同体。这是新时代中国在国际关系领域的巨大贡献。习近平主席对"一带一路"倡议的构想和建设思路让我受益颇深。波兰是"一带一路"的重要节点国家，也是"一带一路"倡议的积极参与者。希望两国能在"一带一路"建设中实现更多更广更深的交流，惠及两国人民，造福沿线国家。

对于很多像我一样，希望更多地观察中国、了解中国、学习中国的读者来说，《习近平谈治国理政》是一本充满中国智慧、中国方案和中国理念的书。从更广的层面来看，这是一本充满理论创新并指引实践创新的巨作，对整个世界来讲也是一部经典之作。

（作者为波兰媒体协会董事会主席）

（2018年4月16日）

人类命运共同体理念让所有人幸福

福田康夫

人类只有一个地球，各国共处一个世界。国际社会日益成为一个你中有我、我中有你的"命运共同体"，面对世界经济的复杂形势和全球性问题，任何国家都不可能独善其身。

习近平主席提出的人类命运共同体理念旨在让全世界所有人都幸福。"一带一路"建设便是一项具体行动，通过促进各国合作，实现共赢共享发展。"一带一路"建设以共商、共建、共享为原则，让所有参与国，乃至全世界都能从中受益，增进所有国家人民的福祉。从这个意义上讲，"一带一路"是具有跨时代意义、非常了不起的倡议。作为邻国，日本理所当然应该加入到"一带一路"倡议之中，并与中国合作一起造福各国人民。

习近平主席提出的人类命运共同体理念、"一带一路"倡议、新型国际关系理论是紧密相连的有机整体。随着中国不断发展，我一直期待着习近平主席就国际关系发表清晰明确的看法，令人高兴的是，他提出了新型国际关系理论。倡导相互尊重、公平正义、合作共赢的新型国际关系理论贯穿了人类命运共同体理念，以实现持久和平、共同繁荣的人类梦想作为最终目标。对于习主席提出的新型国际关系理论，我举双手赞成。

如今，中国在很多领域进步飞速，直逼美国，令美国颇有压力感。这与日本曾经经历过的情形非常相似。上世纪80年代，日本对美国有很大的贸易顺差，在被迫与美国签订"广场协议"后，日元在短时间内迅速升值。这种剧烈变化也对日本的市场、产业、经济等各个方面产生了巨大的负面影响。中国应该吸取日本的惨痛教训，提高警惕，谨慎行事。

现在中国不仅对美国，对很多国家都有贸易盈余。这说明中国在全球化体系中发展得很好，说明中国企业抓住了全球化的本质，获得了利益。全球化是什么？全球化就是以低的价格生产质量好的产品。各国人民都喜欢物美价廉的产品，能生产物美价廉产品的国家贸易盈余自然就会增加。如今美国的贸易赤字，一部分原因就是中国物美价廉的商品深受美国人民喜爱。在深受贸易赤字困扰的同时，美国更应该反省的是本国的生产模式。

贸易保护主义的危害和自由贸易的重要性不言而喻。当前，世界各国都非常担心贸易保护主义抬头的倾向。中国和美国早已是密不可分的合作伙伴。美国有很多产业依赖从中国进口的产品，与此同时，美国也有诸如农业等不少严重依赖中国市场的产业。特朗普政府急于求成，采取贸易保护主义措施，可能暂时缓解美国的贸易赤字，但如果不改变美国的产业结构，就无法从根本上解决贸易赤字问题。相信美国国内会有越来越多的声音要求特朗普政府停止目前的贸易保护措施，美国政府应该及时进行政策调整。

中国的不断发展，给世界各国带来了大量发展机遇。与此同时，也有一些国家对中国强大后会走向何方表示担忧。在关键时刻，习近平主席提出构建人类命运共同体、新型国际关系，向全世界宣示了中国坚持走和平发展道路的决心——中国无论发展到什么程度，永远不称霸，永远不搞扩张。习近平主席的外交思想对于打消国际社会的担忧具有重要意义。

去年10月，习近平总书记在中共十九大发表了非常精彩的报告，不仅对中国未来发展描绘了方向，还为解决世界问题贡献了中国方案。国际社会希望能进一步听到中国的看法与主张，此次博鳌亚洲论坛年会就是一个非常重要的机会。相信通过媒体的客观准确报道，世界各国将会越来越了解中国。

（作者为博鳌亚洲论坛理事长、日本前首相）

（2018年4月9日）

美国的任性行为破坏国际贸易秩序

约瑟夫·巴拉姆

如果任由美国任性下去,那么未来其他国家大可以采用同样方式向美征收惩罚性关税。如此下去,很快就会迎来世贸组织体系下国际贸易秩序的终结

美国总统特朗普以"国家安全"的名义,对进口钢铝产品征收惩罚性关税,以完成其贸易政策目标。特朗普的世界观是这样的——谁不支持美国,就是反对美国。从特朗普就职演说中的"美国第一"开始,人们就知道他的任期一定不会太平。在他的贸易保护主义政策下,美国与中国、德国之间的贸易关系愈加紧张。美国白宫国家贸易委员会主任彼得·纳瓦罗,长期以来一直强调以贸易保护手段阻止中国崛起,在他的零和思维逻辑下,阻止他国崛起是让"美国崛起"的重要方式。

安全问题成为特朗普实施贸易勒索的借口。美国国防部长詹姆斯·马蒂斯曾向特朗普发出警示,征收惩罚性关税也将损害盟友的利益,尤其是德国、日本和韩国的利益。显然,特朗普对这一警示选择了无视。不仅如此,他还以安全为由解释自己的惩罚性关税措施,并告诉德国等欧洲合作伙伴,"真正的盟友不会在贸易中欺骗美国"。

特朗普还强调,欧洲伙伴国首先应该履行其在北约的军事任务,尽快达到军费开支占国内生产总值2%的标准。由此,特朗普将贸易与安全目标拧在了一起。

迄今为止，美国还没有公布对邻国加拿大和墨西哥征收惩罚性关税的计划——毕竟只有这样，特朗普才能保证美国继续在北美自由贸易协定谈判中保持杠杆作用。然而，美方近期的举措不仅给美国的贸易和安全政策带来不确定性，而且削弱了世界贸易组织规则的作用。

对世贸组织而言，美国政府的惩罚性关税措施是一个危险的先例。**特朗普**的政治和经济主张，与德国一直以来倡导的国际自由秩序是相悖的，**而国际自由秩序是联合国、世贸组织等多边国际机构所倡导和遵循的重要原则。**

在特朗普的世界观里，最大化的军事力量决定最强大的权力，**而多边组织**是这一权力的障碍。在特朗普的逻辑中，只有军事强国才有"实力"实施国际法，并"帮助"他国重建。这一逻辑无疑是错误和危险的。

特朗普对多边贸易体系置之不理，他反复称这造成美国接受"**不良交易**"。如果受关税影响的国家联合呼吁仲裁，并向世贸组织提出起诉美国，**这种抗议**甚至不会让美国总统感到一丝不安。因为在最糟糕的情况下，**特朗普甚至可以**提出退出世贸组织，并宣布世贸组织无关紧要。而且即使提出仲裁，**过程也很漫长**，并且只有在特朗普任期届满后才可能生效。

更危险的是，美方正在通过将贸易和安全政策合并的方式改变**既有范式**。今后，世贸组织甚至不一定有权力仲裁此类贸易保护措施，如果它一直与**国家安全相关联的话**。但如果任由美国任性下去，那么未来其他国家大可以采用同样方式向美征收惩罚性关税。如此下去，很快就会迎来世贸组织体系下国际贸易秩序的终结。

（作者为德国外交政策协会美国问题专家）

（2018年4月7日）

关税威胁加剧欧美大西洋裂痕

任 彦

欧盟发现，一味迁就特朗普政府非但不能保障自己的利益，反而会让对方**得寸进尺**

商业谈判时，如果对方拿着一把左轮手枪顶着你的脑袋，你是什么感觉？**钢铝关税**谈判中，欧盟就感觉自己的头正被美国的枪顶着。

经过几轮艰苦谈判，美国最近终于答应豁免欧盟的钢铝关税，但豁免待遇**是有期限的**，到今年5月1日就结束，是否延期要视双方进一步的谈判情况而定。

钢铝贸易在欧美贸易中占有一定分量，贸易不平衡问题长期存在，相关谈**判也**一直在进行中。但由于问题复杂，牵扯到许多方面，要完全解决并不容易。**现在**想在美国单方面设定的时限内解决这一长期问题，何其难哉。欧盟委员会**主席容克**就表示，美国给出的期限是"非常不现实的"。

在欧洲人眼里，美国政府这种"暂缓执行"的做法不仅毫无诚意，而且简**直就是威胁**。比利时首相米歇尔无比愤慨地表示："华盛顿是在威胁欧盟做出**让步**，我感觉美国领导人是想在拿枪指着我们脑袋的情况下进行谈判。"法国**总统马克龙**则对美国发出严正警告："对于友好的国家，我们什么都可以谈；但**当有人拿枪**顶着我们的太阳穴，我们什么都不会谈。"

在刚刚闭幕的欧盟春季峰会上，欧洲理事会在其正式决议中强烈谴责美国的关税政策，认为特朗普政府是在严重破坏世界贸易组织规则，如果美国方面不听规劝一意孤行，欧盟将采取反击措施。欧盟已经备足了"弹药"，列出了一个长达10页的征税清单，拟对价值达64亿欧元的几十种美国对欧出口产品征税，税率最高达到25%。

特朗普政府上台以后，美欧之间的分歧日益增多。对于美国要求欧洲盟友多分担北约军费，以及美国单方面退出气候变化《巴黎协定》、批评伊朗核协议、宣布将驻以色列使馆迁至耶路撒冷等一系列举动，欧盟都表示反对，但欧盟一直尽量保持克制，努力维系跨大西洋关系。

欧盟之所以在关税问题上与美国针锋相对，实在是因为忍无可忍。欧盟发现，一味迁就特朗普政府非但不能保障自己的利益，反而会让对方得寸进尺。作为国际舞台上的重要角色，欧盟无法忍受美国的欺凌和威吓，必须要挺直腰板向美国说"不"，为自己的切身利益而战，为国际规则而战。

马克龙表示，如果美国遵守世界贸易组织规则，欧盟愿意与其商谈任何问题。言下之意，就是欧盟拒绝同不遵守规则的国家进行谈判。荷兰莱顿大学经济史教授理查德·格里菲斯认为，贸易伙伴之间因贸易逆差产生抱怨和不满很正常，要解决分歧，正确的道路是要么进行协商谈判，要么诉诸已有国际法律机构，但不能像美国这样采取单边主义。美国的做法是对全球自由贸易体系的破坏。

二战后世界经济不断发展，一个主要原因就是国际社会协力为贸易自由化创造条件。特朗普政府想通过贸易保护主义措施保住国内缺乏竞争力的产业和就业机会，此举可能触发的贸易战和招致的贸易反制措施终将伤及其国内其他有竞争优势的产业。经济合作与发展组织研究认为，从一个国家的总体和长远发展来看，保护主义政策导致的工作机会流失要比原本想保住的工作机会多得多。

欧盟有专家指出，特朗普政府在关税方面的政策是短视的，正在刺激一场规模巨大的全球贸易战的爆发。在这场贸易战中，美国不但不是赢家，反而

是最大的输家。正因为非常清楚这个结果,欧盟不会被美国的关税威胁吓住。**世界经济**正在缓慢复苏,爆发贸易战对世界经济是个灾难,欧盟正同国际社会**一道发力**,争取早日使美国政府回归理性。

(2018年4月6日)

美国保护主义执念存在严重缺陷

史蒂芬·罗奇

美国政客们没有耐心进行统计分析——他们发现指责别人更容易,指责中国更容易

一年多前,在唐纳德·特朗普的总统就职典礼上,他宣称,"保护主义将带来巨大的繁荣和富强"。特朗普一直认为美国劳工阶层被挤压,中国要对此负责任。依据就是,美中两国间的贸易逆差。

然而,这个论点有严重缺陷。美国制造业就业人数比例已连续65年呈下降趋势,从1953年的32%降至2017年的8.5%。2001年中国加入世界贸易组织时,这一比例已降至12%。从长期看,美国制造业就业人数的变化,反映的是技术变革的强大影响和供应链的日益全球化。

2017年,在美国近8000亿美元的全球贸易逆差中,(按美国官方数据)有47%来自中国。值得注意的是,经济合作与发展组织同世界贸易组织的最新数据表明,这种双边贸易失衡中至少有40%来自于供应链效应,即零部件在中国以外地区生产,但在中国国内完成组装。这意味着,考虑到中国实际生产的附加值,美中贸易赤字占美国全球贸易赤字比例应由47%降至28%左右。

这仍然是一个很大的数字,但远低于特朗普总统和美国商务部的官方数据。虽然国际专业人士对此进行了解释,但这种观点在政治舞台上并不被正视。

美国政客们没有耐心进行统计分析——他们发现指责别人更容易,指责中国更容易。

特朗普政府对纠正美中贸易逆差的执念还存在着更严重的缺陷。2017年,美国与全球102个国家的商品贸易存在逆差,这反映了美国国内储蓄的严重不足——2017年美国净储蓄率仅为1.8%,不到20世纪最后30年平均水平6.3%的1/3。由于缺乏国内储蓄以及仍需要消费和增长,美国必须从国外进口剩余储蓄,并通过大额经常项目和多边贸易逆差来吸引外国资本。

这就引出了美国发起贸易战的一个巨大讽刺:在没有解决低储蓄根本原因的情况下,指责中国,就像挤水球一样,只不过是把水从一端挤到另一端。结果将是,对中国的贸易逆差被重新分配给其他成本更高的外国生产商。对于特朗普一直想要维护的中产阶层而言,这会产生跟增加税收一样的效果。

近期美国启动的税改计划意味着未来10年减税1.5万亿美元,加之美国国会为了防止政府关门而批准增加3000亿美元预算开支,将只会使美国国内储蓄和财政赤字的压力进一步加剧。在这种背景下,保护主义政策将对美国已经十分严峻的外部融资需求构成更加严重的威胁——给美国利率、美元汇率带来压力。

贸易战中没有赢家。为了避免这样的结局,我有三点建议:

一是巩固交流对话平台,确保两国沟通顺畅。现在美中两国有很多对话机制和渠道,比如,元首会晤、中美全面经济对话、中美商贸联委会等。如果常设一个秘书处,由两国高级别专家组成,来处理复杂而不断面临挑战的美中关系,将产生良好成效。

二是高度重视并推动中美双边投资协定谈判。对于美国的跨国公司来说,进入中国市场的机会正在迅速扩大,而中国企业走出去的投资活动也是如此。

三是解决棘手的技术转让问题,这也是知识产权争端的实质。在这个过程中,需要对一些行为做出重要区分,明确通过商业谈判组建的合资企业内部以及合作伙伴之间的共享,与盗窃、强制转让和网络黑客是不同的。在当今这个以知识为基础的世界里,这是个需要解决的问题。

上世纪 30 年代，保护主义关税和全球贸易战加剧了大萧条，破坏了国际秩序。可悲的是，这个现代历史上最惨痛的教训之一目前正面临被视而不见的危险。

（作者为耶鲁大学高级研究员、摩根士丹利亚洲区前主席）

（2018 年 4 月 5 日）

埃及官员治国理政的案头册

纳赛尔·阿卜杜·阿勒

早在 2014 年《习近平谈治国理政》第一卷出版后不久,我就在埃及与我国前总理埃萨姆·谢拉夫、中国驻埃及大使宋爱国先生等埃中政界、学术界代表一道,开会交流拜读后的学习体会。转眼 3 年多过去,《习近平谈治国理政》第二卷问世,集合了习近平主席对中国、世界以及这个时代的最新思考。这本书不仅是绝佳的教科书,更是读懂新时代的金钥匙。

结束在埃及驻华使馆挂职旅游参赞的工作后,我在埃及艾因夏姆斯大学中文系任教,主要授课对象是高年级本科生和研究生。从教学角度看,《习近平谈治国理政》一书是不可多得的经典中文教材。习近平主席的一系列重要讲话、文章、访谈等,形成了独具个性的风格,言简意赅,深入浅出,话题广泛,涵盖经济、政治、军事等多个领域。

第一卷出版后,我就开设了《习近平谈治国理政》导读课程,以研究生为主,要求学生读中文原本。每学期下来,学生普遍反映收获很大。习近平主席在通俗易懂的讲话中经常熟练穿插运用中国古代典籍、经典名句,我每期课程都会专门安排课时,引导学生重点赏析。"大道之行也,天下为公""明镜所以照形,古事所以知今"……这些中国古语简洁凝练,微言大义,结合习主席讲话的语境,更容易读懂。

事实上,不仅是学中文的埃及人,很多埃及中高层政府官员和政府精英也非常重视《习近平谈治国理政》这本书，视之为治国理政的案头册。

我那一辈的埃及人学习中文的并不多，一些埃及人将长期研究中国的我称为"中国通"，政府部门跟中国打交道有时会请我做中间人。过去5年，我明显感到，习近平主席在反腐、经济发展等领域带领中国取得的成绩，在埃及政界获得很高的认同。不少政府部门找到我，希望能够向中国同行取经，与中国共同进步。我发现，相关部门负责人在考虑学习中国经验之时，往往都会阅读阿拉伯文版的《习近平谈治国理政》。

"要坚持'老虎''苍蝇'一起打""要积极稳妥推进国家监察体制改革"……埃及官员不仅在活学，还在活用。据我了解，埃及方面一直在关注中国国家监察体制改革的进展，并在中国做出建立国家监察委员会的重大决定后，希望能学习借鉴有关经验。埃及的国家监察委员会一直同中方相关部门保持沟通与合作。中国的军队改革及反腐败行动立竿见影，成效卓著，埃及政府去年曾参照中国的做法，查办了两名部长级的贪腐"大老虎"，在短时间内大幅改善军队风气。

我觉得第二卷收录的习近平主席讲话极具划时代的世界意义，鲜明地提出全球治理的中国主张，其典型就是习主席在世界经济论坛2017年年会开幕式上的主旨演讲。2017年年初，正值全球化与反全球化势力博弈激烈之时，习近平主席坚定地举起全球化大旗，反对保护主义，突出强调人类命运共同体意识，如一针强心剂、一颗定心丸。

他的这一判断，也持续影响埃及人对世界的认知——在高度相互依存的这个时代，必须丢掉冷战思维，学会与曾经的敌人共处。正是出于相同理念，埃及近两年不遗余力地推动中东区域经济合作。

（作者为埃及艾因夏姆斯大学中文系教授）

（2018年4月3日）

这本书让我理解中国

让—皮埃尔·拉法兰

《习近平谈治国理政》一书阐明了中国的重大选择，清晰地展现了中国的雄心与发展方向

为充分理解当代中国所走的道路，我认真研读了两卷《习近平谈治国理政》。习近平主席的书籍清晰阐释了中国的政策，非常重要且发人深省。所有阅读过《习近平谈治国理政》的人，都不会对中共十九大取得的成绩感到惊讶，因为书中已经诠释了几乎全部重大议题，包括中国特色社会主义、"两个一百年"奋斗目标、"一带一路"倡议、人类命运共同体、经济新常态、小康社会、多边主义等。因此，对于其他国家来说，中国是一个可预见的国家。从中国身上，我懂得了"好朋友，是可预见的朋友"。

我对"一带一路"倡议尤其感兴趣。这一历史性倡议将为国际合作和全球经济增长注入新的动力。我认为习主席在书中阐明了"一带一路"倡议的内涵，其他的则需要我们所有人共同行动。我致力于推动欧洲各经济活动主体积极参与亚欧大陆的建设，将亚欧大陆打造成世界发展和稳定的一极。作为法国政府关于"一带一路"倡议的特别代表，我的工作之一就是梳理法国与"一带一路"倡议相契合的项目、规则和企业。

《习近平谈治国理政》一书阐明了中国的重大选择，清晰地展现了中国的

雄心与发展方向。连贯性是中国政策的最大优势，我认为，中国政策主要包含三个方面的特点：

首先是具有雄心和长远眼光。中国提出的构建人类命运共同体倡议很有意义。世界是一个大家庭，地球是我们的家园，我们相互需要，没有一个国家能够独善其身。因此对话是方法，多边主义是政策。保护地球是我们共同的追求，寻求更包容、更高质量的经济增长，应对气候变化，则是相应的具体目标。法中两国在落实气候变化《巴黎协定》方面是真正的朋友。

二是务实的项目与行动。"一带一路"倡议就是构建人类命运共同体的务实框架，每个人都能从中发现自己的利益。目前一些参与机制已经设立，如亚洲基础设施投资银行和丝路基金。这一倡议也将推动法国重视的三方合作。

三是指引行动的理念和思想。书中的字里行间传递了这样的明确信息：中国绝不会照搬某一政治制度，也不会输出自己的政治模式。中国做出了坚定的选择：借鉴马克思主义并提出中国化的解读，即中国特色社会主义。在此背景下，有一点需要被所有希望同中国合作的国家理解，那就是中国的国家治理是建立在坚持中国共产党领导的基础上。中国将尽一切努力，实现全面建成小康社会的目标，对党忠诚是其中法则。西方不应幻想对中国进行渗透。

中国将积极承担自己的国际责任的意愿也在书中明确体现出来。中国虽然仍面临重大发展任务，但已经逐渐转变为世界的领导力量。中国认为，和平是发展的条件，中国一贯强调合作，而非争取主导。在此背景下，中国领导人开展了密集的外交行动，发起了一系列促进国际对话和交流的活动，"一带一路"国际合作高峰论坛、中国共产党与世界政党高层对话会、即将在上海举办的中国国际进口博览会等，都服务于具有宏大视野的中国外交。

法国总统马克龙今年1月结束对中国的首次国事访问回国后，不仅表达了对法中关系的信心，还特别提到了对发展同习主席个人关系的信心。我相信，通过更好地理解《习近平谈治国理政》中体现的中国政策"明晰"和"连贯"这两大特点，法中关系将得到更好的发展。

（作者为法国前总理）

（2018年4月2日）

期待在雄安培育出更多金色果实

鲍满诚

我们正处在英中关系的"黄金时代"。英中关系建立在优势互补的基础上，相互提供机遇

一年前的 4 月 1 日，中国宣布成立雄安新区。雄安是一个"千年大计"，雄安新区的规划准确体现了习近平主席的高瞻远瞩。

在今年年初英国首相访问中国期间，英国金丝雀码头集团与雄安建设集团、中国银行就雄安这个令人振奋的新城建设和发展签署了一项谅解备忘录。伦敦金融城在结构设计、融资和为建筑的基础设施项目提供建议等方面拥有几十年的丰富经验。我相信，伦敦金融城可以为雄安提供有力支持和广泛帮助，推动雄安建设成为适应 21 世纪发展的智慧城市。

雄安建设的一个重要目标是打造更环保、更可持续发展的基础设施，以满足中国对清洁能源、低碳交通、可持续水资源利用等城市化战略的需求。满足这些需求是一项重大挑战。不过智能技术、城市可持续发展设计理念和绿色基础设施融资解决方案的出现，让未来的城市建设具备一系列有效方法来应对环境问题，从而使之更具吸引力。据估计，仅仅在电网、交通、物流、建筑和工业电机等关键领域使用智能技术，就可以在 2020 年之前减少 15% 的全球排放量，并且每年可节约近 9000 亿美元的能源。伦敦在智慧绿色城市领域的专业

知识和优势，可以与中国卓越的建设和人才力量形成完美互补，使雄安成为一个成功范例。

除了雄安，中国还将建设100多个智慧城市，以加快"新型城镇化战略"的发展。推进智慧城市建设被列为《国家新型城镇化规划（2014—2020年）》的重要发展目标之一。据估计，在"十三五"规划期间，中国对智慧城市的投资将达到5000亿元人民币，在接下来的10年里累计投资将达到数万亿元人民币。

中国强调将智慧城市的建设与可持续、绿色、低碳发展相结合，以及利用资本市场加速其增长的重要性。与此同时，中国积极推广使用政府和社会资本合作模式，弥补基础设施投资缺口。

中国政府在发展智慧城市和可持续发展城市方面所作的努力，也反映在习近平主席提出的"一带一路"倡议中。中国坚持环保意识，积极推动绿色"一带一路"建设。对于伦敦来说，很明确的是我们希望与中国合作，推动"一带一路"的绿色发展。通过与中国金融学会绿色金融专业委员会的密切合作，我们已制定了绿色金融倡议。去年9月，我们还联合公布了关于推进绿色"一带一路"的相关报告。

正如习近平主席所说的，赋予中英关系新的时代内涵，共同打造"黄金时代"增强版。我们正处在英中关系的"黄金时代"。英中关系建立在优势互补的基础上，相互提供机遇。在英中关系发展的"黄金时代"，期待我们能在雄安这片沃土共同培育出更多的金色果实！最后，我想引用一句俗语，"种一棵树最好的时间是十年前，其次是现在"。

让我们一起种下成功的种子吧！

（作者为英国伦敦金融城市长）

（2018年4月1日）

贸易保护主义结不出好果子

江原规由

特朗普总统签署的备忘录，不仅将使美国自食其果，也将对业已形成的全球供应链施加巨大破坏作用，是影响世界经济发展的极大负面因素

随着经济全球化的发展，当今世界日渐成为一个地球村。各国都应该担负起捍卫经济全球化的职责，这对世界和平发展尤为重要，更是一个大国理所应当承担的责任。在这一大背景下，蕴含着古老中国智慧的"求大同，存小异"理念焕发出跨越时代的光辉。

美国总统特朗普一直主张"美国第一"，然而美国实施的贸易保护主义政策却是"特朗普第一"，将会导致经济全球化进一步倒退。最近世界股市和汇率市场出现的波动便是受其影响。特朗普此次签署的有关提高关税的总统备忘录不仅对世界经济可持续发展产生极坏影响，而且对世界和平产生负面影响，我对此深表担忧。历史已经证明，贸易保护主义行为不会结出好果子。

当今世界经济紧密联系在一起。很多美国企业在中国投资，特朗普的政策将不可避免地对这些美国企业产生影响，从而进一步对美国经济发展带来极大的负面效应。特朗普总统签署的备忘录，不仅将使美国自食其果，还将对业已形成的全球供应链施加巨大破坏作用，是影响世界经济发展的极大负面因素。

作为世界第二大经济体的中国，当前对世界经济增长的贡献率位居世界第

一，超过30%。中国秉承共商共建共享的原则，把"共"作为最重要的东西，并通过"一带一路"建设在世界赢得广泛支持。美国应该向中国学习，坚持"共"的理念，实施符合共商共建共享原则的政策。

上世纪50年代，日美之间就开始了贸易摩擦，纺织品、钢铁、彩色电视、半导体、牛肉、橙子等产品的贸易都是导致摩擦的原因。日美之间的贸易摩擦造成日元急剧升值，导致前所未有的量化宽松政策，最后引发了经济泡沫。作为应对措施，日本不断进行产业结构调整和对外投资，参与经济全球化程度不断加深。可以说，即便是今天，日美经济关系依然受到1993年签订的日美结构协议的影响。

今天的中美贸易问题可以说与当年日美贸易摩擦具有一定相似性。然而，今天中国的情况与日本完全不同，中国不断通过供给侧结构性改革等措施在国内进行各种改革，"一带一路"建设广受好评并不断开花结果。我相信，中国今后将继续发扬共商共建共享的精神，通过构建人类命运共同体为人类谋福利，也必将不断获得世界各国的赞同与认可。

（作者为日本国际贸易投资研究所首席经济学家）

（2018年3月29日）

挑起贸易战是危险的经济暴力行为

西尔维·马特丽

一段时间以来,美国采取了一系列贸易保护主义行为,其实质是单边主义、本国权利至上

关于自由贸易的经济理论认为,无论发生什么情况,贸易自由带来的状况将总体优于各种限制导致的结果。1817年,英国古典经济学家大卫·李嘉图提出的比较优势原理就指出,自由贸易是有好处的,因为通过促进公平竞争,能够降低人们获取基本消费品的价格。

目前,人们对于自由贸易的认识经常出现矛盾和反复,而同样的态度在二战结束后也出现过。当时,经济和贸易的开放让世界上越来越多的人能够丰衣足食,过上体面的生活。但自由贸易同时让世界重新洗牌,使新兴国家先是在世界市场上,继而在国际关系中得以崛起。除此之外,开放也打破了一些国家内部的平衡。国际竞争淘汰了一些行业,造成失业现象,从而导致一些对开放不满的声音出现。这些国家将受到的损失归咎于70多年来经济开放不断扩大和促使各经济体日益融合的"全球化"。

在此背景下,2008年11月雷曼兄弟破产后不久,世界上各主要经济体领导人在华盛顿举行峰会。他们达成的一项重要共识,就是要尽一切努力避免奉行保护主义的自我封闭政策,避免使危机加剧。对于美国和世界来说,

1929年大萧条的教训清晰地证明，自我封闭和保护主义对危机负有不可推卸的责任。

遗憾的是，在那之后，人们对于自由贸易和经济全球化的争议仍然甚嚣尘上。在很多国家，公开声称支持保护主义的政党和领导人在不断增多。直到2017年1月，中国国家主席习近平在达沃斯世界经济论坛年会上发表主旨演讲，人们才确信，世界上依然有很多国家希望行动起来，支持开放和自由贸易。

对欧洲来说，自由贸易是其长期希望达成的理想。开放将使欧洲企业在国际市场上具有更强的竞争力。实现欧洲经济一体化并创建单一市场，对欧洲人来说是一个真正的机会，在国际竞争中也是一大优势。英国对此一度怀疑，甚至拒绝加入欧元区，而在英国"脱欧"成为现实、其未来效应逐渐显现之时，他们才感到疼痛。欧洲是经济全球化的受益者，但目前的经济全球化模式也存在不完美之处，需要调整和适应，以让更多人受益。欧盟正为此而努力，并展现了推动更加包容性增长的决心。与固有的成见不同，推动包容性增长并不会影响企业的国际竞争力。相反，通过对某一时期不符合市场需求的劳动力进行再培训，能够进一步提升竞争力，在未来释放更多增长潜力。

相比之下，美国更像是机会主义者。它对低附加值产品放开进口，从而获得更多的消费机会。与欧洲不同，美国选择逐渐放弃社会性支出，以给企业更多的操作空间。面对非常巨大的贸易逆差，美国反对自由贸易的呼声一直颇为强大。一段时间以来，美国采取了一系列贸易保护主义行为，其实质是单边主义、本国权利至上。挑起贸易战是危险的经济暴力行为。在贸易战中从来没有赢家，永远是杀敌一千自损八百，沟通、协调、谈判才是更好的解决方案。

对于自由贸易，美国和欧洲有着不同的理解和期待。面对美欧不同的诉求和利益，中国将如何应对并推动自由贸易，是世界密切关注的问题。

（作者为法国国际关系与战略研究院副院长、经济学家）

（2018年3月28日）

"美国优先"伤害全球利益

史蒂文·苏拉诺维奇

"美国优先"是当前美国政府最广为人知的口号。以该口号为基准,美国政府采取了一系列行动:退出跨太平洋伙伴关系协定(TPP)及应对全球气候变化的《巴黎协定》;着手重新谈判并威胁退出《北美自由贸易协定》;质疑联合国和北约的作用,多次明示或暗示其他国家必须作出更多贡献。除此之外,美国政府还阻止世界贸易组织上诉机构任命新成员,此举将严重破坏世贸组织争端解决方式的有效性。

所有这些行为似乎都在显示美国在国际关系中的过分自信,但从博弈论经典例子"囚徒困境"来分析,就能发现其行为背后的很多问题。"囚徒困境"以分析嫌犯在何种情况下选择坦白罪行来建立博弈模型,现在通常用于分析各种各样的抉择与互动:国家在多大程度上采取保护主义贸易政策,生产者会采用怎样的定价策略……

这一博弈的核心前提假设是,相关主体唯一的目标就是自身利益最大化,比如利润最大化、国家安全显著增强等。然而在每一个案例之中,一个主体的成功某种程度上都有赖于其他主体的表现。现实中,一国能否成功在贸易中维护自身利益,往往取决于他国如何去做。如果竞争对手不跟风而上,效果就会大打折扣。

在这类博弈中,任何结果都取决于参与者是否合作。各方如果拒绝合作,最终将共同承担损失，形成两败俱伤的"纳什均衡"。更好的结果不是没有，只不过需要通过合作来获得。换句话说，只有通过合作，才能破解因一味追求个人利益而导致集体利益受损的困境。就国家层面而言，如果各国一起减少贸易壁垒，将共同受益。

尽管维持一项合作协议会遇到困难且耗时费力，但达成合作协议往往还是值得的，因为这有助于确保一个更有利于所有人的结果。

美国政府过去一年来的国际行为可以被解读为对合作性均衡的偏离，有可能滑向各方皆输的"囚徒困境"。虽然很多"美国优先"政策的支持者认为，美国不应对外承担过多的责任，希望美国我行我素，但这与"囚徒困境"中单方面采取有利于自己的行动一样，最终损伤的是整体利益。如果其他国家因此不再与美国合作，国际制度将有可能开始崩溃，共同利益会逐渐消失，"美国优先"将会变成"所有人最后"。

当然，这种情况只发生在所有人对国际制度彻底失望之后。不过，还有一种美国人不想看到的情况。美国的退出会导致其他国家达成合理、临时性、替代性的协议。美国退出 TPP 以后，日本主导相关谈判便是一例。即便美国退出世贸组织，其他意识到该组织重要性的国家还会继续留在该框架内，类似情况在落实《巴黎协定》的过程中也能看到。

尽管没有世界最大经济体的参与，国际协议的重要性会受影响，但大多数国家仍会选择坚守，因为这种做法能够传递合作共赢的重要信息，避免陷入"囚徒困境"。

（作者为美国乔治·华盛顿大学教授）

（2018 年 3 月 26 日）

中国成功背后的三个关键词

罗世礼

全世界都惊讶于中国的成就,许多人不禁问:中国成功的背后有何"秘方"?我认为有三个关键词:适应性、创新力、领导力

2018年中国政府工作报告中指出,今年再减少农村贫困人口1000万以上。虽然任务艰巨,但我对中国实现目标有信心。1996年,中国的人类发展指数为0.56,到2015年该指数已上升到0.74。中国发展近年来取得巨大进步,已进入高人类发展水平国家组。全世界都惊讶于中国的成就,许多人不禁问:中国成功的背后有何"秘方"?在此我想提及三个关键词:适应性、创新力、领导力。

在适应性方面,随着社会经济和环境情况的变化,中国不断调整自己的发展方向。中国能够制定各阶段可实现的发展目标并实施对应的政策。减贫就是很好的范例。中国的快速发展使其解决贫困问题的重点不断变化——在更加关注贫困人口的同时,针对多维度的贫困根源采取更加广泛的解决方法,并注重权衡比较优势。

在创新力方面,一直以来中国都采取试点方式,在顶层设计发展蓝图的框架内,地方层面能够灵活地采取有可能规模化推广的好点子。例如,中国最近批准三个城市创建国家可持续发展议程创新示范区,就旨在提供一个检验新型

发展模式的平台。

在领导力方面，适应性和创新力的实现，都需要强大的领导力和长期战略思维。中国的高效治理就体现了这一点。国家有能力创立机构优化资源利用，确保发展蓝图的落地符合各地实际情况，更重要的是，符合当地情况的具体政策能够得到有力的实施。

中国的成就使得全世界把目光投向中国，寻求发展灵感，中国也有很多经验值得分享。当前，中国实施精准扶贫战略，在实现到2020年全面脱贫的道路上稳步前进。通过提供所需渠道、资金和保障，该战略将同时助力可持续发展目标的实现。

然而，包容性发展和长期性减贫仍是巨大挑战。2020年后，中国将需要适应不同于现在的新挑战。随着技术不断进步、城市不断扩张、气候不断变化、人口不断老龄化，中国正在付出更多努力，确保在不同地区、农村和城市以及社会各阶层之间更加公平地分享发展成果，不让任何一个人掉队。

这是联合国系统在支持中国方面能够发挥重要作用的地方。首先，联合国可以协助中国建立系统性的应对措施。想要全面落实可持续发展目标，需要跨部门合作并汇聚重要的合作伙伴和资源，而这恰好是联合国系统存在的意义。我们也可以在需求评估、融资和预算计划等方面提供协助。

其次，联合国可以继续提供分享人类发展经验的全球性平台。比如，"一带一路"倡议提供了一条加速知识分享的渠道，联合国可以为此集思广益，提供关于基础设施、教育和健康的专业知识，促进经济转型和包容性增长。

最后，联合国可以协助中国试验创新发展手段，促进包容性增长。例如通过大数据等工具，能够更加有效地推动农业转型。在这一领域，联合国可以为中国正在实施的乡村振兴战略提供帮助。

世界正在争分夺秒，致力于在2030年消除极端贫困，联合国期待能够支持中国促进人类公平发展的每一步。

（作者为联合国驻华协调员、联合国开发计划署驻华代表）

（2018年3月19日）

从三个"一致性"看中国的成功

多丽丝·奈斯比特　约翰·奈斯比特

对于绝大多数中国人民而言,中国政府就是进步和稳定的保证,为个人的出彩提供了滋养的土壤

很多西方媒体在报道中国共产党第十九次全国代表大会时,都提出了这样的问题:治理一个国家的最佳方式是什么?谁有权决定?如何评价?

不同的人对这些问题会有不同的回答,但在我们看来,有一种简单的评估方法,那就是让人民来回答。这个方法主要依靠观察三个方面的"一致性",即政府如何看待自身和人民如何看待政府之间的一致性、政府目标和人民目标之间的一致性,以及国家如何看待自身和国际社会如何看待这个国家之间的一致性。

我们研究的重点是世界,曾经与很多国家的领导人以及不同阶层的人民交流过。他们在意识形态、世界观、价值观等方面存在着很大的差异,但不管身处何方,大多数人所关心的事情都没有太大区别——即他们对生活的追求,他们都想要过上一种让自己和后代能实现目标和梦想的生活。

中国的崛起和经济成就已是众所周知,但从中国人民的角度来看,又是怎样一幅画面呢?

首先,关于政府如何看待自身和人民如何看待政府之间的一致性。中国人

民如何评价他们的政府？这一评价标准和美国、欧洲或者其他任何地方的民众没有什么不同，都是"我们得到了什么承诺，哪些承诺实现了"。过去几十年来，中国让近8亿人口摆脱了贫困，自2008年以来，中国成为世界经济增长的最大贡献者。中国拥有世界上最大的高等教育体系，中国留学生的数量也是世界最多的。过去5年里，中国加大了打击腐败和治理环境污染的力度，从更宏观的视角来看，这整顿了中国共产党队伍，也重新规划了中国的发展。对于绝大多数中国人民而言，中国政府就是进步和稳定的保证，为个人的出彩提供了滋养的土壤。而且，这不仅对中国人民如此，对世界上其他国家的人民而言同样如此。

其次，关于实现政府目标与人民目标的一致性。在西方国家，民众选举政党和政府领导人，并推动他们设定目标作出承诺。但由于不同党派之间的争斗、政治组织和机构之间的权力斗争、地方政府和中央政府的权力斗争等原因，执政党和领导人即使掌权，也难以兑现目标。与西方国家因受到选举周期限制而设定短期目标不同，中国政府总能规划长期目标。中国共产党的学习和适应能力是中国进步的动力。它的目标不是局限于发展制造业和提升劳动力水平，而是包含面向未来的创新技术。

最后，关于中国如何看待自身以及国际社会如何看待中国的一致性。在很长一段时间里，西方眼中的中国形象与中国看待自身的形象大不相同。通过长时间的努力，中国改变了经济领域的落后面貌。中国在国际社会中的形象和声誉也得到了显著的改善。无论对新兴市场国家还是对发达国家而言，中国都是可靠的合作伙伴。中国提出的"一带一路"倡议，是中国在全球经济发展中发挥领导作用的有力例证，与其经济大国的实力相匹配。现在，中国作为全球大国的地位已经大大提高，所有迹象都表明中国正在向世界舞台的中央回归。

中国已经准备好了。习近平主席的魄力和他加强中国共产党的建设并不是在真空中发生的，而是基于过去5年实现的目标和取得的成就。考虑到中国对于全球的重要性，中国共产党第十九次全国代表大会不仅释放出未来中国发展的信号，而且预示了世界未来走向。

（作者为美国知名未来学家以及畅销书作家）

（2018年1月31日）

中国为世界发展作出新贡献

张 军

从高速增长转向高质量发展的中国，正为世界经济提供越来越多的正能量

2017年，世界经济在经历10年低迷后，出现先抑后扬、逐渐回暖上行之势。据国际机构统计，2017年世界经济增长3.7%，全球约120个经济体同步实现经济增长，世界经济呈现2010年以来最好形势。这一成绩来之不易。国际社会普遍认为，中国为世界经济回暖作出了突出贡献。

确实，过去的一年，中国经济呈现出别样的精彩。

中国经济增长为世界经济注入强劲动力。2017年，中国国内生产总值达82.7万亿元人民币，同比增长6.9%。一年来实现的经济增量，相当于一个中等经济大国的体量。中国大力打造开放型经济，2017年对外投资1200亿美元，进口12.46万亿元人民币的货物，为各国提供了广阔的市场机遇、投资机遇、发展机遇。中国出境旅游人数高达1.29亿人次，有力拉动各国消费。一个充满活力和韧性的中国经济，继续担当着世界经济增长稳定器和动力舱的角色。

中国积极引导经济全球化发展。2017年伊始，在各方对经济全球化走向陷入迷茫之际，习近平主席在达沃斯世界经济论坛发表主旨演讲，引导经济全球化向更加开放、包容、普惠、平衡、共赢方向发展，稳定人心、提振信心，发挥重要引领作用。中国结合自身发展实践，利用二十国集团、亚太经合组织

等平台，推动构建开放型世界经济，倡导数字经济和创新发展，促进区域合作和自由贸易区建设，为世界经济贡献智慧。

中国为国际合作提供受欢迎的公共产品。中国提出的"一带一路"倡议，是当前全球范围内最受欢迎的国际公共产品之一。目前，100多个国家和国际组织以不同形式参与"一带一路"建设，80多个国家及国际组织同中国签署了合作协议。"一带一路"国际合作高峰论坛形成了270多项丰硕成果。一大批互联互通项目改善了参与国发展环境，提升了区域合作的空间和潜力。"一带一路"秉持的共商共建共享理念，为完善全球治理指明了新方向，为国际合作提供了新模式。

中国致力于为解决世界难题提供方案。中国高度重视落实联合国2030年可持续发展议程，以实际行动为应对全球挑战、实现共同发展作出贡献。中国坚定贯彻以人民为中心的发展思想，人民生活水平和质量持续提高。2017年，又有1000多万贫困人口脱贫，朝着到2020年现行标准下农村贫困人口实现脱贫的目标稳步迈进。中国积极应对气候变化挑战，大力推进生态文明建设，污染防治取得显著进展，天更蓝，水更清。中国着力转变发展方式，大力推进供给侧结构性改革，为各国探索发展之路提供有益借鉴。从高速增长转向高质量发展的中国，正为世界经济提供越来越多的正能量。

党的十九大开启了决胜全面建成小康社会、全面建设社会主义现代化国家的新征程。中国奉行互利共赢的开放战略，致力于建设开放型世界经济，推动构建新型国际关系、构建人类命运共同体。中国深知自己肩负的责任，也会履行应尽的责任。同时，建设一个美好的世界，需要各国的共同努力，需要各国首先做好自己该做的事。有的人眼睛只盯着别人，在享受别国发展红利的同时却热衷于炒作各种"威胁"和"陷阱"，这是不负责任的表现。正在达沃斯举行的世界经济论坛的主题是"在分化的世界中打造共同命运"。我们希望，各国都能深入思考这一课题，共同努力，牢牢把握世界发展的正确方向。

（作者为外交部国际经济司司长）

（2018年1月25日）

恰如冬日里的暖阳

艾德维

习近平主席去年在达沃斯发表的演讲具有重大历史意义，为应对当前迫切需要解决的一系列全球性挑战指明了方向

去年1月17日，习近平主席在瑞士达沃斯出席世界经济论坛2017年年会开幕式，并发表题为《共担时代责任 共促全球发展》的主旨演讲。这是中国国家主席首次出席世界经济论坛年会，足见中国对这一"世界经济风向标"的重视。更为重要的是，习近平主席的演讲具有重大历史意义，为应对当前迫切需要解决的一系列全球性挑战指明了方向。

去年1月是世界经济发展的一个重要当口，美国和欧洲一些国家的政治动向动摇了人们对未来经济发展的信心，人们普遍感到迷茫和失望。在这样的大背景下，习近平主席的主旨演讲可谓正当其时，恰如冬日里的暖阳，为世界经济发展注入活力，提振了人们对未来经济发展的信心。

习近平主席发表演讲时，我就坐在不远处聆听。达沃斯国际会议中心全会厅座无虚席，近50位国家元首或政府首脑以及来自政治、工商、学术、媒体等各界人士约1700人出席了开幕式，大家纷纷对这次演讲为世界经济发展提供的中国智慧和中国方案予以热烈评价。

习近平主席在演讲中郑重向世界表明中国的立场，表明在应对全球面临的

共同挑战方面，诸如贸易保护主义、气候变化、可持续发展等，中国愿意率先示范，发挥领导者作用。中国将坚定不移推进经济全球化，共同担当，同舟共济，共促全球发展。

习近平主席的演讲让人印象深刻。他很清晰地传递出这样一个重要信息：愿担当、促合作。人们可以从他的演讲中汲取力量。当今世界面临许多风险，地缘政治分歧在加剧，国际秩序受到严重挑战，一些国家把自己的利益建立在牺牲他人利益的基础之上，国际合作意愿下降，单边主义盛行……在这样一个历史时刻，习近平主席掷地有声的演讲让人们看到了合作共赢的希望。

中国这种愿担当、促合作的精神，唤起了国际社会在应对全球性挑战方面的担当精神和合作意识，为当年的世界经济论坛年会取得丰硕成果奠定了坚实基础。年会在人们普遍关心的诸多领域搭建了交流与合作的平台，参会各方最终在合作共赢旗帜的指引下达成多项共识，在一些此前难以达成合作共识的领域也取得了长足进展。

习近平主席在演讲中还提到了"一带一路"倡议，该倡议是促进国际合作共赢的又一宽广平台。从习近平主席提出"一带一路"倡议伊始，世界经济论坛便积极响应和参与，无论是在冬季达沃斯论坛年会上，还是在中国举办的夏季达沃斯论坛年会上，许多议程都是围绕"一带一路"倡议设计的，目的就是帮助世界经济论坛的合作伙伴找到更好地参与"一带一路"建设的路径。

"一带一路"倡议是对当下严峻全球挑战的积极应对。该倡议奉行开放、包容和共同发展等理念，对于推动经济全球化和世界经济可持续发展具有重要意义。世界经济论坛对这些理念都非常认同，愿意为"一带一路"倡议深入发展作出自己的努力。现在，我们正在与中国国家发改委合作，通过分享我们在促进公私伙伴关系发展中的经验，探索推进"一带一路"建设的合作模式，使"一带一路"倡议更包容、更可持续和更成功。

（作者为世界经济论坛执行董事兼大中华区首席代表）

（2018年1月19日）

创造人类历史之最

马丁·雅克

中国特色社会主义在过去几十年里展现的宏伟发展、取得的卓越成绩，不亚于人类历史上最大的一次经济转型

中共十九大在西方被广泛报道，被视为全球性重要事件。这些报道普遍认为，中共十九大是 2017 年最重要的政治事件之一，标志着中国迈向世界舞台中央的新时刻。

对于西方大多数人来说，中国共产党仍然是一本未打开的书。尽管中国经济迅速崛起，但是西方国家对中国的刻板印象仍不可忽视。如果西方想要了解中国的快速发展及其原因，这种心态就必须改变，让位于更真实的了解和更深入的认识。

中共十九大再次展现了中国共产党充满变革的活力与能力，不断保持与时俱进的状态。这与西方现在绝大多数政党的情况形成鲜明对比。西方国家的长期论点是，多党制是民主的一大优势，能够防止政党僵化和停滞。然而事实上，中国共产党找到了使自己保持活力与年轻的方法，而西方的政党却越来越疏远其代表的人民。

中国共产党保持批评与自我批评的作风，不断反思和审视自我，这一点令人印象深刻。改革并没有止步于一时，而是成为不断坚持的事业。中国共产党

领导层认识到，腐败将对党的前途和事业构成严重威胁，为此采取了强有力的行动，以根除这一破坏党同人民群众关系的病毒。目前，我想不到世界上还有其他国家有勇气和远见展开这样一场公开和持续的反腐败斗争，包括对高层腐败的打击。西方也存在长期腐败问题，但由于牵涉到一些最强大和最有特权的利益集团，很少有国家能够这样做。

中共十九大的一大亮点是可以看到中共领导层对党和人民的高度负责。十九大报告对中国共产党过去5年方方面面的工作成就作了详尽介绍，同时列出了今后的工作任务，包括到2035年、2050年的奋斗目标。中国共产党在治国理政中力求与全党和全民分享思想和观点。在中国，检验真理的标准一直是行动与成果，是做事而不是空谈。

鉴于中国过去几十年取得的卓越成绩，十九大报告提出中国特色社会主义进入新时代。这一判断基于中国的现实：综合国力不断增强，经济增长更加依靠创新和质量驱动，在国际舞台上不断展现大国担当和重要性。

1982年，邓小平在中国共产党第十二次全国代表大会上首次提出"建设有中国特色的社会主义"，代表着中国从高度集中的计划经济向社会主义市场经济的重大转变。自上世纪70年代起，这一直是世界上最重要的社会主义实践。

中共十九大重申"建设中国特色社会主义"，这是一个强有力的声明，即中国将继续致力于社会主义发展，促进下一阶段各方面事业的开展。中国已经取得的卓越成绩无疑增强了领导层对建设中国特色社会主义的信念。中国特色社会主义在过去几十年里展现的宏伟发展、取得的卓越成绩，不亚于人类历史上最大的一次经济转型。中国特色社会主义和新的改革在未来的进一步发展，值得我们共同期待。

（作者为英国剑桥大学政治与国际关系学院资深研究员）

（2018年1月9日）

中国的科技崛起并不意外

雷恩海德·沃格勒斯

中国的科学技术崛起将给全球科技创新带来积极影响，欧盟应该进一步加强与中国在科学技术领域的合作

在全球化和多极化的趋势下，科学知识及其在经济和社会发展中的应用正在不断增加。尽管美欧依然是科学技术发展的传统领导者，但中国正在逐步成长为新兴科技大国。

中国特别注重对研发的投入。在过去的 20 年，中国在科技研发领域的支出呈现显著增长态势。现在，作为世界第二大经济体，中国对研发的投入已经占到全球研发经费的 20%，其增长速度已经远超欧盟和美国。

在过去几年里，中国的科学出版物快速增长，尤其在计算机科学和工程学领域。中国每年培育大量科学和工程学方面的高等教育人才，获得科学与工程学位的人数约占全球的 1/4。自 2007 年以来，中国在自然科学和工程学方面授予的博士学位也多于其他国家。

中国在科技领域的兴起并不是意外。一直以来，中国都十分重视科学技术对经济增长的推动作用，并已经着力推进与之相关的基础设施建设。中国在 2006 年出台的《国家中长期科学和技术发展规划纲要（2006—2020 年）》中就提出，到 2020 年，中国科学技术发展的总体目标之一，是自主创新能力显著

增强，科技促进经济社会发展和保障国家安全的能力显著增强。在"十三五"期间，中国科学技术发展与创新进步更是尤为显著。当前，中国正在加强知识密集型产业的全球竞争力。科学技术的发展需要一系列的支撑措施，研究经费的持续投入是至关重要的因素之一。《国家中长期科学和技术发展规划纲要（2006—2020年》提出，到2020年，中国全社会研究开发投入占国内生产总值的比重提高到2.5%以上，中国正在朝着这个目标努力。

中国政府重视培养和利用本土科学人才，并不断将人才输送到世界各地。其坚定不移加大对高等教育和科技发展投入的努力，也促进了全球科学发展多极化局面的形成。同时，中国在国内也加大培育和吸引人才的力度，推动本国科学技术不断发展。中国的科技发展直接增强了中国企业的国际竞争力。中国企业华为就在很短时间内进入全球企业研发投入的前十名，近几年还成为向世界知识产权组织提交专利申请最多的企业。

相比之下，尽管欧盟有着良好的科学技术研究基础，但英国"脱欧"带来的欧洲一体化受阻对欧盟推动科学技术发展构成了严峻挑战。此外，欧盟对待外来专家学者的开放态度也不如中国，这直接导致从事科学技术的研究人员的流动僵化现象。欧盟应该更加坚定地加入到科学技术全球化中来，这将有益于欧盟各个成员国。国际合作不仅可以促进不同国家科学家间的交流，而且还能帮助欧洲企业和相关研究机构更好地吸收国际上最新的科学技术。欧洲一体化也离不开科学技术的融合发展。目前，欧盟各国都面临着吸引与留住人才困难的问题，这就需要欧盟更加注重维持与发展统一的研究市场，为欧盟内部研究人员的流动扫清障碍。另外，欧盟在深度整合内部的同时，还应变得比以前更加开放。

中国的科学技术崛起将给全球科技创新带来积极影响。欧盟应该进一步加强与中国在科学技术领域的合作，以便在未来多极化科技世界中占据一席之地。

（作者为比利时布吕格尔经济研究所高级研究员）

（2018年1月5日）

记者手记

扬帆远航　谱写华章

赵嘉鸣

在访问葡萄牙前夕，国家主席习近平在葡萄牙《新闻日报》发表的署名文章中特别提到，葡萄牙东北部的弗雷索城很早就使用源于中国的桑蚕织造技术，享有"丝绸之乡"的美誉。弗雷索市长助理若热·杜阿尔特对我们说，弗雷索城是现在欧洲唯一一个还保留着手工桑蚕织造技术的地方。

"一滴水里观沧海，一粒沙中看世界。"自古以来，葡萄牙就是陆海丝绸之路的重要枢纽，也是友好历史的见证者。从古老的中国青花瓷漂洋过海来到葡萄牙，同当地瓷器制作技术相融合，形成了独具魅力的"葡萄牙蓝"，到今天中国厨师烘焙出的葡式蛋挞成为中国老百姓新的美食选择，葡萄牙和中国的一段段情缘，揭示了古往今来人们对和平、合作、开放、共赢的共同愿望。

当前，中葡两国关系正处于历史最好时期。两国高层往来频繁，政治互信不断加强，各领域务实合作全面展开，每年双向人员往来超过30万人次……明年是中葡建交40周年，两国关系正面临历史性发展机遇。葡萄牙总统德索萨说，葡方愿抓住历史性机遇，积极参与共建"一带一路"，加强葡中发展战略对接，加深开放合作，加快共同发展。他还强调，习近平主席对葡萄牙的国事访问定将开辟葡中合作更广阔前景，创造更辉煌未来。

葡萄牙是此次习近平主席出访的最后一站。一路走来，习近平主席的足迹跨越亚欧大陆、到访大西洋两岸。习近平主席叙友谊、谈合作、倡发展，阐释中国坚持改革开放，坚持和平发展、合作共赢理念，为推动构建人类命运共同体凝聚共识，受到国际社会普遍赞誉和各国媒体广泛关注。到访国电视台新闻频道滚动播发习近平主席到访的消息和画面。西班牙国王费利佩六世说，习近平主席的访问"是一个新的重要里程碑"；阿根廷总统马克里同主要阁僚分享了习近平主席访阿取得的多项成果；巴拿马总统巴雷拉表示，巴拿马坚定奉行一个中国政策，赞同习近平主席提出的构建人类命运共同体等重要理念……

　　葡萄牙西部的罗卡角是欧洲大陆最西端，"陆止于此，海始于斯"。登临崖顶，海阔天高，心驰神往。古老的丝绸贸易曾经在这里留下历史的印记，今天的友好合作、发展共赢扬帆远航、谱写华章。

（2018年12月5日）

心贴着心的亲密伙伴

韩晓明　陈效卫

在巴拿马老城区的中心位置，有一座建于19世纪末的老式建筑，它是巴拿马运河博物馆。里面的一件件陈列品诉说着巴拿马运河的沧桑历史，展示着中国人和巴拿马运河的百年情缘。展览解说词这样写道："中国人，很难让巴拿马这个国家忘记。"

回溯过往，两国人民的友好交往已延续了160多年。从最初帮助巴拿马人民修铁路、挖运河，到留在这片热情的土地上，融入当地社会，再到1964年声援巴拿马人民收回运河主权的正义斗争，成为那一代中国人难忘的记忆。巴拿马的"华人节"、中巴公园、华人抵达巴拿马150周年纪念碑等等，都是两国人民友谊的象征。

在博物馆"运河历史摄影"特展中，一幅"中远海运巴拿马"号货轮通过巴拿马运河新船闸的照片分外引人注目："我为这个瞬间，为了记录这一刻，等待了好几个小时。"拍摄这幅照片的摄影师吉姆·马尔科姆说。如今，中国是巴拿马运河的第二大用户，中国远洋货轮在运河上频繁通行。

"巴拿马运河举世闻名，瑰夏咖啡声名远播，香蕉等热带水果享誉世界。"几天前，习近平主席在巴拿马《星报》发表署名文章，开篇就提到了瑰夏咖啡，让巴拿马众多的咖啡园农场主们异常激动。在巴拿马西部奇里基省，埃德温一家在山坳里经营着一座60万平方米的圣玛利亚咖啡园，年产5.5万公斤咖啡。

埃德温期待习近平主席对巴拿马的访问，将进一步促进两国经贸关系的发展，"让更多中国朋友品尝到瑰夏咖啡这种带着果香味的咖啡。"

期待巴中两国加深合作，埃德温的话讲出了巴拿马人的共同心声。建交一年半来，中巴关系强劲起步，各领域合作给两国人民带来了实实在在的利益。今年4月，中国至巴拿马首条直航航线正式开通，巴拿马总统巴雷拉在首航庆祝仪式上表示，这趟航班"不仅是巴中之间的桥梁，也是中美洲、加勒比乃至整个拉美与亚洲之间的桥梁"，直航航线将"巩固我们之间的关系，加强经贸和人民之间的交往"。2017年中国赴巴拿马旅游人数为2万多人，巴雷拉希望2018年这个数字翻一番。

不仅是旅游。巴拿马成为首个与中方签署"一带一路"合作谅解备忘录的拉美和加勒比国家，巴拿马第一所孔子学院正式开课，中方共为巴方培养各领域官员和技术人员近6000人，近千名巴拿马学生在华学习……正如习近平主席在署名文章中指出的，"中国热"和"巴拿马热"在两国同频共振，两国民众对增进彼此交流和相互认知的渴望势如泉涌。

"我们要做平等互信的真诚伙伴""我们要做休戚与共的发展伙伴""我们要做互利共赢的合作伙伴""我们要做心贴着心的亲密伙伴"，习近平主席为中巴两国关系的发展指明了方向。中巴关系发展离不开两国人民的参与。巴拿马有28万华人，这条血缘纽带，让中巴友好更加深入人心。中巴两国人民携手共进，必将使中巴关系实现弯道超车、后来居上，使两国合作行稳致远，走向更加美好的未来。

（2018年12月3日）

发展，以人民为中心

赵嘉鸣

二十国集团领导人第十三次峰会前夕，习近平主席在阿根廷主流媒体《号角报》发表署名文章，高度赞赏阿根廷总统马克里倡导的二十国集团要本着"以人民为中心"的指导思想开展合作，并进一步提出，对经济全球化进程中出现的问题，我们要主动作为、适度管理，从构建人类命运共同体出发，践行共商共建共享理念，推动经济全球化朝着更加开放、包容、普惠、平衡、共赢方向发展，确保所有国家和人民都能受益。

今年二十国集团峰会的主题是"为公平与可持续发展凝聚共识"。峰会标识中有一个圆环形调色板图案，代表着不同的声音与诉求，以及为应对全球问题而努力形成共识的过程中所面临的挑战。峰会议程将发展、公平和可持续作为优先方向，与2016年杭州峰会一脉相承。正是在杭州峰会上，习近平主席提出共同构建创新型、开放型、联动型和包容型世界经济的主张。其核心和实质，就是抓住创新这个动力，沿着开放的路径，本着联动的精神，追求包容的目标，让增长和发展惠及所有国家和人民。2017年，汉堡峰会主题"塑造联动世界"，同样与杭州峰会不谋而合。

当今世界正经历百年未有之大变局。机遇前所未有，挑战也前所未有。抓住机遇、应对挑战，关键在谋发展。无论是在世界范围内，还是一国内部，发展的不平衡都是导致许多问题产生的根源。强调发展为了人民、发展依靠人民、发展成果由人民共享,并提出创新、协调、绿色、开放、共享的发展理念,正是习近平主席倡导的以人民为中心的发展思想,在世界范围内得到积极回响的原因之所在。

昨天在布宜诺斯艾利斯乘坐出租车,司机得知我们是中国记者,伸出大拇指连声说——"中国很棒!习近平主席很好!"对中国的热情与友好溢于言表。简单交谈后得知,司机有个亲戚原本失业在家,后来在一家中企找到了稳定的工作,收入也不错,全家生活为之改变。由此,尽管从未去过中国,但他对中国的感情十分真诚,反复对我们说——"中国真的很好!"

像这位阿根廷普通出租车司机一样,渴望发展、期待享受到发展红利的各国民众还有许许多多。今年是二十国集团领导人峰会启动10周年。10年来,在应对国际金融危机及其后续影响的国际合作中,同舟共济的伙伴精神已成为二十国集团最宝贵的精神财富。尽管各国国情不同、发展阶段不同、面临的现实挑战不同,但推动经济增长的愿望相同,应对危机挑战的利益相同,实现共同发展的憧憬相同。

新的10年依然需要伙伴精神。作为国际经济合作的主要平台,二十国集团理应继续把发展问题置于全球宏观政策协调的突出位置,从发展视角讨论各领域国际合作,照顾发展中国家关切,维护发展中国家发展空间,"不让任何一个人掉队"。这是占世界经济总量85%的二十国集团应有的时代担当。

(2018年12月1日)

黄金般的机会

李 满

"习近平主席的访问是西中关系发展黄金般的机会。"西班牙参议院宪法委员会主席卢卡斯的话，道出了西班牙人民对习近平主席此次访问的欢迎之情。他说，西班牙要进一步加强同中国在治国理政以及改革发展方面的经验交流，积极支持和参与"一带一路"建设，深化两国经贸合作和人文交流。

中西两国分别位于亚欧大陆两端，虽距离遥远，但双方交往源远流长。早在2000多年前，在阵阵驼铃声中，古老的陆上丝绸之路就将中国古都长安和西班牙的塔拉戈纳联系在一起。如今，在"一带一路"合作框架内，两国又一次站上了互联互通的潮头。2014年11月，连接全球最大的小商品集散中心——中国义乌与马德里的中欧货运班列开通运行，成为亚欧大陆互联互通的重要桥梁和"一带一路"建设重要早期成果。

中西两国都拥有悠久的历史文明和灿烂的艺术文化。早在16世纪末，西班牙传教士高母羡就将中国古籍《明心宝鉴》译成西班牙语，是译介到西方世界的第一本中国古籍，西班牙也由此成为中华文明成果向欧洲传播的一个重要窗口。

西班牙耶稣会教士庞迪我是中西关系史中的一个重要历史人物，他于1602年写给托雷多大主教古斯曼的信函，为中国文化在西方的传播发挥了关键作用。他打破东西方时空和文化的隔阂，打开了西方认识、了解中国的窗口，为东西文明交融作出了巨大贡献。

近年来，中西两国交流与合作更加热络。去年，西班牙成为中国游客赴欧旅游的第四大热门国家，接待中国游客多达51.5万人次，较2016年增长37.4%。中西间的直航线路也达到了7条之多。西班牙斗牛、弗拉门戈舞、皇马足球队在中国家喻户晓，而秦始皇兵马俑展、张艺谋的电影、郎朗的钢琴演奏也频频亮相西班牙。

今年年初，中国教育部首次将西班牙语列入普通高中新课标，并于今年秋季开始实施。西班牙也将为汉语进入西国民教育体系做出努力。西班牙民众对学习汉语一直保持着旺盛热情。目前全西有8所孔子学院和9所孔子课堂，学汉语人数超过4万人，2011年以来，西班牙每年参加汉语水平考试的人数一直高居欧洲首位。

在巴塞罗那孔子学院，当地小姑娘安德列亚、保拉和贝拉一边念着"切西瓜"口诀，一边有模有样地打着太极拳，因为她们喜欢中国；在巴塞罗那大学，医学院副院长尼古拉斯教授讲述着自己患了肩周炎，通过针灸舒缓病痛的经历，因为他相信中医的疗效……正是许许多多这样的场景、片段和人物，不断讲述着中西文化交流、文明互鉴的生动故事，从一个个点汇聚在一起，形成了"民相亲"的感人画卷，让中西友谊充满亲情，也描绘了两国关系的光明未来。

（2018年11月28日）

重要时刻　值得铭记

张志文

每天清早,在菲律宾各地的大街小巷,总能看到叫卖豆花的小贩。他们常常挑着扁担,两侧的桶里分别盛着热腾腾的豆腐花、糖浆和粉圆。在菲律宾语中,"豆花"的发音与闽南话"豆腐"几乎一样。很多学者认为,这种食物是多年前随着华人来到菲律宾的。

打开当地餐馆的菜单,很多食物都让记者感到颇为熟悉:卤面、烧包、甜稞、烧卖……在菲律宾华裔文化传统中心的资料室,执行董事洪玉华拿出一本厚厚的书,指着密密麻麻的文字说,这些都是菲律宾语中的闽南语词汇,不仅包括众多食物,更涉及家庭关系、日常用品乃至农具机械等多个领域,意味着"中华文化与菲律宾文化深深地嵌在一起"。

唐宋以来,中国福建、广东等地居民开始扬帆渡海,侨居于菲律宾。在马尼拉王城中的菲华历史博物馆,本地出土的中国瓷器与历代钱币,记述了古代海上丝绸之路带给菲律宾的繁华与荣光;一艘仿制的帆船模型,折射出大航海时代,菲律宾在中西方文化交流中所发挥的不可替代作用。华人与菲律宾当地民众的良性互动,不仅让彼此相识相知,更结下深深的菲华情缘。就如同宿务的叶氏—圣地亚哥古宅一般,虽然历经300多年风雨,家族先祖中的华人与菲律宾人的幸福笑容依旧高悬在斑驳的墙壁上。

在采访菲律宾教育部长莱昂诺·布里安斯时,这位德高望重的教育家告诉记者,她出生在菲律宾家庭,但一直认为自己有华人血统——"我的小名叫'琳琳'(音),这显然是一个来自中国的名字,我认为这就是菲中人文相亲的生动写照,这是不受任何外界干扰的、天然的菲中友好基因。"

菲律宾有句名谚:"不懂得回顾过去,就无法抵达未来。"站在马尼拉唐人街高大的"中菲友谊门"前,能够清楚地看见中国援建的帕西格河桥梁项目正在施工,不久后这里将建成一座崭新的大桥。这座连接王城与唐人街的桥梁,被菲律宾朋友形象地比喻为菲中坚实的友谊纽带。当地民众相信,习近平主席这次对菲律宾进行的具有历史性意义的国事访问,将促使更多中菲合作项目在这里落地,菲律宾的发展也将收获更多新的机遇。正如菲律宾总统中国事务特使雷蒙·图弗所说:"习近平主席此访一定会成为菲中关系史上值得铭记的重要时刻。"

美丽的马尼拉湾边,朝阳缓缓升起,企盼中菲友好合作的心愿同旭日的光华相互交融。

(2018年11月20日)

同舟共济　命运与共

王　芳

习近平主席访问文莱，当地朋友欢欣鼓舞。连日来，他们纷纷对在此进行前期采访的记者讲起中国和文莱之间的友好合作故事。寻常生活的点点滴滴，折射出同舟共济、命运与共的大主题。

记者跟随中国公司渔船出海给当地养殖户运送鱼苗，一路聆听的"渔人"故事就很有代表性。

30岁的"船长"彭晓瑜是海世通（文莱）渔业公司技术总监。2016年，在"广西—文莱经济走廊"合作框架下，广西海世通公司受邀赴文莱投资发展渔业。文莱虽靠海，但渔业养殖规模较小。彭晓瑜和他的同事们决定在当地直接繁育金目鲈鱼、金鲳鱼等高端食用鱼种，并采取"公司加渔户"模式，由公司负责鱼苗供应、技术培训、成鱼回收、加工出口等全链条环节。

"为了采集当地养殖环境数据，公司组织技术干部学习了潜水。经过一年多披星戴月的试验，我们终于初步掌握了文莱海水鱼的全年繁育、循环养殖等技术要点。"彭晓瑜一边开船一边对记者说。

渔民们惊喜地发现，用中国技术喂养的鱼，8个月即可达到国际水产出口标准，有效解决了传统方式喂养的鱼生长慢、易生病的问题。很快，当地30多家养殖场老板主动上门要求合作。今年7月，第一个装载文莱湾养殖鱼的冷冻集装箱运往加拿大，这是文莱湾养殖鱼首次进入北美市场。一位80多岁的当地渔民感叹道:"很多外国投资者说过要帮助我们,但都'无功而返',只有你们中国人留了下来,扎扎实实工作,让文莱渔业有了希望。"

运送鱼苗并不是一件轻松的事情。这天,他们送了两趟鱼苗,一次从摩拉港码头向北10多海里,一次向西南30海里。彭晓瑜驾船时,旁边一位文莱姑娘不时协助传达指令。姑娘名字的发音颇似"皮卡丘",大家觉得这样称呼她很亲切。"皮卡丘"毕业于文莱职业技术学院,实习时与中国公司结缘,并以优异的成绩获得现在的工作岗位。一路上,3位技术人员在不同地点适时换水,保证鱼苗到达养殖基地时能够适应海水盐度。常年海上作业,大家的肤色都变得一样黝黑。记者问起,才知道一位来自缅甸,另两位来自印尼。

小小渔船写人生。大家说着中文、英文、缅甸文、马来文,连比划带翻译。他们配合默契,相处得简单而轻松。来自缅甸的蔺应华几年前就加入海世通,去年被派到文莱,如今已是公司的技术主管。两位印尼人的家乡不久前刚经历地震,房屋被毁。好在有现在这份工作,能够为他们的家庭尽早实现灾后恢复提供帮助。

收工时,夜色慢慢降临,落日熔金,渔舟唱晚,横亘在文莱湾上的大摩拉岛大桥、淡布隆大桥构成了一幅美丽剪影。"皮卡丘"指着大桥对记者说:"感谢中国帮助文莱建设了这些重要工程。中国创造了这么多发展奇迹,我想听习近平主席讲精彩的中国故事,讲中国和文莱明天的故事。"

(2018年11月19日)

幸福的归属感

宦 翔

"与中国伙伴共建比雷埃夫斯港，我们找到了归属感。"近日在接受记者采访时，中远海运比雷埃夫斯集装箱码头有限公司商务经理塔索斯·瓦姆瓦卡迪斯如是分享他的感受。正是由于这种归属感，让瓦姆瓦卡迪斯和3000余名希腊员工，同中国同事齐心协力，将比港扭亏为盈，打造成了"一带一路"建设互利合作的典范。

比港是希腊最大的港口，也是21世纪海上丝绸之路在地中海区域的重要枢纽。2008年，原中远集团获得比港2、3号集装箱码头特许经营权。2016年4月，中远海运集团收购比港港务局67%的股权，并于同年8月接管经营比港港务局。如今，这个一度"连集装箱码头桥吊都锈得无法正常工作"的港口，集装箱吞吐量从当初全球排名第九十三位跃升到第三十六位，成为全球发展最快的集装箱港口之一。比港的嬗变，也为希腊经济复苏注入了动力，令世界瞩目。

从微观个体的角度看变化，或许会更有启示。在中方接手比港之初，部分希腊人担心工作机会遭削减而产生误解。如今，中方团队早已用实际行动赢得当地的信任和支持，在港口工作的希腊员工表示，在这里工作感受到了尊重和平等，也体会到了中国伙伴帮助当地发展的善意。态度的转变，充分表明当地人对比港项目的认同感与归属感不断增强。在中远海运比雷埃夫斯集装箱码头有限公司的办公楼内，一组组中国风景和希腊名胜的照片并排挂在墙上。这是两大文明交相辉映的真实写照，也是中希双方以归属感促凝聚力的生动体现。有了归属感，互利共赢的合作就能行稳致远。

"'一带一路'建设秉持的是共商、共建、共享原则，不是封闭的，而是开放包容的；不是中国一家的独奏，而是沿线国家的合唱。"归属感，是对共商共建共享原则的生动注解，体现的是"一带一路"建设给相关各方带来的实实在在的收获。中方接管比港后，通过友好协商，与比港原先就存在的三大工会签订了新的《员工总则》，为公司的劳工保障起到了关键的稳定作用。

正是因为这种互利共赢的合作，在更广范围内也为"多方共赢"带来了更多的归属感，从而凝聚起了更广大的力量。依托比港，铁运和海运的网络实现了有机融合。"中欧陆海快线"联通中南欧和西北欧，为远东至中东欧腹地的货源提供更为便捷、低成本的通道；土耳其总统埃尔多安向希腊总统帕夫洛普洛斯提出，土希都要支持参与"一带一路"合作。可见"一带一路"造福的不仅是中希双方，而且是整个地区，乃至世界。

5年来，"一带一路"建设如火如荼，吸引着越来越多的国家和地区分享发展的红利；沿线国家不断增强的归属感、认同感和获得感，也反过来促进"一带一路"建设。截至今年7月，全球100多个国家和国际组织同中国签署共建"一带一路"合作文件；5年来，中国同沿线国家货物贸易进出口总额超过5万亿美元；7个国家和地区建立了人民币清算安排；47个与中国实现学历学位互认的国家和地区中，"一带一路"建设参与国占了一半以上……互利共赢的合作契合时代发展要求，也符合各国人民对美好生活的普遍追求。

（2018年10月7日）

"习主席好！中国好！"

管克江

7月22日，南非行政首都比勒陀利亚总统府门前的大道上，中国和南非两国国旗飘扬。一个略显生涩的声音在耳旁响起："你好，欢迎！"原来是一位专给游人收费照相的当地摄影师。"要照相吗？很便宜，20兰特一张。"这位名叫艾克特·切凯罗的年轻人接着用汉语同我打招呼——"好朋友！好兄弟！"

谈话间，切凯罗告诉我，他在这里拍照5年了，旺季的时候生意还不错。"这么多年来，中国游客来得最多，我很喜欢和他们打交道，他们都热情友好"。

和中国游客接触多了，切凯罗学了不少汉语。有位游客送了他一些关于中国的英文书，他就如饥似渴地读了起来，从此一发不可收，一有空就上网查找中国相关知识，成了景点摄影师中的"中国通"。"虽然没有去过中国，但我对北京、上海都熟悉。中国有万里长城，有功夫电影，海南是个国际旅游岛。我还经常看新闻，知道中国国家主席习近平就要来访问了。"

切凯罗说，他对中国充满热爱，不仅因为中国的美丽，更因为有很多中国企业到南非投资办厂，帮助当地发展，让他们看到了中国朋友的真诚。"中国以前也很贫穷，但经过奋斗成为世界经济大国。非洲人民也有自己的梦想，想要国家发展，希望生活得更好，所以我们一定要和中国做好朋友，学习中国经验。"

这时候，其他一些摄影师围了过来，向记者展示他们自学汉语的水平。其中一位叫切里玛的摄影师高兴地大声说："习主席好！中国好！"

"国之交在于民相亲"。切凯罗、切里玛等人的经历生动说明了中国人民同南非人民的友好情谊。这些年来，中国同南非的人文交流日益丰富多元，为两国全面战略伙伴关系的深化注入活力。目前，汉语教学已纳入南非国民教育体系，中南建立了中非间首个高级别人文交流机制，在中非关系史上首次互办了国家年。南非也是非洲大陆吸引中国游客最多、与中国建立友好省市最多、接收中国侨民和留学生最多、设立孔子学院和孔子课堂最多的国家。

习近平主席第三次对南非进行国事访问之际，期待中南民更相亲，心贴更近，友好情谊代代相传。

（2018 年 7 月 23 日）

中非关系正青春

胡泽曦

这几天在塞内加尔,有两个采访颇令记者感慨。

其一,采访马马杜·卡马拉老人。退休前长期任职于达喀尔省政府的卡马拉告诉记者,按中国人的说法,自己已年过花甲。3年前,尽管家人很不理解,他却坚持要到达喀尔大学孔子学院学习中文。"和年轻人不一样,我不需要找工作,学中文就是因为对中国感兴趣,想了解今天的中国究竟是什么样的。"

其二,采访塞内加尔中国问题专家阿达玛·盖伊。盖伊几十年前就决定从事中国研究,"中国为何能坚持自己的发展道路,对非洲年轻人十分有吸引力"。盖伊在家中接受采访,现场还有刚从中国留学回来的阿卜杜·姆巴·法耶。"你们初识中国时,面对的是全然不同的中国。对中国的第一印象各是什么?"记者向两人提问。盖伊用3个关键词作答——自尊、务实、远见。阿卜杜·姆巴·法耶则答:"中国是一个不断前进的国家。"

从卡马拉老人的"少年心",到盖伊和阿卜杜的"初印象",记者感受到的不只有延续不断的中非友好,更有今天中非关系的青春活力。

在非洲人眼中,中国尊重各国自主选择发展道路、坚定维护国际正义,始终是非洲国家的好朋友、好伙伴。与此同时,中国又在快速地发展变化。这反映在社会变革的活力上,也反映在引领国际合作的能力上。同非洲年轻人交谈会发现,他们对当下中国的互联网创新津津乐道,并在深入思考基础上作出

"中国代表着未来"的判断。

非洲也在快速地发展变化。在塞内加尔,"振兴塞内加尔计划"正在引领这个国家向2035年跻身新兴市场国家的目标迈进。整个非洲大陆正在奋力加快工业化和现代化进程,朝着非盟《2063年议程》描绘的梦想前行。非洲年轻人对非洲在国际格局中成为重要一极的信心正在不断提升。

延续与发展之间,中非合作充满了新气象。

新气象体现在个人生活选择的变化上。阿卜杜·姆巴·法耶说,他4年前从达喀尔大学毕业时,成绩在整个专业排名第一,不仅赴法国深造没问题,还拿到了英国伦敦大学学院的录取通知书,但他毫不犹豫地选择了赴中国留学。

新气象也体现在国家宏观政策上。在今天的非洲,各国普遍将本国发展规划同"一带一路"建设对接列为优先事项。借鉴中国发展经验推动基础设施建设、创办工业园区、吸引外部投资,已经写入了许多非洲国家的发展规划。每年,大量非洲国家官员赴中国进行交流培训。

新合作、新气象、新活力,中非关系正青春!

(2018年7月21日)

当汉字"拥抱中国"印在阿文报纸上

黄培昭

"拥抱中国!"端庄大气的宋体汉字出现在阿拉伯文报纸上,记者不禁眼前一亮。

这是中国国家主席习近平对阿联酋进行国事访问前夕,在迪拜出版发行的主流媒体《宣言报》专版的大标题。左边"拥抱中国"四个汉字,与右边"欢迎中国"的阿拉伯文相得益彰,不但美化了报纸版面,更表达了对习近平主席来访的热切期待。

记者取报纸时,下榻饭店的值班经理问,这几个汉字是什么意思?听完说明后,这位值班经理说:"'拥抱中国'这几个字用得太好了,它正是这些年阿联酋与中国关系的最佳体现。阿联酋要'向东看',加强与中国的关系,所以要热烈地拥抱中国。"为迎接习近平主席来访,这里还启动了"阿联酋—中国周"。最近几天,除迪拜《宣言报》外,阿布扎比《联邦报》、沙迦的《海湾报》和《海湾时报》等,也都开辟出专版和专栏,对习近平主席的国事访问进行展望和解读。

"阿联酋高度重视中国国家主席习近平来访,这是29年来中国国家元首首次访问阿联酋。"沙迦大学常务副校长贝塔亚伯深情地说。这位来自阿联酋首屈一指大学的专家,颇自豪于阿联酋成为第一个同中国建立战略伙伴关系的海湾国家,乐见阿联酋与中国的关系越来越亲密,阿中合作呈现全面、务实、高效、快速发展的新态势、新格局。"阿中战略伙伴关系不只涉及某个或某几个领域,而是遍地开花。"阿联酋驻华大使扎希里的评价可谓一语中的。

在阿联酋采访,中国元素随处可见,中国气息扑面而来。约有30万华侨华人生活、工作在迪拜,到阿联酋旅游的中国人超过百万,每年在阿联酋过境的中国游客更是达到350万人次。包括闻名遐迩的人工岛棕榈岛在内的迪拜许多建设工程,都有中国人参与。

迪拜港是全球十大港口之一,在那里采访,不但会看到中国船舶进进出出,中国货物琳琅满目,起重机、装卸货的大吊车等也来自中国。港口负责人表示,阿中两国在"一带一路"框架下的合作,将进一步提升港口的吞吐量,为迪拜港的飞跃式发展插上坚实的翅膀。阿联酋各界对习近平主席的来访充满期待。

"阿中两国关系远不止贸易。这种关系植根于久远的文化联系,从公元7世纪首次将中国与阿拉伯世界联系起来的瓷器和珍珠贸易,到明代郑和通过海上丝绸之路的探索,在欧洲、非洲和亚洲之间建立起贸易路线。"阿联酋国务部长苏尔坦·贾比尔如此总结。他强调,作为最早响应"一带一路"倡议的国家之一和亚洲基础设施投资银行创始成员国,阿联酋一直是中国推进"一带一路"建设的重要合作伙伴。

"拥抱中国",热情的话语折射着合作热潮。相信习近平主席的阿联酋之行,必将进一步提升中阿关系,为中阿关系百尺竿头更进一步作出顶层设计,擘画中阿合作新的画卷。

(2018年7月19日)

从"疯狂铁路"到"独立快车"

李志伟

前些天,我们乘坐了蒙内铁路列车,当地时间下午2:30从肯尼亚首都内罗毕出发,晚上7:20就到了480公里之外的蒙巴萨。一路上,放眼望去,敞亮的车窗外满是绿色,草原向天边延伸过去,远处青山如黛,云卷云舒,美不胜收。

列车经过查沃国家公园时逐渐放慢了速度,列车员提醒乘客们欣赏窗外的美景。长颈鹿、羚羊、斑马……每次发现隐藏在树丛之中的野生动物,乘客们便发出阵阵欢呼。这些动物信步悠悠,在广阔的天地间吃草、撒欢。待到列车就要驶出公园的时候,山坡上出现了数百头大象,大家兴奋地叫了起来,赶快拿起手中的相机,咔嚓咔嚓拍个不停。

这是一段轻松惬意、舒适快速的列车旅程,如果谁想细品蒙巴萨到内罗毕之间令人心旷神怡的景色,蒙内铁路上的"独立快车"便是最好的选择。是的,肯尼亚人把这些中国制造的列车称为"独立快车"。

我的思绪回到去年5月31日——那天,蒙内铁路开通了,在蒙巴萨港口活动仪式现场,当地老百姓身着盛装,载歌载舞,脸上洋溢着幸福的微笑。记得肯尼亚总统肯雅塔深情地说,蒙内铁路实现了肯尼亚人民100年的梦想,并将开启新的100年发展之路。100多年前,英国殖民者在东非修建了"乌干达铁路",从蒙巴萨延伸至乌干达境内,目的是在非洲攫取更多的资源与财富。

这条铁路的外号更出名——"疯狂铁路"。2400多名当地工人在施工过程中失去了生命，平均一公里就是一条人命的代价。

"100多年前，殖民者用皮鞭驱赶我们修建了一条服务于殖民体系的铁路；今天，我们肯尼亚人独立自主地用自己的双手修建了一条服务于本国国民经济发展的铁路。这就是最大的不同！"在肯尼亚官员们看来，蒙内铁路的重要意义不言自明。

在内罗毕市内，如今还能看到百年前英国殖民者修建的窄轨铁路"遗迹"：破旧的铁轨旁荒草丛生，早已被时光所遗忘。而在不远处，高大现代化的内罗毕南站在阳光下熠熠生辉——这是蒙内铁路的终点站。旁边则是东非最现代、规模最大的集装箱内陆港——内罗毕内陆集装箱港，满载货物的集装箱由此发往肯尼亚各地。古老与现代，历史与未来，伤痕与期望，时代的进步在此得到了淋漓尽致的体现。

"我还记得很小的时候，从内罗毕坐火车到蒙巴萨需要一天多的时间。我跟家人匆忙赶上拥挤的火车，第二天早晨阳光照射进车厢时，我们终于到了蒙巴萨。我一直记得这样的画面。"肯尼亚官员克里斯向记者讲述曾经的铁路故事。

在蒙内铁路的列车上，我还遇到了政府采购员穆特吉。他说，旧铁路已经成为过去，现在肯尼亚人民有了更好更新的火车，人们正在爱上坐火车出行。

丹麦女作家凯伦·布里克森的《走出非洲》一书开头写道："我的非洲庄园坐落于恩贡山麓，海拔高达六千英尺。"书中描绘了美丽的非洲，然而当时这片土地上的人民只是书中的佃农。

采访的这几天，我也来到了恩贡山，一条4.5公里长的隧道正在修建，未来内马铁路（内罗毕至马拉巴）将从这里穿过。我看到，中国工人与肯尼亚工人一起在隧道里施工，他们热爱自己的工作，他们正在用双手建设这片古老的土地。

恩贡山麓的草原依旧绮丽，一如书中所述一般，只是故事变了：勤劳的中国建设者同非洲伙伴一起，用双手让东非高原旧貌换新颜。就像肯尼亚歌手苏迪所唱："朋友你要知道，蒙内铁路经过我家乡，从海滨到恩贡山，绵延数百公里。我的家乡啊家乡，像在梦中一般靠近我。朋友你看，老地方架起了新桥梁，亲眼见证这奇迹，心情多舒畅。我的家乡啊家乡，焕发新容颜。"

（2018年5月22日）

扬起合作的风帆

王 远

5月的青岛山青海碧,绿意盎然,正以饱满的姿态迎接上海合作组织青岛峰会的到来。

7日下午,青岛地区第3016列中亚班列从位于山东胶州的中铁集装箱青岛中心站鸣笛启程。10天之后,班列将抵达哈萨克斯坦,并将货物分拨转运到乌兹别克斯坦、吉尔吉斯斯坦、土库曼斯坦、塔吉克斯坦等国家。中亚班列以一周三班的频次,密切维系着青岛与上合组织国家的经贸往来。此外,青岛市商务局统计数据显示,2017年,青岛市与上合组织有关国家进出口贸易总额约为390.2亿元,同比增长12.5%。截至2017年底,青岛对俄罗斯、哈萨克斯坦、印度、巴基斯坦等上合组织有关国家投资项目74个,中方投资额达5亿美元。

青岛是中国同其他上合组织成员国合作共赢的一个缩影。上合组织自2001年成立至今,走过了不平凡的发展历程。成员国秉持互信、互利、平等、协商、尊重多样文明、谋求共同发展的"上海精神",不断巩固政治互信,大力推动安全、经济、人文等领域合作,广泛开展国际交往,为维护地区安全稳定、促进共同发展繁荣作出了重要贡献,也为进一步推进各领域务实合作奠定了良好前提和基础。

去年,上合组织实现首次扩员,成为世界上人口最多、幅员最广、潜力巨大的综合性区域组织，其地区及国际影响力与日俱增，承载了更多期望与祝福。中国在此背景下担任上合组织轮值主席国并主办青岛峰会，将开启这一新型区域组织继续向前发展的新征程。

作为迄今唯一在中国境内成立、以中国城市命名、总部设在中国境内的区域性国际组织，上合组织最难能可贵之处正在于有关各方坚持通过沟通增进理解，妥善处理遇到的合作难题，不断增强凝聚力与互信。团结互信之路，离不开中国的热心培育与精心呵护："中方主张加强地区反恐怖机构建设，严厉打击毒品制贩""中方倡议逐步建立区域经济合作制度性安排""中方倡议建立媒体合作机制""中方倡议启动'上海合作组织科技伙伴计划'"……一项项提议，体现了中国坚定不移推动上合组织发展的决心。我们有理由相信，上合组织青岛峰会将释放扩员潜力，推进全面合作，成为上合组织发展进程中一座新的里程碑。

红瓦绿树的青岛满面荣光，蓄势待发。翘首盛会，上合组织将在碧海蓝天中扬起风帆，在新起点上实现新发展。

（2018年5月9日）

让家与梦更近

杜一菲

印尼中苏拉威西省摩罗瓦力县的一个渔村，名为"摇舌"的小餐馆沿海而建。店面看着不大，只放了六七张塑料桌椅。穿过用花环彩旗精心装饰的走廊，视野突然开阔：里屋装修精美，面积是外屋的三倍还不止。靠海一侧专设木质观海雅座，伴着碧浪椰风，绿蔓红树。

老板罗纳德今年35岁，土生土长。之前因为所在的村子贫穷落后，他一直在加里曼丹岛打工，一年回家不过屈指可数的几次。3年前，他回到家乡创业，后来开了这家小餐馆。"回来前听家人描述，知道有些变化，但没想到发展得这么快。"罗纳德感慨道，原来村子没有电，住的都是木头搭起来的房子，现在搬进了水泥房，电视、电冰箱一应俱全。

这么大变化怎么来的？就是因为4年前中国印尼经贸合作区青山工业园的建立和发展。

对罗纳德来说，小餐馆和青山工业园俨然成了"利益共同体"：80%的顾客都是园区员工或者慕名前来的求职者。每月1日到10日发工资的日子，更是他生意最红火的时候。短短1年时间，他就攒够了钱，将店面从简陋的外屋扩建到如今的样子，收入翻了两番，还买上了汽车，生活过得有滋有味。

园区建起来前，村里有很多年轻人不得不外出打工。如今大家基本都回来了，不是在园区工作，就是和他一样从事依托园区的服务业。"如果没有青山工业园，我可能还漂泊在外或者在家捕鱼种田，肯定过不上这么好的生活，真心感谢中国企业的到来。"这个腼腆黝黑的汉子露出了发自内心的微笑。

不少发展中国家发展不均衡，要么农村空心化，要么都市贫民窟，很大一个原因是缺乏实体经济。要解决这些问题，发展是总钥匙。好实业的带动与辐射作用，不仅让故乡"回得去"，让人"留下来"，更让生活"美得起来"。这段时间在印尼采访，很多人士都坦陈：习近平主席提出的"一带一路"倡议正是聚焦于发展这个根本性问题。中国以优势产能带动沿线国家发展，帮助其推进工业化、现代化，释放出更广阔的发展潜力。

5年来，太多人见证了家乡的华丽蜕变：丘陵莽原上建起的西哈努克港经济特区，让柬埔寨女孩盛西维一家有了工作，盖上了新房；中哈现代农业产业创新示范园建成，让哈萨克斯坦图尔根一体化农业公司总经理曼舒克终于看到中国农技园搬到了自己家乡；曾是塞尔维亚的骄傲、已逾百年历史的斯梅代雷沃钢厂，在中国企业帮助下扭亏为盈，一个城市悬着的心放下了……

这就是"一带一路"的故事，将繁荣与希望汇聚，让人们的世界变得更宽广，让家与梦想更靠近。

（2018年4月24日）

由衷的钦佩

杨 迅

见到印度尼西亚前驻华大使苏更·拉哈尔佐时,雅加达午后的阳光正明媚。苏更从2013年年初到2017年年底在华工作,跑遍了中国大部分省份。他坦言自己"非常幸运",见证了中共十八大以来的历史性成就,并且有幸6次见到习近平主席,其中5次是在现场聆听习主席的演讲:

第一次,2014年3月,在北京向习近平主席递交国书;第二次,2014年11月,北京APEC会议;第三次,2015年3月,博鳌亚洲论坛年会开幕式;第四次,2015年4月,参加习主席来印尼出席亚非领导人会议和万隆会议60周年纪念活动的接待工作;第五次,2016年9月,二十国集团领导人杭州峰会;第六次,2017年5月,"一带一路"国际合作高峰论坛。

"我是习主席的'铁杆粉丝'",苏更和记者分享了每次现场聆听习主席演讲的感受:习近平主席总能紧扣时代脉搏,有力回应现实关切。经济增长乏力、逆全球化抬头,不确定性增加——世界怎么了?我们怎么办?习主席给出了充满中国智慧的答案。共建"一带一路"加强各国互联互通,改善基础设施建设;人类命运共同体理念推动各国增进合作,携手前行。

5年前,正是在印尼,习主席提出了共同建设21世纪海上丝绸之路。苏更认为,"一带一路"建设将加强沿线国家和地区之间的交往联系,增进合作。"一带一路"不仅着眼于物质领域的互联互通,还通过加强各国之间的人文交流，推动精神领域的互联互通。

苏更说，"习近平主席是一位睿智的思想家，他关心的不仅是中国人民的福祉，也真诚推动合作共赢，希望各国人民都过上好日子，人类命运共同体理念就是很好的例证。"苏更经常阅读《习近平谈治国理政》英文版，从中受到很多启发。"习主席在书中分享了大量治国理政的经验，为其他国家的治理提供了很好的参考。"

苏更说，中国走出了一条符合本国国情的发展道路。中国之所以成功，有3点原因。一是政治制度的稳定性；二是经济的长期快速发展；三是让发展的成果惠及民众，人民的生活越来越幸福。如今，中国着眼于绿色发展、科技创新，在扶贫和反腐方面也取得了世界瞩目的成就，中国的发展道路和经验值得其他国家学习借鉴。

这两天在印尼采访，我们遇到很多像苏更一样的人，他们高度认同中国的快速发展，由衷钦佩习近平主席这位大国领袖，也期盼印尼和中国的友好合作不断迈上新台阶。

（2018年4月23日）

导弹飞在事实前面

李 潇

当地时间 4 月 14 日凌晨 4 时左右，美军联合英国、法国开始对叙利亚发动空袭。我的耳边响起此起彼伏的爆炸声。以前，叙利亚首都大马士革经常遭受来自盘踞在东郊反对派的迫击炮袭击，那种炮袭的声音比较单一。而 14 日凌晨的这场袭击，听上去连续性非常强。

7 日，有媒体报道在大马士革东郊出现了所谓的"化学武器袭击"，一段显示平民受到疑似"化武袭击"后出现窒息、口吐白沫等症状的视频开始在网络上流传。此后，传闻便一直发酵。但真相究竟如何，尚无定论。9 日，美国总统特朗普称，不排除用军事行动作出回应。

据记者观察，在特朗普做出"精准打击"的表态后，叙利亚局势，尤其大马士革的整体状况看上去还是比较平静的，因为"化武袭击"的传闻也不是第一次出现了，以往每当叙政府军在战场上取得优势，这种传闻就会出现，久而久之，大家对类似传闻也就不在意了。但这次由于美国方面做出了表态，叙利亚方面也做出了相应部署。12 日和 13 日，大马士革市内能看见政府军调动了大量装甲车和导弹拦截设备。

本报记者的住处位于大马士革市中心主干道马扎大道北侧，视野比较开阔。事发后，记者观察到，至少有 3 处起火点，大量的警车、救护车也在市内穿梭救援。

袭击发生后，大马士革的电力供应和网络设施都受到了影响。凭借事先对网线的防护，加上备用的发电机，袭击一开始记者就投入到工作中，向国内发回了文字、图片和视频报道以及滚动播报新闻。事后检查房屋时，记者才发现分社办公室的窗户和墙壁之间被爆炸冲击波震出了一道大大的裂缝。

中国驻叙利亚大使馆在第一时间和当地的所有华侨华人取得联系，确认大家平安无事。

天亮后，记者走上街头采访。大马士革街头并未出现太多异样的迹象。可能因为常年战火，人们对这种袭击早就习以为常。记者注意到，当地一些居民家的窗口、汽车上都挂起了叙利亚国旗，以抗议西方的军事打击，表达捍卫国家主权和民族尊严的决心。

（2018 年 4 月 15 日）

博览天下　独占鳌头

赵　成

三江入海，岛似巨鳌。博览天下、独占鳌头的气象，不仅赐予一方宝地气度不凡的名号，而且成为对博鳌亚洲论坛最妥帖的赞语。

碧海蓝天椰风爽，又是博鳌论坛时。4月8日，记者徜徉在熟悉的东屿岛，与来自世界各地的嘉宾不时擦肩而过。以"开放创新的亚洲，繁荣发展的世界"为主题，博鳌的新朋老友走向一个个激荡思想的会场，期待着再一次汇聚合作共赢的力量。

国际会议中心论坛主会场内，主席台两侧的大屏幕上滚动播放着今年论坛年会的宣传片。论坛最华丽的乐章即将在这里奏响，记忆中珍贵的画面在脑海中回放。

5年前，就是在这个会场，习近平主席告诉世界：当前和今后一个时期，中国经济将继续保持健康发展势头，国内需求特别是消费需求将持续扩大，对外投资也将大幅增加。

3年前，还是在这个会场，习近平主席向世界庄严承诺：中国将坚持对外开放的基本国策，不断完善国内投资环境，保护投资者合法权益，同大家一起，共同驱动亚洲发展的列车，不断驶向更加光明的未来。

作为一位引领自己的国家步入新时代的大国领袖，习近平主席在博鳌亚洲论坛给人们带来中国信心和中国机遇，也为处于百年不遇之大变局的世界贡献思想的力量。

博鳌见证，从呼吁"牢固树立命运共同体意识，顺应时代潮流，把握正确方向，坚持同舟共济，推动亚洲和世界发展不断迈上新台阶"到首次系统阐述人类命运共同体理念，强调"亚洲要迈向命运共同体、开创亚洲新未来，必须在世界前进的步伐中前进、在世界发展的潮流中发展"，中国声音持续激发共鸣。如今，中国倡导的构建人类命运共同体理念不仅写入联合国重要文件和地区合作倡议，而且成为各国人士探讨世界前行之路时经常提及的宏大思想。越来越多的人认识到，中国领导人讲述的是"一种哲学""一种价值观"，道出了"人类在这个星球上的唯一未来"。

来自世界各地的宾朋惊喜地看到，从嘉宾所住的博鳌亚洲论坛大酒店通往论坛主会场的长廊焕然一新：1978年全国科学大会在北京召开，1997年香港回归祖国，2001年中国加入世界贸易组织，2013年上海自贸试验区正式挂牌，2016年二十国集团领导人峰会在中国杭州举行……一张张生动的照片、一段段鲜活的视频，串起1978年以来中国改革开放40周年的辉煌成就，展现中国与世界愈发频繁与深度的互动。

中国的改革开放，怎会停留在历史画面中。明天，还是在这个给世界带来惊喜和思考的会场，习近平主席将再次发表重要主旨演讲，对中国改革开放伟大成就、重要经验和启示、世界意义和影响，以及在新的历史当口中国将如何推动对外开放再扩大、深化改革再出发作出最权威的阐释。

翻阅年会分论坛日程，"一带一路"、粤港澳大湾区、人民币国际化……无不彰显中国"要以更宽广的视野、更高的目标要求、更有力的举措推动全面开放，加快发展更高层次的开放型经济"的实力和诚意。

中国的改革开放对世界意味着什么？即将出席论坛年会的联合国秘书长古特雷斯的看法值得分享：中国是经济全球化的成功践行者，中国经济发展对世界经济产生积极的推动作用。中国对全球化的承诺、对自由贸易的承诺、对全球合作的承诺，特别是对发展中国家的承诺令人信服，中国提出的"一带一路"倡议就是对这些承诺的完美证明。

博览天下，独占鳌头。博鳌亚洲论坛何尝不是中国改革开放之于世界重大意义的一个缩影！

（2018年4月9日）

驻外记者手记

中吉友谊深入发展的见证

吴 焰

到中亚国家吉尔吉斯斯坦出差,刚抵首都比什凯克,就听当地人介绍,市里有条"邓小平大街"。这引起了我的好奇:邓小平从未到过吉尔吉斯斯坦,怎么还有以他的名字命名的大街呢?

特地跑去一睹此街。"邓小平大街"位于比什凯克市区西部,东连市中心的楚河大街,西接"比什凯克—奥什"公路,是比什凯克通往吉尔吉斯斯坦南部第二大城市奥什的起始路段,长约 3.5 公里,宽约 25 米。在大街东端的起始位置,矗立着一座邓小平头像浮雕纪念碑。碑有两米多高,红色花岗岩制成。正面用中文、吉文、俄文三种文字写着:"此街以中国卓越的社会和政治活动家邓小平的名字命名。"

关于这条街的命名,有这样一段故事。

那是 1996 年,中国改革开放的大幕已拉开 18 年。改革开放让中国焕发了朝气,经济发展日新月异,受到各国的普遍关注。而当时的吉尔吉斯斯坦,也走到自身发展的关键节点。吉尔吉斯语中,比什凯克的意思是"搅拌马奶的棒子"。1995 年,吉尔吉斯斯坦在比什凯克建起了自由经济区。这个素以农业、牧业为主的中亚国家,希望加快发展步伐,走向现代经济。

时任比什凯克市长、吉尔吉斯斯坦著名经济学家西拉耶夫,在比较了众多国家的发展轨迹后认为,邓小平领导下的中国的变化最具启发,他本人更对邓小平推崇备至。为此，他提议，在比什凯克为邓小平塑像，并以这位伟人的名字命名街道。

这在当时的吉尔吉斯斯坦引起了轰动。因为在比什凯克，以外国领导人、名人名字命名的街道几乎没有。不过，时任总统阿卡耶夫对该提议给予大力支持。阿卡耶夫认为，邓小平的改革开放理论值得所有国家借鉴，特别是像吉尔吉斯斯坦这样正在进行经济转轨的独联体国家，意义重大。于是，中国改革开放总设计师邓小平的雕像，便以这样一种方式矗立在吉尔吉斯斯坦首都，成为中吉友谊深入发展的见证。

22年后，站在"邓小平大街"上，随机采访来来往往的行人，听街边民众说"居住在以中国伟人名字命名的街上很自豪"，看大街上车水马龙、道两旁商铺林立，心里感慨万千。改革开放40年，中国不仅大大提高了自身在世界发展矩阵中的排位，更在一些方面开始领跑，还为世界发展做出了巨大贡献，让许多国家，特别是发展中国家和人民，看到希望、心生敬意、主动借鉴。

这既说明和平与发展是当今各国人民的共同追求，也表明中国的发展之路赢得了越来越多国家发自内心的肯定与尊重。

前不久，吉尔吉斯斯坦前总理卓奥玛尔特·奥托尔巴耶夫谈及今天的中国时，用"史无前例"来描述中国改革开放40年的成就。他认为，中国让8亿人口脱离贫困，历史上没有任何国家可以取得如此卓越成就。而且，不一定必须到北京、上海、深圳这样的大城市，到中国的中小城市，也能看到巨大发展。这令他印象尤其深刻。他说，习近平主席5年前提出"一带一路"倡议，这是中国提供的示范和机遇，无论是吉尔吉斯斯坦还是其他中亚国家，都应积极搭乘中国经济的"顺风车"。

从让世界瞩目的"深圳奇迹""浦东巨变"，到如今全球最受欢迎的国际公共产品"一带一路"，中国正展现出前所未有的魅力，令越来越多的国家和人民"心仪"。

（2018年12月10日）

法国青年的"未来农业"梦

龚 鸣

年轻的法国酒农樊尚给我发来一张照片,是樊尚三兄妹和父母在葡萄园里的全家福。头上是蓝天白云,身后是青绿的葡萄园,一家人脸上洋溢着幸福的笑容。"葡萄要成熟了,欢迎你来体验葡萄采收。"樊尚热情地邀请记者。

樊尚一家在法国南特附近经营葡萄酒庄,规模虽小却历史悠久,到樊尚已是第六代。

南特是位于法国西部的一座城市,卢瓦尔河穿城而过,随之汇入大西洋。这里属于法国著名的卢瓦尔河谷,优质葡萄酒是当地的名片。樊尚一家的葡萄酒庄就在南特附近。从2010年开始,三兄妹陆续从城里回到父母身边做起了酒农。从种植、剪枝、采收、酿造到销售和推广,三个年轻人成了酒庄的主力。大哥弗朗索瓦负责营销,二哥樊尚专攻技术,小妹玛丽管理日常,三个"80后"将酒庄打理得井井有条。

樊尚兄妹心底有着"故乡情结",葡萄园承载着从小到大的记忆,酒庄的历史又赋予了他们一种使命感。

农业也是高技术含量的产业,需要很多专业知识,还可以自由地实践新想法。樊尚认为,尽管不如城市上班族光鲜亮丽,但拥有高学历的兄妹三个在酒庄都能发挥价值,也能获得事业上的成就。几年来他们各司其职,发挥所长,非常享受当下的状态。

在法国，高学历与"农民"并不冲突。由于机械化的普及特别是农业科技的发展，法国不少农民多是像樊尚一样从大学毕业的工程师。《农业法兰西》周刊的报道显示，法国仅有3%的农民没有大学文凭。也就是说，法国农民的受教育水平甚至高于全国人口的平均水平。

高度城市化几乎消除了法国的城乡差别，尤其在行政划分上，法国没有农村一说。务农和所有城市职业一样，只是一种工作岗位。当农民好比创业，要经过四五年的"初创期"，也可以获得当地政府的资金或技术支持。而要想成为农民，必须持有学历证书或接受专业培训，因此对学历、能力和资质的要求并不低。就像樊尚三兄妹，广义上来说是农民，更确切地说他们是掌握管理、营销、公关、农业技术等专业知识的务农人才。

当下在法国，数字化农业、高科技农业、有机农业等"未来农业"正在成为新趋势，愈发需要思维活跃、勇于创新的年轻人的参与。调查显示，法国大多数年轻农民出身于农民家庭，农业对年轻人的吸引力越来越大。《费加罗报》的文章称："越来越多的医生、记者、企业干部等中产阶层后代选择务农，甚至出现了土地供不应求的状况，一些年轻人想当农民而不得。"

今年3月，法国总统马克龙邀请1000名年轻农民赴总统府，对他们许下融资、市场等方面的承诺。如樊尚一般的年轻农民，俨然成为法国农业变革的中流砥柱和"未来农业"的希望。

（2018年12月6日）

让音乐没有门槛

冯雪珺

"我可以弹一曲吗？"从进门起，德国电工大叔就忍不住瞄着家中的钢琴。被欣然邀请后，大叔脱下电工服外套，端正坐好，掀开钢琴盖，即兴演奏起一段爵士钢琴曲。前一刻还鼓捣着电路的双手，此刻已在黑白琴键上灵巧翻飞。爵士乐变换的节奏和风格，令从小学习古典钢琴的友人自叹不如。一曲终了，大叔笑道："最近准备搬家，有一阵没弹了，实在手痒痒。"他对自己10岁起练就的"童子功"并不以为意，"弹钢琴不过是为了平时家庭聚会活跃气氛"。

电工大叔深藏不露的琴技，让我想起经常路过的一所业余培训学校。该校以门德尔松的姐姐范尼·亨塞尔命名，规模不大。每次经过那里，除了学生模样的少年，还能遇到背着乐器的中青年甚至"银发族"进出学校。开始我曾认为这学校的老师可真多。后来友人告诉我，那些中青年和"银发族"也都是学员。这些白领、工人和退休老人不求以音乐特长为职场履历添彩，只是以学习音乐来充实生活。

提起学习音乐，人们总会觉得这是一项高雅又费钱的爱好。不过，对于德国民众来说，在业余时间学习或接触音乐，并不算奢侈。以范尼·亨塞尔音乐学校为例，包括乐理、声乐、乐器在内的各类辅导班，每学时学费只需15欧元。在德国，几乎每座城市都有一所这样"接地气"的公立培训学校——收费低廉，为所有想学音乐的人敞开大门。从5岁至99岁的人都可以报名入学。

在德国生活，我常听到"每4个德国人中就有一个人能熟练演奏乐器"这个说法，或许夸张，但足以显示德国音乐教育的普及程度。德国有4万个合唱团，2.5万个专业或业余的乐团及舞蹈团。

根据德国音乐商业协会2018年的最新统计，在8000万德国人口中，有1400万人能够熟练演奏至少一种乐器。年轻一代的音乐教育普及率尤其高，以17岁的青少年群体为例，能熟练演奏乐器的人数比例高达24%。喜欢欣赏音乐的德国人也十分广泛，平均每个德国人每年至少会听一场音乐会或者看一场歌剧。

欣赏音乐的门槛也很低。都说"世上没有免费的午餐"，但在世界乐坛享有崇高声誉的柏林爱乐乐团，偏偏要送出免费的"午餐音乐会"。在每年9月到次年7月之间的每周二中午1点，爱乐乐团音乐厅的大堂里都会举办一场长达四五十分钟的非正式音乐会。听众的服装和人数都没有限制，人们身着便服，或簇拥站立，或挤坐在楼梯上，甚至就在音乐家不远处席地而坐，这都没关系——欣赏音乐没有门槛。

专业院校也会向公众开放很多高质量的免费音乐会。作为世界顶尖的艺术类大学，柏林艺术大学每年都会举办大量的学生汇报演出或大师公益场——公众在官网上查询报名，先到先得。我去听过一场奖学金获得者的汇报演出，礼堂座无虚席。每曲奏罢，观众都会为这些初出茅庐的"明日之星"送上雷鸣般的掌声。

贝多芬说过："音乐是比一切智慧、一切哲学更高的启示。"淡化音乐考级的德国人，重视的是让尽可能多的人欣赏到这项艺术，让它成为人们生活的启明星。

（2018年11月2日）

海鲜都去哪儿了

陈效卫

"热带缺鱼虾,岛国少海鲜。"这个听起来颇有些匪夷所思的传闻,在记者采访多米尼克的几天中得到了反复印证。当地华人不时"揶揄":这里徒有"加勒比海鲜盛宴"的虚名,实际上根本没有这个口福,真正能吃到的鱼虾也就那么几种。

位于东加勒比海中部的多米尼克,渔业资源真的如此匮乏吗?绝对不是。沙丁鱼、海螺、龙虾、螃蟹、章鱼、金枪鱼、马林鱼、石斑鱼和红鲷鱼等,可谓应有尽有。在这里短短几天,记者就不止一次看到鱼跃海面的景象。中企驻当地员工在海边游泳时,也时常遭遇遮住视线的沙丁鱼"风暴"和各种叫不出名字的"鱼墙",其阵势比水族馆里的鱼群要壮观成千上万倍!

既如此,这里的人们为何会"守着干粮挨了饿"?

环境保护是多米尼克的立国之本。国徽上的椰子树、香蕉树、鹦鹉等图案,即展示了其对自然资源的珍视。就与渔业有关的举措而言,多米尼克政府只鼓励没有污染的作坊式传统捕捞方式,如漂筏、小划艇、小木船等,捕捞时间限于白天,作业地点控制在有公路连通的沿海岸线 12 海里范围之内。政府不仅限制容易造成污染的深海和大型捕捞船,还严禁外国船只进入多米尼克领海进行捕捞。此外,政府还出台了多项禁令,如每年 3 月到 9 月为龙虾和海螺禁捕期,3 月至 10 月为各种海龟禁捕期。受到空间和时间上的双重制约,多米尼克每年到港卸鱼量不足 2000 吨。

在多米尼克渔村，常可以看到渔船出海归来、民众排队抢购的现象。脱销是常态，抢手的石斑鱼、红鲷鱼更是可遇不可求。正因如此，这个岛国虽守着丰富的渔业资源，每年却不得不进口上千吨鱼类产品。

政府也不鼓励浅海网箱养殖和深海养殖。海边出生、海里长大的多米尼克人认为，海洋生态系统具有很强的净化能力，自身能够调节平衡，但海水养殖会打破这一平衡，造成港湾浅海水质恶化，进而诱发赤潮等环境问题。

多米尼克的捕捞政策看似严格，实际上是积极的保护环境之举。过度开发，竭泽而渔，资源恩赐就会沦为资源诅咒；先污染再治理，总体投入成本更高。因此，作坊式的"三天打鱼、两天晒网"，让渔民获得了理想的鱼价，也平衡了周围海域的生态系统。

（2018 年 11 月 1 日）

穿越时光的西班牙菜市场

陈晓航

要了解一个地方的文化,逛逛当地菜市场便能知晓一二。作为西班牙的首都,马德里以其丰富多彩的饮食文化闻名于欧洲。走访这里的菜市场对感官是一种享受。

时令的樱桃、草莓、树莓在小筐中展现着五彩色调,圆润的土豆垒成三角形,生菜、黄瓜间搭配着芦笋,立体效果散发着毕加索超现实主义的气息。商贩和摊主们码菜、摆货的水平令人惊叹,处处表现出西班牙风格的审美。

马德里的很多菜市场都位于繁华地带,在历史建筑前漫步,前一分钟还在体会历史和浪漫,后一分钟就感受到浓浓的生活气息。这样的转换有些突兀,却并不令人意外。

离我住处不远的和平市场,是马德里最古老的菜市场之一,建于1878年,至今已有100多岁。它也是西班牙迄今为止保存最完好的市场。由于历史悠久,内部装修显得简洁朴素,但在朴实无华中却拉近了我们与这座城市的距离。在高悬着数十只不同类型火腿的店铺里,可以在与店主的交谈中品尝几样。市场风格虽然朴实,但其"内涵"实在丰富,呈现出西班牙的丰富物产,蔬菜、水果、海鲜、肉类……琳琅满目。

菜市场通常是最接地气的地方,既有各种传统美食,又连带着百姓生活的各种家常。住在附近的维多利亚已习惯了来市场采购一家人日常的食材,每周至少来两次。我看她跟摊主们热络地打着招呼，还不时聊起生活中的点滴趣事，仿佛是与老友见面，相谈甚欢！她说，市场里的许多摊主传承了父辈的职业，老主顾们也多是邻里熟人，这种面对面的交流、手把手的传递，这种温馨是网购所不能替代的。

摊主塞尔希奥自豪地向我介绍，这座古老的市场在现代城市的节奏中，保留传统功能的同时，也焕发出新的生机和吸引力，他为自己现在的工作而骄傲。每天络绎不绝的顾客中，有四成是慕名而来的外国游客，四成是马德里当地人，还有两成则是西班牙各地的来访者，来时几许期待，离别多是满足。

相比起来，马德里太阳门广场附近的圣米格尔市场可能更加时尚，其钢铁和玻璃的建筑结构让人眼前一亮。这座集传统和创新于一身的市场建于1916年，更早年间是露天的集市，每天小贩们都会将新鲜的蔬菜、肉类还有手工艺品一起摆出来售卖。现在，这里已经成为马德里市内最时尚的空间之一。

与传统的菜市场不同，这里更像是一个朋友聚会或是游客大快朵颐的所在，各色的摊位和小吃吧让人目不暇接。人们观看、挑选，当场品尝最新鲜的食材烹调出的美味。虽然只有区区几张长条桌和一些高脚椅，但在菜市场品小吃，新鲜自然是第一位的，形式就不那么讲究了。尤其是售卖各种塔帕斯的摊位前总是人头攒动。塔帕斯是当地餐前特色小吃的统称，既可以是凉菜，如各式奶酪及橄榄，也可以是热菜，像裹好面糊油炸的鱿鱼、煮土豆等等。

西班牙人热爱生活、热衷享受美食的民族文化在方寸市场间得到了最好的体现。西班牙饮食文化具有明显的多元色彩。希腊人给西班牙送来了橄榄，罗马人带上大蒜，稻米及各种蔬菜、水果由阿拉伯人引入，土豆、番茄、红辣椒则来自于美洲新大陆。与丰富的异国食材相呼应，也衍生出西班牙独特的美食小吃，在不断吸收和借鉴不同的烹制文化和吃法后，最终形成了自己的风格。

任凭互联网经济如何飞速发展，电商与网购如何便捷，但永远替代不了这样有人情味的买卖体验，更无法比拟集市上现场出炉、冒着热气的色香美味。菜市场完美穿越了时光，一座座富有历史气息的古建筑仿佛诉说着城市的变迁，同时也为现代城市生活继续呈现精彩的篇章。

走进充满生活元素、热闹中不失美感的市场，每一位来客都很快融入其中，无论是摊主们对新鲜地道食材的娓娓道来，还是顾客们在享受挑选时令蔬果的满足快乐，无不在感性中透出浓浓的人情味。

（2018年10月8日）

莫城找房,感受中俄友好情谊的点点滴滴

殷新宇

初到莫斯科常驻,头件事就是安家。

这座人口超过千万的城市,楼龄老的住宅很多,不少是上世纪五六十年代的建筑。这些住宅一般楼层不高,虽然满是沧桑味道,但经过修缮,看上去齐整美观。莫斯科近年来开发的新楼盘也不少,大多色彩鲜亮、高大壮观、气势非凡。因为找房,记者走进了普通莫斯科人家中,见识屋子装修陈设,感受房主的审美偏好,也接触到各色的当地人,感受他们的热情。

一个下午,我看完房,顺便在小区里转转,一位俄罗斯妈妈正推着婴儿车在楼下晒太阳。几句寒暄之后,她说,"欢迎在这里租房。如果住在这里,你们就是小区里的第一个中国家庭了。"作为一个异乡人,最愿听到的,恐怕就是当地人的一句"欢迎"了吧。

一天傍晚,四处看房的我带着一身的疲惫打了一辆出租车,盼着快点回到暂住的旅馆。刚拉开车门,就听到司机师傅用汉语说了声"你好"。这一声简单的问候,令我感到十分温暖。"您怎么知道我是中国人?""打车软件上显示您去友谊大街,十有八九是中国人啊。"一聊才知道,这位司机师傅前些年做过外贸,去过中国不少城市。"北京很美,古建筑不少""上海很时尚,生活方便""三亚的海滩,我特别喜欢"……一路上,谈起去过的中国城市,司机师傅兴致盎然。

儿子7岁了，不会俄语，不过来到俄罗斯没几日，已经学了不少。"一起玩吧"，是他最近新学的一句俄语。莫斯科的住宅小区不论新旧大小，都会有一处儿童乐园，滑梯、秋千、跷跷板等儿童游乐设施是标配。孩子们在那里玩得很开心。每次看完房，儿子总要留在小区的儿童乐园里玩上一会儿。这天，当他正准备用俄语对旁边的俄罗斯小朋友说"一起玩吧"，那位小女孩突然用汉语说，"我会汉语"。原来，小女孩所在的小学开设了汉语课，班上不少同学选修了这门课程。

语言是一道桥梁，借助它，来自不同国度的人们认识彼此，进而成为朋友。按照俄罗斯教育主管部门的计划，汉语明年将纳入俄罗斯全国统一考试外语科目选项。近年来，俄罗斯学习汉语的人数不断增加，这一计划的推出可谓水到渠成。俄罗斯语言学区域研究中心的一份报告显示，过去20年，俄罗斯学习汉语的人数已从最初的5000人左右增加至5.6万人。

汉语在俄罗斯热起来的背景，是中俄两国人文、经贸往来的日益紧密。今年前6个月，中国入境俄罗斯的团体游客数量增加了20%，中俄贸易增速在中国主要贸易伙伴中位列第一，预计全年双边贸易额将突破千亿美元。

寻找房子的同时，还需要逛几次商场，添置些生活必备的东西。莫斯科的各大商场，中国元素几乎无处不在：华为、小米等中国品牌的电子产品在不少购物中心设有专柜；银联支付在莫斯科已经非常普及；日渐增多的中文导购带给游客更为便利的购物体验……莫城找房，让我不仅熟悉了这个城市的很多地方，更感受到了中俄友好情谊的点点滴滴。

（2018年9月28日）

《摔跤吧！爸爸》真实"上演"

胡博峰

即将年满 24 岁的印度女孩维内什·波加特这些天成了新德里的女英雄。在第十八届雅加达亚运会上，她在女子自由式摔跤 50 公斤级决赛中战胜对手，赢得金牌，此前从未有过印度女选手在亚运会摔跤项目上夺金。当维内什站上冠军领奖台时，仿佛印度电影《摔跤吧！爸爸》真实"上演"，再次在印度掀起了女性励志旋风。

《摔跤吧！爸爸》这部电影根据真人真事改编，影片中的女主人公原型即印度女孩吉塔。她在父亲波加特的培养下，战胜种种困难和阻碍，艰苦训练，最终成为摔跤冠军，用优异成绩战胜了性别歧视。这一励志情节感动了亚洲无数观众。吉塔是维内什的堂姐，是印度运动史上第一位获得摔跤冠军的女运动员。

"你知道维内什吗？维内什·波加特。"在新德里的一家餐厅里，我和在餐厅工作的阿米达聊了起来。阿米达和维内什年纪相仿，都是"90后"，她活泼开朗，非常健谈。

"维内什是创造了历史的女摔跤手。我喜欢维内什，她是我们所有印度女孩的传奇！她的家族也是传奇！"阿米达说，"在印度的某些山村，女性出来工作都很不容易，维内什姐妹能够坚持下来，并最终取得优异成绩，这背后付出的艰辛，更甚常人。"

维内什姐妹的奋斗之路，鼓舞了很多像阿米达一样的年轻女性。阿米达拿出手机，给我看她在社交媒体上关注的维内什发布的消息，其中一条是用印地语写的："胜利是我们的！"已经获得2万多人点赞，包括正冲我举着手机的阿米达。

印度全国各地都在分享维内什夺冠的喜悦。印度各界纷纷表示祝贺，印度总统称赞她是"印度的光荣"。印度影星阿米尔·汗也在社交媒体上对维内什表示祝贺："我们都为你而骄傲。"

维内什的成长之路，是近年来印度女性地位不断提升的缩影。她们的成功证明，女性也可以凭借努力成为光彩四溢的明星，这将鼓舞更多印度女孩参加体育运动。

在印度常驻期间，因为工作我和当地的职业女性有不少接触，她们中有记者、官员、医生，还有像阿米达一样从事服务行业的女性。她们思维敏捷、思想开明、勤劳干练。可以感受到在大都市中的印度女性正在从传统中蜕变。

《摔跤吧！爸爸》《神秘巨星》等一系列激励女性奋斗的本土电影在印度受到追捧，使越来越多的印度女性从电影中汲取力量，找寻女性追求幸福和独立的灵感。

（2018年9月10日）

中企"走出去"用行动促进人文交流

苑基荣

"水泥、沙子、钻头……"已是晚上8点半,在孟加拉国南部的帕亚拉燃煤电站的一个工棚里,当地工人们正在用汉语朗读着这些词。记者循着朗读声走进去,只见一个20平方米左右的铁皮屋宿舍里,没有桌子和椅子,30多位年轻工人站着,围在一个名叫"米兰"的孟加拉工人身边。每双年轻而又粗糙的手上,都拿着一个小本和笔,他们边读边记,头发、鞋子和衣服上还粘着土屑、泥浆和水泥。

帕亚拉燃煤电站位于孟加拉国巴里萨尔省,由中国能源建设集团承建。米兰是这个项目的工人代表,也是兼职翻译,他的汉语是在工地上通过与中国工人交流自学的。学会之后,他在工棚里办起了免费中文学习班,每晚下班后开班。米兰的学生大部分是工地上的年轻人,还有米兰的妹妹和家乡几个专门跟着米兰学中文的小伙伴。他们跟着米兰学汉语已经一年多了,希望学完后做翻译。米兰没有教材,他让工人们把一天中所见到的,还有跟中国人学到的一切,都写到本上,每晚来汇报,米兰给与指导,并集中学习日常词汇。

同样感人的情景还有很多。由中国建筑股份有限公司建设的斯里兰卡第一家"安全体验馆",让放下锄头的农民进行体验式学习,最终变成修建高速公路的熟练工人。

斯里兰卡的斯汉班托特港由中国港湾工程有限责任公司修建。当一期工程完工时，数万当地百姓冒雨前来参观。记者目之所及，全是人群和车辆，情景令人动容。

在马尔代夫，很多民众下班后要先到中马友谊大桥的观光台，为的是回家前看一眼大桥的最新进展。

在尼泊尔，中国援建的武警学院，两年内如期完工，而且是在经历2015年大地震的情况下。尼泊尔人震惊中国的速度，对中国企业刮目相看。

在孟加拉国，在中国中铁修建的栋派铁路工地上，保安萨特利挣了钱后，拿着从家里带来的土特产和水果"宴请"中方工作人员，感谢中企帮他提高了收入。为感激中国人修路，斯里兰卡的老大爷从树上砍下硕大的菠萝蜜，让他的两个小孙子一人抱了一个，送到项目营地，请中国朋友们吃。在斯里兰卡南部高速公路的工地上，一名中国员工要回国休假，其他部门的几个当地人以为他要回国，哭着来到办公室说："你别回去了，还是留下来吧。"

在采访"一带一路"建设项目的过程中，我听到的、看到的类似故事，不胜枚举。中国海外工程和海外投资项目落户当地，中国建设者们以心换心，用实际行动赢得当地人对中国人的诚挚感情。无论是孟加拉国工人学汉语的热忱，还是尼泊尔人对中国工程速度的惊叹，或者马尔代夫人对中马友谊大桥的希冀，都表明中国技术和中国形象已经深深印入当地民众的脑海里。

中企走出去参与"一带一路"建设，在当地赢得了好口碑。民心相通不断产生强大的驱动力量，搭建起一座牢固的沟通和理解之桥。每一个工程都带动、影响了当地很多人，中国企业身体力行，客观上承载着促进人文交流、促进世界了解中国的使命。每一个项目都影响着沿途百姓们对中国的印象，也让当地人直接感受到中国智慧、中国经验和中国方案。

当这种交流深入到文化层面时，便会激发一种与人分享的冲动。能够交流的文化一定是有温度的，不仅生动，更令人印象深刻。走出国门的中国企业在用行动讲故事，更是在创造故事。

（2018年8月10日）

天虽寒冷，而人心温暖

周翰博

不久前，记者到阿拉木图市郊农场采访。由于从未到过那里，再加上导航无法使用，我很快就迷失了方向。一筹莫展时，忽见几个小男孩在路边玩耍，于是过去问路。小朋友们争先恐后地对我说："往前走，在第一个路口直行，穿过一个村庄，在尽头的足球场左拐，然后沿着小河……"七嘴八舌的热情指路，却让我更加迷惑。见我一头雾水，一个稍大一点的孩子自告奋勇："我带你去！"

小男孩六七岁的样子，说着就要上我的车。我连忙婉拒，毕竟没有得到他父母的同意。"不用了，谢谢你，我再问问别人。"看到我要离开，他有些着急了，转身跨上背后的自行车，猛蹬了两脚冲到前面，朝我挥挥手，坚定地喊道："跟我走！"之后，头也不回地向前骑去。我忙发动汽车跟在后头。大约走了10分钟，顺利抵达目的地。

"我该怎么感谢你呢？""能不能……"脸上挂着汗珠的小男孩欲言又止，最后鼓足了勇气对我说："能不能用中文写一句'妈妈，我爱你'？她就要过生日了，我想给她一个惊喜。"

小家伙的要求令我意外又感动，我立刻拿出纸笔，用汉俄双语写下了祝福的话。男孩子捧着他的"劳动收获"兴奋不已，向我一个劲道谢。

望着小男孩骑车渐行渐远，我脑海中浮现出到哈萨克斯坦这一年多来，一次次遇到的"热心肠",让我有感于当地人那副"古道热肠"的温暖与友善。

阿拉木图的冬季大雪纷飞,路面结冰是常事。我初来乍到,看着窗外如童话世界一般的雪景,实在不忍待在家里,于是换上运动服,来了一场说走就走的雪地徒步。或许是太过专注于周围的雪世界,一不留神,脚下一滑,身体便跟结冰的地面来了个亲密接触。这一跤摔得不轻,坐在地上竟爬不起来。令我没想到的是,片刻间,已有五六个人围了过来。有的问我是否骨折,有的建议我待在原地先活动一下手脚,还有两个人则小心翼翼将我搀起来,扶着我在原地走了几步。见我穿得单薄,一位老人不容分说一把将我衣服的拉锁拉到最顶部,并严肃地说:"快点回家,围好围巾,换上棉衣再出来。"

天气很冷,但路人们的关心,让我如沐春风。

其实,在这里生活过的很多中国人都有类似的经历。一位在哈常驻的朋友告诉我,有一天他的妻子独自驾车外出,不小心将车倒进了路边半米深的明渠,车头高高翘起动弹不得。由于语言不通,吓坏了的妻子只能坐在悬空的驾驶室里给丈夫打电话。朋友立即前往救援。抵达时发现车已停在车位上,妻子也安然无恙。原来是附近的几个小伙子合力将车抬了出来。见几人尚未走远,朋友立刻跑过去道谢,并掏出100美元塞给他们。面对这笔不菲的感谢费,他们不约而同地摆手拒绝,一再说"不用谢,不用谢"。

哈萨克斯坦有一句谚语,"只要沿途有毡房,哪怕你走一年也不用带一分钱、一粒粮"。随着时代的发展,逐水草、住毡房的人少了,但他们对周围人,哪怕是对陌生人的热情、关心却没有太大的变化。

慷慨救助中国音乐家冼星海的拜卡达莫夫一家,在中国无偿献血的留学生鲁斯兰,他们都是哈萨克斯坦人,他们是中哈世代友好的象征与基石。和帮助过我的人一样,他们身上有着共同的真诚、热情,特别是在现代社会,这种解人之困、急人之难的优秀品格,显得更为可贵。

在一个民众友善友好的国度生活,尽管冰天雪地,人心也总是暖暖的。

(2018年7月31日)

韩国漫漫禁烟路

马 菲

去幼儿园接孩子,女儿兴奋地拉着我参观他们贴在墙上的作品——各式各样的禁烟标语,并发出一连串疑问:"妈妈,烟是什么?为什么要吸烟?吸烟之后会怎么样?……"

由于吸烟盛行,韩国的孩子们从小就开始接受关于吸烟有害健康的教育。为避免儿童遭受二手烟侵害,韩国不仅禁止在托儿所和幼儿园室内吸烟,从今年年底开始,托儿所和幼儿园的周围10米之内也将被划入禁烟区域。

韩国烟民较多,究其原因,据说始于服兵役时期,与超快的生活节奏以及巨大的工作压力有关。此外,韩国香烟品种较少,价格普遍低廉,一盒香烟的价格曾长期维持在2500韩元(约合人民币15元)左右,这间接助推了吸烟行为。直到2015年,韩政府开始大幅提升香烟价格,涨幅几乎达到100%,并进一步扩大禁烟区域。就在烟价上涨的当年,韩国成年男性的吸烟率降至39.3%,是韩国自1998年开始统计吸烟率以来成年男性吸烟率首次降至40%以下。

除了提高吸烟的经济成本,韩国政府还开始全面实施"禁烟令",公共场所严格规定禁止吸烟。在韩国街头,经常能看到贴有吸烟标志的透明玻璃房子,烟民们在里面吞云吐雾,只为"过把瘾"。全面推行的禁烟令虽说减少了不吸烟民众被迫吸二手烟的概率,但却未能达到促使烟民戒烟的效果。而且,提高香烟价格带来的控烟效应,没有像预期的那样持续下去。韩国香烟销量经历了一段时间的骤减之后，又开始呈现逐渐上升的趋势。眼看价格杠杆失去效用，韩国政府又出台规定，要求国内销售的香烟烟盒上必须贴上警告图案。

我曾在便利店瞥见过香烟盒上的警告图案。那是一张吸烟后人体内脏发生病变的真实照片，看了让人触目惊心。日前，韩国政府又确定了12种将于今年年末印在香烟盒上的新警告图片和文字，增加了癌症患者的器官病变、摘除器官和手术后的照片，基本达到了恐怖片的惊悚级别。

政府在禁烟路上执着前行，韩国大企业也积极加入到禁烟之战中。考虑到吸烟不仅危害员工身体健康，而且在工作时频繁往返于吸烟场所也会给企业生产带来消极影响，一些大企业或是下令全面禁烟，或是规定吸烟者在晋升中会受到不利影响。还有企业采取设立戒烟学校、戒烟基金等辅助机制，鼓励员工积极戒烟。

禁烟措施日趋全面、严格，韩国烟民们"过把瘾"的空间可谓愈发逼仄。对烟民来说，与其挣扎着寻找最后的吸烟空间，下定决心把烟戒掉是最好的选择。

（2018年7月27日）

美丽的天空

刘旭霞

作为一名驻外记者,从踏上墨西哥土地那一刻起,就被墨西哥人对足球的热爱所感染。

尤其是世界杯期间,当我置身于墨西哥城的宪法广场,置身于7万球迷中间,看着广场上大屏幕直播着俄罗斯世界杯赛事,我也情不自禁地跟着热闹的球迷们呐喊助威。不仅是宪法广场,这个夏天,整个墨西哥城的节奏,都跟着球场上的阿兹特克雄鹰一起舞动。

为墨西哥队呐喊助威的罗伯特已经70高龄了。他坐了近一个小时地铁赶到宪法广场。他告诉记者,年轻时就喜欢足球,世界杯给他的生活增添了很多乐趣。周围球迷的热情奔放,让他仿佛又回到了年轻时代。球场上的胜利,对许多墨西哥人而言,是一种精神上的激励。同时,足球提供了最好的聚会理由,朋友之间的情谊得到了升华。

墨西哥人对球赛的热爱,可以追溯到古玛雅文明时期。奇琴伊察遗址中166米长、68米宽的巨型球场,就是最好的见证。它是古代中美洲最大的球场。最初玛雅人举行球赛,是为了敬神。据《古玛雅密码》一书记载,玛雅人通过球赛,选拔祭祀对象,将表现最佳的球员,视为高贵之身。后来足球渐渐成为一种全民娱乐的活动,并受到玛雅人的推崇。考古发现,当时社会的经济发展水平甚高,玛雅人有足够的财力,来支撑起这项纯粹的娱乐活动。

步入现代社会,58%的墨西哥人都迷恋上足球。他们对足球的狂热和痴迷,也会时不时地让世界惊叹一下,特别是在世界杯期间。比如,骗妻子说去买烟,却偷偷飞到俄罗斯看球的阿尔杜罗·卡西亚;为自己制作一个纸板人像、让朋友带到球赛现场的哈维尔等。他们成了各国媒体的报道对象,开心了自己,也博世人一乐。

为什么足球能引发人们如此的热情?英国足球评论员西蒙·库珀和英国经济学教授史蒂芬·西曼斯基在《足球经济学》一书中指出,在球场上人们聚集在一起,万众一心,很容易产生单纯而执着的热爱,并引发内心深处的共鸣。

墨西哥队对阵瑞典队的那一场球赛,当墨西哥球迷正为国家队丢了3个球而一筹莫展时,从德国队和韩国队的赛场上传来出乎意料的捷报,韩国队竟然以2:0将前卫冕冠军送回了老家,墨西哥队便成功晋级16强。瞬时,俄罗斯球场内的绿色海洋又重新掀起了欢呼的热浪。在墨西哥国内,球迷们更是破涕为笑,数百名球迷聚集在韩国驻墨大使馆前欢呼雀跃,齐唱墨西哥民歌《美丽的天空》,就连韩国驻墨大使也加入球迷的狂欢队伍,连续吞下几口墨西哥国酒龙舌兰。

从墨西哥球迷们的身上,我看到了这个民族的乐观豁达。这种精神感染着这片土地上的每一个人,同时也激励着我,以更大的热情去探索这个民族的奥秘和魅力。

(2018 年 7 月 12 日)

美国校园防枪忙

王如君

当记者走进美国加利福尼亚州（以下简称"加州"）阿罕布拉高中的接待室，学校保安要求记者出示身份证，在电脑前扫描入档，然后交给记者一张打印好的卡片，要求贴在身上明显的地方。

阿罕布拉高中是加州一所有名的中学，2015年曾被《美国新闻与世界报道》评为全美最好的中学之一。近年来，为了保障安全，学校增加了不少防范措施。凡是进入学校的工作人员均需出示工作证，来访者则要登记持有照片的身份证，无一例外。学校上学和放学时段开两个门，平时几个大门全部紧锁，只留一扇小门由保安看管。校园内装有25个摄像头，可以监控各个重要区域。每天校园内有几名保安开着卡丁车不时巡逻，以防不测。

"没有办法，我们也不想把学校围成一个监狱，但为了孩子们的安全，我们要尽量做到万无一失。"阿罕布拉市联合学区副主任约翰·斯加伦说。

校园安全在美国是个大问题。据美国控枪团体"每座城镇都要维护枪支安全"的统计，自2013年1月以来，美国各地发生了291起校园枪击案，平均每周一起。尤其在今年2月和5月，佛罗里达州和得克萨斯州的两所高中发生了恶性枪击案，让学生家长和老师心惊肉跳。

为确保校园安全，美国各地学校推出了一系列新措施。

在佛罗里达州，有学校要求学生使用"透明书包"，防止学生携武器上学；

在纽约市，有学校加装了金属探测门，防止学生带凶器进校；在俄克拉何马州，有学校安装了防弹风暴掩体，以应对校园枪击和暴风雨等突发事件。还有学校推出了防弹书包、防弹毯等。

加州阿罕布拉联合学区下辖19个校园，共有1.7万多名学生和2500多名教职员工。该学区实施的"通向成功之门"计划给记者留下深刻印象。该计划是一个集预防、应对和保护于一体的全面安全计划，主要内容包括：对学生、教职员工进行情绪评估、压力测试、预防教育、应付突发事件训练、实地枪击事件演练；建立由警察、法官、检察官、民选官员、医院、非营利组织以及家长参与的社区项目；加强全面的安保设施；对家长进行培训。

"通向成功之门"计划实施10年来成效显著。学区主任丹尼丝·加拉米洛认为，从佛罗里达州和得克萨斯州的恶性枪击案来看，肇事学生实际上都有心理健康问题，因而计划重在加强心理健康和安全教育，不只针对学生，也针对教职员工。该计划已成为全美学校安全样板项目。

然而，枪击事件频发的根本原因是枪的问题。但如何控枪，是美国社会一个无解的难题。美国社会分裂状况日益严重，控枪派与拥枪派各执一词，极难达成一致；政治两极化加剧，共和党与民主党对于控枪问题意见相左，背后都有强大的利益集团。枪击案一再发生，社会各界日益不满，要求控枪的呼声、抗议日益高涨，甚至有学校因此罢课。

可见，无论是透明书包、防弹门，还是全美样板的"通向成功之门"计划，都没有解决实质问题。

（2018年7月4日）

以色列科技创新有"三多"

黄培昭

  以色列经济发展的自然禀赋先天不足。境内几乎没有可开采的石油、天然气、煤炭等资源，大部分国土还是沙漠和盐碱地，全年有效降雨仅数日，农业赖以发展的水资源极为有限。但该国又以经济发展迅速著称，2013年就以人均国内生产总值（GDP）3.2万美元跻身世界发达国家行列。以色列中央统计局最新统计数据显示，2017年人均GDP首次突破4万美元大关。

  今年3月中旬，经济合作与发展组织发布了长达166页的《2018以色列经济调查》报告，认为以色列经济增长强劲，预计今明两年的GDP增速将达到3.5%左右。记者日前赴以色列采访，发现科技创新正是以色列经济增长的"秘诀"，而科技从业人员多、科技公司多、科技产品多，则撑起了以色列的科技创新。

  以色列素有重视教育和崇尚知识的传统，为科技创新积累了充足的人才基础。以色列首任总理本·古里安就曾说过"没有教育，就没有未来"。在近880万以色列总人口中，高科技人才超过20万。此外，以色列还重视吸引高技术移民回国。1950年，以色列通过《回归法》，明确规定"所有犹太人都有权作为移民迁至以色列"。1991年推出"外国专家人才引入项目"，聘请了大批当时世界一流的外国科学家到以色列从事科研工作。2009年制定政策，吸引欧美国家的顶尖科学家来以创业。

一流的科研机构、庞大的科技企业群体，也为以色列科技创新提供了强大的技术支撑。以色列拥有众多高素质创新型企业，各类科技公司多达 4000 余家，各政府部门还有直属的科研机构。以芯片技术而言，以色列就有超过 150 家芯片设计研发公司，3 万多名芯片研发工程师，芯片年出口额占以色列总出口额的 1/5 强。

以色列还力推科技转化。当地人向记者介绍了一个海浪发电装置，是典型的科技转化为生产力。该装置主要由面向海浪的采能板和与岸堤相连的连接杆构成。工作原理是：当海浪来临时，推动采能板后退，海浪下沉时，采能板随之前进。因此，每一次海浪，都能导致采能板做前后两次位移，由此推动与之连接的连接杆做前后运动，产生机械能。当地媒体评论，运用这种新型海浪发电技术发电，具有造价低廉、设计和施工简单、维修便捷以及使用寿命长等特点。如果用该技术建造一个 1000 千瓦的波浪发电厂，只需投资 65 万美元，相比同样功率的太阳能、火力和风力电站等，投资成本要小得多。

加强国际合作，大力吸引外资和外来人才，也令以色列的经济发展"如虎添翼"。据统计，超过 110 家大型外资企业在以色列建立研发基地。

以高等教育理事会计划与预算委员会董事长摩西·维克多介绍，以色列很早就开始推行经济结构改革，其经济发展强劲，有着经济结构合理、发展战略得当等多重因素。而注重知识和高科技的"杠杆"作用，正是以色列经济迅速发展的原动力。

（2018 年 6 月 25 日）

期盼和平与发展的阳光

李 潇

6月的大马士革，天气干燥炎热，在户外没有遮挡的地方停留几分钟，就已是满身大汗。为了办理最新一期的签证，记者一早便穿梭于新闻部和移民局，开具所需的各种文件和办理手续。

街道上熙熙攘攘、车水马龙，热闹非凡。很难想象，这座城市在过去几年间经历了怎样的硝烟与磨难，甚至就在一个多月前，这里刚刚遭到了美、英、法三国的大规模空袭。

自今年2月至今，叙利亚政府军集结重兵，对首都周边实施了大规模清剿行动，大马士革东郊东古塔地区和南部黑石区的反对派武装及恐怖分子等，陆续撤出了盘踞多年的地盘，困扰首都地区多年的炮击和恐怖袭击数量、频率和规模都有明显下降，大马士革市民的日常工作与生活，逐步变得规律和稳定，政府机关、学校、银行和市场等机构的运行，也有了一定的安全保障。

由于每个季度要来更新一次工作签证，移民局签证官哈桑已是老相识。他在二楼的办公室里，一边仔细地核对着新闻部开具的信件，一边笑着与记者聊起了当地的一些风俗习惯和传统活动。他对记者感慨，现在晚上没有炮击和爆炸声，能一觉睡到天亮，"是多么幸福和奢侈的一件事"。

的确，对于生活在和平与稳定环境中的人们来说，很难想象一座城市在长达数年的时间里，平均每天至少要遭受40至50枚炮弹的袭击，爆炸声或远或近，有时甚至就在窗外响起，那会是怎样的一种感受？今年2月中国农历新年期间，正当我与家人视频拜年时，两发炮弹接连在住所40多米外的大马士革玫瑰酒店附近炸裂。一时间，震耳欲聋的轰鸣声，令我耳膜胀痛，一度短暂地失去了听觉，住所的窗户也明显在声浪中晃动。两个国家，一边是万家灯火、喜庆祥和的团圆之夜，一边则是战火弥漫、硝烟四起的动荡不安。这种鲜明的对比，让我深切地明白了，一个国家的强盛、稳定、和平与安全，对于个体来说是何等的重要。

办理完签证返回住所的途中，经过了平时经常光顾的一家菜店。店主的小儿子赛义姆闷闷不乐。问其原因，原来他父亲前些天在回南部黑石区的老家时，遭遇了一场突发的爆炸，万幸的是没有伤及要害，但腿部的伤势较重，需要在医院治疗和护理很长一段时间。其实，类似这样的事故，每天仍然在叙利亚各地上演。这也在提醒着人们，叙利亚的和平依然面临着诸多艰难险阻，前路漫漫、迷雾重重。

叙利亚危机延伸至今，当地人民是最大的受害者，他们承受了难以名状的痛苦和折磨，内心无不希冀着尽早迎来和平与稳定的生活。因此，在联合国主导的框架下，相关各方应展现灵活和务实态度，尽早开启对话协商和政治进程。同时，基础设施修复、人道主义救助、经济运行、难民回归安置和恢复民生等议题，也需制定详尽的可行性方案。唯有如此，才能令身陷困境多年的叙利亚人民，早日迎来和平与发展的阳光。

（2018年6月15日）

"渡河人"的无奈

强 薇

卡里尔·菲利普斯是英国当代著名作家。他出生于加勒比海的圣基茨岛,年幼时随家人横渡大洋,来到英国。其代表作小说《渡河》以非洲移民漂泊他乡为主题,展示了他们在不同时期从非洲、加勒比海地区来到欧美国家谋生的经历。英国人把这些移民称作"渡河人"。近期,有一批扎根英国多年的"渡河人"正面临着一场意想不到的身份危机。

1948年6月,一艘名叫"帝国风驰号"的轮船从牙买加等加勒比海国家出发,将492名非洲人带到了英国。这些非洲移民为英国战后复苏、基础设施建设作出了贡献。此后英国政府逐步收紧了移民政策,但也宣布,于1973年前由英联邦国家来到英国的移民拥有合法居留身份,允许他们及后代生活在英国。后来,负责移民事务的英国内政部突然"变卦",称一部分"风驰号一代"以及他们的后人没有在英居留权。在不久前举行的第二十五届英联邦政府首脑会议(英联邦峰会)上,一些加勒比海国家领导人希望与英国首相特雷莎·梅进行商谈,妥善解决这些移民在英国的居留问题。

现年60岁的安东尼8岁便来到了英国,如今突然被通知"非法滞留"并因此失去了工作,让他感到非常震惊:"我一直认为自己是个英国人。"而另一名1973年从牙买加来到英国的移民也因此失去了免费医疗服务,他罹患癌症,收入不高,高昂的医疗费令他不堪重负。更有一些移民的后代在申请护照、驾照时惊讶地发现，在英国出生、生活、工作了多年，却无法证明自己是个"英国人"……随着舆论反应日益激烈，特雷莎·梅公开道歉，并表示"这些人是英国人，他们是我们的一部分"；时任英国内政部部长安珀·路德也因此引咎辞职。

近年来，英国的移民政策越收越紧，去年还曾宣布要将每年的净移民数量降至 10 万人以下。随着脱欧日渐临近，欧盟公民在英居留权仍然有不少悬而未决的问题，这让许多欧盟移民担心："如果英国朝令夕改，类似'风驰号一代'的问题也可能发生在我们身上。"

英国政府收紧移民政策有其考虑，但无法回避的是，英国已是一个移民国家，多种族和多元文化构成了英国特有的社会基础，移民也为英国的经济社会注入了新鲜血液。移民政策朝令夕改，不仅会伤害移民群体，动摇人们在英国生活工作的信心，更有阻碍经济发展、撕裂英国社会之虞。

有人评论称，菲利普斯的《渡河》之所以令人动容，是因为他不仅写出了非洲移民地理上、生理上的迁徙，更刻画出了他们情感上、心理上不断寻求个人归属感和社会认同感的漫漫长路。许多年过去了，他们既无法回归到移出国，也无法完全融入移入国，有如一叶孤舟，漂流在命运的大河之上。在包括英国在内的许多西方国家，有多少移民都在无奈地面对这个没有答案的问题——我们渡河而来，去处又是何方？

（2018 年 5 月 15 日）

环球走笔

一战结束百年的思考

王 远

今年是第一次世界大战结束 100 周年。连日来世界多国举行纪念活动,铭记这场历史浩劫给人类带来的伤痛。70 多位国家和国际组织领导人齐聚一战停战协议签署地所在国法国,铭记战争的惨痛教训。法国媒体评论称,当年的交战国共同纪念停战,既是应对在全球范围内有所抬头的民族主义倾向之举,也是在向全世界展示国际体系的多元性,倡导建立一个基于规则、开放和崇尚多边主义的世界。

前事不忘,后事之师。第一次世界大战的战火硝烟,覆盖 30 多个国家、超过 15 亿人口,造成近 1700 万人死亡,是欧洲历史上破坏性最强的战争之一。一战结束之际,全世界报纸的头版出现"和平"字样时,曾让多少人欢欣于和平的希望。

纪念一战结束 100 年,不仅呼应了国际社会期盼团结一致守卫和平的主流心愿,而且提醒各方要捍卫和支持全球多边主义,努力开创一个相互尊重、平等对话、合作共赢的未来。比利时曾是一战主战场之一,那里发生了人类历史上首次化学战。比利时国王菲利普在纪念一战结束百年的活动上说,所有人每天都应为世界和平这一共同的事业添砖加瓦。然而放眼当今世界,民粹主义、保护主义、单边主义、霸权主义沉渣泛起,经济全球化遭遇逆流冲击,多边规则屡遭挑战,零和博弈思维不时挑起摩擦,世界不确定性和不稳定性增加。在这样的现实背景下，人们更有必要利用特殊年份回顾历史，为人类和平发展的未来贡献力量。

瑞士作家、诺贝尔文学奖获得者黑塞曾说："不应为战争和毁灭效劳，而应为和平与谅解服务。"地球是各国休戚与共的家园，不是利益争夺的博弈场。和平来之不易，更需要各国共同守卫。国家之间应在尊重彼此核心利益和重大关切的基础上加强对话沟通，管控矛盾分歧，构建相互尊重、公平正义、合作共赢的新型国际关系。

回顾一战历史，国际上近年来越来越多的人念及14万中国劳工远涉重洋，赴欧洲战场协助英法军队修建公路、战壕，维修铁路、坦克，拆除未引爆的炸弹……重温这些事迹，不仅令人唏嘘于艰苦的历史岁月，而且令更多人感触到融入中华文明血脉的崇尚和平的基因，代代相传。如今，中国更是世界和平的建设者、全球发展的贡献者、国际秩序的维护者。从坚持共同、综合、合作、可持续的新安全观，到构建新型国际关系和人类命运共同体，再到世界舞台上维护多边主义、国际体系与秩序的坚定声音，中国始终以实际行动担负着维护世界和平与发展的大国责任。

"战争起源于人之思想，故务需于人之思想中筑起保卫和平之屏障。"回望曾经的历史浩劫，人们尤其需要从思想上根除以强凌弱的零和思维，从行动上对未来作出最好的承诺。

（2018年11月14日）

谁来继承我们的数字遗产

李 强

如今,很多人的日均上网时间超过3个小时,年轻人花在网上的时间,甚至比睡眠还要多。人们通过社交媒体与人交流,依靠在线购物满足所需,游戏、电子书、电影等任何娱乐,都可以通过下载字节来实现。但恐怕绝大多数人在互联网上流连忘返时,都不会思考这样一个问题:假如有一天我们故去,这些留存在网络上的个人账号、邮件信息、电子音乐等虚拟资产,将何去何从?

最近,德国联邦最高法院的一纸判决引来全球关注:一对德国夫妇合法获得了其已故女儿的社交媒体脸书账号继承权。

2012年,这名15岁的女孩在柏林遭地铁碾轧身亡。她的父母希望弄清死因,申请进入逝者的脸书账号查看个人信息,但被拒绝。于是他们将脸书告上法庭。官司几经波折,从州法院一直打到联邦最高法院,双方互有胜负,引用的法条上至120年前的遗产法规,下到现行的联邦数据保护法。尽管德国法院判决认为,数字遗产就像个人日记和私人信件等实体文件一样,没有理由区别对待,但现实并不像二进制那样泾渭分明。

基于情感,人们往往会支持这对父母,但对脸书这样的互联网企业来说,允许他人调取个人数据信息,哪怕是父母对子女,也意味着难以承受的法律和道德风险,特别是在个人隐私保护极其严苛的欧洲。更何况,当人们注册社交账号,使用电子邮件,购买在线音乐时,那些被轻易点击了的"同意"条款,给予人们的仅仅是这些服务的使用权，而非所有权，基于知识产权、运营成本等原因，这已成为行业和法律认可的规则。

甚至在一些技术人士看来，数字遗产原本就算不得资产，而仅仅是"数字痕迹"：原本转瞬即逝的信息，因为技术的进步而幸运地保留了下来。如果不是互联网，或许根本就不存在这样的纠结，它改变的不仅是人们的通信方式，还有对资产和物权的定义。以货币价值来衡量，这些数字遗产可能没有太多意义，但从情感价值来说，它是个人生命的一部分，对逝者的亲人朋友来说也是一种缅怀和纪念，这其中的价值当然不容忽视。

这样的困境，诚如脸书在败诉后的声明所说：如何权衡保护隐私与家属意愿，是一项非常棘手的问题……我们尊重但不认同法院今日的裁定，冗长的判决过程也显示出问题是多么的复杂。

也正因此，脸书、谷歌等企业近年都推出了类似代理人的服务，允许用户在生前设置管理人，以处理身后的数字遗产，但权限并不包括查阅个人聊天记录等私人信息，近日脸书方面又修改了相关方面的政策，允许去世青少年的父母或监护人成为其"代理人"。有一些企业看到了商机，开始提供数字遗产存储服务，用户可以把用户名和密码存在网站，并指定继承人。甚至出现了"文明黑客"，专门帮人进入身故亲属的社交账户。

诚然，这些听起来依然存在风险，但至少说明，数字遗产也不完全意味着争议和负担，技术进步也能催生新的产业和需求。面对数字遗产问题，当务之急是让法律和政策跟上时代的脚步，将数字遗产的继承规范化。

所幸的是，我们还有时间。

（2018年10月29日）

一位富有远见的多边主义倡导者

胡泽曦

8月18日,联合国前秘书长科菲·安南去世的消息从日内瓦传出,全球各地的人们纷纷表达哀思。在世界眼中,几乎在联合国度过整个职业生涯的安南是一个为了"共同的人道精神"而不懈努力的政治家。

"在许多方面,科菲·安南就是联合国","他从未停止过努力,为《联合国宪章》的价值赋予生命"。现任联合国秘书长古特雷斯的话道出了人们共同的感受。无论是穿梭于种种热点问题现场,为和平争取希望,还是推动制定联合国千年发展目标,将改变带给被遗忘的角落,安南都是"国际公务员"的最佳代名词,激励着全球年轻人为人类共同未来而努力。

从1962年进入联合国以后,安南先后在多个部门工作,直至成为出身联合国工作人员行列的第一位秘书长。40多年的联合国工作生涯让安南对于世界的互联性有了更深体会。他说:"相比历史上任何时候,今天我们的命运都更加紧密相连。只有共同面对这一点,我们才能共同驾驭我们的命运。我的朋友们,这也是为什么我们需要联合国。"

担任联合国秘书长之时,安南对自己的任务有着清晰的认识,那就是为后冷战时代联合国的发展找到一个明确方向。从国际关系史的视角看,《联合国宪章》寄托着为整个国际体系带来"质变"的远大理想,其要义是让规则真正成为各国相处之道。然而,冷战两极格局让联合国初心难守,公正合理的国际秩序长期远离现实。这或许也是为什么安南在其文章《我们多么羡慕世界杯!》中感慨:"世界杯是公平竞技运动,每个国家都有平等参与机会。"当历史走到世纪之交,多极化趋势不断显现,联合国作用随之凸显。格局的变化让安南成为"最活跃的联合国秘书长"。

2006年12月,安南以联合国秘书长身份发表最后一次演讲。他说,要想实现目标,"我们只能通过多边体系展开共同行动"。坚守多边主义,或许正是安南对于国际体系真正走向规则时代所作出的深刻思考。"一位富有远见的多边主义倡导者",安南逝世后,联大主席莱恰克在声明中作出如是评价。

从这个视角看,不难理解为什么安南说自己最大的遗憾是未能阻止伊拉克战争。无论是法理还是现实,伊拉克战争都是违背《联合国宪章》精神的。2004年9月,安南对英国广播公司的一席表态瞬间传遍世界——"从我们的观点看,从《联合国宪章》的观点看,(这场战争)是非法的"。在安南看来,伊拉克战争真正的问题出现在"第二天早晨"——"轰炸过后,我们醒来时将面对一个怎样的伊拉克?整个地区将发生什么?军事行动将带来怎样的后续影响?"

遗憾的是,当安南与世界告别之时,单边主义、保护主义之风愈吹愈烈,在联合国平台上,"退群"屡屡成为热点新闻。正因为如此,人们更有必要重温安南的智慧——"有些时候,共同利益正是国家利益。"

(2018年8月20日)

"乌姆干达"的力量

万 宇

在卢旺达，无论城市、郊区还是乡村，干净整洁的环境总能给人留下深刻的第一印象。笔者好奇地询问其中的秘诀，当地人总会笑着回答——因为"乌姆干达"。

"乌姆干达"是一种义务的集体劳动，根植于卢旺达的传统文化。卢旺达语言学家认为，"乌姆干达"最早是指建房的木料，过去当村民盖房子时，附近亲友邻居会带来木料义务帮其干活，后来这个词就变成了指代社区居民互帮互助、共同参与来实现共同目标的专有名词。

"乌姆干达"文化在卢旺达几经变迁沉浮。图西王朝时代，邻里间常常召集"乌姆干达"，主要是帮助别人家盖屋、修葺等。到比利时殖民统治时期，"乌姆干达"被推广至卢旺达和布隆迪全境，变成了两国民众每周必须为殖民统治者无偿劳役一天。上世纪60年代卢旺达摆脱殖民统治获得独立之后，"乌姆干达"渐渐恢复，固定为每周一次的全民义务劳动。但在1994年卢旺达种族屠杀中，"乌姆干达"遭到扭曲和滥用，成为号召集体行动，屠杀种族"敌人"的暗语。

种族屠杀被平息后，卢旺达新政府又找回了"乌姆干达"的本意，让它成为重建国家和民族认同的本土方案，在全国推广。2007年，"乌姆干达"被纳入制度化的法规。在每月的最后一个星期六上午8点至11点，商家停业、车辆停驶，城市和乡村的居民走上街头，清扫垃圾，修补道路，疏通渠道，植树造林。公务员和军人也不例外，卢旺达总统卡加梅每月参加"乌姆干达"。

由于"乌姆干达"，卢旺达人的卫生意识大为提高，基本没有人乱丢垃圾。因此，每月的"乌姆干达"也从清扫道路扩展为进行各种公益活动，甚至有偏远地区的村民自己出工出料修建学校，解决子女上学路途遥远的问题。卢旺达人的命运与共意识同样在潜移默化中增强，现在当你询问卢旺达人的民族时，他们只会回答："我是卢旺达人。"

统计显示，2016年参与"乌姆干达"的人数已占卢旺达人口的91.3%，远高于2014年的79.8%。"乌姆干达"产生的效果令人惊叹，仅教室就已建成3172间。除了建设、维护公共设施之外，"乌姆干达"也通过冲突仲裁促进社区成员之间团结与和解。具有不同背景的居民在劳动中表达意见，解开心结。"乌姆干达"劳动之后的聚会为社区居民提供表达意见、争取共识的平台，所有参加者都可以表达他们对各种问题的需求和看法。

在协作和沟通中，恩怨得到消除、互信得以建立、环境得到保护、市容变得优美。正如卡加梅总统所说："卢旺达迄今所取得的成就展示了我们的能力，而'乌姆干达'是取得更多成就的重要因素，是我们向前迈进的动力之一。"

人类文明历史悠久，各国文化灿烂如日月星辰，对传统文化用心传承，善于发扬，能够助其成为凝聚人心的重要力量，就像卢旺达的"乌姆干达"，不断释放出新的活力。

（2018年8月10日）

大马士革的别样世界杯时光

李 潇

盛夏时节，行走在叙利亚首都大马士革的街道上，只觉得热浪蒸腾，酷暑难当。尽管如此，路边的水烟馆和冷饮店大多顾客盈门、热闹非凡。趁着难得平静的局势，人们聚在一起，共同享受世界杯带来的乐趣。

足球是中东地区国家最为热衷的运动项目和聊天话题之一。如火如荼的俄罗斯世界杯，给正在经历动荡和战争伤痛的叙利亚人民带来难得的慰藉。当然，因为战争，大多数家庭都无力承担安装卫星电视接收器的费用，加上多数地区的网络运行情况也不稳定，一些条件宽裕的商家就趁此机会打出了"世界杯牌"——通过卫星电视播放比赛，吸引了大量顾客的光顾与好评。

笔者走进马扎大道北侧的沙姆咖啡厅，看到店主哈吉姆一边忙碌地调制冰镇果汁，一边热情地为顾客介绍即将开场的比赛——他对球员如数家珍，一看就是一位资深球迷。巴西、德国、阿根廷等传统强队，在叙利亚都有着大量的拥趸。埃及球星萨拉赫的走红，则吸引了不少当地年轻球迷的追捧。哈吉姆说，叙利亚队在预选赛期间克服了很多现实困难，表现不错，只是最后在附加赛中遗憾地输给了澳大利亚队，未能进军俄罗斯世界杯，但这并不影响人们看球的热情。

咖啡厅外不远的一处公共草坪里，几个身穿不同款式球衣的少年，正在烈日下追逐着一个破旧的足球。其中一个少年的父亲奥马尔，站在边上微笑地注视着眼前的一切，还时不时地把手拢在嘴边，高喊"越位啦！越位啦——"然后，哈哈大笑。这温馨一幕，似乎与世界上其他国家的生活并无二致。然而，草坪外围几棵高大的椰枣树上，还残留着此前爆炸留下的巨大创痕，它们似乎在用一种真实的方式提醒人们，这座城市在过去7年间，经历了怎样的战争创痛。也就在此刻，各类潜在的恐怖袭击，依然伏在暗处伺机而动。在大马士革、阿勒颇、伊德利卜、哈马……枪声和爆炸声仍在绵延。7年战争所带来的损失也是惊人的，众多国际投资评估机构的估算显示，叙利亚重建的起步资金在4000亿美元左右，而全面恢复工作的资金缺口几近万亿……

不过，足球与世界杯所带来的快乐至少可以让人们暂时忘却一些伤痛与困苦，并从中寻觅希望与力量。哈吉姆给电视机前的一桌客人摆好水烟和果汁，并热聊了一阵，然后转身眨着眼睛说："我和他们不一样，我是克罗地亚队的球迷。"谈及原因，他腼腆地笑答："并不是因为莫德里奇、拉基蒂奇这些球星，而是因为他们球队大巴上印着的那句口号——小国家，大梦想！他们也是从战火中重获新生，此刻站在了世界杯的舞台上，为国家和人民赢得荣耀。我相信未来有一天，叙利亚也可以做到！"

比赛正在火热进行，咖啡厅里热闹非凡，而哈吉姆的眼中写满了对未来的笃定与憧憬。这一幕让人不禁感叹，生活里有足球和世界杯，真好！

（2018年7月13日）

美国"无底线"政策又添伤痕

张梦旭

近日,两组在美国拍摄的画面十分令人心痛——一组镜头中,惊慌失措的女童嚎啕大哭;另一组镜头中,睡觉的孩子趴在"铁笼子"里。美国打击非法移民的"零容忍"政策造成上千个家庭骨肉分离,令当地媒体大呼"这是美国的耻辱"。虽然美国政府6月20日叫停了"骨肉分离"举措,但今后将非法入境者与其未成年子女一起拘押的做法仍令人担忧,有关美国移民政策引起的反思仍在发酵。

今年4月,美国司法部开始执行打击非法移民"零容忍"政策,执法人员关押成年非法入境者,随同入境的未成年人需交美国官方认定的机构或个人收容。仅5月5日至6月9日,就有约2342名儿童被美国执法人员从其父母身边强行带走,送进移民儿童安置中心等处,其中超过100名是4岁以下儿童。骨肉分离,给孩子带来的是无尽的伤痛。"我要爸爸""我想我的妈妈"……撕心裂肺的哭喊声在安置中心回荡,并通过互联网传向世界。

美国政府叫停"骨肉分离"举措,实在是因为国内外的压力过大。包括梅拉尼娅·特朗普、希拉里·克林顿在内的5名现任或前任美国"第一夫人"纷纷发声,谴责"骨肉分离"举措"不人道、令人心碎"。有美国议员指出,隔离母亲与孩子是错误做法,是不能逾越的底线,突破这条底线就意味着从维护边境安全变成违反人权。中美洲国家政府纷纷呼吁美国政府不要以侵犯人权的方式粗暴解决移民问题。联合国秘书长古特雷斯大声疾呼："难民和移民也应该享有尊重和人格，应当按照国际法来对待，家庭团聚的权利必须得到尊重，不该让儿童因为同父母分离而遭受心理创伤。"

重重压力下，白宫提供了新的解决办法——家长及其子女能够无限期地一起拘押。根据新的政令，孩子将与其父母一同投入监狱，这并不比之前的"骨肉分离"仁慈多少，而且还涉及与现有法律的冲突，执行起来矛盾重重，因此被美国媒体抨击为"应付之举"。

在应对未成年非法移民问题上，美国真的没有更好的选择吗？按照美国法律，政府无权长期拘押未成年非法移民，但可对成年非法移民处以最长6个月的拘留。在小布什和奥巴马政府时期，美国边境执法人员基本上采取的是先抓捕后释放，然后等待法庭判决的模式。但是，视解决非法移民为"施政要务"的本届美国政府，认为这一做法"过于软弱"，因此拒绝这样做。

"零容忍"政策之所以此时发酵，与美国中期选举较量正酣有关。共和党执政以来，承诺在美墨边境修建隔离墙，废除"追梦人"法案，在国会和司法体系内遭遇强烈反对。在这种情况下，拿极端移民政策同民主党做交易，以换取民主党对美墨边境隔离墙预算案和美国移民法全面改革的支持，就成了一条最为现实的途径。用解决移民问题的"政绩"，来为共和党的选举加分。如此精巧的政治算盘，在华盛顿实在不足为奇。但成千上万未成年移民的幼小心灵就此埋下创伤，成千上万普通人的命运就此成了华盛顿选举政治的筹码和牺牲品。

眼下，美墨边境已经成为美国极端移民政策风暴席卷的中心，无论风暴向何处去，留下的都是累累伤痕。

（2018年6月22日）

美国反拥枪的孩子很受伤

卓 南

日前,美国《时代》周刊儿童版13岁的记者本尼·舒克隆在白宫记者会上提问到,他和朋友都担心自己有一天会在校园遇到枪击,美国政府要采取何种措施避免校园枪击案发生?面对这样的问题,白宫发言人桑德斯一度哽咽。

孩子们本应在宁静的校园中读书学习,但美国校园枪击案频发,让校园不再平静。有数据表明,自2009年以来,美国发生的校园枪击案,是西方七国集团中其他6个国家总和的57倍。自1999年4月20日科罗拉多州科伦拜中学枪击案开始,至2018年5月18日得克萨斯州圣达菲中学枪击案,19年时间内共有21.4万学生直接经历了枪支暴力。

校园枪声让更多未成年人加入要求控枪之列。今年2月,佛罗里达州帕克兰市道格拉斯高中发生枪击案。此后,该高中毕业生发起了"为我们的生命而行进"运动——计划6月15日从芝加哥开始大巴旅程,用两个月时间在全美多地停留,呼吁年满18岁的年轻选民在今年11月中期选举投票时充分表达控枪诉求。一个名为"不再发生"的反拥枪社交媒体平台也吸引了越来越多的未成年学生加入讨论。

然而,当这些深受枪支威胁、遭受心灵创伤的未成年学生发起反拥枪运动时,却遭遇强烈反弹。在肯塔基州马歇尔县高中,几个月前曾经历校园枪击案的一些孩子,其反拥枪言论在社交平台遭删除,他们自己也被朋友们从聊天群删除,不被允许参加校园活动,连父母都对他们表示反对。甚至有人在社交媒体放言,这些孩子该在校园枪击事件中死去……近乎泯灭人性的恶语,对孩子们心灵造成的二次创伤,绝不亚于枪支暴力的冲击。

拥枪与反拥枪之争,在美国不足为奇。每当枪击案发生,正反两方的对抗就会升级。但在立法层面上,近年来都是支持拥枪的团体依靠金钱和游说保持优势。自2012年美国康涅狄格州桑迪·胡克小学枪击案至今,曾有100项控枪法案在美国国会被提出,却没有一项得到通过。现在,对这些弱小孩子的极端化情绪和恶语相向,更反映出美国拥枪思想的根深蒂固。

拥枪人群的情绪极化,与当今美国社会的走势相吻合。从内政到外交,极端政策正大行其道,理性声音在退缩。无论是"为我们生命而行进"还是"不再发生"等运动,纵然能吸引诸多眼球,让更多年轻人认清事实,但在美国政治和社会极化有增无减的环境下,这些呐喊对控枪的成效,似乎无法让人乐观。

(2018年6月14日)

萨拉赫何以成为"埃及之光"

景 玥

埃及足协近日确认,在欧冠决赛中受伤的利物浦前锋萨拉赫已入选埃及队最终名单,这意味着他将能够出征2018年俄罗斯世界杯,埃及球迷一颗悬着的心终于落地。

萨拉赫是埃及足球的灵魂人物。在首都开罗,从街头涂鸦到高架桥两边的广告,从斋月灯笼上的照片,到穿着国家队11号球衣踢球的孩子,与萨拉赫有关的元素无处不在,甚至连依据其发型做成的假发在青年群体中都很热销。每当有萨拉赫的比赛,埃及街头必定是人山人海。人们里三层外三层地站在电视机前,为他们的偶像呐喊助威。

在足球场上,萨拉赫是埃及不折不扣的英雄。在生活中,萨拉赫是埃及人心中治愈国家创伤的希望。

萨拉赫的成长经历,就是与困难抗争的奋斗史。他出生在距离开罗121公里的一个小村庄,少年时,每天放学后要在炎炎沙漠热浪中步行1.6公里,挤小巴士去开罗进行足球训练。巴士人满为患,闷热难耐,而且一天只有5趟,萨拉赫常常奔跑着赶路,穿梭在家、学校和球场间。凌晨1点睡,天未亮就起床,日复一日,年复一年。在很多埃及人看来,萨拉赫就是为了理想而不惧艰难困苦的榜样。

2011年年初以来的动荡局势对埃及经济造成严重冲击。在工资水平仍然很低的情况下,上涨的物价让很多埃及人深刻体会到日子的艰难,人们的信心一度接近谷底。"总是感觉生活充满挫败感,每天都在颓废中度过",几乎成了埃及年轻人普遍的心声。但萨拉赫的出现让人们看到了光亮。正是在他的带领下,埃及国家队时隔28年重返世界杯决赛圈。"就像萨拉赫的座右铭:永不放弃梦想,永不放弃自信。我们也该如此,国家亦该如此。"29岁的银行职员萨利姆对笔者如是说。还有球迷表示:"正是因为萨拉赫的优异表现,全世界才以全新的目光关注这个国家。"

近日,埃及总统塞西在社交媒体推特上发文,祝福萨拉赫,希望他早日回到赛场。塞西写道:"我在萨拉赫身上感受到了埃及之光,我期待他在受伤归来后能够更加强大。他是埃及的民族骄傲。"

世界杯大幕即将拉开,萨拉赫将迎来自己的首次世界杯决赛之旅。"埃及之光"承载着希望,不仅是在绿茵场上给球迷带来的惊喜,而且是整个国家发展进步所需要的情感激励。

(2018年6月13日)

当电脑屏只能画在黑板上

李志伟

近日,加纳一位名叫理查德·阿皮亚·阿克托的计算机教师在社交网络发布了几张照片,很快引起世界范围的广泛关注——照片上的他正在黑板上画出微软文字文档处理器的页面,试图向学生们教授如何在电脑上编辑文字。这些震撼人心的照片一方面让人们看到贫穷这个限制非洲发展的因素依然强大,但似乎也让人们从一个侧面窥见非洲大陆充满希望的未来。

阿克托是加纳南部一所中学的计算机老师。根据加纳相关法规,信息与通信技术课程从2011年开始被纳入全国考试范围,但该校一直缺乏计算机教学设备,因此阿克托就使用"土办法"教孩子们最简单的信息和通信技术。用粉笔勾勒出软件页面的阿克托,期望以此带领他们进入虚拟的科技世界。

尽管这种教学方法的效果恐怕仍然有限,但让人们看到,即便在最简陋的条件下,通过激情、想象力和创造力,教育仍是可行的,从而为孩子们打开知识的窗口,让他们接触时代科技的脉搏。令人欣喜的是,已经有一些看到这些照片的机构为阿克托的学校免费提供了计算机设备。

非洲教育基础薄弱,全民教育进展落后于全球平均水平。教学资源匮乏在非洲是普遍现象,一些慷慨的企业和机构并不能帮助所有贫穷的学校,很多地方依旧使用各种替代品进行"简陋的教学"。在坦桑尼亚,大部分六年级学生都只能和别人共用语文课本。非洲的辍学率依旧很高:2016年《非洲区域监测报告》显示，3100万儿童、2400万少年和3300万青年流落校外；41%的男孩和55%的女孩没有上学的机会；有机会入学的儿童小学完成率为55%，初中完成率为31%，高中完成率仅为15%。

落后的教育水平和日益增长的教育需求的矛盾已经越来越明显。目前非洲拥有全世界最年轻的人口结构，充足的劳动力是人们看好非洲未来的一大因素。联合国前秘书长潘基文也指出，在非洲，未来20年，10—24岁的人口占比超过30%，对人力资源进行恰当的投资，人口年轻化这一趋势将成为非洲最大的王牌。

在这种情况下，非盟委员会制定的《非洲大陆教育规划2016—2025》以全民教育实现路径为背景，并结合非洲2063议程，拟定了六项指导原则、七大支柱和十二项战略目标。这些都明确提出要提高教育质量、加强教育基础设施建设。人们也看到，许多非洲国家都在大力确保教育投入，在为落实2030教育可持续发展目标积极创造条件，将助推教育在促进区域减贫、发展振兴等方面发挥应有的作用。

尼日利亚作家钦努阿·阿契贝曾这样写道："真正的老师，并不一定知道我究竟需要什么，但一定会义无反顾地坚持信念，热切地向我教授他所掌握的知识。"也许贫困短时间内依然将困扰非洲，但不能够限制先进科技和知识在这片大陆上进行传播。许许多多像阿克托一样的人正在非洲大陆耕耘，以自己的方式为非洲青年人的未来注入希望。

（2018年5月17日）

鹅卵石"抗枪"的无奈

郑琪

今年2月,美国佛罗里达州帕克兰市道格拉斯中学枪击案发生后一个星期,白宫承诺"将拿出解决问题的方案"。然而随后一个多月时间里,出现在美国各个校园里令人匪夷所思的种种"解决方案"却令人大跌眼镜。

在惊魂未定的道格拉斯中学,校方颁布新规,今后所有学生只能携带校方提供的透明背包上学;在宾夕法尼亚州一个学区,每所学校都将在教室里配备一筐鹅卵石,一旦枪手出现可做武器使用……这些措施让本来就高度紧张的民众,心中对校园安全再次打了一个大大的问号。

当然,除去上述提到的近乎漫画书中才有的应对策略,一些看起来有效的高技术措施也在施行——在校园配备金属探测器,给教室装配可遥控上锁的门,安装远程控制辣椒水喷雾,建造防弹避难所……市场研究表明,美国教育机构去年购置安全设备和服务的花费总计达27亿美元,眼下这个市场的需求还在进一步井喷。在道格拉斯中学枪击案后,佛罗里达棕榈滩镇一所学校甚至收到了数千封推销邮件,都是关于加强校园安全的各种设计与装备的。然而,这并没有帮助减少美国校园枪击案的数量。

美国校园曾经被认为是安全的避风港,但自1999年科罗拉多州科伦拜中学枪击案以来,情况渐渐发生了变化。2007年弗吉尼亚理工大学枪击案、2012年桑迪·胡克小学枪击案直至道格拉斯中学枪击案,孩子们一次次倒在血泊中的惨痛场景冲击着美国社会的良心,也改变了整个国家对校园安全问题的认知。美国的校园安全问题早已从 20 年前的防止学生打架和破坏公共设备演变为今天的防枪击。

尽管校园安全设备市场不断升温,但其作用并不明确。兰德公司研究安全设备的专家表示,多数校园安全设备的有效性还缺乏研究论证,无法证明能够加强校园安全。而且,这些安全防范措施反而可能导致安全问题。丹佛一所学校花费 60 万美元给学校每扇窗都装了防弹薄膜,但设计者没有预想到的是,这反而让学生们在紧急状态下失去了破窗逃跑的选择。

校园安全设备市场的不断膨胀,凸显的更多是一种无奈心理。在巨大的悲伤和忧虑面前,学校努力让家长们看到改变。但从现实看,孩子和家长们的安全感并未因此而增强。自从桑迪·胡克小学枪击案以来,美国已发生 239 起校园枪击案,438 人中枪,138 人失去了生命。

无论是国际比较还是美国国内的横向比较都表明,解决美国校园枪击问题的根本途径是控枪。纽约市公民犯罪委员会的研究报告显示,在截至 2016 年的 4 个学年中,美国 64% 的高校枪击案发生在控枪措施较弱的南部各州。但问题是,在美国今天的政治环境下,严格控枪几乎是一项不可能完成的任务。

近年来,每次枪击案后,美国社会愤怒、拥枪组织阻击、华盛顿岿然不动的循环,已经让许多人心生麻木。桑迪·胡克小学所在的康涅狄格州联邦参议员墨菲在听闻道格拉斯中学枪击案后表示"我们对这样的暴行再次发生负有责任",但问题是,责任需要多久才能转化为行动?时至今日,这个问题依旧没有答案。

(2018 年 4 月 24 日)

"我的个性"与"数据魔术"

刘 歌

社交网站脸书因泄露用户信息引发全球用户责难,而随着"泄露门"的始末愈发清晰,令公众更为震惊的是,利用用户上网数据的一幅幅骇人攻心图景也渐渐显现。有调查发现,去年的美国大选,社交媒体可能是某些候选人拉票的前哨。

全美50个州、2亿多选民,种族、个性千差万别,如何对他们精准攻心?"剑桥分析"公司通过从社交网站上获取的数据,用算法对用户进行心理测评,再将大选信息进行精准推送,"数据魔术"就这样诞生了。

这样的攻心术来源于社交媒体上的心理测评。偏好美国汽车的人,可能是某些候选人的潜在选民;喜欢"嘎嘎小姐"的,大多性格外向……类似的心理评估结果,来自脸书上名为"我的个性"的调查问卷。该问卷由英国剑桥大学心理测量中心的学者设计,问卷上有"我爱反驳别人""我容易紧张"等简单问题,用户只需勾几个选项、点几个"赞"即可。但这些数据一旦被抓取,研究者经过一系列测试和评估,便能得出一份颇为准确的"人格测评"报告。

"我的个性"理论上是基于心理学领域著名的"大五类人格测试",心理学家据此能够对受测者的人格类型进行基本的评估,并预测出其需求、信仰、兴趣爱好、对生活的满意度等。社交媒体的出现,为"我的个性"心理测量准确性提供了可能。海量数据来源中的"我"由此被找到并归类,成为"高度谨慎的人""愤怒内向的人""敏感焦虑的父亲""传统且和蔼可亲的人"甚至"摇摆不定的民主党人"。

如果数据再丰富一些,有了土地登记、购物数据、婚姻状态、俱乐部会员等信息,所得出的"人格测评"便更加精准。数据越丰富,人就越透明。有时候社交媒体上的数据不够,很多数据还需要经过"交易"获得。

庞杂的上网记录和复杂个性的归类,经过数据分析师们魔术般的计算、推演,加以个性化的包装和投放,让受众无意识地获得心理补偿,被诱导投出选票,才算攻心成功。经过数据营销、个性化推送的视频和广告,自下而上地影响、改变受众的政治倾向,如同一场"数据魔术",神不知鬼不觉地影响了"摇摆不定者"手中的选票去向。英国媒体披露,去年美国大选时有候选人不惜重金利用社交媒体平台。

"如果美国人的个人事业允许他有片刻的清闲,他将很快卷入政治漩涡。"历史学家托克维尔在《论美国的民主》一书中,如是描述美国人善变和好奇的特性。通过社交媒体评估并影响受众的政治倾向,把心理学定位运用到政治领域的做法,如今已引起很大争议。可以想见的是,一旦政治和心理测量"人工智能化"了,带来的影响会更大。人类也许需要思考,在大数据时代,为安全起见,要不要在网络上收敛"我的个性"。

(2018年4月23日)

印第安人为何"见火不救"?

陈效卫

每年4月19日是巴西的印第安人日。这一节日在75年前确立时,旨在通过举行各种活动展示印第安传统文化,但随着时间推移,逐渐被赋予了新的内涵——铭记和借鉴印第安人的环保理念。

就环保理念而言,印第安人非常"前卫"。历史上著名的"西雅图回信"就是有力佐证。

1852年,美国政府要求购买并开发今天华盛顿州所在的印第安部落土地,当地部落酋长西雅图(华盛顿州府后来以其名字命名)在其著名的"西雅图回信"中,阐述了印第安人的自然观。信中那些曾被美国人视为"荒谬可笑"的观点,如今却深为环境哲学家所称道。

"西雅图回信"强调人与自然几近浑然一体,认为"河流是我们的兄弟""散发着清香的花朵是我们的姐妹"。这与当代生态学推崇的"不能仅仅为维护人类利益而保护环境"的观点可谓不谋而合。"大地是我们的母亲;大地遭到的一切不幸,都会降临到她所有的儿子头上。""西雅图回信"40年后,逐利的人群涌入这片土地,让美国人领教了残酷的现实:"灌木丛……消失了!老鹰……也不见了。"

印第安人对自然的辩证思维,出于对自然深刻的理解。印第安人很早就发现,山火与森林既相克,也相生。大火在烧掉老病残树的同时,也消灭了妨碍树木生长的病虫害，使得劫后余生者有了更充足的阳光与养分，而且烧焦的松树皮还为麋鹿等提供了大量营养。

更重要的是，在亿万年的进化中，很多植物业已适应了间歇周期较长的山火，甚而学会了借力繁衍。美国黄石国家公园及其周围森林中的主要树种扭叶松就是如此——长有一种被树脂封裹的球果，需要113摄氏度的高温才能熔化，大火过后很多表面被烧焦熏黑的松果崩裂开，种子得以在灰烬中萌发。为了这一天的"浴火重生"，种子竟可耐心等待达百年之久。

有鉴于此，黄石国家公园将火视为公园生态系统形成的关键因素。过去30年，这里每年都会有"火灾"，多时更是达每年78起。但该公园自1872年诞生之日起，一直借用印第安人"顺其自然（燃）"的山火管控理念：只要不是人为纵火，且不危及生命与财产，就任其自生自灭。从这个意义上讲，"野火烧不尽，春风吹又生"涵盖的不仅仅是草本，"相时而动"等动物界的法则也一样适用于植物界。

生活在南美的印第安人，对大自然认识同样理性深刻。其谚语"人类属于自然，但自然绝不仅属于人类"，就是这种认识的理性升华。数千年来已融入自然并将自然视为衣食父母的印第安人，并不一味追求发展上的"多"与"快"，在利用自然的同时敬畏自然、保护自然，因此铸就了现代人颇为尊崇的"前卫"环保理念。

（2018年4月21日）

酿酒、服务业与男女平等

刘仲华

世界经济论坛《2017年全球性别差距报告》显示，北欧国家冰岛、挪威和芬兰在性别平等方面分列前三名，这已经是它们连续第九年名列前茅。在欧洲文明的长河中，北欧地区的男女平等状况几乎一直好于其他欧洲国家和地区。这既跟维京人独特的历史文化息息相关，又跟维京女性对家庭和社会作出的重要贡献有关。酿酒技艺就是维京女性的"独门秘籍"之一。

公元8世纪到11世纪，挪威、丹麦等地的维京海盗盛行，开启了所谓的"维京时代"。北欧地处高寒地区，饮酒成为维京人生活中最重要的调剂品之一，也是他们战胜严酷环境的必要武器。而酒的酿制乃至分配权，都掌握在维京女性手里，维京女性手里的酒勺就是耀眼的权杖。除了酿酒，治疗外伤据说也是维京女性擅长的技能。

以今天的视角看，不论是酿酒还是疗伤，都有服务业的某些特征。此类工作需要一定的知识含量，不需要消耗太多体力就能完成，却对社会和家庭的正常运行至关重要。

在农业文明时代和工业化初期，女性在体力上弱于男性的生理特点成为影响两性分工的主要因素，导致男女社会地位悬殊。而由于维京女性的独特技能，她们比同时代欧洲其他地区的妇女拥有更多权利。她们在财产分配上受到法律保护，还有单方面宣布离婚的权利。

往事越千年。今天，同样是服务业的发达，让女性地位有了根本性改变。随着工业革命的不断深入，机器逐渐取代人力从事各类工业品的生产，以服务经济为代表的第三产业比重迅速上升。在发达经济体，服务业产值和就业人口的比重都达到 70% 以上，成为规模最大、增长最快的产业。

当体力劳动向脑力劳动转化，物质生产向知识经济转化时，两性体力上的差异对生产率的影响微乎其微。世界银行最新数据显示，2017 年全球范围内女性在服务业领域的就业比例超过在第一、第二产业就业的总和。其中北美地区就业女性中有 92% 从事服务业，欧盟为 87%。

服务业比重越高的国家和地区，女性就业率越高，男女平等状况也更好。巴黎服务业占国民经济的比重为 95.3%，巴黎女性就业人员比例达到 50.2%；纽约服务业比重为 91%，女性就业人员比例达 49%。根据巴西劳动部近日公布的数据，该国首都巴西利亚的女性在服务业领域的就业比例及人均收入都超过了男性。

第三产业的发展伴随着城市化的加快，推动女性就业率不断提升。当女性在经济生活中发挥的作用与男性旗鼓相当时，"同工同酬"便成为一个必须实现的目标。美国任仕达集团 3 月发布的民调显示，超过 80% 的被调查女性愿意跳槽到能提供更好的性别平等机会的企业工作。

随着互联网和知识经济的发展，相关产业对纯体力的要求越来越低，为女性就业开辟了新的广阔空间。正如美国未来学家奈斯比特所说，信息社会看重脑力而不是体力，妇女跟信息社会真是天作之合。假如典型的产业工人是男性，那么典型的信息工人则属于女性。

（2018 年 4 月 2 日）

互联网时代更需要"数据守护"

张 衡

近期,脸书5000万用户数据遭第三方机构"剑桥分析"滥用的事件,引发了全球用户对脸书数据保护能力的信任危机,多国监管机构已经对其启动调查程序。

作为全球最大的社交网络平台之一,脸书商业模式的成功建立在超过14亿活跃用户以及与海量第三方应用共同构建的开放平台之上。以个人信息为基础构建的新经济模式决定了脸书等互联网平台的利润主要来源于对海量用户数据的分析利用和共享流动。

然而,大数据、人工智能等技术展现出的对个人行为和思想的透视和操控能力,以及层出不穷的个人数据滥用和泄露事件,触动了公众对于隐私和个人数据保护的深切关注。信息社会急需各利益相关方的共同参与,共同构建个人信息利用和共享的信任机制,增加公众对无处不在的个人信息流动的安全感和信任感。

正如美国学者杰克·巴尔金所言,权力和权利不对称是信息社会的核心特征。用户授权脸书等互联网平台收集、分析和利用个人信息,以获取平台提供的免费服务。而数据的非消耗性特征决定了互联网平台可以对个人信息进行反复地利用、聚合以及和第三方共享。但这个过程在通知用户时往往语焉不详。"必要时,我们可能会收集你的信息,并将其共享给其他企业"之类的模糊语言无处不在。作为用户，很难了解"必要"是什么时候，"可能"是多大概率，以及"其他企业"的范围究竟为何。因此，增加数据主体对自身数据的控制力，其重要性不言而喻。

这种控制力应当集中在为用户赋权，特别是赋予个人更多的选择权。比如在数据收集环节，赋予用户在基础服务目的的个人数据授权之外，对于附加服务是否授权拥有选择权；为用户提供"隐私控制面板"，以选择向第三方共享个人信息的范围、目的和对象；当服务结束时，赋予用户撤回授权和删除个人信息的权利；赋予用户对自身权益受到不利影响的自动化决策结果的拒绝权，以及发现个人信息错误享有要求更正的权利等等。

同时，互联网平台还应该增强数据收集和处理方式的透明度。近期，多款手机应用被曝光存在大数据"杀熟"的现象，使人们对大数据算法的中立性产生了质疑。大数据算法对个人权益会产生直接的影响，而算法本身可能存在歧视、错误和恶意使用。因此，互联网平台需要向用户解释大数据算法的逻辑和合理性，通过增加透明度，加强用户对算法应用的信任感。举例而言，欧盟就在通用数据保护条例中规定，数据控制者应当确保算法可被用户所理解。

此外，加强互联网平台的问责性必不可少。由于脸书对合作共享数据的第三方疏于实施风险评估和动态管理，导致了原本仅用于科学研究目的的个人信息被非法出售给"剑桥分析"公司，超越用户授权目的而用于商业目的和政治倾向分析。因此，作为互联网平台，对于在其平台上提供服务的第三方应用应当承担审核监督责任，对第三方应用收集、利用、存储和流转个人信息的行为实施必要的审计和跟踪管理，确保其共享的个人数据在用户授权的范围内合法使用。

"舟大者任重，马骏者远驰。"作为信息社会支柱的互联网企业，唯有承担起用户隐私和个人信息的守护者的重任，将提升个人信息安全能力视为企业核心竞争力，才能赢得用户持续的信任，构建起信息社会的健康生态。

（2018年3月30日）

美国种族偏见之痛

温 宪

美国《国家地理》杂志总编辑戈尔德贝格日前发表公开信,承认该杂志存在"不光彩的历史"。"数十年来,我们的文章报道都带有种族偏见!"——在以往的报道中,该杂志将南澳原住民称为"全人类中智商最低的野蛮人",将美国加利福尼亚州非洲裔采棉工用俚语称为"小黑崽子"等"负面案例",令这位总编辑颇感"无语"。

已有长达130年历史的《国家地理》的全球知名度很高。自1979年始,《国家地理》从学术性很强的科学杂志变身为融入新闻、生态、环境、人文等多种因素的大众杂志,以英文和其他40余种语言在80多个国家和地区发行,现有全球读者约6000万人。这本杂志的一大特点是大量刊登标准极为严苛的精美图片。如今,这本以"美"知名的杂志自曝其"丑",很是耐人寻味。

其实,如同那位道出皇帝并没有穿衣服的孩童一样,戈尔德贝格女士只是勇敢地指明了美国社会多年以来的一个痼疾。

人类社会文明发展到今天,新南非的建立标志着种族隔离社会制度的消亡,但在全球范围内,作为观念形态的种族偏见仍然根深蒂固,有着种族歧视色彩的言行形形色色,美国丝毫不例外。

在美国,赤裸裸的种族歧视言行属于"政治不正确"甚或涉嫌违法,被人指责为"种族主义者"是很不光彩的事情。然而,在全美各地,事实上的种族隔离到处存在,贫富悬殊一望便知。社会现实的恶性循环仍是种族偏见得以滋生的温床。

2005年8月，"卡特里娜"飓风肆虐美国，路易斯安那州第一大城市新奥尔良受到重创。10年过后到新奥尔良采访，但见白人聚居区灾后重建成效明显，而黑人聚居的下九区仍是破败不堪，一片萧条，真真是个"下九区"！

　　"下九区生活博物馆"告诉人们，"卡特里娜"飓风带来的新问题，进一步暴露了种族歧视的老问题。飓风过后，美国媒体发表的两张相同主题的新闻照片颇有讽刺意味，分别是一名黑人和两名白人携带食品在洪水中艰难前行。画面为黑人的那张图片说明为：一名黑人"抢劫"了当地食品店。而另一幅照片的说明则是：两名白人在一家食品店中"发现了"面包和苏打水。

　　种族偏见与歧视渗透于点点滴滴之中。从美国前总统奥巴马，到刚刚获得第七十五届金球奖终身成就奖的奥普拉·温弗瑞，都曾有过因肤色而遭歧视的痛苦记忆。从正在热映的《三块广告牌》《水形物语》两部影片中，人们也能够看到对美国社会中显性或隐性种族偏见与种族歧视的生动描写。

　　今年4月4日是美国民权运动领袖马丁·路德·金遇害身亡50周年纪念日。梦想的呼喊言犹在耳，现实的冷酷令人怅然。戈尔德贝格带领《国家地理》杂志借此时间节点深刻反省，并提出"报道别人，需要先审视自己"。这一举措之所以令人点赞，因其恰如黄钟大吕，被敲醒的不仅仅是一家杂志，而应是整个美国。

（2018年3月28日）

城市不该是"心灵的孤岛"

张慧中

近期英国有关孤独人口的一组数据,引发全球关注和讨论。据统计,英国6600万人口中,有900万人常常感到孤独,被首相特雷莎·梅称为"现代生活的悲哀现实"。为此,特雷莎·梅不得不任命英国首位负责处理孤独问题的大臣。

美国作家亨利·米勒曾抱怨:"纽约总是使我感到孤独,如同困在笼中的动物。"随着各国生产力的高速发展,全球城市化进程大大加快。据统计,目前世界农村人口已停止增长,而城镇人口预计从2016年到2050年间将持续增长30亿之多。尽管城市如此拥挤,但是英国《卫报》指出,城市中孤独的发生率更高。

城市化带来的孤独感是全球性问题。据统计,在英格兰的城市中,16%的老年人感到"极端孤独";在18至34岁的伦敦青年中,83%的人更是"经常、总是或有时"感到孤独。印度人在网上搜索"我很孤独"这一关键词的平均次数是每天4.6万次,心理学家认为"这是都市孤独问题"。日本甚至形成了没有要好朋友、家庭关系疏离、没有固定工作、与家乡也很少联系的"无缘社会"。

城市化本应意味着生活便利、信息畅通、机会众多、资源充足等,孤独感从何而来?

这其中有城市化带来的社会结构改变的原因。城市中独居的情况大大增加。据统计，2016年美国纽约的独居人口达到了1/3；瑞典斯德哥尔摩独居人口比例更高达58%，居全欧洲之首。随着全球老龄化问题的日益严峻，城市独居人口中的老年人数量不断上升，身心健康问题更加剧了他们的孤独感。

生活方式的改变也是重要的因素。城市人口流动性大，很多人选择租房居住。在伦敦，预计2025年租房户比例将高达60%。租户在社区内的交流互动更少。移动技术的发展一定程度上加剧了现代都市人的孤独。社会学家早就指出，在移动手机时代，个体将逐渐取代家庭成为人际交流的核心。人们越来越依赖于手机等移动端，然而有效交流却越来越少。

孤独对人不仅产生心理上的不适感，对身体也会带来实质性的损害。英国曾对18万成年人进行长达21年的跟踪调查，发现感到孤独的人比其他人突发心脏病或心绞痛的概率高29%，中风的概率高出32%。此外，孤独也会影响人们的血压和免疫系统健康。

城市孤独病感染的不仅仅是都市人。由于人口大量涌入城市，被留在家乡的空巢老人、留守儿童等同样面临孤独的心理困境，形成"城里城外都孤独"的局面。

面对城市化进程中汹涌而来的孤独大潮，英国任命"孤独大臣"绝非小题大做。不少国家都在努力帮助人们走出孤独困境。治疗孤独症，最根本的是让孤独者与社会建立联系，形成有效沟通。在日本，一些非营利组织专门收留孤独人群，让他们过上集体生活，重新找到归属感。

美国社会学家埃里克·克里南伯格曾指出，社会交往的质量而非数量决定我们是否感到孤独。城市的本意是让生活更美好，不让城市成为心灵的孤岛。克服孤独问题，需要孤独人群发挥主观意愿，也需要社会积极施以援手，释放温暖。

（2018年2月7日）

"晒娃"前,你问过娃吗?

叶 琦

近日,意大利罗马法院审理了一起肖像权及隐私权案。一位母亲在社交网络肆意发布 16 岁孩子的照片,被孩子告上法庭。结果,法庭依据联合国《儿童权利公约》、意大利《版权法》及《儿童权益保障法》等,要求母亲删除所发布的全部子女照片,日后未经子女同意,禁止发布子女肖像或涉及子女隐私的信息,否则将对其处以 1 万欧元的罚款。这个判决,让不少喜欢"晒娃"的人,惊出了一身冷汗。

"晒",可谓信息时代的一个全球性现象,是智能手机普及、自媒体及社交网络发展的产物。"晒"本身有着分享的意味,一本书、一首歌,烦恼和快乐……让周围的人更多、更好地了解自己,也能给朋友提供更多信息,不无正能量释放。

"晒娃"也是如此。小生命的成长让人激动,分享孩子的重要时刻是人之常情。在美欧国家,"晒娃"也是个热词。根据调查,德国 71% 的母亲都会在社交媒体上传孩子两岁以下的照片;早在 2010 年,美国两岁以下的孩子中 80% 有照片出现于社交媒体上。即便美国"第一女儿"伊万卡、英国王妃凯特,也是"晒娃"晒得不亦乐乎。

晒归晒,问题也不少。像罗马那位母亲遭遇的一样,英国、德国、法国、葡萄牙、美国等国都曾有人因未成年肖像问题对簿公堂;"脸书"早在 2010 年就因滥用未成年人肖像遭到集体诉讼。为什么"晒娃"会晒出官司？最直接的原因是安全问题。

在鱼龙混杂的社交媒体中，过度分享孩子的照片和私人信息，将孩子的姓名、常出现的地点、学校等信息公开在网络，容易让不法分子有机可乘，还可能造成信息盗用。澳大利亚的儿童网络安全专员曾发现，数以千万计的儿童照片出现在网络上的儿童色情群组中。甚至还有"电子绑架者"，从他人社交媒体复制孩子照片并声称是自己的孩子，达到奇特的心理满足感。

更深层次的是伦理问题——孩子是不是父母的"私产"？"身体发肤，受之父母"，但子女并非父母私有物，孩子虽少不更事，并不意味着他们没有自己的权利，包括对自身照片的使用。2016年，华盛顿大学和密歇根大学以249位家长和他们的孩子为样本调研发现，对于"晒娃"前是否应该征求子女的意见的回答，孩子答"是"的比例是家长的两倍多。而以长远计，孩子长大后会不会对网络上自己的旧照不满？恶意评论又会不会对孩子的日常生活造成影响？

正因此，各国对于"晒娃"，出手干预管制的也不少见。2016年，法国国家宪兵队特地针对"脸书"的一项"晒娃"行动发出警示；在美国，给孩子拍裸照可能被判定为猥亵行为，若发上网事态则更为严重。在"晒娃"一事上，尊重未成年人意见，保障其隐私与安全，必须置于首位考虑。作为国家和社会，未成年权益保护，需不断完善其隐私的立法司法保护工作，政府及互联网企业应更新技术监管手段，建立快速举报和处理机制，给未成年人数据设置更高隐私级别。

什么才是"晒娃"的恰当打开方式？是询问孩子：我想晒出你的照片，你同意吗？是询问自己：晒出这张照片，真的合适吗？

这是值得思考的。谨慎"晒娃"，关乎尊重和安全。

（2018年2月6日）

谁偷走了日本年轻人的梦想

刘军国

日前，日本为全国 123 万 20 岁的青年举行隆重的成人礼。年轻人的欢声笑语让人羡慕青春时光，但他们欢颜背后的内心世界却令人忧虑。日本最大的市场调研公司"明路"去年年底的调查显示，新成人中 54% 表示没有梦想，只有 32% 的人认为日本的未来是光明的。

"我不想谈恋爱，更不想结婚，所以也没有必要买房子"……笔者在东京工作多年，时常听到日本年轻人如此吐露心声。日本国立社会保障与人口问题研究所近日发布的预测报告称，由于不婚人口的增加，到 2040 年日本"单身户"家庭将达到家庭总数的四成左右，其中近半数为 65 岁以上老人"单身户"。

一日三餐因陋就简，对购车和奢侈品嗤之以鼻，讨厌恋爱、结婚，租房而不买房……近来日本热映的几部电视剧中的人物生活，再次将贴着"低欲望"标签的日本年轻人推向舆论焦点。早在 2015 年，日本著名战略研究家大前研一就出版了《低欲望社会》一书，详细介绍日本年轻人此种生活状态和精神面貌，并流露出深深的担忧。

曾经，出生在战败后困难时期的日本青年干劲十足，对未来充满信心，创造了举世瞩目、令人羡慕的辉煌成就。如今，几十年光景过去，日本青年人的精神面貌与之前判若云泥。到底是谁偷走了日本年轻一代的梦想？

有经济学家指出，自上世纪 90 年代初泡沫经济破灭后，日本就陷入通货紧缩，工资基本没变化，年轻人信心日下，已不再相信未来能挣得更多。他们舍不得花钱，拼命存钱，以备不时之需。同时，随着日本企业雇佣制度发生根本变化，越来越多人成为非正式员工，"每月领着那么一点工资，随时可能失业，不敢奢望过分的欲望和美好的梦想"。也有社会学者指出，日本社会阶层固化严重，上升通道已被堵死，年轻人没有任何梦想，更不知为何奋斗。即便再努力，也难提升社会地位。于是，安安稳稳地过"无欲""无为"的小日子便成为年轻人的首选。

虽然年轻人有权决定自己的生活方式，但放任一代年轻人沉湎于"低欲望"生活，那后果就堪忧了。日本学者对"低欲望"的原因各执一词，但对其影响早有共识："低欲望"会使少子老龄化问题更加突出，社会养老负担加重，日本经济更难走出停滞泥潭。

从经济学角度看，年轻人"欲望低下"，不积极消费，商品就无法卖出，伴随而来的是职工收入难以确保，企业无法进行再投资，社会经济将会形成轮番停滞和下降，这样的恶性循环，成形于不知不觉，打破却很难。从社会学角度看，"低欲望"将使少子老龄化问题更加严重，进一步制约社会可持续发展。

年轻人是国家未来。日本年轻人的"低欲望"，透露出该国年轻一代对未来缺乏信心的精神面貌，更折射出日本近年来经济结构改革、社会改革困局重重，缺乏成效。

（2018年2月2日）

"魔幻爱情"的隐喻

彭 敏

近日,墨西哥裔导演吉尔莫·德尔·托罗凭借其最新作品《水形物语》,荣获第七十五届美国电影电视金球奖最佳导演奖。这是该片去年斩获第七十四届威尼斯电影节最高奖项"金狮奖"、荣获美国电影学会和亚特兰大影评人协会年度十佳影片后,获得的又一殊荣。

《水形物语》讲述了一个实验室哑女清洁工与一个被捕获的怪兽相爱的魔幻爱情故事。这样一个看似荒诞的故事,其实已经在托罗的心中孕育了40多年。

6岁时,托罗观看了电影《黑湖妖谭》。当看到女主角朱莉·亚当斯在游泳而怪兽在她下方迷恋地潜游时,托罗被这唯美的一幕深深震撼。多年后,他在接受采访时说:"我想这就是爱情,我希望他们能在一起,然而他们并没有。直到40多年后我终于遇到合适的故事,来讲述我小时候向往的情景。这是我写给电影的一封情书。"为了这份从小藏在心中的拉美式爱意,他在预期能大赚一笔的《环太平洋2》和本片之间毅然选择了后者,并花费了6年时间拍摄。

托罗选择让一个哑女突破障碍与怪兽相爱,并用无言的行动来拯救怪兽。影片也描述了人们面对怪兽时的不同反应,有吸引、理解,也有残忍、恐惧和仇恨。经过几重挖掘和对人性的拷问,托罗努力告诉人们:"我们有如此之多的理由去爱,而不是去恨。"

这样的故事或许不一定能让所有人喜欢，但是这份浓厚的爱意无疑感染了每个观影者。托罗试图通过电影传递出这样一种理念：怪兽并不纯粹是恶的化身，它与人类有很多共通的地方，也具有爱的能力。如果我们能破除偏见，心存爱意，当我们与肤色不同、种族不同、信仰不同的陌生人相遇时，才能敞开自己的胸怀，去关心、理解和帮助。这正是影片中拉美式爱意的隐喻。

拉美曾长期遭受西方殖民统治，苦难深重。然而在这片大陆上，保持乐观、保持相信、保持爱的传统却从未间断。美女与野兽的爱恋，正是拉美式爱意的典型代表，这份爱意比法式浪漫更离奇，比西班牙式热情更炽烈，荒诞的故事中，蕴藏着人性的温度。成长于拉美这片魔幻现实主义的土壤，托罗正是以对奇幻、童话和怪兽等题材的痴迷而著名，其执导的魔幻题材作品，总能绽放出奇异色彩。

作为一名墨西哥裔移民，托罗在电影里注入了他"最私人的情感"。"我曾经因为交通违章被交警拦住，相对于普通人他们给我更多的怀疑。当他们听出我的口音，这事情就变得有些复杂了。"他在驾驭这部怪兽题材影片时，充分讲述了"作为移民的我所感受的一切"，使得影片充满了真实的情感力量和丰富的现实意义。正如托罗在"金狮奖"颁奖现场眼含热泪地说："我相信爱，相信生命，相信电影。"

（2018年2月1日）

全球掀起假新闻"阻击战"

史安斌

1月1日,德国《网络执行法》正式生效,打击网络虚假新闻是该法的主要作用之一。法国总统马克龙在新年伊始宣布,将在年内修订新闻法,遏制假新闻借社交媒体传播。加上去年英国和意大利开始酝酿对网络虚假新闻采取法律措施,欧洲国家打响了针对假新闻的战役。

自2016年以来,"假新闻"成为全球舆论关注的热词。这轮"假新闻浪潮"由政治生态极化和社交媒体兴盛而助推,呈现出一些新的特点。假新闻不再仅仅指代那些"凭空捏造的虚假信息",更多的是指出于政治目的和商业利益"制造"的"误导性信息"。后者带有各种认知偏见和情感倾向,极易在具有强烈"代入感"的社交平台上病毒式传播,从而使主流意识形态和价值观发生"内爆",对大选等政治活动产生颠覆性破坏,导致政坛"黑天鹅"频出、社会共识和文化认同撕裂的灾难性后果,这就是国际舆论关注的"后真相"效应。

值得欣慰的是,从政府到企业,从学界到业界,对社交媒体时代泛滥成灾的假新闻进行治理已在全球形成广泛共识。无论是政府监管部门、新闻媒体、互联网企业还是网民自组织,多方掀起了协同打击假新闻的"阻击战"。

值得关注的是,一贯高呼"互联网自由"的西方国家也在态度和行为上发生了根本转变。去年5月,英国议会要求政府对拒绝删除非法内容的行为是否构成犯罪给予界定,并出台更为严厉的司法手段。去年2月,意大利政府向议会提交法律草案，建议对虚假新闻相关网站进行处罚，甚至可判处相关责任人入狱两年。而这些"严厉"手段正是西方国家过去站在道德高地上极力谴责的。

作为假新闻的主要策源地，脸书、谷歌等新兴互联网技术公司成为众矢之的。在舆论的压力下，这些互联网公司也加快了打击假新闻的步伐。2016年，脸书首席执行官扎克伯格曾反复强调"我们不是媒体，只是一家技术公司"，但今年他也把"防止滥用工具"作为脸书最主要的任务。虽然扎克伯格没有使用"假新闻"的说法，但明眼人都可以看出，"滥用工具"最突出的表现便是假新闻海量传播及其导致的"信息茧房""过滤气泡""回声室"等负面效应。事实上，在过去一年间，各大社交网站在全球范围内打击假新闻的力度和广度都是前所未见的。这显示出传媒业界在观念上发生了根本性转变：技术并非绝对中立，算法同样可以被赋予新闻伦理和价值观。

与新闻传播史上历次针对假新闻的"阻击战"不同，在这次以社交平台为焦点的战役中，以往作为"沉默大多数"的公众借助新媒体的联结效应，凝聚起不容忽视的力量。来自140多个国家和地区的记者、学者和网民共同建立"国际事实核查网"，担负起全球新闻打假、为发展中国家培训"事实核查员"的义务。

毫无疑问，2018年是"阻击假新闻"的关键一年。其成效取决于从政府、企业到民间，各条战线能否真正做到无缝衔接，产生最大合力。

（2018年1月17日）

当"中国制造"成为"国家宝藏"

邢　雪

当综艺节目《国家宝藏》在国内掀起一股文博热潮之时,"中国制造"也迈出国门,走进法国一流的艺术博物馆。乔治·蓬皮杜国家艺术与文化中心日前宣布,将小米公司推出的两款智能手机列入馆藏。这是该馆首次收入量产型智能手机产品。

蓬皮杜中心是全球一流的艺术博物馆,以收藏与展示现当代艺术作品而闻名。博物馆的策展人表示,小米手机能够入选,源于其体现了智能科技与艺术设计的成功融合,是引领智能时代设计与工艺的"杰出代表作"。

"中国制造"成为法国博物馆的艺术藏品,是中国的创新力得到国际认可的体现。中国创新力的提升,不仅源于放眼世界、博采众长的创新思路,更是基于根基扎实、稳步提升的制造能力,以及一脉相承、求精务实的工匠精神。

近年来,中国不断加大在设计研发方面的投入,越来越多中国企业整合世界各国研发设计优势,集众力打造中国品牌。刚刚在中国市场上推出首款智能电动汽车的蔚来汽车,跻身新技术国际标准制定者行列的华为公司,产品成为"馆藏级"的小米公司……其背后都有来自海外研发设计力量的支持。英国《金融时报》曾感慨——中国公司以创纪录的速度在世界各地建立起实验室和研发中心,为中国的创新力提升引来了潺潺"活水"。

"中国正在摆脱'世界工厂'的标签,攀上全球价值链转型升级的最前沿。"

不久前，世界知识产权组织发布的年度报告如是说。美国的先进制造业伙伴计划、德国工业4.0、法国新工业计划……今天，制造业重新成为全球经济竞争的焦点，而进入高质量发展阶段的中国，正在从制造业大国迈向制造业强国。强大的制造能力，使得越来越多"不可能"的设计在中国付诸实践。

每一个大时代，技术发展都会给艺术创造提供更多的可能性，从古到今，工匠精神始终是将这种可能性化为现实的基础。唐代的葡萄花鸟纹银香囊，将近代才用于航海的"陀螺仪"置于其中，保证无论外壁球体怎样转动，里面的香料不撒落于外，高超的镂空雕刻艺术千百年来展示着盛唐时期古丝路的风采。从古代大批能工巧匠拥有的高超工艺，到如今将越来越多的"黑科技"设计理念在中国变为现实，"技"与"艺"二者成功融合的背后，是中国人坚守匠心、精益求精的精神气质。

穷理以致其知，反躬以践其实。如今人们能在博物馆里看到的，不再仅仅是古老中国的灿烂文化积淀，更是今日中国日新月异、生机勃勃的创造能力。这种能力，何尝不是一种"国家宝藏"呢？

（2018年1月16日）

英文热词"青年震荡"背后的震荡

强 薇

岁末年初,英国牛津词典公布了2017年度热词——"青年震荡"。

这个略显生僻的词语,其实早在1965年就由美国《时装》杂志编辑创造了出来。上世纪60年代,英国青年在伦敦街头掀起文化运动,"青年震荡"代表着该文化运动对于整个时尚、音乐等文化产业的改变。50多年后的今天,"青年震荡"再度受到关注,但其被牛津词典定义为"年轻人的行为或影响对文化、政治、社会所产生的变革"。

牛津词典的编者发现,英文词汇"青年震荡"去年出现的频率较前一年大幅增加了401%,其中政治上的"震荡"尤为明显。随着"千禧一代"到了法定拥有选举权的年龄,他们给一些反对党派的投票为本国政坛带来了不容小觑的影响。去年6月的英国大选期间,工党领袖杰里米·科尔宾与年轻人积极互动,不仅令青年人的投票率大幅上升,也使最终的投票结果与首相特雷莎·梅的预期相差甚远。无独有偶,去年9月新西兰大选,年轻人的投票激增,这个词也随之成为当时的高频词汇。

在全球环境下,"青年震荡"的英国烙印更为显著。当下,英国年轻人失业率高达12%,青年面临的冲击和压力几乎前所未有。一方面,"脱欧"进程给英国经济带来的动荡,使英国年轻人未来的生活充满风险和挑战。另一方面,英国的贫富差距扩大和社会阶层固化问题越来越突出。在求职时,不少青年会由于口音、毕业院校而非个人能力落选；法官、政府公职人员等大部分毕业于学费高昂的私立院校，普通家庭望尘莫及。英国政府社会流动和贫困儿童委员会主席艾伦·米尔本不久前高调辞职，公开批评政府在缩小阶层分化、提高社会流动性方面鲜有作为。英国年轻人对社会、对国家产生焦虑和怀疑，进而衍生出变革的诉求，的确在情理之中。

英国社会这一年来经历的"震荡"不仅仅来自于青年。政治上，虽然"脱欧"谈判终于走上正轨，但由于受到"悬浮议会"（即"无多数议会"）的掣肘，英国政府常显得"有气无力"；经济上，虽然迎来了久违的加息，货币政策有望走向正轨，但未来5年经济增速预期低迷，还将世界第五大经济体地位拱手让人。去年一年内连遭5次恐怖主义袭击，加上6月发生在伦敦的高楼火灾造成多达71人遇难，让整个英国的神经高度紧张。

或许正是英国在各方面表现出的"不振"，才让青年带来的"震荡"如此显眼。青年希望改变社会现状，积极参与到政治选举和社会变革之中，这未必不是希望的曙光。正如同牛津词典出版社负责人卡斯珀·格拉斯沃尔所言，在语言体系日渐反映出不断加深的不安和疲惫之际，"青年震荡"是一个少有的、带着积极语调的政治词汇。

当然，青年之所以为青年，自是有其不稳定、不成熟之处。"青年震荡"要是用错了地方，无疑会造成更大的社会"动荡"。如何正确引导"青年震荡"，使其形成积极正面的社会推动力量，是英国政府要努力寻找的答案。

（2018年1月5日）

经济透视

给塑料垃圾找个新出路

范剑青

巴西的里约热内卢以拥有大片美丽的海滩而闻名,也因大量丢弃在海滩上的塑料垃圾而苦恼。最近,里约市颁布法令,禁止所有餐馆、酒吧、小吃店向顾客提供一次性塑料吸管,违规企业将被课征大约 500 至 2000 美元罚款。

一次性塑料制品极大地方便了我们的生活,但难以降解的塑料垃圾日益成为不可承受的环境重负。控制白色污染已成为人类无法拖延的挑战,现有的解决路径主要有两个:一是减少使用,二是科学回收。

2002 年,孟加拉国成为全球第一个禁止使用塑料袋的国家,因为在当年的洪灾中,大量塑料袋堵塞下水道加剧了灾情。目前,全球有 40 多个国家和地区禁止或者限制一次性塑料袋的使用。近来,一次性塑料吸管也被纳入监管范围,一些城市禁止使用塑料吸管。不少餐饮业巨头停止使用塑料吸管,改用替代品。

另一条思路是研发更科学的低成本回收技术。联合国环境规划署近期一份报告称,全球 90 亿吨塑料制品中,只有 9% 被回收利用。大多数塑料垃圾最终被填埋、焚烧或流入大自然。可回收塑料一般通过机械加工将其分解成颗粒,再重新制成新的塑料产品。对那些难以进行物理回收的塑料,解决办法之一是化学回收,即去除制造过程中添加的化学物质和其他成分,将塑料变回纯质油。从技术上讲,化学回收并不难,问题在于,现有技术成本都太高,难以推广应用。

英国回收技术公司称其找到了解决办法，开发出了具有商业化推广前景的塑料垃圾化学回收技术。该技术可以把塑料废弃物转化成低硫烃类化合物Plaxx。Plaxx可以应用于多个工业领域，既可以用来生产塑料和合成蜡，也可以代替重质燃料油和柴油，用作海运船只的燃料。以往的处理办法需要"化零为整"，将大量塑料垃圾运输到集中处理厂加工。由于原料价格太低，从经济角度而言，建立回收网络的动力不足。这家英国公司换了一个思路，利用其技术设备，在现有的垃圾处理厂实现"变废为宝"，再将有价值的产品装入集装箱运往别处。

目前，回收技术公司正在英国斯温顿建造装配厂，计划每年生产200台化学回收设备。该公司相信这种设备可在3年内收回成本。预计到2027年，该公司在全球安装1700台机器，塑料回收能力将扩大到每年1000万吨。

我们不愿意在美丽的海滩看到塑料垃圾，不希望海洋生物因为吞进大量塑料垃圾而丧生，更不希望在餐桌上吃进许多肉眼看不见的塑料微粒。解决之道，一方面是改变我们贪图便利的生活方式，另一方面是加快推动商业化的化学回收技术，为消除白色污染提供新的办法。

（2018年9月18日）

人工智能产业还处于起步阶段

李晓华

IBM 沃森健康部门因盈利艰难于近期裁员数百人。近年来,IBM 将认知计算确定为转型方向,其中沃森是其最重要的人工智能部门,投入高达数十亿美元。

IBM 在人工智能领域的窘境并非个例。据国际权威研究机构 CB Insights 统计,2013 年至 2017 年间,全球人工智能领域年融资数量从 310 笔增加到 1349 笔,融资额从 17.4 亿美元增至 152.4 亿美元。但其商业化之路远非一帆风顺,有统计显示,90% 以上的人工智能企业处于亏损状态。

作为全球各类企业竞相投资的又一个风口,人工智能领域业绩不佳,主要有以下原因。

首先,人工智能产业还处于起步期,企业亏损是常态。由于技术不够成熟、用户接受度低、市场规模小、运营成本高,人工智能企业盈利困难。不过,这也是几乎所有处于产业生命周期起步阶段的企业都会遭遇的情况。如今欣欣向荣的互联网行业也曾长期亏损,作为市值最高的互联网公司之一,亚马逊也是在持续亏损 20 年后才开始盈利的。

其次,人工智能的发展路径其实和互联网行业的发展大同小异。网络效应特征决定了互联网发展速度比盈利更重要,它带给用户的价值通常取决于用户规模或平台供应商数量等,这就导致市场份额向领先企业集中,后入者难度很大。因此，互联网企业需要尽快扩大用户规模，盈利反在其次。人工智能技术及产品的开发同样依赖于数据和平台，用户数量也同样重要。以无人驾驶汽车为例，为了不错失巨大的市场前景，许多互联网公司、传统车企和初创企业纷纷涌入，希望成为行业领跑者。

再次，落地存在的障碍限制了人工智能企业的成长速度。目前，人工智能的应用面临技术成熟度、数据安全、用户认识、实施效果等多方制约。2016年6月美国得克萨斯州的MD安德森癌症中心投入6200万美元，与IBM开展癌症治疗人工智能项目，由于效果不佳，次年2月即被终止。通用电气最早提出工业互联网概念，并将Predix工业互联网平台看做业务转型的希望，但巨额投入也没有带来收入增长。

此外，作为赋能技术的人工智能，常常不直接表现为业务收入。在许多情况下，从事人工智能的公司并不直接销售人工智能产品或服务，而是将其作为改善其他产品或服务性能、体验或效率的支撑工具。例如，人工智能已普遍应用于电商、搜索、社交、新闻推荐等领域，大幅提高了其运作效率和用户体验，但人工智能无法为其提供直接的销售收入，这也令人工智能技术的经济价值被大大低估。

作为一项影响广泛的赋能技术，人工智能业务当前盈利不佳，更多地可以理解为产业发展过程中存在的波折。随着技术的成熟和用户认知度的提高，人工智能未来有望成为政策支持、学术研究和企业投资的热点，发展成为规模巨大的行业。

（作者为中国社会科学院工业经济研究所研究员）

（2018年8月2日）

"千禧一代"青睐有故事的品牌

强 薇

英国近期有一款名叫Tangle Teezer的梳子很火。据称,这款梳子是一位美发师根据多年的美发经验研制而成,再长的头发也能"一梳到底",还是凯特王妃的"最爱"……有了这些故事铺垫,一把小小的梳子即便价格不菲,也在不少国家受到了狂热的追捧。其中的消费主力就是被称为"千禧一代"的年轻人。

美国皮尤研究中心将千禧一代定义为目前22岁至37岁的人群(即出生于上个世纪,2000年以后开始步入成年),全球共有约20亿人。较有消费能力的千禧一代普遍成长于经济发展较快的地区,物质丰富,又恰逢移动互联网技术快速发展,这些外部环境使得他们的消费观、消费方式和偏好与以前的人们有很大不同。

千禧一代最为显著的消费偏好之一是对个性化的强调。这让流水线产品的受欢迎程度急速下降,而号称"手工制作""个性化定制"的物品得到了青睐。有研究表明,千禧一代更加注重消费的体验和经历,愿意为良好的服务买单。这不仅指在单次的购物过程中获得一份优越的体验,更重要的是与品牌的共鸣。可以看到,打造一个深入人心的品牌故事,让品牌不仅代表一种产品,更代表一种生活态度,这样的品牌较容易得到千禧一代的认可。

注重环保、崇尚自然是千禧一代的另一大特点。打着"有机""纯天然"

旗号的食品和物品在这一代人群中更有市场，他们也更容易为环保和公益买单。有报道指出，千禧一代对环保的需求，也倒逼一些时尚品牌寻求更加环保的原材料和制造流程。Zara、H&M等快时尚服装品牌纷纷做出承诺，表示将采购有机农场的棉花等制衣原料并注重回收再利用，一家日本品牌还表示将致力于在制造过程中使用更少的水和化学物质。

千禧一代对经济较为乐观，也乐于享受，因而倾向于选择超前消费。通过各式互联网金融产品进行消费和理财，是不少千禧一代的选择。

每一代人都有着特殊的消费习惯，究竟是消费习惯造就了各个时期的经济特征，还是经济特征导致了一代人的消费习惯，这似乎很难说得清。互联网技术实现了网上移动购物，千禧一代对网购的热爱又进一步促进了网购的便利化；数字化制造技术的兴起让个性化生产成为可能，千禧一代对个性化的追求也加速了定制化生产的发展；生活在信贷业发达的千禧一代认同超前消费，促成了信贷业的愈加繁荣……

消费者在变，企业也在因时而变，印证着一条不变的规律，即不随着时代改变策略的品牌和产业，早晚会被时代所淘汰。

（2018年7月18日）

美道指不断稀释"工业血统"

吴乐珺

美国制造业巨头通用电气公司日前被"踢出"道琼斯工业平均指数（简称"道指"）。通用电气随即宣布"瘦身"计划，剥离医疗业务部门，并出售其分布式发电业务和在贝克·休斯石油公司中的全部股份。未来，通用电气将专注于航空、电力和可再生能源领域。

道指创立于1896年，通过选取最能代表美国经济及产业的蓝筹股来反映美国股票市场的总体走势。首次发行时，入选道指成分股的企业多是炼油、钢铁、煤矿、橡胶等工业企业。自1907年以来，通用电气的道指成分股身份已延续111年，为何会遭遇"出局"？这背后，既有通用电气自己的原因，也是美国经济结构发生深层次变化的反映。

2000年，通用电气市值接近6000亿美元，是美国市值最大的企业之一。随后，该公司以多元化的名义建立起庞大的金融业务，却在国际金融危机期间受到重创，电力和油气业务也举步维艰。

据统计，通用电气和通用资本到2020年共有420亿美元债务到期，在美联储加息的背景下，债务压力与日俱增。基础业务不佳直接投射在股市表现上，过去两年，通用电气股价下跌57%左右，市值蒸发逾1000亿美元。2017年，通用电气着手资产重组，以改善收支状况，并对收益和分红目标进行调整，但削减股息的举动引发了投资者不满。

与此同时，道指过去两年上涨约 44%，通用电气的股价在其中所占权重仅为 0.36%。道指是一种价格加权指数，股价较低的公司对指数的影响有限，表现"垫底"的通用电气不得不走了。

取代通用电气的，是美国医药连锁企业沃博联。对此，美国标普道琼斯指数公司指数委员会主席大卫·布利策的一席话颇具代表性。他表示，美国经济结构已经发生变化，消费、金融、医疗保健和科技公司在经济中的地位更加突出，而工业企业重要性有所降低，通用电气被替换，可以让道指更好地反映美国经济。

道指成员每隔几年就会发生变化，在其百年演变中，经历了从铁路公司、重化工业公司向服务类的第三产业和新技术产业公司过渡的变迁，其"工业血统"被不断稀释。目前，道指成分股的 30 家企业里，只剩下 7 家是工业制造企业，其余 23 家都是代表服务、技术、零售和创新领域的企业，这也正是推动美国经济增长的新动力。实际上，目前制造业占美国 GDP 的比重不到 20%，美国经济和产业结构的变化，已经是一个无法阻挡的趋势。

对于通用电气大刀阔斧的改革计划，华尔街并不看好，认为其估值仍然过高。百年老船掉头不易，在产业更替的历史潮流中，是多元化经营还是专注于所长，如何打造企业的核心竞争力，如何跟上技术进步的步伐，是所有巨头公司都要面对的挑战。

（2018 年 7 月 16 日）

德国"隐形冠军"的荣耀与隐忧

李 强

谈及德国经济,人们往往会想到西门子、大众等享誉世界的知名品牌。但在《财富》杂志评选的全球 500 强企业中,来自德国的企业只有 29 家。支撑起德国经济脊梁的,是大量中小企业。

德国 99% 的企业都是中小企业,这些雇佣人数不超过 500 人的企业,对德国经济的贡献率高达 56%,创造了约 60% 的就业。更重要的是,这些中小企业的产品有很多在全球市场都居于领先地位,有"隐形冠军"的美誉。

之所以被称为"隐形冠军",在于这些企业提供的产品和服务大多数不是直接面对消费者,而是针对企业和特定机构。举例而言,德国的伍尔特公司从小作坊起家,如今做成了全球领先的螺丝螺母供应商,年销售额超过 100 亿欧元。小到家具,大到飞机,大都选用伍尔特公司的螺丝。可以毫不夸张地说,一个德国人可能从来没有买过一颗伍尔特的螺丝,但家里大大小小用具所用的螺丝,95% 都来自伍尔特。类似伍尔特这样的"隐形冠军",在德国还有 1400 多个,占全球"隐形冠军"的一半左右。

根植于德国文化的专注精神是造就这一奇迹的重要因素。一个典型德国人的厨房,往往要有十几口锅,每一种锅都对应烹调不同的食物,甚至有专门用于煮食芦笋的锅。刀具也是如此。对专业分工的执着,可见一斑。正是通过这样始终如一地专注于细分市场,德国企业才能在各自专业领域内保持技术和市场优势。加之政府对中小企业的扶持,以及经济全球化带来的庞大市场需求,德国才造就了全球最多的"隐形冠军"。

不过,"隐形冠军"繁荣的背后,也存在着隐忧。当下,信息技术高速发展,传统制造业面临数字化转型的巨大压力。技术的更新,往往会创造新的产品和需求,并使一些行业和产品被淘汰。然而"隐形冠军"对细分市场的高关注度,有时会成为企业转型的负担和包袱。比较典型的现象是,目前德国中小企业对数字化的认识普遍不足,认为这些新技术和趋势与企业的发展关系不大。

据统计,目前德国数字化产业对国内生产总值贡献仅为 5.4 个百分点。而根据麦肯锡研究机构数据,低迷的数字化经济增长会让德国在未来 8 年失去 5000 亿欧元的产值。对包括"隐形冠军"在内的很多中小企业来说,跟不上技术革新的潮流,就意味着彻底"隐形"。"隐形冠军"未来能否延续"冠军",考验着企业经营者的眼光和决心。

(2018 年 7 月 2 日)

日本央行缘何要删除通胀目标时间表?

张玉来

最近,日本央行的"表现"再次出人意料。作为央行行长黑田东彦第二届任期的首次货币政策会议,竟然删除了政策运行方针中的核心指标——"关于达成2%通胀目标的时间"。5年前,黑田"首秀"时曾高调宣称要在"两年内实现2%通胀目标"。然而,随后迎来的却是日本央行连续6次推延、修改该时间表……

现在放弃时间表很容易被市场理解为宽松政策的倒退,可能导致日元贬值和股价下跌。有观点认为,日本央行其实一直在小心翼翼地寻找退出宽松政策的最佳时机。自2016年年底之后,它突然减少了国债购买量,但背景却是通胀目标仍遥不可及,甚至当前日本核心CPI继续徘徊在1%上下。所以,市场将央行此举解读为正在"技术上退出量宽"。

"不要机械地将通胀目标达成时间与政策变动相关联。"黑田强调删除时间表是为了消除市场误解。但现实却是捉襟见肘的政策空间已令其难以施展身手。目前,日本央行资产负债表对名义GDP之比逼近100%,该数值大概是美联储的4倍、欧洲央行的3倍;基础货币量是宽松政策前的3.6倍;国债及上市信托基金持有规模连创新高,前者同比2012年年底暴增了3倍,后者规模甚至占其全部股票市值的近4%。这些数字均表明,日本央行政策空间已接近极限。

相反，宽松政策的副作用却在不断膨胀。其一，国债及股票等市场出现严重扭曲。由于央行大量持有国债，导致国债市场日趋僵化，金融功能逐步丧失；伴随央行资金大量进入股市，虽然推升了股价，但同时也可能带来央行持股企业的股东监管缺位问题，而最大隐患是将来的退出风险。其二，受负利率影响，金融机构盈利能力大幅受损，三菱东京日联银行等主要银行因收益恶化大幅削减招聘计划、合并或缩减国内网点并大举走向海外；那些支撑地方经济的地方银行境况更是堪忧，2017年全国105家地方银行盈利规模比2012年骤降了97%。其三，存款利率为零对储蓄偏好型的普通国民造成影响，一些依赖银行存款生活的老年人受到冲击。其四，超宽松金融政策大幅降低了政府借债成本，但致使财政纪律大打折扣，"短期政策利率为负0.1、10年期国债收益率为零"，这种政策框架设计助长日本政府更依赖于财政刺激，造成2020年财政重建计划搁浅。

删除时间表无疑为日本央行提供了一定程度的政策自由度，如在物价未上涨、但经济向好趋势下，就无须追加宽松，同时也为讨论退出量宽提供了必要条件。不过，黑田第二届任期显然将面对更加严峻的挑战：2019年消费增税将对经济形成压力，2020年奥运景气也将消失，与此同时，美联储仍在稳步推进加息，而欧洲央行也已启动缩减宽松，这些都将对日本央行形成重压。

（作者为南开大学日本研究院副院长）

（2018年5月21日）

寅吃卯粮，美国经济蕴含风险

王如君

美国老牌网贷机构信贷俱乐部首席执行官斯科特·桑伯恩最近在旧金山举行的经济峰会上表示，45%的美国人借债消费，这就像是走钢丝一样。从储蓄情况来看，接近一半的美国人连400美元的基本应急资金都没有。到2050年，美国人一共短缺约137万亿美元的退休储蓄，这个缺口每年都扩大3亿美元。

借债消费是美国人的普遍现象。不少人上大学靠的是学贷；买车靠的是车贷；买房靠的是房贷；除了这躲不过的"三大贷"之外，还有一项就是离不开的信用卡消费，一人四五张信用卡很普遍。许多人每月信用卡消费只还一部分，剩余的部分要付高额的利息，这就形成了卡债。据统计，扣除抵押贷款债务，美国人的平均负债为3.7万美元。2017年整个美国的家庭债务超过了13万亿美元，创了历史新高，这也是美国连续第五年家庭债务持续增加。

美国人不喜储蓄，存钱以防不测的观念淡漠。2008年国际金融危机袭来，让许多美国人过了几天苦日子，2009年年中，家庭储蓄率一度升至6.6%。然而，随着经济逐步复苏，失业率下降，家庭收入增加，美国人的借债愿望再次提高。2017年12月，美国家庭的储蓄与可支配收入之比仅为2.4%，创下2005年9月以来的最低水平。

美国是一个消费型社会，个人消费支出占美国经济总量的70%，民众借债消费在一定程度上有助于刺激经济增长，但凡事有度，过则有失。债台高筑、信用消费给民众带来严重的不安全感。美联储一份报告显示，有7300万美国成年人感到财务困难，占成年人总数的约30%。《纽约时报》警告道，借债增加意味着美国经济的潜在风险增加。汽车消费、信用消费等持续攀升，超出民众的偿还能力，债务不断累积，可能造成类似2008年金融危机的后果。

其实，除了高攀的家庭债务，美国还有两颗"债务炸弹"：一是企业债务，二是政府债务。根据研究系统公司FactSet的数据，截至2017年二季度末，美国标普500上市公司中非金融类企业债务占国内生产总值的比例已经达到73.3%，创下历史新高。而美国政府债务，短短10年时间从10万亿美元增加到了21万亿美元，未来也没有打算减少。

从个人到企业、政府，举债度日成风，成为美国经济的结构性问题。经济学界一致认为，美国需要通过税收、货币、汇率等多方面政策调整经济结构，尤其应鼓励民众多储蓄、少铺张，实现再平衡。总是今天花明天的钱，说不定就真的看不到明天了。

（2018年4月26日）

正确应对经济全球化中的逆流

——国际金融危机十周年反思系列之一

李向阳

发达国家民粹主义盛行,保守政策增多增强,经济全球化出现逆流,是国际金融危机的最大后遗症之一。国际金融危机爆发之后,"占领华尔街"运动曾一度波及几乎所有发达国家,只是当时还停留在民间层面。经过近十年的积累,民粹主义上升到国家层面,开始成为一些发达国家的主流意识形态。

从柏林墙倒塌到国际金融危机,经济全球化历经了一个高潮期。一方面全球经济秩序从"两个平行的世界市场"转向全球统一的世界市场;另一方面,伴随高速经济增长,全球商品、服务、生产要素的自由流动达到了前所未有的水平。但与此同时,以"华盛顿共识"为主导的新自由主义政策所引发的后果之一是,资本在国民收入中所占份额不断上升,劳动所占份额不断下降,收入不平等状况急剧恶化。

收入分配问题不是一朝一夕形成的。之所以在国际金融危机之后显现出来,根本原因是经济停滞或增速放慢。在高速增长时期,经济全球化是一个不断做大蛋糕的过程,但随之而来的债务危机和经济停滞使分配问题成为焦点。尤其是危机爆发后,发达国家政府对金融机构的救助或纾困措施直接刺激了反全球化的浪潮。

如果说以"占领华尔街"运动为标志的反全球化指向的是国内收入分配不平等,那么随后这些年一批西方政界人士则利用民粹主义倾向,把国内收入分配问题归咎于外部冲击,即国家之间的收入分配不均等。尽管经济全球化能够提高全球福利水平是一个客观事实,所有国家都从中获益,但在他们看来,以新兴经济体为代表的发展中国家从全球化中获益相对更大,而发达国家获益相对过小。这种相对收益分配不均的原因被归结为规则本身出了问题或发展中国家破坏了现有规则。

于是,以美国为首的西方发达国家不断质疑自由贸易原则,倡导所谓的公平贸易原则。他们从多边主义开始转向区域主义,少数国家进而转向单边主义和保护主义。比如,特朗普在竞选期间就质疑世界贸易组织的公正性和合法性,执政伊始就要求对原有的区域贸易协定进行重新谈判,直至目前单方面挑起对华贸易争端。

发达国家出现反全球化浪潮,客观上反映了其内部全球化受损群体的诉求,但他们并没有找到问题的根源。因此,单边主义和保护主义必然是错误的选择。对美国这样的国家而言,打着反全球化的旗号反对多边主义、倡导"美国优先",并不意味着它会完全退出全球化,放弃对国际经济秩序的领导权。相反,它不会轻易放弃来自全球化的收益,只是不愿意承担提供公共产品的责任。

开放带来进步,封闭必然落后,经济全球化是不可逆转的时代潮流。面对经济全球化进程中出现的问题,想独善其身或以邻为壑,其结果都只能是四处碰壁。世界经济的未来是一个再全球化的过程,即重塑全球经济秩序与规则,让经济全球化的成果造福世界各国人民。这事关全球治理体系的变革,考验着主要经济体的大国担当和责任,注定是一个艰难的博弈过程。

(作者为中国社会科学院亚太与全球战略研究院院长)

(2018年4月19日)

提高全球金融安全网的有效性

——国际金融危机十周年反思系列之二

高海红

自 2008 年国际金融危机爆发以来,全球为改善国际金融构架和避免危机再度发生作出了极大努力。今年阿根廷二十国集团论坛特别工作组的一项重要议题,就是为稳定和发展构建国际金融构架,其中全球金融安全网建设是重要内容之一。

全球金融安全网是一个松散的国际金融合作网络,其主要功能是避免金融危机的发生以及减缓危机造成的冲击。目前,这一网络由全球多边机制、区域金融安排以及国家之间签署的双边互换协议等多层次救助机制所构成。

国际货币基金组织(IMF)在全球金融安全网中处于核心地位,目前拥有 4768 亿特别提款权的救助额度,以及成员国之间签署的一定数额新借款安排。为提高救助效率和贷款适用性,IMF 增设了新贷款工具,对低收入国家设立优惠性贷款,修订贷款条件性指南。此外,IMF 还改善了治理结构,增加新兴市场国家份额权重,未来将完成下一轮份额调整。

区域层面的金融安排也在不断壮大,在多层级全球金融安全网中发挥着重要的桥梁作用。在欧洲,欧洲稳定机制拥有 5000 亿欧元的救助能力,与 IMF 等机构一道,为阻止欧债危机扩散发挥了重要作用。在亚洲,清迈倡议多边化协议聚集了东盟十国和中日韩的外汇储备，拥有2400亿美元的救助额度。2011年成立的东盟与中日韩宏观经济研究办公室，担负着区域宏观经济和金融稳定的监控职能，是目前亚洲区域重要的国际金融机构。在拉美、北美和阿拉伯地区，也有较早成立、规模不等的区域金融安排。在跨区域方面，金砖国家建立了应急储备安排，拥有1000亿美元救助额度。

双边货币互换具有灵活性和快速启动的特点，颇受参与国青睐。2008年以来，全球各央行之间签署了70多项互换协议，涉及50多个国家。其中，2013年由美、英、日等6个发达经济体签署的永久性和无限额互换是标志性举措。中国人民银行也与其他货币当局签署（含续签）了35项人民币货币互换，总额超过3万亿人民币。

尽管当前全球经济呈现普遍复苏之势，为各国抵抗冲击提供了基本面支持，金融韧性有所提升，但新的风险也正在形成——超长期宽松货币政策面临调整和转向，一些国家国内债务累积，金融脆弱性上升，贸易保护主义抬头，地缘政治风险加大。这些都可能加大跨境资本流动波动，造成金融动荡。

只有各国联合行动，才能在短时间注入足够的流动性，防范乃至避免金融危机的再度发生和扩散。目前，亚洲、欧洲和拉美3个区域金融安排建立了年度会晤机制，积极寻求彼此之间的合作。IMF、金融稳定理事会以及国际清算银行等机构也在金融稳定监测等方面加强与各个区域金融安排的联系。这些举措都将改善各层级救助机制分割的局面，提高全球金融安全网的有效性，为全球经济的稳定和增长保驾护航。

（作者为中国社会科学院世界经济与政治研究所研究员）

（2018年4月20日）

欧洲，已不再是原来的样子

——国际金融危机十周年反思系列之三

尼古拉斯·维纶

10年前，随着雷曼兄弟破产，国际金融危机爆发并深化，世界经济受到重大冲击。综合来看，这是二战结束以来最严重的一次金融危机，波及面甚广，其影响至今还未完全消失。10周年时点提供了一个盘点的机会。令人惊讶的是，这场危机对美国和亚洲的持续影响比较有限，导致产生变革的大型经济体只有欧洲。

首先需要解释的是，虽然"国际金融危机"这个词被广泛使用，但并不准确。包括美国和欧洲在内的金融危机始于 2007 年，到 2008 年 9 月至 10 月间达到顶点，陷入彻底的恐慌。世界其他地区并没有出现金融不稳定，只在 2008 年年末至 2009 年年初出现了短暂的负面经济冲击。在这些地区以及美国，危机在 2010 年结束。相比之下，危机在欧元区持续了相当长时间，这是由于区域货币联盟不完善的政策架构放大了危机。直到 2017 年年中，意大利两家大银行倒闭、一家银行被政府救助，金融部门重组，体现欧元区金融体系脆弱性的最后一个重要问题才得以解决。

再来看持久的后果。2008 年后的"大衰退"改变了数以百万计美国人的生活，但没有从根本上改变美国的经济和社会结构。与上世纪 30 年代的大萧条形成鲜明对比的是，当时的危机导致了美国联邦政府经济角色的惊人扩张以及美国金融体系的根本变革。与罗斯福新政立法化相比，2010年签署的《多德—弗兰克法案》只是修修补补，至少部分内容还有可能被逆转。

然而在欧洲，危机引发的变化却是深远而持久的。这是20世纪90年代末引入欧元以来的第一次大规模经济危机，几乎导致欧洲货币领域的崩溃。在2011至2012年，意大利和西班牙差点失去主权债务市场，2015年希腊也走到了这一步。经过再三犹豫，2012年欧元区终于建立欧洲稳定机制来应对危机，这是一个大型公共金融援助基金，并推出了欧洲银行业联盟这一设计复杂的项目，将银行部门监管从国家层面上升到欧元区层面。这种更深入的融合，也是导致英国政府决定将其欧盟成员国身份提交全民公投决定的关键因素。英国脱欧正在上演，无论事态如何发展，欧盟将永远不再是原来的样子。

从全球角度来看，这场危机似乎减缓了跨境贸易和经济全球化的步伐。但最近的数据显示，这种影响可能只是暂时的。如果这样，世界基本将会安然度过2008年的危机。不过，现在下结论还有点早。

（作者为美国彼得森国际经济研究所和欧洲布鲁盖尔研究所高级研究员）

（2018年5月14日）

数字货币的理想与现实

杨 涛

近期,全球加密数字货币价格颇不稳定,比特币从去年年底两万美元左右的巅峰一路跌破7000美元,又在一天内飙升逾11%。市场巨幅波动,各国对于数字货币的态度也有诸多差异。有的宣布将发行世界上第一个主权法定数字货币,表现出"力挺"姿态,更多国家谨慎观察,着眼于研究和引导。

之所以如此,一是因为面对数字货币"大杂烩",各国的关注点可能根本就不相同。如委内瑞拉的"石油币",本质更像是数字债务,而非货币。二是掺和了货币以外的因素,如国内政治、国际竞争等。三是数字货币在各国的"粉丝"规模与影响力不同,包括可能的负面影响,如灰色交易、洗钱等。四是各国的法律完备、监管严厉程度有异。五是各国的认知角度不同,有的关注其货币属性,有的则更倾向于作为类资产、大宗商品等。

因此,探讨数字货币的内涵,我们必须厘清一些模糊的概念。比如,是央行主导的法定数字货币,还是民间非法定数字货币;是加密数字货币,还是货币电子化;是否属于"挂羊头卖狗肉"的"劣币"。

新技术确实使得货币的概念边界变得更加模糊。从理论上来说,新货币经济学指出了货币消失的可能性,即法定纸币不再是惟一的交易媒介,并最终被产生货币收益、由私人部门发行的金融资产所取代。从现实来看,尽管法定货币的地位仍不可动摇,但历史上也出现过各种局部场景的私人货币,如20世纪20年代货币失控的德国曾有过"瓦拉"系统。现在，带有"去中心化"特征的数字货币，更使得私人货币的挑战日益突出。

事实上，无论是传统"私人货币"，还是类似于比特币的新型"私人货币"，都对各国货币当局的"货币权力"带来影响。但是从技术角度来看，全面禁止数字货币难以实现，各国更多着眼于交易中的底线监管与投资者保护，如反洗钱、市场操纵等。

就广义角度来看，货币电子化对现有体系的冲击最为深远，因其直接影响货币供给的统计范畴、货币传导机制、支付清算的效率等。由于数字化时代的到来，可纳入"准货币"的资产类型不断增加，使得着眼于货币数量的政策操作与宏观指标间的相关性、联动性逐渐弱化。就狭义角度来看，以比特币为代表的数字货币，其自身的"货币属性"并不突出，更多被作为特殊的资产或商品，因此其实质影响往往不在货币层面，而在金融市场与金融稳定方面。

现有的货币、金融体系并非是自然演进的，而是法律限制或政府管制的必然结果。虽然加密数字货币存在众多缺陷，但也是具有价值的实验，尤其是在超主权货币探索方面。与贵金属货币、信用货币的价值依托有所不同，其面向的是数据时代的"交易基准共识"的发掘。当然，如果受到太多价格波动、投机炒作、通缩限制等影响，加密数字货币在支付功能方面无法真正落地，则只能距离"货币实验"越来越远，或者成为某种特殊的基础"数字资产"，或者在历史长河中昙花一现。

（作者为中国社会科学院金融研究所所长助理）

（2018年4月16日）

全球制造业开启"买买买"模式

倪红福

据报道,全球企业资本支出经历了近 3 年的持续下滑后,2017 年呈现出增长迹象,并创下 2011 年来的新高。高盛调研 2500 多家公司也发现,2017 年这些企业资本支出总额同比增长 4%,与全球 GDP 实际增速基本一致。有分析称,全球经济逐步迎来了全球企业资本支出协同增长的新阶段。

企业资本支出是指为固定资产增值的所有经费支出。也就是说,全球企业正在开启"买买买"模式,增加固定资产投资,从而扩大生产。这确实是一个可喜的迹象。那么,这是否预示着全球制造业的复苏?

一般而言,全球资本支出的增长主要受名义 GDP 增长率、产能过剩、不确定性和科技水平等 4 个因素的影响。据最新资料显示,2017 年全球名义 GDP 增长实现了 2011 年以来最快增长,全球经济呈现出复苏迹象,尤其是以中国为代表的新兴经济体增长格外亮眼,提振了市场的信心。

值得注意的是,此轮全球资本支出的增长,更多是由科技类公司驱动。随着 5G 时代网络的跨越式升级,电子行业将迎来以 5G 应用为核心支撑的第二轮创新。天线、射频、玻璃及陶瓷机身、高端显示、无线充电、3D 成像等零组件产品升级,也将会推动电子行业新一轮的爆发式创新和升级,随之而来的是资本支出的不断增长。比如,2017 年全球企业中投资最多的是三星电子,其资本支出总额达到 440 亿美元,主要用于基础设施,包括新建工厂用于生产半导体、显示屏和其他设备。同时，以人工智能为代表的科技类公司也快速发展，不少企业积极向数字化转型，大力投资新型资产。所以，全球资本支出的加快增长，正在推动全球制造业迎来复苏。

然而，全球制造业复苏依然存在不少现实挑战。当前全球贸易保护主义抬头，在全球经济"你中有我，我中有你"的发展格局下，贸易保护主义势必会给未来全球经济的可持续增长带来威胁。此外，地缘政治风险和政策不确定性，会影响全球范围内的资本支出；人们对以人工智能为代表的科技高速发展的担忧情绪，也会在一定程度上影响全球制造业复苏的势头。

在当今全球生产网络体系，各国企业之间的联动性和协同性日益增长，企业资本支出具有明显的互补性和同步性。随着数字经济技术、人工智能的高速发展，科技和电信行业公司通过全球生产网络体系，正在推动全球制造业投资复苏，进而推动全球经济协同增长。虽然有不少挑战，但从趋势上看，全球企业资本支出增长的前景依然值得期待。

（作者为中国社会科学院经济研究所副研究员）

（2018年4月12日）

数据使用，谁是"裁判员"？

姜奇平

数据"泄密门"持续发酵，脸书亡羊补牢，出台一系列新措施以加强隐私保护，但却被业界批评诚意不够。美国联邦贸易委员会表示已就此展开非公开调查。事件指向一个深层次问题：数据使用要不要区分"裁判员"与"运动员"？

据媒体报道，剑桥分析公司与脸书合作，由前者开发了一款进行性格测试的脸书应用程序，以此访问获得了5000万活跃用户数据。然后依靠算法，预测他们的政治倾向。最后借助脸书的广告投放系统，向这些用户定向推送新闻，影响他们的投票行为。

由此看出，事件的核心围绕着"脸书将数据开放给第三方"展开。尽管事后剑桥分析公司表示，并没有违反与脸书的相关协议，但其实，这就是问题所在。数据业一直存在行业不成熟期所特有的问题：不区分"裁判员"与"运动员"。

就这起事件来说，脸书扮演了裁判员的角色，剑桥分析公司则是运动员。裁判员的基本准则是不偏向某个运动员。但脸书与剑桥分析公司之间的协议，相当于制定了一个偏向特定运动员的规则。问题是，脸书适合当裁判员吗？作为一家私营公司，脸书有权决定把具有公共性的数据给谁并决定别人如何使用吗？如果没有，谁给了它当裁判员的权力，或者说那个本该决定谁当裁判员的权力缺位在哪里?

这一数据泄露事件不仅给美国带来挑战,也是大数据时代人类共同面临的挑战。

一种解决办法是,将数据行业分为两部分。一部分是元数据行业,相当于裁判员;另一部分是应用数据行业,相当于运动员。元数据是指可派生应用数据的基础数据。元数据行业有权保管未经处理的原始数据,并依公开规则,管理应用数据行业对于数据的调用。其中,公开规则就是行规,必须对每一位运动员公平,不能与运动员订立私约。例如,脸书就不能与剑桥分析公司订立私约。而管理数据使用,则包括决定数据应当如何被使用。例如,原始数据是否需要模糊化处理后再使用。

如果行规仍不足以保证公共利益,或可能使公共利益受损,则涉及数据的政府管制。政府需要把元数据行业当作特殊行业加以管制,考虑设定准入限制,或收归国有。关键看哪种办法更有效。

有媒体在网上开展了一项调查,询问用户是否会信赖脸书等涉及用户隐私数据的平台。在目前参与调查的1.2万多个投票中,超过93%的用户选择了"不信任",只有不到7%的用户选择了"信任"。这说明用户对脸书这样的裁判员"无证上岗"持否定态度。数据业要摆脱目前的困境,第一要自己立规矩,第二要接受公众对它立规矩。

(作者为中国社会科学院数量经济与技术经济所信息化与网络经济室主任)

(2018年4月2日)

紧缩货币，欧洲有点犹豫

杨成玉　陈　新

欧洲经济逐步复苏成为世界经济的一大亮点。经济增长、通胀回升、欧元走高，在这一背景下，欧洲货币政策紧缩调整成为趋势。

预计欧央行收紧货币政策的窗口大概率在今年开启。这主要因为：一是欧元区经济复苏处于快车道。2017年欧盟经济全面复苏，欧元区经济增长速度更是处于10年来最快水平。世界银行、国际货币基金组织等纷纷调高欧元区经济增长预期；二是欧元区通货膨胀水平基本达到预期。2017年欧元区调和消费者物价指数（HICP）月均实现1.5%以上的增长，量化宽松政策锁定的2%通胀目标正在接近，效果初步显现；三是市场加息压力明显。受宽松货币政策影响，欧元区市场短期和长期利率均出现不同程度的上升，市场对欧元区利率走高形成较大预期，为欧央行逐渐结束购债操作奠定了基础。

不过，欧元汇率的波动给欧央行货币政策调整带来了不确定性。欧元在2017年年初出现贬值低点，主要是市场对欧洲一体化存在担忧，尤其是2017年欧洲几个主要国家大选前景不明朗，导致欧元被市场低估。随着选举结果的逐步明朗，市场的负面预期消失，欧元开始走出低迷，进入升值通道。同时，2017年下半年经济数据持续向好，进一步推动了欧元的快速升值，使欧元收复失地，回归正常波动区间。欧央行对欧元的快速升值表现出一定的担忧，担心过快升值会干扰欧洲经济复苏，因此一直在不断权衡退出量宽的时机。此外，欧元区经济近来出现小幅震荡。欧央行行长德拉吉表示，欧元区通胀尚未表现出持续的上行趋势。这些因素势必在一定程度上影响着欧央行货币政策调整的步伐。

从另一方面来看，伴随欧央行货币政策收紧压力，欧元继续升值，将对欧洲特别是欧元区的经济复苏注入持续活力。

首先，欧元升值将通过扩大购买力进而刺激消费的方式，拉动经济增长。消费是拉动欧洲经济增长的最主要动力，欧洲经济增长近六成源于消费。其次，欧元升值将带动固定资产投资，尤其是房地产、基础设施、教育等方面的需求加大。法国等欧元区国家本轮经济复苏最为主要的特点之一就是固定资产投资的迅速增长。再次，欧元升值对于欧元区贸易条件的恶化程度有限。欧元区主要是一个"自我消化"的市场，近年来，欧盟内部贸易份额持续扩大，内部贸易占总贸易比例高达64%。而且，欧洲出口产品以资本密集型和技术密集型为主，价格敏感度较低。最后，欧洲近年来对外直接投资存量呈现逐年下降的趋势，显示出欧洲参与世界经济发展的活跃度不高。随着欧元逐渐升值，预计欧洲将在解决自身发展问题的同时，越来越多地进行跨国投资，逐步提升参与世界经济发展的积极性，为世界经济注入新的活力。

（作者分别为中国社会科学院欧洲研究所助理研究员、研究员）

（2018年3月1日）

欧洲缘何力挺人民币

刘明礼

最近,德国、法国、西班牙、比利时等欧洲国家央行相继表示,已经或即将把人民币资产纳入其外汇储备,人民币国际化进程再度引发关注。

欧洲在人民币国际化进程中一直扮演着积极角色,甚至被认为是人民币国际化的"突破口"。货币互换方面,中国人民银行和欧洲央行、英国央行、匈牙利央行分别签署了货币互换协议,占人民币互换总量的22%;外汇储备方面,英国是首个发行人民币债券的外国政府,并将发债所得30亿元人民币列入"外汇平衡账户",欧洲央行则在去年上半年完成了相当于5亿欧元的人民币外汇储备投资;基础设施方面,中资银行在欧洲多个国家获得了人民币清算业务资格;在人民币申请加入国际货币基金组织特别提款权(SDR)货币篮子的过程中,欧洲国家也普遍积极支持。

欧盟拥有欧元、英镑这样的国际货币,在人民币国际化方面态度积极,主要是基于经济发展的客观需要。进入21世纪以来,中欧贸易对欧盟的重要性不断上升,双边商品贸易占欧盟总量的比重,从2002年的7%上升到2016年的14.9%。相比之下,欧盟与美国贸易的比重同期从24%跌至17.6%。在中国经济重要性持续上升的背景下,更多使用人民币,有利于与中国进行贸易时减少汇率波动风险,降低交易成本。

支持人民币国际化,还有助于把握新时代带来的新机遇。人民币的国际使用与中国占世界经济和贸易的比重不相称，进一步国际化是大势所趋。在欧洲的金融中心开展人民币业务，不仅可以给欧洲的经济活动提供货币支持，还可从金融交易中获取利润，创造更多就业机会。

此次欧洲多家央行表示外汇储备纳入人民币，既是延续过往力挺人民币的态势，也从一定程度反映出，人民币国际化进程进入了一个新的发展阶段。2015年下半年以来，人民币加入SDR的进程虽然引起广泛关注，但国际化进程并未随之高歌猛进，而是进入大致为期两年的平缓期，有些指标还出现一定程度的下滑。环球同业银行金融电讯协会（SWIFT）的最新数据显示，2017年12月，人民币作为国际支付货币占全球份额为1.61%，低于2015年8月历史峰值2.79%。但人民币国际化进程是"波浪式前进的"，短期的平缓并不改变长期发展趋势。也有金融业人士认为，"人民币地位暂时下滑是为长期发展付出的代价"。

人民币国际化进程根本上取决于市场的认可，换言之是市场对中国经济、贸易、金融的信心。事实上，近期的数据显示，人民币作为国际支付货币的份额已经出现回升势头。从汇率角度看，2017年以来人民币对美元汇率一直处于上升通道。近期最新动向显示，人民币国际化有望踏上新的征程。

（作者为中国现代国际关系研究院欧洲所副所长）

（2018年2月14日）

和单一石油经济说"拜拜"

黄培昭

新年伊始,沙特开始对多数货物和服务征收5%的增值税。此前,沙特还公布了被称为史上最大规模财政支出的新年预算案,旨在千方百计减少对石油的过度依赖,优化产业结构,打破单一发展的制约性"瓶颈"。

一直以来,沙特依靠源源不断的石油"黑金",可谓"富得流油"。石油是沙特的主导性产业,石油产业收入约占政府总收入的75%、占国内生产总值的40%,以及出口收入的90%。这导致沙特经济"畸形发展",抗风险能力差。近年来,囿于减产和油价低位波动,沙特的经济增长率由2015年的4.1%下降至2017年的0.1%。国际货币基金组织(IMF)预测,如果油价持续低迷而沙特又拒绝经济转型的话,未来5年内沙特可能破产。

沙特痛下决心转型,并非始于当前。"增值税"和庞大预算案,都是沙特"愿景2030"战略规划的关键步骤,寄望实施经济转型和综合发展。简单来说,就是痛下决心直面后石油经济时代,通过各种措施实现经济多元化和可持续发展。

改革知易行难。自2014年年中全球油价大跌以来,2018年可能是沙特连续第五年出现财政赤字。沙特政府预计,得益于近万亿里亚尔(约合2600亿美元)的创纪录财政支出,沙特经济今年有望实现强劲反弹。不过,经济学家对此则持谨慎态度,认为官方低估了新税收、削减补贴和油价不振对经济的影响。

无论如何，沙特痛下决心与单一的石油经济说"拜拜"，这对世界上其他资源大国有很大的借鉴意义。除了沙特之外，世界上还有不少靠石油和资源吃饭的国家，这些国家普遍存在产业单一、工业化进程滞后、制造业发展薄弱等问题，能源出口赚取的外汇成为拉动经济发展的"主引擎"。随着需求疲软和页岩油、新能源对石油的冲击日甚，寄望油价回升到以前每桶百元上下的价格，可能性并不大。

IMF 已多次建议严重依赖石油的国家进行经济转型和产业升级，通过经济结构改革和多样性，摆脱对石油出口的过度依赖。IMF 还算了一笔账，仅征收 5% 的增值税一项，就可为海湾国家非石油部分国内生产总值增加 1.5 到 3 个百分点。这一利好同样适用于其他情况类似的国家，但前提是这些国家要有紧迫感，尽早摆脱"资源的诅咒"，改变单一的经济增长模式，多管齐下，综合治理，以补齐经济发展的短板，让经济早日走上可持续发展之路。

（2018 年 2 月 2 日）

贸易回暖，久违的春天能否持续

陆 婷

据荷兰经济政策分析局最新统计，2017年第三季度，全球实际贸易量同比增长5.1%，为2011年年初以来最高增速。随着多项全球贸易领先指数的好转，以及各国进出口增速的不断攀升，世界贸易组织也大幅上调了对全球货物贸易增速的预期，将2017年全球贸易预计增速定为3.6%。这一切表明，在经历了长达5年的低迷之后，全球贸易在2017年迎来了久违的春天。

推动此轮贸易回暖的一个重要因素，是全球经济普遍复苏带来的需求反弹。根据国际货币基金组织的最新数据，2017年全球3/4经济体的经济增速都有所加快，是10年来最大范围的增长提速。与强劲增长相伴的，是企业投资和居民消费需求的上升，进一步带动了进口需求的增加。去年前三季度，美国和欧盟商品贸易进口月平均增速分别为6.5%和8.7%，双双扭转了2016年负增长的颓势。

贸易环境改善是全球贸易回暖的另一个原因。随着美国及欧洲经济和政治局势的逐渐明朗，贸易保护主义和逆全球化浪潮2017年均有所消退，贸易战风险降低，全球贸易环境得到改善。根据世界贸易组织对G20国家贸易措施的监测，2017年5月—10月，成员国出台贸易限制措施的数量明显减少，去年初正式生效的《贸易便利化协定》，使多项全球贸易促进措施落地，以进一步减少全球贸易成本。

商品贸易回暖反过来促进了全球经济增长。从贸易弹性（贸易增速与GDP增速之比）来看，2017年世界贸易组织预测贸易弹性为1.3，较之于2016年的0.6有显著提升，表明商品贸易对全球经济增长的拉动作用正在逐渐恢复。一些对外贸依赖程度较高的国家，如韩国、巴西、俄罗斯和越南，去年前三季度出口同比增长都超过两位数，有效提振了本国经济。

展望未来，全球贸易发展有着较为良好的基本面支撑。首先，制造业全球采购经理人指数仍处于近几年高位，全球经济活动整体处于扩张状态，需求还有提升空间，有可能进一步提高贸易增速。其次，全球经济稳步复苏有助于遏制贸易保护主义，中国"一带一路"倡议的不断推进，也为营造良好的贸易环境带来了新的契机。

不过，全球贸易前景并非一片光明。首先，2017年贸易超预期的良好表现中，有一部分源于基数效应。也就是说，2016年贸易的低迷表现使得增长基数较低，因此从数据上来看反弹明显。未来基数效应的逐渐消失，势必会对贸易增速有所削弱。

其次，随着全球经济的复苏，各国央行开始收紧货币政策，这将从成本端为企业带来压力，抑制其投资需求，进而影响全球贸易中占比较高的大宗商品和制造业设备的交易流通。此外，尽管全球贸易环境整体有所好转，但贸易保护主义的声音仍较为强烈，这将对全球贸易回暖构成一定挑战。

（作者为中国社会科学院世界经济与政治研究所副研究员）

（2018年1月15日）

美股,火爆背后有风险

张 明

美国股市 2018 年开局火爆。道琼斯工业平均指数、标准普尔 500 指数与纳斯达克综合指数分别突破了 25000 点、2700 点与 7000 点,均创下历史新高。上述三大指数在 2017 年分别上涨了 25%、19% 与 28%。而在过去 9 年内,上述三大指数分别上涨了 195%、209% 与 356%。此外,英国、日本及一些新兴市场的股市表现也非常亮眼。

造就 2017 年美国股市牛市的主要因素如下:

第一,美国经济的持续复苏,令美国企业利润显著改善,这是美国股市表现火爆的微观基础。从失业率的走势来看,本轮美国经济复苏已经持续了 99 个月,是二战后美国经济复苏最长的时期。

第二,尽管美联储 2017 年 3 次加息,但美国国内流动性依然充裕,全球市场流动性更是处于非常宽松的状态,这是美国股市表现火爆的流动性基础。

第三,2017 年年底美国国会通过了税改方案,企业所得税税率显著下调,提振了市场对于上市公司税后利润增长的信心,这是美国股市表现火爆的预期基础。

最后,投资者的风险情绪高涨,追逐风险资产的积极性很高,这是美国股市火爆的情绪基础。例如,衡量美国股市波动性的芝加哥期权交易所波动率(VIX)指数(又名恐慌指数),在过去 10 年内的平均值为 20,在美股近期频创新高的同时，VIX 却不断下滑，2017 年的平均值降至 11，2018 年年初则跌至 10 以下。这一状况在历史上非常少见，反映出投资者对未来股市的乐观情绪。

展望 2018 年，尽管美国股市上升的动能可能仍将持续，但出现整体 20% 左右下调的可能性是存在的。这是因为：

首先，当前美国股市的市盈率已经不低。例如，席勒周期性调整市盈率（利用过去 10 年经过通胀调整的盈利水平计算）今年年初已达 33.38，仅次于 2001 年互联网泡沫破裂前的最高水平，超过了 1929 年股市泡沫破灭前的水平。这说明美国股市的稳定性相对不足。

其次，美国经济目前可能已处于本轮复苏的中晚期，未来增速进一步上升的概率不高，这可能会影响企业利润增速的进一步增长。事实上，美国目前的复苏主要由居民消费推动，而居民消费增长与股市上升的财富效应密不可分。一旦股市显著下跌，美国经济增速可能出现显著下滑。

再次，由于当前美国经济增速已持续超过其潜在增速，正向产出缺口可能推动通胀率显著上升，而一旦核心通胀率显著上升，美联储就可能加快货币紧缩的节奏。流动性收紧与融资成本的上升，有可能加剧美国股市的调整。

盛极必衰，规律使然。2018 年美国股市走势具有很强的不确定性，投资者应警惕和防范风险。

（作者为中国社会科学院世界经济与政治研究所研究员）

（2018 年 1 月 11 日）

百分之二缘何成为"天花板"

华 民

国际金融危机爆发10年后,全球经济开始全面复苏。危机以来,美、欧、日等发达国家纷纷采取超级量宽甚至负利率的做法,向市场注入了巨大的流动性,从而使广义货币(M2)的增长达到了前所未有的水平。然而,让人困惑的是,这些国家的物价水平10年来一直表现平稳,各国央行确定的2%的通胀目标,至今看起来难以企及。

据有关统计数据:美国M2发行量至去年1月为12.44万亿美元,较1990年增长2.78倍;欧盟同期增长2.86倍;日本的M2数据至2016年1月为923.73万亿日元,较2003年4月增长了36.5%。

央行撒了这么多钱,物价却没坐上火箭。这种看似违反常理的现象,背后的原因是什么?

从供给角度看,首要原因归咎于全球化条件下国际贸易的发展。全球化正在把越来越多的国家卷入国际分工与贸易的潮流中,从而增加了全球商品供给,大大压制了商品价格的上涨。在这样的国际背景下,任何一个国家的商品价格只要出现上涨趋势,境外更具竞争力的商品就会流入,要么对冲了货币供应量的增加,要么把物价上涨国家的高成本企业淘汰出局,只有那些不能自由竞争的部门可以侥幸除外。

从需求方面看,某些因素也在制约着物价的上涨。全球性收入分配差距的扩大，是造成全球总需求不足的一个重要原因。此外，美国次贷危机和欧债危机的爆发也对世界总需求造成了进一步的冲击。最后，由于全球经济疲软，大宗商品价格长期下跌，使得那些资源出口国收入水平锐降，其对商品的需求大幅缩减。因此，即使一些主要经济体采取极为宽松的货币政策，也难以推动物价上涨，很可能已经掉入凯恩斯所谓的"流动性陷阱"。

那么，新增货币又去了哪里？

"金钱永不眠"。它们不去商品市场推动物价上涨，那就一定去了别的更为有利可图的地方。走出商品市场，我们不难发现，不断增加的货币，正在持续不断地流向资产市场，疯狂购买各种各样的有价证券和不动产。美国的股票市场不断创新高，道指首次突破25000点，美国等许多国家的房产价格也不断创下新高。新一轮的资产泡沫正在逐渐形成，在一些国家已经形成、并且到了极有可能破灭的地步。

由此可见，目前的低通胀对经济增长带来的影响是很大的。它不仅会压制投资，还会导致货币超发。前者会带来经济衰退；后者会增加金融风险。对此，央行再也不能简单地仅以物价作为政策目标来决定货币政策是紧还是松，还必须把资产价格列入其政策目标，采取宏观审慎的货币政策，预防金融危机，同时推行能够激励投资的财政政策，促进经济增长。

（作者为复旦大学世界经济研究所教授）

（2018年1月10日）

比特币，狂欢后的回归

魏 亮

在刚刚过去的2017年，暴涨暴跌的比特币，无疑成了全球最热门的话题之一：一年之内价格暴涨约20倍，一日之内深跌逾40%。新年伊始，比特币延续了近日颓势，价格跌破1.3万美元/枚，但与去年年初不足千元的价格相比，比特币的价格依旧与价值背离。回想比特币最初问世乏人问津的日子，有位老兄曾用1万个比特币买了一张比萨饼，面对今天行情，有人后悔，更多的人则是担忧和疑虑：比特币的泡沫到底有多大？它是不是郁金香泡沫的翻版？

比特币价格存在泡沫，已是一个无须讨论的问题，无论是从涨幅还是从币值本身看，比特币都泛滥着泡沫的味道。其所谓的优势：稀缺性、保真性、强流动性、透明度以及去中心化等，都只是投机的幌子，根本不可能支撑其过山车一样的涨势，近日的暴跌已经非常说明问题。

比特币的泡沫来源之一是花样翻新的炒作。一方面是炒作比特币的神秘感，包括但不限于发明人的身世之谜、加密货币光环、总量控制不会通胀等；另一方面则是其"去中心化"的炒作，即不受任何国家、政府和金融机构控制，具有安全而又"无拘无束"的属性等。此外，比特币本身在交易机制上既无价格涨跌限制，又无完全统一的交易平台，给了投机者一夜暴富的想象空间，加上比特币分叉、代币首次发行等新玩法，一度推动了其价格的蹿升。

没有价值支撑的比特币，身价何以扶摇直上？还有一种可能是存在交易共谋。沿着比特币由冷到热、币值由低到高的轨迹，我们不难发现：比特币上述那些所谓"优点"天生就有，何以一朝得势？这非常值得人们深思。据彭博社报道，时至今日，全球大约40%的比特币控制在仅约千人手中。比特币圈内人士将其称为"白鲸"。同时，从比特币发展的历史沿革看，直到其价格飞涨前夜，该币也不过是在为数不多的平台上进行"小圈子"交易。这很容易让人想到交易共谋的可能——持有大量比特币者自然拥有哄抬币价以套现的动机。

比特币名为币而实非币。环顾全球，大国中仅德国认可其为近似于"私人货币"的等价物。既非货币，各国金融监管当局自然也不会像监管货币那样监管比特币。如此，比特币日渐成为游走于灰色地带的特殊"等价物"。

近来，比特币及其衍生金融交易如火如荼。美国等多家交易所批准比特币期货交易，却并不监管。这给比特币披上了貌似"合法"的外衣，也使得比特币更像是17世纪荷兰的郁金香泡沫：有明确目的的"庄家"们赚得盆满钵满，盲目追捧者则甘苦自知。较之于2万美元/枚的高点，比特币的价格目前看跌幅已深，但如果未来政府加强监管，或其自身容量限制导致收缩等，比特币去泡沫的程度会更深。过去，比特币价格已有腰斩的经历，其未来走向特别值得警惕。

（2018年1月3日）

拉美：通胀背后的故事

范剑青

由于通胀持续下行，巴西央行近日下调联邦基准利率至7%，成为巴西自1999年以来的最低基准利率。几乎同时，阿根廷宣布发行面值为1000比索（1美元约合17.2比索）的纸币，以应对持续通胀而导致的小额纸币使用不便问题。

巴西地理统计局预计2017年通胀率将低于3%；阿根廷2016年的通胀率高达39.2%，2017年前11个月累计为20.9%。两个拉美大国，经济结构相似，通胀形势缘何截然不同？笔者认为，关键原因是两个国家的货币政策取向不同。

巴西央行致力于确保货币购买力。上世纪90年代，巴西经历过恶性通胀，进入本世纪以来，巴西央行严格执行通胀目标制的政策定位，即使在2015、2016年经济负增长超过3.5%的严重衰退期间，央行仍以遏制通胀为目标，坚持基准利率高于通胀率的做法。例如，2015年巴西的通胀率为10.67%，央行则把利率上调到14.25%。高利率虽然有效遏制了通胀，稳定了购买力和汇率，但也让巴西付出了沉重代价：经济连年负增长，2017年情况更加严重；失业率不断走高，2016年为11.5%，2017年上半年的统计数据表明，失业率已高达13.6%。遏制通胀使巴西的经济增长和社会就业均遭受了巨大压力。

与巴西不同，阿根廷央行的政策目标涵盖货币稳定、金融稳定、促进就业和社会公平。实际上,阿根廷央行在本世纪的多数年份都采取了明显宽松的货币政策,特别是在 2008 年国际金融危机爆发、2011 年大宗商品价格下跌这两个节点之后,阿央行更注重促进就业和增长,忽视了对货币稳定的追求。这种货币政策的后果是恶性通货膨胀的出现。从 2011 年至今,阿根廷的通胀率每年都超过 20%。受持续通胀的影响,阿根廷比索汇率也不断贬值:2001 年比索兑美元为 1 比 1,到 2017 年年底,汇率已贬至大约 17.2 比 1。

拉美国家货币政策背后,还涉及不同政党的政策取向。过去十几年,大宗商品价格景气周期中,巴西、阿根廷、委内瑞拉等国都推行了积极的财政扩张和社会福利扩张政策。现在回过头来看,这些政策是不可持续的,并留下了不可承受之重。根据穆迪的研究报告,2010 年至 2016 年间,巴西政府的开支占 GDP 的 27%,其中 55% 用于社会福利支出,25% 用于支付债务利息。这些刚性的财政负担,已经大大超出巴西的财政支付能力。通常讲,拉美左翼政党追求福利优先,右翼政党追求发展效率优先。这两种政策取向之间的摇摆,也是拉美经济动荡的因素之一。

从积极的一面看,目前巴西终于暂时控制住了通胀,当前的低通胀率为下一步央行采取宽松货币政策提供了空间;而阿根廷政府通过两年来的努力,使过去遗留的通胀压力得到了较大释放,未来有望走上比较健康的增长道路。

(2018 年 1 月 2 日)

科技大观

抗衰老的干细胞也会"老"

张宏波

干细胞是目前生命科学最前沿、最尖端的科学之一。自1969年人类完成第一例骨髓干细胞移植以来，干细胞研究发展迅速，相关领域近年来多次被授予诺贝尔生理学或医学奖。对干细胞的深入研究，可能将从深层次上揭示衰老的成因，最终实现人类延缓衰老的梦想。

古希腊有"不老泉"传说，中国古代有"长生不老药"的故事……随着医学技术的进步和生存环境的改善，人类平均寿命虽得以大幅提升，但仍面临极限。伴随着衰老，一系列疾病发病的可能性也大幅上升，不仅影响寿命，还导致老龄生活质量下降。健康而优雅地老去，成为新时期生物医药研究面临的重要挑战。

衰老是由构成人体的所有器官系统性功能的衰退造成的，即人体的"零部件"老化了。人体的绝大多数器官都具有一定的自我更新能力，新形成的细胞可以取代损坏或异常细胞。已知的、几乎所有的器官中均存在着一类特殊的细胞，它们能源源不断地产生新的多功能细胞补充和修复受损器官，这种特殊的细胞就是干细胞。干细胞不仅能在体内"干活儿"，多种干细胞还能在体外人工培养并移植到体内，干细胞移植是目前治疗白血病等血液系统疾病的重要方法之一。

不过，干细胞并不是永生的，它也会衰老，且可能是导致人体衰老的重要原因。也就是说，如果能够避免、矫正或者延缓干细胞衰老的过程，理论上可以对衰老的进程有所改善。

干细胞衰老的成因是当前衰老研究领域最前沿和极为活跃的分支。一种理论认为，DNA 随着时间的推移会累积错误信息，导致遗传信息无法稳定地复制，细胞走向衰老；细胞自噬假说认为，细胞存在清除异常或坏死结构的能力，一旦这种能力受损，细胞队伍将充斥着"老弱病残"；线粒体和代谢调节假说认为，干细胞功能的维持依赖正常的能量代谢，尤其是细胞内"能量工厂"线粒体功能的稳定，细胞代谢异常和线粒体功能受损将导致干细胞衰老……到底是什么样的力量蚕食着干细胞的活力，显然还需要学界做深入细致的研究。

由于干细胞衰老本身的复杂性，迄今发现的能抑制干细胞衰老的方法屈指可数。最新研究发现，人为药物干预提高线粒体活性能直接延缓多种干细胞衰老，治疗小鼠骨骼肌萎缩疾病，并能提高约 10% 的小鼠寿命。对于人类的临床试验也正在开展，真正有效地对抗衰老和相关疾病的"秘方"也有望产生。此外，提高细胞自噬能力，加速细胞的"自我更新"，也可以达到防止干细胞过早衰老的目的。

（作者为中山大学中山医学院干细胞与再生医学教授）

（2018 年 12 月 7 日）

"全脑仿真"路还长

尚凯元

互联网时代，无论是工作还是生活，人们对上传文档、图片、视频等，都习以为常。事实上，我们的大脑就是一个无比庞大的信息库，能否将它也进行扫描复制，并上传至互联网空间中？谷歌首席未来学家、奇点大学校长雷·库兹韦尔预言，这样的情况将会在几十年内实现。

大脑上传，也叫"全脑仿真"，是模拟智力的一种形式。早在2012年，俄罗斯媒体大亨伊茨科夫就宣布，要将人类大脑的思维移植到机器身体中，以此实现人类的"永生"。这一大胆构想吸引了不少领域的科学家投身其中，有些从模拟低级生物的神经元细胞入手，尝试进行生物的"灵魂转移"。英国和美国科学家开发的项目"开放蠕虫"已经能够用代码模拟一种名为秀丽隐杆线虫的神经细胞和肌肉细胞，并将它们移植到计算机控制的机器人身上，使得这个机器人能够像线虫一样反应和移动。这与此前通过提前输入算法和数据控制运动轨迹的机器人截然不同。

不过，人脑可复杂多了。其中神经元的数量约有1000亿个，神经元之间形成的突触超过100万亿个。此外人脑还有着高度复杂的神经回路和化学反应，神经冲动传导速度每小时可达400公里。要想模拟如此庞大的人脑结构，计算机硬件首先需要有空前大的容量和运算能力。2013年，日本研究人员曾用当时世界上最大的超级计算机之一模仿过人脑运作，结果用了40分钟，只模拟了1%人脑组织1秒钟的活动。

随着计算机功能变得越来越强大,硬件问题或许不足以成为"全脑模拟"的拦路虎,棘手的可能是软件问题。从生物学看,目前大脑对于人类而言还存在太多未知,虽然部分区域的功能已被探明,但人脑究竟依照怎样的"程序"运行还是一个谜。例如,人的意识是数十亿脑细胞之间以难以预测的方式进行非线性作用的结果,这一点决定了人脑具有机器所不具备的自主创新能力。此外,丰富的情感也是人类大脑一项神秘莫测的功能:同是饮酒,有的人"人生得意须尽欢",有的人却"举杯消愁愁更愁",还有人"酒逢知己千杯少"……一些机器人貌似可以模仿人的情感,事实上却是提前输入应变选项的结果,它只能识别情感,并不能做到感同身受。

实现"全脑仿真",虽然不是现在,但如果这一天真的到来呢?恐怕很多科幻小说的场景就要成为现实了:机器人可以加载人脑系统,与人类看起来别无二致;你的思想可以被别人快速读取,警方能借此侦破案件,商家则借机进行精准的广告投放;天才的大脑在他死后还能继续运转,亲人故旧也可以继续陪在我们身边……

不过到了那时,还会有更重要的伦理与哲学问题等着我们:机器人有了人的意识,是否该具有人格?上传的意识和"我"之间是什么关系?借助机器获得了永生的生命有什么样的价值和意义?可见,科学技术的发展离不开人文领域更深入的思考。

(2018年11月21日)

警惕地球"发热多汗"

翟盘茂　陈　阳　余　荣

今年夏天,欧洲、北美及东北亚等北半球许多地区,气温打破了历史极值,高温热浪引起不少民众中暑甚至死亡。与此同时,持续异常高温还引发了多重灾难,包括森林大火、洪水泛滥,造成大量人员伤亡。

今夏的气候为何如此异常?是什么导致了地球多地"发热多汗"?

大气环流的异常,是造成今夏北半球多地气候极端高温的直接原因。在北半球中高纬度地区,夏季一旦形成稳定、少动的高压系统,即所谓的"阻塞高压系统",便会带来连续多日少云的晴热高温天气。盛夏以来,阻塞高压在欧洲、亚洲东北部和北美西部异常强盛且稳定,导致这些地区持续高温,热浪汹涌。同时,对于东亚地区来说,今年副热带高压的位置极度偏北、偏西,直接导致了我国华北、东北地区和日韩等地的持续高温,也给我国西部地区带来了频繁的强降水天气。

一般而言,大气环流持续性的异常,往往可以用海洋表面热状况的异常进行解释。例如,当众所周知的厄尔尼诺事件发生时,全世界许多地区会随之出现一些破纪录的极端高温事件。但需要指出的是,今年的海洋热力异常,并不是厄尔尼诺的表现形式。

对全球完整的气象数据分析证明,上世纪中叶以来,在气候变暖背景下,亚洲、欧洲等地高温热浪的发生频率增加,持续时间也延长了;同时,在大部分陆地区域，极端强降水事件的强度、频率和降水量也都出现了增加趋势。根据气候模式预估，未来几十年，这两类现象在许多陆地区域还将继续增多、增强，由其造成的影响也必将越来越严重。

由此看来，今夏北半球频发的高温和强降水事件，虽然仅仅是气候长期变化背景下的一个片段，但与已经观测到和预估的未来趋势，具有很高的一致性。

目前，我们虽然很难直接把某一次极端天气事件归因于温室气体排放等人类活动的影响，但不少研究指出，人类活动造成的气候变暖，能够增加高温热浪、强降水等极端事件发生的概率和强度。欧洲科学家最新的研究成果表明，人类排放温室气体造成的气候变暖，使得今年欧洲北部的热浪事件发生概率增长了一倍以上。

频繁发生的极端高温和强降水事件，严重影响到了地球的生态系统，会给人类社会带来不可估量的灾害。我们应该高度警惕地球已经表现出来的"并发症"，做好防灾减灾和气候变化应对工作。

（作者单位为中国气象科学研究院）

（2018年8月28日）

培养对人工智能技术的基本信任

萨德·贾哈米尔

在美国作家丹·布朗最新畅销书《本源》中,一位科学家发明了一台计算机,并为其配备了最先进的人工智能程序。结果,这台名叫"温斯顿"的超级计算机发展出了程序设定之外的能力,可以像人类一样进行推理,最终成为一台犯罪机器,还犯下了杀人罪行。

这个可怕的情景当然是虚构的。现实情况是,人工智能正在造福人类,制造业、航天、交通、能源和医疗健康等领域都因此而极大受益。人工智能的发展主要由传感和数字技术推动,而工程师们身处系统开发的最前沿。

在21世纪,人类能够享受到智能制造所带来的流程的改善和效率的提高。智能制造程序将促进产品的定制化,创造新的供应链模式,从而重塑整个行业,改变企业的经营方式。用于制造的工业机器人的能力将远远超出自动化和进行预测的范畴,除了与其他机器人进行交流和协作外,未来的机器人将更加智能,甚至可以进行自我诊断和自我修复。

人工智能的应用范围很广。在汽车业,人工智能不仅在汽车装配中被广泛应用,生产出来的汽车更智能化,而且可以减少污染排放、增加安全性以及改善驾驶体验,推动了汽车运输业的发展。在能源市场,发电厂已经基于数字输入来提高效率和可靠性,人工智能还有助于工厂遵守环保法规,进行负荷管理等。人工智能可用于管道系统的压力分析和维护,也可用于城市基础设施和能源网络的连接。人工智能的其他潜在应用还包括生物工程，在边远地区，智能诊断工具可用于发布健康警报和预警信号，将给那里的患者带来更好的护理服务。

工程学是人工智能发展和应用的关键。对计算机程序员、编码员等技术人才的需求将是巨大的。当然，采用人工智能解决方案需要人们超越传统的线性思维方式。因此，参与人工智能研发和实施的工程师、技术人员必须受到不同于传统教育的培训。

人工智能技术只有可靠、安全，才能得到公众的信任。人工智能需要收集和分析数据，以此为基础做出决定或判断，并告诉机器或系统采取一定行动。所有这些组件、数据、分析和硬件必须以可互操作的方式运行，因此，用于数据收集、分析和系统决策的标准协议必不可少。这就需要开发数据收集策略、软件工具和控制系统。大量的研发工作还有待完成。

开发可信的数据和标准，实现可信的人工智能系统，离不开国际合作。我们正同国际社会技术同仁一道，通过会议交流以及发表最先进、新颖的观点，积极传播所需的科学和技术信息。我们也同其他标准开发组织合作，参与确定所需的标准。

对于人工智能的广泛应用，文化的变化将是深远的。公众必须理解这项技术的好处，信任它。这种转变的关键是培养对人工智能技术的基本信任，认识到好处大于风险。毕竟，我们不需要"温斯顿"。

（作者为美国机械工程师学会理事长）

（2018年6月20日）

填补火星探测最后的空白

庞之浩

5月5日,美国国家航空航天局"洞察号"火星着陆探测器在美国西海岸的范登堡空军基地成功发射。"洞察号"是世界第一个专门探测火星深层的航天器,它将通过倾听火星地震(或称"火震")和测量火星的热量输出来研究火星的内部结构,从而揭示岩质行星的形成,更好地了解类地行星是如何诞生的。

尽管距离人类第一次探测火星已有数十年,但我们对于火星内部结构仍知之甚少。此前人类总计开展的47次火星探测都是研究火星全球、地表、大气和磁场的。"洞察号"首次探测火星内部,相当于用CT扫描对火星进行"45亿年来的第一次体检"。

从外形看,"洞察号"是在2008年火星北极着陆的"凤凰号"设计方案基础上研制而成,但携带了更先进的科学探测仪器。经过长途飞行,它将于11月底在火星北半球赤道附近的平原着陆,开展为期两年的勘测。值得一提的是,"洞察号"将与两个立方卫星一起飞往火星。这是立方卫星首次用于执行深空探测任务,在"洞察号"进入、下降和着陆火星时为其提供通信中继服务。

"洞察号"有两大科学任务:一是通过探测火星内部火震活动的规模、频率和地理分布,以及陨石撞击火星表面的频率,来确定目前火星地质构造活动的级别;二是通过调查火星内部结构和活动过程,研究类地行星的形成和演化过程。为此，科学家设定了6个调查项目：确定火星地核大小、组成和物理状态；确定火星地壳的厚度和结构；确定火星地幔的组成和结构；确定火星内部的热态；测量火星内部火震活动的幅度、速率和地理分布；测量火星表面的陨石撞击率。

以美国为主研制的"洞察号"其实是一项国际合作项目。其中最主要的科学探测仪器是地震仪。它由法国研制，非常灵敏，能监测到原子距离的地面运动。就像拍快照的相机一样，地震仪能拍下星球内部的影像，相当于给行星做CT扫描。另一台重要科学探测仪器是热流探头。它由德国研制，用于探测至地表下5米来自火星地核的热量。风和大气温度传感器及高分辨率压力传感器由西班牙研制，用于对着陆地点的天气进行监控，帮助科学家们排除火星天气环境对测量带来的扰动。巡航级、着陆器及其他科学探测仪器由美国负责研制，包括用于部署地震仪和热流探头的机械臂，协助部署仪器的中分辨率相机，测量由火星电离层造成磁场干扰的磁强计等。

科学家将通过这些先进仪器探测火星的各种"生命迹象"。例如：通过地震仪探测火星的"脉搏"，通过热流探头测量火星的"体温"。这些"生命迹象"，既是火星亿万年的成长记录，也是打开太阳系类地行星演化之谜的钥匙。综合这些信息，科学家有望获得迄今最完整的火星全貌，对未来人类登陆火星具有重要参考价值。

（作者为全国空间探测技术首席科学传播专家）

（2018年5月8日）

人工智能，需要"负责任的创新"

杰克·克拉克　海伦·托纳

想象一下，未来某个人能够通过人工智能软件存在的漏洞，轻松地将无人机改造成具攻击性的半自动战机；一群黑客通过渗透医院的智能医疗设备，敲诈勒索当地政府……随着人工智能技术的快速发展，这个未来可能并不遥远。显然，如果不能防止人工智能技术的恶意使用，社会稳定将遭受威胁。

过去一年，我们和其他20多位人工智能领域专家，通过思考当前的人工智能技术以及其可能如何被坏人利用，写成了一份报告——《人工智能的恶意使用：预测、防止与缓解》。

这份报告基于人工智能可能被恶意使用的实际场景，如利用机器人进行非法活动，借助新一代的难以被监测的恶意软件，进行复杂的黑客活动，以及把广告行业的工具功能进一步延展，针对个人精准投放等。事实上，在我们召开研讨会到完成报告的这段时间，随着技术的快速进步，一些听起来像来自科幻小说的假设场景，已经成真。例如，报告有一节讨论了如何使用新的人工智能技术，创建合成视频和音频，炮制知名政客的"假新闻"。这说明，即使了解人工智能技术并为其可能造成的特定威胁做好应对，杜绝这类恶意使用的难度依然不小。

这份报告为讨论这些问题迈出了第一步，认为只有政府和研究人员都给予持续关注，才有可能识别、预防和减轻这些威胁。我们提出了四点建议。首先，政策制定者应该与技术研究人员密切合作,了解相关技术和目前的风险。其次,人工智能研究人员应当认真考虑技术这把双刃剑,并承担适当责任。第三,需要进行更多的研究,从面临类似问题的其他领域(如计算机安全)学习解决之道。第四,必须将更多的专家和利益相关者纳入对话。

中国在这些方面有机会发挥主导作用。中国政府在去年7月印发的《新一代人工智能发展规划》中,呼吁"建成更加完善的人工智能法律法规、伦理规范和政策体系""加强对人工智能潜在危害与收益的评估",以确保人工智能的健康发展。《规划》还呼吁"深化在人工智能法律法规、国际规则等方面的国际合作,共同应对全球性挑战"。我们对此深表赞同。

拥有全球性的态度至关重要,这不仅可以有效应对这些本质上跨国界的问题,还可以确保所采取的措施不会阻碍人工智能整体的持续性发展。在应对恶意使用者时,我们不能牺牲掉开放创新的精神,而应该采取"负责任的创新"态度。

人工智能可以在医药、交通、能源、教育等诸多领域,为中国和世界带来巨大收益。挑战与机遇并存。要享受人工智能的红利,全球必须更有效地应对挑战。

(作者分别为美国人工智能研究机构 OpenAI 战略和传播总监、英国牛津大学人工智能治理项目助理研究员)

(2018年4月3日)

手机成瘾危及心理健康

施 南

对许多人来说,智能手机就像身体的延伸,像始终固定在手上的额外器官。醒来第一件事是看手机,睡前最后一件事还是看手机。许多人每5分钟看一次手机,如果手机丢了或忘在了家,就会感到不安。这种行为,常被大家称为上瘾。用手机社交、网购、游戏都会上瘾。

那么,过度使用电子产品影响身体健康吗?手机上瘾能被归为一种精神障碍吗?答案:是的,但不全是。

手机游戏爆款频出,说明上瘾有一定普遍性。最近,游戏"旅行青蛙"火了。有些人躲过了"王者荣耀"、躲过了"李泽言"、躲过了"跳一跳",却掉进了蠢萌的青蛙大坑,天天心里惦记着"蛙儿子"。对游戏的依赖和上瘾,越来越引发人们的担忧。一方面,游戏开发者非常善于把握人们的心理,不断推出爆款产品;另一方面,焦虑、压力、孤独感困扰着现代人,游戏在某些方面迎合了人们的心理需求。尤其是青少年,更是容易深陷其中。

针对游戏上瘾,世界卫生组织最近有了比较明确的界定:首次在《国际疾病分类》修订本中将"游戏障碍"列入精神和行为障碍。"游戏障碍"患者无法正常生活、工作和社交。不过,世卫组织并未对此提出具体的治疗指导。

需要指出的是,这并不意味着所有参与游戏的人都具有"游戏障碍"。研究表明,在参与数字或视频游戏活动的人中,只有一小部分人受"游戏障碍"

影响。"大多数玩电子游戏的人不会受这种障碍影响,就像大多数喝酒的人不会受酒精使用障碍影响。但是,在特定情形下,使用过度会导致不良影响。"世卫组织精神卫生和物质滥用司弗拉基米尔·波兹尼亚克博士表示。

更广泛地来看,世卫组织还没有探究清楚互联网、智能手机和其他电子设备使用与健康之间的关联。比如儿童使用电子设备的时间与认知发展、身体或骨骼发育之间的关系问题等。而且,在评估现有证据和研究的过程中,专家没有发现足够的证据,把任何一种技术驱动的行为成瘾列入修订本之中,比如"智能手机成瘾"。现在来看,关于科技及其可能造成的潜在负面健康影响的问题探讨,远多于科学研究与指导。

中国拥有世界上最大的互联网市场,超过一半的人口上网,其中超过90%的人通过智能手机上网。中国可以为提高我们对于电子设备使用与健康关系的认识作出很大贡献。我们正在与中国的技术公司合作监测有关使用量和使用模式的数据,借此更好地认识科技对人类身心健康的作用。

随着技术革命性的发展,电子设备的使用在全球范围内突飞猛进,研究机构和公共卫生机构正在奋力跟进。随着关于"游戏障碍"的宣布,世卫组织解决了拼图中的一块,但仍有大量工作需要齐心协力完成。

(作者为世界卫生组织驻华代表处代办)

(2018年3月20日)

今非昔比的海洋

叶 盛

《科学》杂志近期发表的一篇研究论文指出,自 1950 年以来,地球海洋的整体含氧量下降了 2%,而低含氧量的沿岸海洋死区数量从 50 个左右增加到了近 500 个,增加的面积相当于整个欧盟地区。各方面的研究证据表明,这一切皆由污水排放和温室效应加剧所致。

陆地上,既有生机盎然的热带雨林,也有难觅生命踪迹的荒漠。相比之下,海洋环境似乎是处处一样的。但实际上,由于不同海域含氧量不同,也造成了生物种类和数量的多寡之分。当含氧量低到一定程度时,这片海域就变成了如同荒漠一样的生命禁区。

自工业革命以来人类燃烧了大量化石燃料,在释放能量的同时也释放了其中的碳。除了造成温室效应之外,二氧化碳的高排放,还为海洋带来了另外一个严重的危害——海洋酸化。由于二氧化碳等气体的溶解,全球海洋表层水体的 pH 值已经从工业革命时期的 8.2 降至不足 8.1。

在很多人看来,这 0.1 的降幅可能微不足道,甚至科学界最初也是这么认为的。海洋生物学家们一度相信,只有当海洋酸到可以溶解碳酸钙的程度,才会危害海洋当中钙化者的生存。所谓钙化者,并不是一个具体的物种类别,而是泛指所有需要在生命过程当中合成碳酸钙的生物,包括筑礁的珊瑚、带壳的软体动物,甚至还有制造钙质结构的海藻和单细胞微生物。

然而近一二十年的研究表明，只要pH值开始下降，钙化者就要付出更多的能量才能完成碳酸钙的合成，因而生存质量每况愈下。当pH值下降到7.8的时候，钙化者就没有足够的能量合成碳酸钙了。据估计，如果人类维持当前的碳排放规模，那么在本世纪末，全球海洋表层水体的pH值就将达到7.8，众多钙化者将面临灭绝的命运。

海洋，覆盖了地球超过七成的表面，孕育了这颗星球上最初的生命。从《奥德赛》到《白鲸》再到《老人与海》，海洋自古以来就是人类试图征服的对象。人与海的对抗背后，恰恰体现了人类对于海洋的畏惧与无奈。然而事实上，海洋已然今非昔比，人类已经显著改变了这颗蓝色星球。

海洋是全球5亿多人的食物来源，为3.5亿人提供了就业机会。面对物产丰饶的大海，人们早已习惯了予取予求，不相信它有枯竭的一天。殊不知，食用海洋生物的灭绝危机已然来临。在前不久的鳗苗苗汛期，中日韩等国捕捞到的鳗苗总量不足一吨，不到往年的10%。

鳗苗数量断崖式的下降绝非个案，而只是一个开始。比如钙化者中的珊瑚构筑了珊瑚礁，在缺氧的热带海洋中营造了一方海洋生物的绿洲。珊瑚的消亡将带着数以万计的其他物种一同陪葬。

地球历史上的每一次重大灭绝事件，几乎都与海洋环境的显著改变有关。地质史上看到的海洋变化，发生在百万年的时间尺度上，人类活动造成的海洋变化却发生在短短两三百年间。如果我们无视这样的变化，仍然维持当前的生产生活方式，那么人类很可能会在这次环境变化当中成为自己的掘墓人。

（作者为中国科学院生物物理研究所副研究员）

（2018年2月26日）

"欢迎入住太空酒店"

吴 焰

"欢迎来到太空,享受豪华五星酒店服务!"——这句欢迎辞,可不是什么科幻小说情节。一切顺利的话,4年之后,浩瀚太空就会横空出世一家"豪华"酒店。

该计划目前正在接受俄罗斯太空总署的评估。不过,酒店的概念图和计划书已有眉目:位置——国际空间站;投资方——俄联邦航天局与俄能源火箭航天集团。房型包括4个供睡觉用的独立太空舱,每个约2平方米。酒店设有公共休息区、医疗站、健身区,当然还得有独立卫生间,甚至Wi-Fi。一面16英寸的大舷窗,可以让房客随心所欲地瞭望宇宙星球,俯瞰地球全貌。

这样的配置,放地球上,充其量也就是高级招待所的水平。不过别忘了,这可是在太空,在离地400公里的国际空间站!整个项目报价高达4.46亿美元,"寸土寸金"已经不能描述它的造价。

技术方面,因为前有俄罗斯宇航员波利亚科夫在太空连续生活工作438天的世界纪录,后有充气式太空舱等新型材料提升空间舒适度,加上国际空间站这个现成的"楼盘基地",建个酒店在技术上已无障碍,关键看谁来开发谁来消费。初步测算,1个人入住一至两周,费用4000万美元;从地球到国际空间站,大约还得花2000万美元交通费。

太空旅行分三种:亚太空高空飞行、亚轨道飞行和轨道飞行。第一种是穿行于太空下面的气流层,让游客体验一下与太空类似的"景色"和体感;亚轨道飞行可以感受失重,可以俯瞰地球;轨道飞行才是真正意义的太空飞行。

当然,这三种旅行方式目前还都是超级富豪的"游戏"。俄罗斯迄今已把7位富豪送上轨道飞行。被称为"商业太空旅游第一人"的美国富商丹尼斯·蒂托,2001年在国际空间站的地球轨道度过一周后感慨:"第七天,假期结束了,2000万美元也没了!回到正常重力状态,拖着沉重的胳膊和腿,唯一变轻的是钱包!"

俄罗斯计划投资太空酒店,其实是其重返太空计划的一部分。拟作为酒店空间主体的,正是俄罗斯航天局制造的NEM—1科学与动力模块。此前囿于资金压力,俄罗斯航天局只投资了两个模块中的一个。在此次酒店开发计划中,能源火箭航天集团将与航天局共同出资,将酒店收入作为航天开发的一部分资金。

不过,太空酒店能不能如期建成,还存在不确定因素。其中钱是最大的问题,所以需要有12名旅客愿意预先缴付4000万美元,用以建造酒店的模块。然后,还要每年持续有最少6名旅客,才能在7年内收回成本,维持运营。

无论如何,这个计划已足以燃起人们对"太空旅游"的想象和热情。或许,人们以后会这样调侃亿万富翁:"既然这么有钱,你咋不上天呢?"

(2018年2月12日)

手术机器人比较酷

王 慧

提起手术，很多人脑海中会浮现这样的画面：无影灯下，助手递给医生手术器械，医生额头上冒着豆大的汗珠……不过，这样的画面似乎正在被人工智能技术颠覆，现在和未来的画风有时是这样的：操作台前，医生操控着机器人完成各种手术。目前快速进入人们视野的达芬奇手术机器人，已经在很多医院担任"操刀"的任务。

说起手术机器人，还得从腹腔镜手术开始。因为传统的开放手术切口较大，微创的腹腔镜手术应运而生。北京和睦家医院泌尿外科主任朱刚教授对笔者说，通过微型摄像头和监视器，医生能够看到"以前开放手术看不到的地方"，"这是人类取得的革命性进步"。

腹腔镜的升级版就是手术机器人。这样的机器人更像是一个受医生控制的"机器臂"。病人被麻醉后，可移动的高清摄像机、操作器械等若干个机器臂，像医生的手一样深入患者体内，精细而灵活地分离、切割人体组织。医生并不直接接触病人，而是坐在旁边的操作台上，看着显示屏里病人患处的3D画面，控制做手术的"机器臂"，进而操作手术器械。鉴于人体的复杂性和差异性，医生需要根据现场情况，做出随机应变的处置。

医生操控机器人，有点像开车，也需要培训。一开始可能会有点手忙脚乱，但通过理论学习和不断操练，逐渐会变得得心应手。

手术机器人的优势显而易见：除了比医生裸眼看得更清楚之外，也更加精细、灵活，手术创口更小。朱刚感慨地说，以前，每台复杂的开放手术都要输血，现在几乎都不用，因为手术越来越微创，出血越来越少，病人也恢复得更快。

达芬奇手术机器人是目前应用最广泛的手术机器人。它的问世源于战地手术。美国直觉外科公司1996年推出了第一代手术机器人系统，并开始商业化生产。2014年，第四代达芬奇系统推出。尽管价格高昂，手术机器人的应用和推广却非常迅猛。对于某些较复杂的手术，比如前列腺根治性切除术，机器人手术已经占到了美国此类手术总量的90%。

这样的手术机器人听起来已经够酷，但并不是终极目标。因为目前的手术机器人还不具备诊治疾病和临床决策的能力，因此，它还谈不上太智能，提升和完善的空间也很大。它的"神通"仍需要借助医生的操控来实现。因此，完全智能的手术机器人，离我们似乎还有点距离。

"未来，当然有这个可能性。"朱刚认为，未来的手术机器人完全有可能把外科医生更大程度地解放出来，让他们受到的体能挑战更小一些。而且，微创手术也可以更大程度地远离刀光血影，让接受治疗的患者变得更轻松。

（2018年2月6日）

小科技蕴含大市场

王如君

不久前在美国举行的国际消费类电子产品展览会上，各种黑科技产品让人脑洞大开。其中，由上海润米科技有限公司旗下 90 分品牌发布的最新概念版智能跟随旅行箱——"小狗一号"，一亮相就引起了小轰动。英国路透社报道说，这款旅行箱之所以被称为"小狗一号"，是因为它确实像跟着主人的忠实家犬。

"小狗一号"只有 20 英寸大小，内容量约 30 升。从外表看，和人们平时使用的拉杆箱差不了多少。演示的时候，它十分"听话"，一会儿在演示者身后平稳滑行像碎步小跑，一会儿又悄无声息地溜到了演示者前面，真有那种"你说往东，它不敢往西"的味道。

这款旅行箱很有科技含量：它内置美国赛格威公司特别定制的跟随芯片，采用超宽带精准军用无线电定位技术，通过配备的专用多功能遥控器，不仅能通过摇杆直接控制旅行箱的行进，还能设置自动跟随模式，在 20 米范围内实现一键召唤。

更令人叫绝的是，它拥有重心自适应控制系统，即使突然受到一定的外力冲击，依旧能自动保持平衡的行进状态。根据不同的出行场景需求，这种旅行箱配置了电助力、斜坡助力和减速、驻刹等多种辅助行进模式，优化了在坡度路面状况下的使用体验，最大爬坡角度可达 30°，行进过程中能轻松通过颠簸路面及减速带，适应航站楼等各种复杂的路面场景。

类似的黑科技还有不少，比如法国创意美妆公司罗米·巴黎展示了一种"迷你个人护理室"，能够每天为你定制个人专用的皮肤护理精华液，而且会通过一款辅助软件对你生活的环境、活动内容以及睡眠习惯进行综合分析，不仅可以把你打扮得更漂亮，而且还能让你生活得更有质量。可以想象，这种产品一旦推向市场，极有可能成为无数爱美女性的新宠。

韩国三星公司推出的智能冰箱，通过应用软件能够帮助用户了解食物储存状况与菜单信息，加强家庭成员的交流和日程管理。冰箱内部还安置了高品质扬声器，用户可以将智能手机里的内容同步推送至冰箱进行播放，更为浑厚的重低音、更加丰富的中音效果，让消费者做饭之余还能享受到美妙的家庭娱乐。

中国海尔公司展出了配备"防电墙"专利技术的智能马桶盖，具有臀部清洗、女性清洗、混气冲洗、暖风烘干、自动除臭等主要功能。设备在注重实用的同时，还增加了健康功能，采用了银离子抗菌喷头、座圈和净水过滤系统，喷头每次清洗或者自动重启时都会自动清洁，抑制细菌滋生，真可谓干净与健康两不误。

跟机器人、无人驾驶汽车、智能电视、智能手机等相比，上述黑科技产品都属于"小科技"，但却关乎人们日常生活的大需求。互联网革命已让无以计数的企业插上双翼飞向远方，下一波该是大数据、人工智能引起的革命性变化。只要想得到、做得成、行得通，小科技不只会改变人们的生活，而且能开辟出巨大的市场。

（2018年1月31日）

地球南北，何以冰火两重天

陆春晖

2018年伊始，北半球的宠物狗被"冻硬了"，南半球的马路上则可以"煎鸡蛋"。"炸弹气旋"导致美国东部多地气温急剧下降并创出新低，局部地区气温跌至零下38摄氏度。然而，地处南半球的澳大利亚却饱受酷暑折磨，悉尼气温一度飙升至47.3摄氏度，为近80年来最高。南北半球惊现近100摄氏度的超级温差。

世界气象组织认为，极端天气事件频发的背后，代表的是气候的一种趋势性特征——地球不断变暖。科学研究已经证实，由于人类活动导致的大气温室气体浓度增加进而造成的全球变暖，可以改变极端天气事件的发生频率、强度、空间范围及持续时间，并可能引起前所未有的极端事件。最新研究结果表明，当气候的平均状态发生改变时，极端天气事件发生的频率会显著增加，如果温度均值向暖方向偏移，极冷天气就会减少，极暖事件频率会显著增加，反之亦然。

此外，气候变化还会改变大尺度的环流格局、海气相互作用、陆气相互作用等，进而影响不同区域极端天气气候事件的发生规律。以赤道太平洋地区的"厄尔尼诺"现象为例，全球气候变暖使得海气交换增强，海洋也会吸收大气中增加的温室气体，进而导致海水升温，由"厄尔尼诺"引发的极端事件和灾害则会相应增加，如南美东南部和北美西部的洪水，以及印度、澳大利亚等地的旱灾等。

与此同时，全球变暖也造成了北极海冰的加速消融。过去30年，夏季海冰的最小覆盖面积已经缩减了一半，其直接后果是通过影响西伯利亚高压改变北半球冬季的大气环流，进而导致欧亚大陆中高纬度地区极端低温事件频率显著增加。

近年来，与全球变暖有关的极端天气气候事件日趋频繁，给社会经济、生态环境和人体健康等带来诸多不利影响。根据权威机构的数据统计，1980—2013年，全世界发生自然灾害2.2万次，造成约3.8万亿美元的经济损失。大约87%的自然灾害、70%以上的经济损失，都与干旱、洪水、热带气旋、高温热浪、低温冷害等气候灾害或气象条件直接相关。

说到底，无论"冻死个人"还是"热死个人"，都与全球气候变暖息息相关。如果人类不致力于遏制气候变化的趋势，到21世纪末，陆地区域高温热浪事件的发生概率将是现在的5—10倍；极端低温事件全球平均而言将有所减少；极端强降水事件的发生频率在全球大部分地区将有所增加。

如何减少极端天气事件发生的概率，让地球变得不那么"乖戾"，同时加强风险管理，这是管理者和科学工作者的共同责任。

（作者为国家气候中心气候变化室副研究员）

（2018年1月19日）

五洲茶亭

深触经典的灵魂

王佳可

提起法国作家福楼拜,读者大都会想起《包法利夫人》,这是他耗费 4 年多时间精雕细琢且最负盛名的作品,被视为"西方现代小说的起点"。然而,这样一部在文学史上具有里程碑意义的经典,近日在网站上却被网友称作"爱慕虚荣的白穷美"的故事。另一位法国作家司汤达创作的《红与黑》,在网友笔下则由一部反映时代风云变幻的批判现实主义力作,惨变为"凤凰男的逆袭"。

文学本是一门丰富性的艺术,在兴趣盎然的文学况味之外,也记录下人类丰饶灿烂的文化发展史与凤凰涅槃般的精神历变史。如果说写作与阅读是人类记录自我、创造历史的方式,文学经典就是历经代际写作与阅读淘洗后的时代和民族文化结晶,这些人类文明的成果通过经典阅读代代相传。于是,意大利作家卡尔维诺说,经典"是一本每次重读都像初读那样带来发现的书""是一本即使我们初读也好像是在重温的书"。裹挟着人类过往历史的丰富经验,伟大作家们的心灵图谱凝聚成一部部文学经典,既拥有历史的温度,又照见未来。通过阅读经典,我们沿着人类文明史一路溯源,找寻自己的坐标,洞见他者的智慧,构筑光明的未来。

阅读经典并不轻松。这是因为一部文学经典在表层故事之外,内里还是一部文化史、文学史和精神史,需要凝神静气,深度阅读。例如西方文学的滥觞

《荷马史诗》不仅记录了古希腊英雄时代波澜壮阔的战争场面，对普通战士和家庭婢女也有着生动的细节描写，堪称一部古希腊社会由原始公社制向奴隶制过渡的文化风俗百科全书。又如被誉为"整个西方文化核心"的莎士比亚对后世作家的影响几乎贯穿文学史，对莎士比亚与狄更斯的作品进行研究性阅读，是对"言外之意"的探求，也是对文学发展轨迹的爬梳。再如美国作家海明威的小说描绘了第一次世界大战对人类精神的创伤性影响，二战后美国作家塞林格的《麦田里的守望者》则是一部记录青年成长期挫折与困惑的自传性小说，它们都反映出某一特定历史时期美国民众的精神面貌与时代特质。

法国启蒙思想家孟德斯鸠说："喜欢读书，就等于把生活中寂寞的辰光换成巨大享受的时刻。"深度阅读使文学经典展开成广阔的社会风俗画卷，使读者聆听作家间心灵与心灵的喁语，继而跨越时光的沟壑，对历史投去深深一瞥。深度阅读经典令我们认识到世界广阔至此，人类心智辉煌如斯，在日复一日的滋养下，提升了认知力与理解力，丰盈了想象力与审美力。

与需要付出时间与耐心的深度阅读相比，以手机、平板电脑等电子终端为载体的"碎片化阅读"近年来颇为盛行。人们愈发习惯于在乘车或工作间隙一目十行地浏览一篇篇"10万+"文章，或观看一段15秒以内的短视频。这样断续且不完整的阅读模式大幅侵占了深度阅读的空间，令人们习惯于同质化、碎片化阅读的浅尝辄止，自然会导致认知的偏差和思考能力的匮乏。如此，对《包法利夫人》中人性的深度探寻视而不见，只做非黑即白的"道德判断"也就不足为奇。

人们通过"碎片化阅读"放松心情、浏览资讯无可厚非，但阅读的触角不该仅囿于此。深度阅读经典是对当下浅阅读、轻阅读等"碎片化阅读"模式的矫正纠偏，也是在当下语境中对经典作品文学性与审美性的再度认知。"书山有路勤为径"，唯有在书海中深潜，给经典多一些时间，才能深入文学作品的肌理，读懂人性的丰富，看到世界的广阔，理解历史的深邃，传递文明的火种。

（2018年11月11日）

美的殊途

梅松松

康熙末年，27岁的传教士郎世宁踌躇满志地走进中国宫廷，擅长油画的他受到康熙的召见并成为一名供职宫廷的"洋画师"。

因东西方对艺术理解与表现的殊异，来自欧洲的画艺起初并未得到康熙的全面肯定。这让年轻的郎世宁看到了中西艺术之间的鸿沟与艺术个性，在此后半个世纪里，调适东西方艺术成为他的主业，最终形成具有郎氏特色的宫廷绘画风格，开创了中西绘画融合的先河。

近日，在中国国家博物馆举办的《国博讲堂》上，著名国际汉学家汪德迈带来一场"中西艺术差异与互相影响"的学术讲座，他对中西绘画发展历程的总结与中西艺术个性的阐述，再度引发了公众对东西方艺术差异问题的关注。而谈及中西艺术最大之不同，莫过于二者在"写意"与"写实"方面的各自发展。

写意，有抒写心意、凸显意境之意。写实，则以写真、再现为特点。中国绘画的写意性，不仅仅是指绘画像与不像的问题，而是更侧重画家倾注于绘画中的态度、情感及对画面意境的营造。苏轼评价诗人王维的作品是"诗中有画，画中有诗"，很好地诠释了中国绘画艺术中对情景交融的重视。

早在中国艺术起源的史前时代，那原始彩陶上灵动的线条、活泼的构图、丰富的内容，便显现出古人在追摹自然过程中的情感抒发与意趣表达。"逸笔草草，不求形似，聊写心中逸气"等艺术思想成为中国绘画的精髓所在，尤其在赵孟頫提出"书画同源"后，书画的线条之美、意趣等被发扬，将重视写意抒情视为艺术品格高下的品评标准。当然，中国古代绘画中亦不乏写实性作品，以"工笔"或"半工半写"手法创作的作品，在画面效果上看似在追求"象"的程度，却是在"外师造化"时去强调"中得心源"的重要。

与中国画不同，西方绘画艺术追求对现实的再现与模仿，柏拉图、亚里士多德等就提出艺术产生于模仿。如果说中国绘画更多强调抒情，那西方绘画则更专注叙事，无论是反映宗教、现实生活，作品表现的叙事性与纪实性决定了西方绘画强调现实与写实的特质。纵观西方绘画发展历史，从早期的彩陶绘画到中世纪的壁画艺术，再到文艺复兴时期及以后的油画艺术，可以清晰地看到西方艺术遵循一条以追求写实为目的的发展脉络，直至17—18世纪受巴洛克、新古典主义等影响而将写实绘画发挥到极致。诸多绘画大师均以极其高超的写实技艺闻名，如以达·芬奇为代表的文艺复兴三杰，17世纪的鲁本斯、伦勃朗，18世纪的安格尔等。

写意与写实成为中西艺术各自秉持的传统，二者表现不同的原因复杂多样。从绘画材料来看，中国传统绘画以笔、墨、水为主，水墨的皴擦晕染、浓淡干湿往往千变万化，尤其水墨写意作品多一挥而就，不宜反复修改、涂饰；而西方的绘画艺术，尤其油画艺术，则可反复涂绘，层层覆盖，虽然绘制中的流畅性不及中国水墨，但却为达到细致入微的描绘与展示写实的技法提供了前提。如处于同一时期的达·芬奇与唐寅，同样是人物画作品，达·芬奇笔下的《蒙娜丽莎》犹如定格的写真照片，造型、色彩形象逼真，而唐寅笔下的仕女，则寥寥数笔勾出其形神，一颦一笑风韵十足。

作为绘画主要构成的线条，在中西方绘画中各具特色。中国古人对线条艺术的驾驭在新石器时代的彩陶上可见一斑，自由、灵动、充满生命力，在水墨画技兴起后，线条既有塑形的作用，又有朝着艺术化发展的内涵演变。到明清时期为展示线条之美的"十八描"，虽有程式化特色，却也将中国画线的艺术发挥到极致。西方绘画中的线条，基于素描、速写的发展，主要以塑造形象结构、块面为目的，所有的线都要服务于最后的整体艺术效果。对比中西方绘画中的线条艺术，比如中国的《八十七神仙卷》与西方伦勃朗笔下的速写作品，线条分别服务于写意与写实的艺术效果，各有千秋。

对画面的空间处理也是导致中西绘画作品风格迥异的关键。从原始彩陶上的平面绘画开始，就奠定了中国绘画平面性的艺术"基因"。中国古代的平面绘画艺术与立体雕塑艺术并行发展，尤其玉器、青铜、陶塑等立体的装饰效果，使得中国人对艺术的欣赏与观看形成多角度的散点化特点。散点透视所产生的艺术效果，增加了画面空间的流动性，也符合写意抒情的要求，如经典的"手卷"作品，展玩之间，如入画中游。西方绘画为还原事物的真实性与客观性，则在二维平面上以焦点透视的方法，塑造虚拟的三维空间，对表现物象的体积、结构、比例等把握比较到位，力争再现自然的真实。如果说焦点透视带有某种对绘画科学的理解与实践，那散点透视则饱含中国古人游于艺的情怀。尤其以长卷山水为代表，可行、可游、可望、可居，形成"咫尺有千里之趣"。

此外，对待色彩的态度也造就了彼此的不同。中国绘画不强调光影效果，尽管在色彩运用上遵循"随类赋彩"的原则，但以水墨为主要特色的中国绘画，更强调笔墨关系，用笔的力度与墨色变化。西方绘画则重视色彩的应用，一是将色彩作为还原真实的表现；二是以色彩入结构，塑造更为真实、立体的形象、空间；三是将色彩与光线融合，营造画面的空间效果与艺术真实。以17至18世纪中西绘画为例，中国传统水墨山水、花鸟画将笔墨运用与形神关系巧妙结合，出现了如八大山人、石涛等将水墨与意境融合的艺术大师。而西方绘画，尤其北欧发展起来的静物绘画，则极力还原植物、动物真实的形态与色彩。后来崛起的印象派，则将对自然光、色的追求推向新的高度。

中西绘画艺术各有所长，但二者互相影响与融合的历史却不长。正如文首提到的郎世宁调和中西绘画艺术那样，300多年前东西方文化的交流促成了中西方绘画艺术的首次正式关联与互鉴。西方绘画创作的方法、理念等开始在中国传统画坛发生作用，但由于康乾时代正值中国复古艺术及文人画发展高峰之际，即便经郎世宁及其继承者改良或调和后的具有中西融合特点的绘画，在当时也不为主流艺术所接纳，仅流行于皇家及少数贵族群体。但应看到，郎世宁所改进的兼具中西绘画特长的新绘画艺术，在开创新的艺术风格与面貌的同时，也为古老的中国绘画艺术注入了活力。

就在郎世宁来华的一个半世纪后,"放眼看世界"开始成主流之势,涌现出一批主动接触西方艺术,并将西方艺术优长主动借鉴而改良中国绘画的中国艺术家,代表人物有李叔同、丰子恺、徐悲鸿、刘海粟、林风眠,等等。尤其徐悲鸿主张以"写实主义"改良中国绘画,将西方油画的写实技法融入中国画的写意创作,在弥补中国传统绘画造型不足的基础上,保留一定的中国绘画的写意趣味,从而形成了引领时代新的艺术风貌。

进入20世纪后半叶,西方绘画在某种程度上也开始借鉴中国艺术的精髓。张大千当年在拜谒毕加索时,毕加索就对中国艺术尤其中国书法很是推崇,表明了中国书画艺术的魅力。今天,在世界多元文化快速发展的时代,中西艺术的交融与互鉴更为频繁、密切,许多当代中外艺术家,在表现形式与艺术内涵上从中国古老书法、绘画艺术中取经,探索着艺术的创新发展之路。未来,在共建"一带一路"的推动下,中国的传统绘画与西方绘画将进一步互鉴、融合,谱写出新时代中西文化、艺术交流的新篇章。

(2018年6月3日)

科学思想的伟力

叶为宝

今年 5 月 5 日，是马克思诞辰 200 周年纪念日。在这样一个让人难以忘怀的日子，我情不自禁地回想起去年秋天在伦敦拜谒马克思墓的情景。

海格特公墓是伦敦最大的公墓之一，占地约 15 万平方米。马克思墓位于公墓东园，沿小径前行不远，是一座高约 3 米的花岗岩纪念碑。英国皇家雕刻学会前主席劳伦斯·布莱德肖雕刻的马克思铜质头像安放在碑顶。头像造型逼真，头发蓬起，目光如炬，美髯浓密，栩栩如生。墓碑两侧各有一个雕花青铜环。纪念碑正面刻有几行镏金大字，上面写着《共产党宣言》中的名句"全世界无产者，联合起来！"下面是《关于费尔巴哈的提纲》中的结束语："哲学家们只是用不同的方式解释世界，而问题在于改变世界。"

这座墓是 1956 年由英国共产党集资、在海格特公墓的醒目位置为马克思重建的。据说墓碑是从原来位于海格特公墓深处的墓地迁移而来，现移至公墓东园，离入口较近，也较宽敞，便于各国拜谒者瞻仰。

恭敬地伫立在马克思墓前，我的耳边仿佛响起了《国际歌》的声音："满腔的热血已经沸腾，要为真理而斗争！……"凝视着铜制的马克思头像，浮想联翩：正因为 1818 年 5 月 5 日在德国特里尔诞生了马克思，才有了世界上第一份红色宣言《共产党宣言》，才有了与各种宗教信仰迥然不同的马克思主义；正是有了马克思主义，世界才有了波澜壮阔的共产主义运动，才有了苏联十月革命和马克思主义不断中国化的过程，才有了中国共产党领导中国人民实现从站起来、富起来到强起来的伟大飞跃。

伫立在马克思墓前，我不禁想起了恩格斯《在马克思墓前的讲话》这篇千古传诵的悼文。1883年3月14日，马克思在伦敦与世长辞，享年65岁。在3天后的葬礼上，恩格斯发表了深情、精辟的讲话。他这样评价马克思：作为科学家，马克思十分重视科学中的每一个重大发现，把科学看成是一种在历史上起推动作用的、革命的力量；作为革命家，他毕生满腔热情、坚忍不拔和卓有成效地为无产阶级解放事业而奋斗。列宁则充满激情地盛赞马克思和恩格斯在长达40多年的革命斗争实践中形成的最亲密、最崇高的革命友谊。他说："古老传说中有各种非常动人的友谊故事。欧洲无产阶级可以说，它的科学是由这两位学者和战士创造的，他们的关系超过了古人关于人类友谊的一切最动人的传说。"正是这种真挚纯洁和高尚的友谊，决定了只有恩格斯才最了解马克思和他的思想，才最有资格、最能科学地评价马克思及其理论和实践。

进入公墓大门时，守墓人递给我们一本介绍马克思的小册子——《卡尔·马克思，从特里尔到海格特》。小册子上，有马克思的女儿爱琳娜为马克思夫妇和女佣海伦写的墓志铭。读着这些饱含深情的文字，我仿佛看见了马克思幸福和睦的一家人，全力支持马克思以毕生的精力、超凡的智慧、睿智的眼光、刚强的毅力，挥动犀利的"手术刀"，从解剖社会常见的"商品"和"剩余价值"入手，写作不朽的《资本论》的情景。守墓人告诉我们，前来拜谒马克思墓的游人络绎不绝，尤以中国人、俄罗斯人和德国人最多。

伫立墓前，我想起了著名诗人臧克家的不朽诗句："有的人活着，他已经死了；有的人死了，他还活着。"20世纪80年代末，在法国巴黎的一次国际会议上，人们便喊出了"马克思没有死，他还活着"的口号。2008年国际金融危机爆发以后，喊这个口号的人更多了。"马克思热"正在全球兴起：《资本论》热销，"重读马克思"掀起热潮。这无疑是对马克思最好的告慰。

在我心中，这座普通又极不普通的墓碑，是一座巍峨的高山！不管国际风云如何变幻，马克思主义真理的光辉依然闪烁。正如习近平总书记所说："无论时代如何变迁、科学如何进步，马克思主义依然显示出科学思想的伟力，依然占据着真理和道义的制高点。"经过长期的努力，中国特色社会主义进入新时代，科学社会主义在 21 世纪的中国焕发出强大生机活力。正以崭新姿态屹立在世界东方的中华民族，以自己气势磅礴的伟大实践，印证着马克思主义的思想伟力。

（2018 年 5 月 13 日）

呵护童心"悦"读

瓦力·德·邓肯

童书是最重要的文学形式之一，同时也是最容易被我们忽视的。它是孩子们在成长过程中接触到的第一个真正的视觉内容和文学熏陶，每个人对童书的认知和记忆，往往与日后最爱的文学作品有了很深的关联。书籍给孩子一个用来撬动这个世界的杠杆。书籍可以告诉孩子们：生活比我们想象的要大得多，也比我们想象的要复杂得多。书籍里有与我们自己一样的人，也有异于自己的人。

一本很出色的童书即使可能激发孩子们对迷路、挨饿或对致命危险的恐惧，但同时也能强化他们应对这种恐惧的内在能力，并帮助他们发现自己真正的力量所在。然而，书籍的匮乏在当今这个时代令人难以想象。2017年，印度仍有数百个村庄和小城镇，甚至许多城市的社区，儿童从不读书甚至根本看不到书。英国图书馆活动家蒂姆·科茨分析认为，受大城市儿童图书馆沉重的负担所致，过去5年来，英国的儿童图书借阅率下降了22%。

去年12月，我很高兴听到一个消息：国际儿童读物联盟巴基斯坦分会计划为巴基斯坦全国儿童建立640个图书馆，主要集中在俾路支、吉尔吉特—巴尔蒂斯坦和旁遮普省的偏远地区。这个美好的图书馆项目让我非常兴奋。去年9月，在许多志愿者多年的努力下，意大利最南端的小岛——兰佩杜萨岛的第一家为儿童和青少年开设的图书馆终于开馆了。

我们为孩子们提供了获取信息和接触文学的权利，从地中海为世界带来了阅读的一道光，非常具有象征意义。重要的是，我们呼吁大家要采取行动，全球各地的难民儿童和他们获得书籍是各国的主要关切。国际儿童读物联盟法国分会去年为阿拉伯国家的儿童和年轻人选择了100本来自全球各地的书籍。

在国际童书发展新趋势方面，电子书目前仍然存在争议。许多儿童不喜欢阅读电子书，2014年，有65％的6至17岁的儿童表示他们更喜欢阅读纸质书籍，这一趋势似乎仍在继续增长。这表明，儿童图书出版商仍需要继续纸质书的投资和出版。

如今，来自不同文化背景、不同国家的各国艺术家正在就全球性主题尝试展开新领域的合作和创作。这是非常重要的一步，中国的艺术家们也正走在这条路上。我非常赞赏中国插画家与来自其他文化的作家之间的合作，包括中国作家与外国插画家之间的合作。

由安徽少年儿童出版社出版的国际儿童读物联盟创始人杰拉·莱普曼的儿童图书中文译本出版了，无疑将进一步推动国际儿童读物在中国的发展。山东出版社对出版布拉迪斯拉发国际插画双年展获奖者作品的倡议也非常令人赞赏，它将把国际顶级插画家的作品带到中国，让更多的小读者看到。另一个美妙的合作案例，中国知名儿童文学作家薛涛和俄罗斯著名画家安娜斯塔西亚·阿卡普瓦联袂创作的一本原创绘本《河对岸》。故事讲述了一段满怀生存关怀、忍耐和感恩的温情故事。

国际安徒生奖是国际儿童读物联盟颁发的重要奖项之一，是授予儿童文学作家和插画家的最高荣誉。2014年国际安徒生奖插画奖获得者、巴西插画家罗杰·米罗和2016年国际安徒生奖获得者、中国儿童文学作家曹文轩合作的绘本《羽毛》就是一次精彩的大师合作。他们通过优美的文字和图画，共同讲述了一根流离的羽毛找它属于哪只小鸟的诗意故事。它也反映了全人类共有的起源和归属问题的主题，全球读者都很喜欢故事文字的深意和插画的美妙。这说明，无论中国还是其他任何国家，如果想在青少年读物国际市场上获得成功，还应对全球性话题给予更多关注和思考。

通过这些成功的合作项目，中国在国际童书领域和市场上发挥着越来越重要的作用,并向全球展示了其未来的发展道路。在中国,国家还在大力推进为残障青少年藏书、阅读推广项目等工作。曹文轩获得被誉为"儿童文学诺贝尔奖"的国际安徒生奖就是世界其他国家如何看待当代中国儿童文学非常重要的一种认可。熊亮是近年来首位提名国际安徒生插画奖的中国插画家,对此我也感到非常高兴。作为一位非常年轻的插画家,能够得到这种认可和喜爱非常难得。中国的童书出版业当然也面临一定的挑战。需要指出的是,为翻译人员提供语言培训很重要,英语以外的其他优秀翻译人才依然缺乏,中国出版业需要投资的重点是优秀的翻译人才。

如今,儿童文学在世界各地蓬勃发展,但原创书籍面临的最大威胁是内容的平淡乏味。由于全球化市场的日益扩张,青少年文学商业化趋势在加剧,大型国际出版商生产更多的是平庸无趣、"万金油式"的儿童和青少年书籍。我们应该对将年轻读者视为商业用户的做法说"不!",应该给儿童和青少年提供高质量的文学和插画作品,用心呵护他们。

(作者为比利时作家、儿童文学专家、国际儿童读物联盟主席,本报记者韩硕采访整理)

(2018年4月22日)

从王羲之书法名迹说起

乔鲁京

自1982年以来，每年的4月18日被联合国教科文组织定为"国际古迹遗址日"，今年的主题是"遗产事业，继往开来"，旨在推动遗产保护的代际传承。恰好，这个春天，我先后走访沈阳、福冈等地，欣赏到几件难得一遇的王羲之书法名迹，也由此对遗产保护事业的继往开来多了一些思考和感悟。

在辽宁省博物馆，我见到《万岁通天帖》。武周时，琅琊王氏后人王方庆进献家族书法，武则天于万岁通天二年下令钩摹，故此卷以年号名之，现存七人十帖。其中书圣《姨母帖》《初月帖》，或朴厚凝重，或率意畅达，为世人熟知。另六人八帖，从与王羲之同辈的王荟，到其后第四代王慈、王志，都有翰墨留存。细读这挥洒纵横的一门书翰，不免感慨琅琊王氏家族文才代代相继，书学承传有序。正如董其昌所言"此帖云花满眼，奕奕生动，并其用墨之意一一备具，王氏家风漏泄殆尽"。

其实，《万岁通天帖》这卷国宝是一个缩影。它所映射的，是无论再伟大的文化遗产，其创造者、传承者、守护者终归是具体而微的人，而家是每个人的安身立命之本。所以我们常说遗产事业的根基在基层、在社区，无论是公众教育，还是关键少数——譬如某项非遗的传承人，如果能有更多的家庭热爱传统文化，进而关爱文化遗产，并能如"忠厚传家久，诗书继世长"一般形成新家风，世代相传，那么"遗产事业，继往开来"自然就有了坚实基础。

在福冈，我与唐代传入东瀛的《丧乱帖》面对面。八行六十二字由行入草：

"羲之顿首，丧乱之极"时笔力尚雄强，"追惟酷甚，号慕摧绝"时字字已泣血，及至"临纸感哽，不知何言"时，浓点轻拂间尽显惨淡之情，可谓美学中的悲剧精神在中国传统文化里的重要体现。《丧乱帖》后，书法如颜真卿《祭侄文稿》，文章如庾信《哀江南赋》，戏曲如《窦娥冤》，小说如《红楼梦》，这类中国式的悲剧性审美体验在在皆是。它们所表征的，正是中华民族精神气质与血脉风骨里崇高且悲慨的一面。

设若把一个国家、一个民族比作一棵树，那么凝聚了历史、科学、艺术三大价值的文化遗产就是这棵树上最绚烂的花朵、最成熟的果实。花开花谢，果熟蒂落，遗产诚然亦有兴衰更替，但春华秋实，岁岁不息。究其本质，每代人传承守护的，表面看是遗产，实则是这个国族的精神气质与血脉风骨。惟有悉心呵护，这棵国族之树才会参天，才会历经劫波而依然枝繁叶茂。

遗产保护事业的继往开来，蕴含着不同文明、不同国族之间的相互交流。在福冈的《王羲之与日本书法》大展上，可以看到王羲之书风对异域文明的影响。在日本被誉为"三笔三迹"的书法名家们无不浸淫王氏书风，且又自出机杼，发展出特有的假名书法。到了宋元时，既有众多扶桑禅僧来华求法，又有兰溪道隆、一山一宁等大德渡海传经。因为再一次深刻影响了日本文明的气质与面貌，所以这一波文化互动的意义并不亚于日本遣唐使及鉴真东渡。

在展览中颇难得一见的，还有京都建仁寺收藏的一山一宁名迹《雪夜作》立轴，上书一首七言偈诗，作于1315年，较之纸本立轴的元人张雨《登南峰绝顶诗》，应早上多年。因之这件旅日高僧书写的立轴，又让我们对于宋元时代的书法艺术有了新的认识。如此说来，《雪夜作》正是一个象征。它是不同国家、不同民族间文明交流的象征，虽然琐细，但聚水成涓，正是这些近乎微末的文化遗产点滴汇集，方才成就起文化交流的清渠活水来。

这个春天里，公开展示的王羲之书法名迹何尝不是一个启示？它意味着遗产的代际传承不止于保护，还需与古为徒，推陈出新；它意味着遗产传承不止于代际，还需不同文明间的交流与互鉴。惟此，中华文化方能实现创造性转化和创新性发展，这或许正是"遗产事业，继往开来"的真谛所在。

（2018年4月15日）

中国，我的家

布里塔·海德曼

无论何时，当我降落在中国的机场，都犹如回家。

每每此时，我总会想起在2008年北京奥运会上，人们高喊着"小月，加油！"为我鼓劲的那一刻；也总会想起13岁时，我因参加学校的交换项目来到北京，与中国国家击剑队共同训练的那段日子；还会想起在中国遇到的令我难忘的人们，我与他们结下深厚友谊，体验到令人陶醉的中国文化。

在这一切中，最重要的是我真诚敬佩中国和中国人民，在如此短的时间内使国家获得如此长足的进步，这令我为他们的能量和热情深深感动。在过去20年里，我目睹了中国社会的迅速发展，每每思及，我甚至难以相信进步如此巨大，时间却如此短暂。

也许有人会问，为什么中国对我而言如此特殊？

在我13岁时，全家曾前往中国南方旅行，无论语言、风景、食物，还是中国文化，于我而言都是那么新奇，令我着迷。回家后，我开始学习中文。1年后，我来到中国，住在一户中国人家中，并在北京第25中学就读。在中国，在北京，日常生活中的许多事情都与德国截然不同，我很高兴能有机会感受另一种生活态度：老年人在公园中锻炼身体，人们晚上在道路两旁跳舞，如此轻松自然。我对中国的教学体制也有所了解，同时为中国家庭的日常生活和家庭成员间深厚的亲情所打动：我借住的那户人家叫我"小月"，而他们的女儿名叫"小阳"。当我结束在北京难忘的生活回到德国,高中毕业后,我开始在大学学习中文和经济。

这段生活与日后我在体育生涯中所经历的一样:跨越国界,前往另一个国家,与来自异质文化的人们交流互动,拓宽眼界,从而了解更多国家人们的思想。这也是我为什么愿意在未来8年中,成为国际奥林匹克委员会中的一员:与各种各样的文化相遇,将大大丰富我的人生。

在2008年北京奥运会上获得女子重剑击剑冠军,是我人生中发生的最不可思议的事情;获得冠军后的那段时光,更是我作为一名运动员最无法忘怀的一段宝贵记忆。我一直不敢相信自己竟然在第二故乡中国,在运动生涯最重要的比赛中夺冠。之后,我参加了一些中国电视台的节目,也正是从那时起,我时常跟随德国代表团前往中国。直到今天,我每年都要来中国许多次,协助德方体育、政治、商业或文化领域的代表团与潜在的中方合作伙伴交流洽谈。3年前,我写了一本关于中德关系的书,希望能令德国人更加了解中国民众的生活和思考方式。这本书已经在翻译过程中,我希望自己描绘了一幅详尽全面的中国画卷。

现在最令我高兴的是自己从事的击剑运动在中国日益流行,家长送孩子学习击剑已经成为一股潮流。击剑不仅是一项优雅独特的运动,当拿起剑,你还要在每一个阶段都能够平衡胜利与失败,你要克服内心的恐惧,直面对手。事实上,在更多时刻,对手并不仅仅是你对面的人,还包括你自己。勇敢迎接挑战,在恰当的时刻做出决定,尽可能耐心等待,机会来临时全力进攻——这不仅是在击剑中学到的宝贵经验,也是需要在人生中学习的重要事情。

我希望来中国的次数越来越多,帮助中国的击剑运动事业更快发展。所以,下次再见!

(作者为2008年北京奥运会女子重剑击剑冠军,王佳可译)

(2018年4月1日)

青春的见证

王海林

竖起大拇指，在拉美有感谢的意思。5年前，作为人民日报记者，我到了2万公里外的巴西；5年间，我发现，经常伴随这个动作的，还有一个单词，那就是"中国"。

奥兰多住在亚马孙雨林深处。他说，走出村子，要在雨林里徒步10个小时。那里没有电话，也没有网络，一封信常要寄几个月。4年前，由中国研制的玻利维亚首颗通信卫星成功发射。如今，在村子里，电话、网络都有了，奥兰多就对我做了这个动作，他说"感谢中国，帮我们圆了卫星梦"。

两年前，厄瓜多尔发生7.8级地震，房屋瞬间倒塌，废墟遍地，空气中弥漫着腐烂的气味……中国火速派去5架飞机，送去5400顶帐篷、9999张折叠床。中国帮助打造的国家安全综合指挥控制系统（ECU911）成为地震救援生命线。见到中国记者，当地人情不自禁竖起大拇指，他们说"Chino，Chino"（西班牙语"中国人"的意思）。

这一声声"chino"，让我不仅感受到国与国间的热度，更触摸到人与人之间的温度。这背后，是无数人的奉献和牺牲。

三年前，我在南极采访，遇到科考队员孙启振。他说，最牵挂的，是3岁的儿子豆豆。听说爸爸在南极，豆豆说："爸爸，我要坐着火车去南极看你。""坐着火车，去南极"，儿子的话，让这位80后父亲泪流满面……

17年前,面对祖国方向,雪龙船汽笛长鸣三声,为一位逝者送行——她,是第十八次南极考察队员曹建军的妻子,在与白血病抗争5年后,永远闭上了眼睛……此时,曹建军已泣不成声,他想说,为什么,为什么不能再等等我,等我回来。

孙启振、曹建军只是无数海外工作者的缩影……他们远离祖国、亲人,不少人骨灰永远洒落异国他乡。让我们竖起大拇指,说一声谢谢,谢谢他们,让中国的脚步遍布四方,让世界见证中国梦想!

5年前,巴西大街上更多的是欧美品牌汽车。5年后,我离开巴西,里约奥运会上,从吉祥物、运动服装到地铁列车,无一不是中国制造。

2013年,习近平总书记首次提出"构建人类命运共同体倡议"。2017年,党的十九大胜利召开,"构建人类命运共同体"理念首次被写入联合国决议。5年时间,中国声音,激荡世界。

5年,只是历史长河的一瞬,却让我铭记一生。

当外国朋友一次次跟我竖起大拇指,我知道他们是在认可中国,认可中国大国外交的气度与胸怀。谢谢繁荣昌盛的祖国,给我青春非凡的色彩,给我走出去的底气和自豪;更要谢谢这个新时代——中国朋友遍天下、人类命运共担当!

(作者为人民日报记者,本文根据其在首都女记协"女记者眼中的新时代"中的演讲整理而成)

(2018年1月14日)

世界迎来"中国浪潮"

魏 薇

5年前,我采访了一个年轻人。当时他从乡下到北京打工,收旧货,就算每月只挣1500块钱,还要寄回家一半。他说他最大的梦想是蹬着板儿车,带着姑娘,到纽约时报广场转转。

在从波士顿回北京的飞机上,我碰到了一位美国老人。他一直在用流利的中文对"一带一路"倡议大加赞叹。到北京后,我和家人送他到酒店,他一路走在前面紧紧跟着我父亲,还不忘回头狡黠地对我说:哎,你知道小平同志在长征中做了些什么吗?我现在就像他一样,"跟着走"!后来,我对他专访,他说他特别希望能有更多的外国人,特别是外国年轻人,到中国来看看。

这俩人都是"80后",一个年纪轻轻,特别想到世界上转转,一个耄耋之年,仍不辞辛苦到中国来"跟着走"。在这5年里,那个年轻人选择辞职创业,利用互联网平台成功地把家乡的农产品卖到了"一带一路"沿线国家,实现了板儿车上的"速度与激情"。而那位老人,已经87岁,前一阵儿又来到了中国,他叫傅高义,是哈佛大学教授,《邓小平时代》作者。

这俩人似乎毫不相干,没有任何联系,但其实每个人的命运和抉择都镌刻着时代的烙印。中国板儿车青年、美国大牌教授,他们相会于中国与世界深度互动的时代大潮中,并产生了一种奇妙的结合。他们共同讲述了一个故事,那就是,中国,正在阔步走向世界,而世界,也在加速靠拢中国。

2015年,我接到全额奖学金到哈佛大学攻读硕士。两年里,从潘基文到希拉里，从马英九到小布什，我抓住一切机会采访提问。为了陶冶同学们的情操，我还成立了一个哈佛茶社。在学校，我发现很多同学都会说，"你好，谢谢，支付宝"，很多人都用着像韩国版微信、印度版淘宝这样复制我们的另类"中国制造"。

有人称世界迎来了"中国浪潮"。的确，当今世界比以往历史上任何时期都更靠近中国，但我们更应该脚踏实地。要知道我们是从"漏舟之中"的危局中站起来的，是从"一穷二白"的起点上富起来的，是从"开除球籍"的边缘强起来的。从过去跟着别人走，到现在别人跟着走，这一路艰难，我们应当铭记。

有人问，身为记者，在这个时代你们能做些什么？当今中国正经历着历史上最为宏大而独特的实践创新，这是一个需要思想并能产生中国特色思想的时代，这是一个需要声音并能产生强有力声音的时代。同时，这也是一个需要记者并能产生伟大记者的时代。在这个时代，我坚信我的同仁们仍有理想，从而能让世界看到中国的担当，让政策制定者看到努力的方向，让人民始终拥有对美好生活的向往。

2017年6月，毕业后第三天我就回到了北京。有人问我为什么如此急切？我说，我已经错过祖国这列"复兴号"近两年的疾驰，不能再忍受多一秒的煎熬与惆怅。我还说，祖国有我在美国从未见过的样子，一个属于未来的样子，因为这里有那么多心怀梦想的年轻人，还有我们共同写就的盛世华章！

（作者为人民日报记者，本文根据其在首都女记协"女记者眼中的新时代"中的演讲整理而成）

（2018年1月7日）

专版评论

和平是唯一正途

李 潇

超过7年的战乱令叙利亚遭受了史无前例的重创。据联合国西亚经济社会委员会（ESCWA）的数据显示，叙利亚因战争蒙受的损失约4000亿美元（约合人民币2.73万亿元），这一数字尚不包括战争中人员伤亡和高端人才流失带来的损失。与此同时，战争还直接造成了数十万人员死亡，150万左右人员伤残，以及严重失衡的男女比例。

目前，叙利亚国内各界较为普遍和主流的看法是，叙利亚问题的解决已由军事为主进入到了政治为主的阶段，同时叙利亚重建进程也应同步展开。叙利亚问题的政治谈判进程不仅与叙国内战场态势有着重大关联，同时也深受地区形势和大国地缘政治影响，这也造成了联合国主导的叙利亚问题日内瓦和谈，以及俄罗斯、土耳其和伊朗主导的阿斯塔纳会谈等国际斡旋平台长期难有实质性进展的局面。

相较于复杂的政治谈判，叙利亚经济重建问题除客观的安全因素外，还受到了以美国为首的西方国家的制约。美欧等西方国家坚称，在没有达成政治协议的情况下，不允许向叙利亚重建出资或解除对叙利亚制裁。这些制裁涉及范围广、力度大，涵盖能源、金融、设备、武器、日用品、贵金属、个人和企业财产等，这使各国企业对叙利亚投资都将承受巨大风险。自今年5月以来，笔者在叙利亚已接触了几批来自不同国家和地区的小型商务考察团，虽然各自侧重的业务领域有所不同，但他们最终得出的结论大致相同，即当地吸纳投资的需求十分旺盛，但鉴于安全因素和各类不可控风险，投资参与叙利亚重建进程需高度慎重和进一步观望。

无论是政治谈判还是经济重建，和平都是不可或缺的重要前提，同时也是叙利亚人民的殷切心声。充分关注和回应叙利亚人民的现实诉求，避免可能导致局势紧张和谈判破裂的行动，既是国际社会相关各方应有的共识，也是道义所在。

叙利亚问题错综复杂，决定了唯有以和为贵，方有可能标本兼治。在当前局势下，各方都应保持理性并展现出必要的灵活性，在联合国主导的框架下，通过包容性的政治对话，找到符合叙利亚实际、兼顾各方关切的解决方案。同时，充分尊重叙利亚的主权独立及领土完整，维护叙利亚人民自主决定未来的权利。

（2018年10月25日）

中国改革开放给非洲带来三大机遇

林毅夫

1978年，按照世界银行的指标，中国的人均国内生产总值（GDP）按当年价格计算为156美元，还不到撒哈拉沙漠以南非洲国家平均水平490美元的1/3。当时，81%的中国人住在农村，84%的人生活在每人每天1.25美元的国际贫困线标准之下。在这样低的起点上，1978—2017年，中国连续39年维持9.5%的年均经济增速，平均每年的贸易增长率高达14.5%。2009年，中国成为世界第二大经济体。2010年，中国成为世界最大出口国，而且95%以上的出口产品是制造业产品。2013年，中国成为世界最大贸易国。中国使超过7亿人摆脱贫困，对世界减贫努力的贡献率超过70%。

中国的改革开放给非洲带来三大机遇。

第一，中国产业升级给非洲国家带来工业化机会。历史经验表明，大部分民众以农业为生的国家必然贫穷落后，这是改革开放前的中国以及现在的非洲一些国家不发达的主要原因。要实现富裕，就必须走工业化道路。成功的工业化道路，必须发展符合比较优势的劳动密集型制造业，并且进入国际市场，才能创造足够多的就业机会，吸纳农村劳动力，实现工业化、现代化、城市化。二战后，日本、韩国、新加坡、马来西亚、泰国、印度尼西亚等先后抓住劳动密集型加工业在世界转移的窗口期，实现了从农业社会向现代化工业经济的转型。现在，中国的工资水平上升，中国的产业升级将带动新一轮劳动密集型产业在国际转移，这是史上最大的窗口机遇期。中国制造业从业人数为1.24亿人，劳动密集型加工业从业人数就达8500万人，而非洲整个制造业的从业人数不超过1000万人，这8500万劳动人口的窗口机遇期足以让非洲国家同时实现工业化，这是中国发展给非洲带来的一个重要机遇。

第二，"一带一路"倡议为非洲基础设施建设提供条件。中国提出"一带一路"倡议和中非"十大合作计划"，将为非洲抓住窗口机遇期提供必要条件。因为"一带一路"倡议以基础设施互联互通为抓手，中非"十大合作计划"聚焦工业化、农业现代化、基础设施建设等十项内容。劳动力多、成本低是非洲发展劳动密集型产业的一个优势，但是，这些产业如果要进入国际市场，不仅要素成本要低，总成本也要低。总成本中的交易成本取决于基础设施的好坏。目前，非洲国家普遍基础设施较差，这已成为经济发展的瓶颈。"一带一路"倡议和中非"十大合作计划"可以帮助非洲国家解决基础设施方面的瓶颈，为非洲抓住工业化机遇创造条件。

第三，中国发展为非洲发展提供思路。思路决定出路。改革开放40年来，中国取得巨大发展的主要原因就是转变思路。过去，非洲一些国家的发展思路基本上是沿袭了西方发达国家的理论。然而，发达国家的理论和经验是以发达国家的条件为前提，不适用于非洲国家。中国起步于世界上最贫穷的国家，发展的前提条件与非洲国家接近，因此，中国改革开放40年来所积累的经验和形成的理论，对非洲国家和其他发展中国家就更有参考借鉴价值。

过去40年来中国的发展表明，贫穷不是命运，每个国家都有可能摆脱贫穷，而实现繁荣的道路是工业化、现代化、全球化。中非合作可以给非洲国家带来工业化的机遇、实现工业化所需条件以及实现工业化的思路，携手非洲国家实现构建人类命运共同体所追求的共同富裕和共同繁荣。

（作者为北京大学国家发展研究院名誉院长、南南合作与发展学院院长以及新结构经济学研究院院长）

（2018年8月31日）

培养更多人才　发挥更大作用

徐浩良

近年来，随着综合国力的不断增强，中国参与全球治理的地位和作用也被国际社会广泛认可。联合国等国际组织是当今世界各国开展国际合作和参与国际事务的重要舞台。积极参与国际组织活动，并在其中发挥更大作用，是中国等发展中国家展示国家形象、提升国家软实力的重要渠道。

据统计，当前联合国秘书处系统中有中国籍职员约450人，占总人数的1%。其中，供职联合国秘书处的非语言类中国籍专业人员不到80名，低于联合国给出的约150人的名额。中国是世界第二大经济体、联合国安理会常任理事国、联合国会费第三大缴纳国。相对于中国的国际地位，目前我国进入国际组织工作的人员仍过少，尤其是国际组织高层次管理专业人才极其缺乏。发展中国家需要更多的优秀人才，尤其是年轻人才进入各种国际组织之中，以切实反映国际组织的多样性并增强发展中国家的话语权和国际影响力。

现在，中国年轻人对国际事务的关注越来越多，期望去国际机构工作的人群基础也越来越大，未来他们选择国际性职业发展的机会也会越来越多。目前在联合国的中国职员人数大大低于应有人数，这说明中国年轻人在联合国寻求工作机会的空间非常大。

值得欣喜的是，中国很多部委开始设立专门的项目帮助本部门年轻人去国际组织工作。此外，中国的不少高校都设立专项基金支持学生到国际组织或其他国际机构实习。

在联合国工作了25年,我最大的感受就是东方人的行为准则和西方的组织文化不太相同,这里面有文化差异的存在。如果只顾着埋头苦干,没有让别人了解自己的能力和成绩,很可能会影响事业发展。这时就需要自己不断探索并请有经验的同事来指导以适应组织文化,寻找合适的职业发展机会。

改革开放以来,中国经济迅猛发展,对国际组织的贡献也不断加大。从构建人类命运共同体到大力推动"一带一路"建设,中国在互利共赢的情况下不断加大对国际事务的投入,中国的国际影响也在不断增强。

让国际组织出现更多"中国面孔",有助于让世界更好地了解中国。国际组织的中国人才增加,最终反映的是中国国力的增强和不断发展。

世界需要"中国声音",很多国际问题解决需要中国的参与。在中国过去40年的发展历程中,国际组织为中国提供了相关帮助。在新的发展形势下,国际组织也需要中国分享其丰富的发展经验,中国现在有能力在人力资源上对国际组织提供支持,这对于国际组织的发展有重大意义。随着在国际组织中工作的中国人才增多,我相信在国际组织看到"中国面孔"将成为常态。

(作者为联合国助理秘书长、联合国开发计划署助理署长兼亚太局局长,
本报记者王海林采访整理)

(2018年8月17日)

柬中合作 硕果累累

布拉索昆

今年是柬埔寨和中国建交 60 周年。柬中两国山水相连、命运与共,在千百年的友好交往中,两国逐渐巩固和发展了兄弟般的友谊。

2010 年,柬中两国关系提升为全面战略合作伙伴关系,两国之间的友好往来与经贸合作迅速发展。中国对柬埔寨经济社会发展给予了毫无保留的支援和帮助,柬埔寨也全力支持中国在地区和国际事务中的重要主张,促进世界的和平与稳定。

柬中两国政治上高度互信、相互尊重,在平等互利的基础上展开密切合作,维护两国的核心利益。柬埔寨坚定奉行一个中国政策,中国始终尊重柬埔寨的主权和独立,坚定支持柬埔寨走符合本国国情的发展道路。

近年来,柬中两国从官方到民间的各层级交流互动日益频繁,不仅加强了两国之间的政治互信,同时也扩大了两国各领域的合作。政府间交流互动和密切联系的增加,鼓励了两国双向贸易的快速增长,促进了中国对柬埔寨的投资建设,从而有力推动了柬埔寨经济水平的快速提高。

如今,许多柬埔寨人选择去中国学习或者就业,大量的中国游客来柬埔寨旅游。据统计,去年来柬旅游的中国游客有 120 万人次,而且这个数字在逐渐扩大。旅游业和青年群体的交流促进了民心相通,增进了两国人民在各领域的理解、友好和尊重。

柬埔寨是"一带一路"倡议的坚定支持者。这一倡议促进了各国之间的紧密联系,在加深双边友谊、深化伙伴关系,发展互惠互利、共赢合作,推动国与国和平共处等方面,发挥了卓有成效的作用。

西哈努克港经济特区是柬埔寨最大的经济特区。"一带一路"倡议给西港特区的发展带来了重大机遇。在"一带一路"倡议框架下,金边至西哈努克省高速公路、暹粒新机场以及其他新签约项目等提上日程,展现了柬中经济合作、柬埔寨经济社会发展的美好未来。

柬中之间的友谊和合作,包括我们在"一带一路"倡议下达成的合作框架,毫无疑问将使两国的经济社会发展结出累累硕果,为推动构建人类命运共同体作出贡献。

建交60年来,经过双方的不懈努力,当前的柬中关系处于历史最高水平。这种良好关系是由两国领导人共同培育的,为两国今后更加紧密的友好关系打下了坚实基础。下一个60年,我们继续携手走过!

(作者为柬埔寨外交国际合作部大臣)

(2018年7月18日)

促进空间活动合作意义重大

西莫内塔·迪皮波

当前,越来越多的国家、组织和公司具备空间探索能力并从中获得经济和社会效益,确保外层空间安全和可持续的外层空间国际合作比以往任何时候都更为重要。外空有巨大的潜力,值得去探索,同时也应该为和平的目的维系空间秩序。确保让非太空探索强国和发展中国家跟上步伐非常重要。

空间是实现全球可持续发展的宝贵工具,因此我们应该确保每个人都可以获得和享受空间带来的便利。随着联合国向实现"2030年可持续发展议程"迈进,我们必须致力于制定共同的空间科学技术发展和应用目标,这也是联合国一直努力推动空间合作的原因。

联合国外空会议50周年纪念活动期间通过了一项特别决议,呼吁加强和平利用外层空间的国际合作和外层空间活动的全球治理,并鼓励通过协调确保空间科学、技术和应用服务于可持续发展目标。

纪念活动期间,我代表联合国与中国国家航天局签署了关于开展"一带一路"空间信息走廊合作的意向宣言,与中国载人航天工程办公室签署了中国空间站合作补充协议。不久前,中国与联合国一同向联合国成员国发出邀请,允许成员国利用中国空间站进行空间研究。这些工作为联合国与中国多年来和平利用外层空间的合作注入了新活力。

自2010年以来,中国为联合国天基信息平台计划提供了强有力的支持。此后,联合国在北京设立联合国附属空间科学与技术教育亚太区域中心(中国），提供空间科学、技术及应用领域的学位课程和短期培训课程，促进国际空间领域的人才培养。通过联合国组织和中国国家航天局之间的协议，中国向需要支持的国家提供卫星图像，借助地球观测数据预防自然灾害。此次关于开展"一带一路"空间信息走廊合作的意向宣言的签署，更是将我们的合作提高到一个新水平，将太空技术及其应用扩展到"一带一路"相关国家。

自1970年发射第一颗人造卫星东方红一号以来，中国已成为世界主要航天国家，是世界上空间探索最全面和技术最先进的国家之一。中国系统且技术先进的太空计划令人鼓舞。中国还履行了对和平利用外层空间国际合作的承诺，包括积极参与和平利用外层空间委员会，尤其是与其他国家特别是发展中国家分享其空间技术和资源。

空间技术的进步可以广泛造福全人类，空间探索已成为经济社会可持续发展的重要工具。面对越来越多的全球挑战，促进空间活动的合作意义愈显重大。

（作者为联合国外层空间事务办公室主任，本报驻德国记者冯雪珺翻译整理）

（2018年7月4日）

解决种族问题前路漫漫

杰拉尔德·厄尔利

种族问题在美国是一个很老的话题,但却始终被现实赋予新内容。从法律上,我们可以看到,种族隔离和种族歧视在上世纪60年代已经废除。但在现实层面,非洲裔所遭受的系统性种族歧视并没有多大改观,很多白人骨子里对非洲裔的歧视很难改变,而且人们也不知道未来如何去解决这一难题。审视美国的种族问题,可以从个人、社会和国家三个层面进行分析。

首先,从个人层面来看,从统计数据和现实观感可以很清楚地看到,非洲裔家庭的财富积累比白人家庭要少得多。白人掌管着美国政治、经济的方方面面,但是很多非洲裔家庭甚至连自己的产权住房都没有。在美国,接受良好的教育、享受更好的医疗,都需要金钱作为支撑。即使非洲裔孩子自身再努力,他们也无法同白人孩子站上同一个平台。当然,这里面还有另外一个因素。由于种种原因,非洲裔成年人在监狱服刑的比例很高,许多非洲裔孩子就来自于这些问题家庭,他们的教育问题未得到足够重视。

其次,从社会层面来看,某些白人对非洲裔根深蒂固的优越感和排斥心理难以去除。1968年通过的《公平住宅法》从法律层面废除了居住上的种族隔离,现在非洲裔可以和白人同进一家餐厅、同住一个社区。然而,现实情况是怎样的呢?从圣路易斯市的情况来看,只要非洲裔搬进一个新的社区,这个社区就会有更多的白人搬离。现在非洲裔和白人在居住上的隔离甚至比上世纪60年代更为严重。非洲裔比较集中的区域,政府的财政收入很低,拿不出多余的钱来改善学校、医院等公共设施。

有些白人从内心深处仍然把非洲裔同犯罪联系在一起。如果一个非洲裔走在超市里,保安和店员往往会跟在他身后,提防他偷东西。弗格森事件就是一个典型。这一事件至今已近4年,我们并没有看到非洲裔的处境有任何大的改变。

第三,从国家层面来看,当前美国处于前所未有的分裂当中。奥巴马在2008年当选美国总统,曾给了非洲裔极大的激励。但事实证明,奥巴马的当选没有为非洲裔的处境带来大的改观。

从废除奴隶制到废除种族隔离,非洲裔美国人曾一次次看到希望,却又从短暂的希望中重新跌入失望。法律上宣示种族平等很容易,但在现实中建构真正的种族平等却难上加难。美国每一个政客、学者都在大谈种族平等的大道理,但是没人知道在现实中如何去实现。前路漫漫,谁都不知道答案。

(作者为美国圣路易斯华盛顿大学非洲裔美国人研究系主任,
本报驻美国记者张梦旭采访整理)

(2018年6月28日)

中国，全球金融治理的重要力量

泰格艾格奈瓦克·盖图

我至今依然清晰地记得两年前参加全球治理高层政策论坛的情景。2016年举办的论坛取得了切实的成果，提出了不少政策建议，并建立了将"一带一路"倡议与联合国2030年可持续发展议程相结合的共同愿景。这一共同愿景是我们谋求多边合作成功的关键。两年来，我们取得了很多进展，包括分析"一带一路"倡议的经济和社会影响，研究"一带一路"倡议与联合国17个可持续发展目标相结合以及积极推动"一带一路"建设中可持续商业实践的落地。

以此为基石，本届全球治理高层政策论坛进一步探讨了"一带一路"建设金融合作和可持续投资面临的挑战和机遇，谋求让更多"一带一路"建设国际合作伙伴国和人民分享发展的红利。

全球范围内，实施联合国2030年可持续发展议程的资金需求约为每年1万亿美元。实施此议程的一个重要挑战就是以匹配的方式分配公共资源并促进私人投资，也就是说所有可用资源都必须与可持续发展目标相一致。发展中国家主导的多边金融机制的出现，为实现联合国可持续发展目标提供了新的融资选择和发展机会，是传统的融资和发展模式的有益补充。

"一带一路"建设与落实联合国可持续发展目标相互结合能够最大化其积极影响。"一带一路"倡议作为一个开放的国际合作机制，将创造全球性的公共福利，以此助推联合国可持续发展目标的实现。

在"一带一路"建设过程中，除了继续加强金融领域的国际合作，我们同样应当重视与第四次工业革命相伴而来的机遇和挑战，在创新中谋发展。人工智能、自动化、区块链技术等都将产生显著的效益，但也会冲击就业机会，加剧不平等，这就需要"一带一路"建设的国际合作伙伴们转变发展动力，克服新技术可能带来的弊端。

我们希望通过在不同利益相关方之间架起政策沟通的桥梁，引导公共和私营部门、学术界和民间社会组织，推进可持续投资，共同为"一带一路"建设的国际合作伙伴国和人民创造福祉。

中国在全球治理体系中发挥着日益重要的作用，这体现在其对国际合作和机制建设方面的坚定承诺。除了提出"一带一路"倡议等新的合作机制之外，中国还积极参与联合国、二十国集团和金砖国家等多边机制。中国在成立金砖国家开发银行、亚洲基础设施投资银行和丝路基金等方面发挥了积极的推动作用，表明中国已成为全球金融治理的重要力量。

（作者为联合国副秘书长、联合国开发计划署副署长）

（2018年5月7日）

剖析当代问题的利器

大卫·范森范思特

今年是马克思诞辰200周年。特殊的时间节点为人们重新审视马克思的思想遗产及其在当代世界的重要影响提供了宝贵契机。

在马克思生活的年代,全球工业生产主要集中于英格兰地区,资本主义在当地的率先出现极大地改变了此前的农业经济。此后,随着帝国主义的逐渐扩张,北美、印度等地区出现了殖民化。在欧洲大陆,全球商业体系的建立则带来了推翻封建制度的变革性力量。有人说,马克思的著作专注于欧洲资本主义建立初期,因此对欧洲以外地区相关性较低。这样的说法显然不正确。无论是在19世纪,还是在21世纪的今天,马克思的思想都有助于人们把握时代的生产力和生产关系问题,以及它们对个人生活的影响。

马克思十分关注人类生活状况所发生的不可逆改变。这意味着详细考察人类社会不断演进的历程,分析生产是如何发生的(包括技术的使用情况,马克思称之为生产力问题),阐释生产力如何作用于生产关系以及如何受生产关系的反作用。这种历史唯物主义的方法论有助于学者探究收入和财富创造的经济维度与政治维度之间的相互依赖关系及其内在冲突。两者间相互依赖关系的平衡程度以及其内在冲突的剧烈程度,决定了整个体系是否稳定。因为采取了这样的方法论,马克思主义能够帮助人们把握南方国家(发展中国家)的历史与文化特性,及其与北方国家(发达国家)的关系。进一步看,马克思的著作有助于批判性地把握资本主义体系在不同地区如何发展；有助于揭示南方国家内部出现的分化，以及在21世纪南方国家同帝国主义国家的关系。

同时，马克思详细分析了资本主义带来的无限度的商品化问题，及其对人际关系、社会和环境的负面影响。这些负面影响之所以出现，是因为国家财富被认为等同于国民买卖的商品。这种模式带来的环境成本已经很明显。在地区层面，它表现为空气质量下降；在全球层面，则是全球变暖问题。

在当今世界的资本主义发达国家内部，因为非商品化的社会空间被压缩到了最小，种种困境开始出现。人们看到，就连个人隐私也被视为可以买卖的"商品"。这一点在脸谱等公司最近的丑闻中尽显无遗——个人数据被广泛搜集，进而转化为商业应用以获取利益。马克思关于商品化问题的分析有助于人们理解类似问题。从某种意义上说，技术革新让资本家获得了将许多此前无法商品化的东西纳入资本主义生产体系的能力。

马克思关于异化的理论有助于分析为何右翼民粹主义如今会在发达资本主义国家兴起。这些社会运动抗拒传统政治精英，无论精英持怎样的政策倾向。从深层次看，政治人物长期以来对新自由主义紧缩政策的拥抱，以及社会财富不断趋向集中（这表明工人阶级所创造的价值进一步被挪用），削弱了进步主义者的联盟，导致工人阶级失去了诸多在二战后赢得的保护网和社会福利。

在资本主义国家，工人阶级生活面临的脆弱性，以及他们生活受制于债务的风险，在2008年国际金融危机期间充分显现。资本主义国家应对危机时采取的措施是保护甚至奖励金融资本，而工薪阶层蒙受的损失却被忽视了。这也是为什么人们说，主流大众被忽视了，华尔街却得到了保护。在美国，民主、共和两党都不同程度地支持新自由主义政策议程，其结果则是右翼民粹主义的崛起。这股力量妖魔化移民，其最终拿出的政策却是有利于富人，进一步打破剩余的社会保护网，而且损害生态利益。

中国却完全是另外一幅图景。马克思在《共产党宣言》中指出，"在资产阶级社会里是过去支配现在，在共产主义社会里是现在支配过去"。从这个视角出发，可以更好认识习近平总书记对全体中国共产党员提出的要求——始终要把人民放在心中最高的位置,始终全心全意为人民服务,始终为人民利益和幸福而努力工作。正是通过不断对《共产党宣言》、对马克思主义原理进行思考与运用,中国共产党在 21 世纪的今天才能不断推动国家发展取得进步。

(作者为美国韦恩州立大学社会学系副教授,

本报驻美国记者胡泽曦采访整理)

(2018 年 5 月 3 日)

破除距离产生的虚幻"美感"

杜万良

人们常说距离产生美。遥远的事物,总给人增加美好的想象。比如我们会怀念童年,虽然现在的生活比那时好很多。再如我们会羡慕国外,虽然国内取得了突飞猛进的发展。

医疗也是一样,一谈及国外,有些人言必称技术先进、环境优雅。一谈及国内,就是看病难、看病贵。然而,事实真的如此吗?

在不少发达国家,公立医院实行全民免费医疗。但是免费医疗不意味着想看病就能看。

首先,门诊和住院预约等待时间很长。法国的公立医院常年人满为患,非急诊病号挂号排队等上几个月才能看病的例子可谓家常便饭,急诊部门更是病号满满,新闻里隔三差五播报病患在等待就诊的过程中因未能及时接受治疗而去世的案例。

私立医院虽然看病快、服务好,但是收费很高。之前就有国内网友在网上吐槽,10年前自己家亲戚在美国摔断了腿,打个石膏花了10余万美元,这还是医保齐全的情况下医保报销以后的费用,如果没有医疗保险更是连病都生不起,普通家庭难以承受。

多数欧美国家看病前要预约,时间短则几周长达1年甚至更久。即使实行免费医疗的国家,医疗经费也是有限的,患者看病也必须计划着来、计划着治。从正面看，公立医院解决了看病贵的问题，私立医院解决了看病难的问题，相互补充。从反面看，公立医院看病难，私立医院看病贵，患者的利益仍然得不到很好的保障。

我曾到加勒比海岛国特立尼达和多巴哥共和国（简称特多）工作半年。在社会保障方面，特多是个福利国家，采用英国模式，公立医院实行免费医疗。我亲历的医疗问题和欧美国家大同小异。比如有一名女性患者因为头痛看病，预约核磁用掉1年时间，再预约看病又用掉1年时间。第二次看病的时候头痛早就缓解了。还有一位男性患者因为头痛看病，诊断为脑膜瘤，预约住院用了1年，就在手术前夕因为肿瘤增大死亡了。一个可治之病等成了绝症。

在我工作的北京天坛医院，来看病的人当天就能看上，医疗花费也少得多。事实上，出国或侨居国外的人，近年来坐飞机到国内看病的越来越多。

《柳叶刀》杂志此前刊文肯定中国大病保险制度，肯定其在减少因病致贫方面的重要作用，给其他发展中国家提供了借鉴。《政府工作报告》指出，大病保险制度基本建立，已有1700万人次受益。

十九大报告强调，全面建立中国特色基本医疗卫生制度、医疗保障制度和优质高效的医疗卫生服务体系，健全现代医院管理制度。我们正生活在一个美好的时代。撸起袖子加油干，明天会更好！

（作者为天坛医院神经内科副主任医师）

（2018年4月27日）

战争的真相,还是真相的战争

管克江

满目的废墟、饥饿的民众、失怙的儿童……如果不是独立记者勇敢站出来揭发,人们可能永远不知道这一切不过是场完美的骗局。西方政府在背后插手、一些组织在台前表演、所谓主流媒体从旁摇旗助威,环环相扣、紧密配合,编造出了一个关于叙利亚战争的"真相":民众正生活在政府"残暴统治"和"蓄意屠杀"之下,而由西方"民主斗士"支持的"平民英雄"志愿者,已经挽救9万余条生命。

有了这个"真相",《纽约时报》《时代》周刊等媒体就有理由叫嚷:叙利亚正在遭遇严重人道主义灾难,叙利亚总统必须无条件下台;美英等国政府就有根据采取制裁措施并给反对派武装提供援助,在联合国发起一个个煞有其事的提案。叙利亚局势错综复杂,但这一事件至少告诉我们,"白头盔"呈现的并非叙利亚战争的全部真相,或者说,他们想让民众误以为那就是真相,从而达到自己不可告人的目的。

在这场骗局中,每一个环节都自觉地卖力出演。台前的,必须表现出他们的"独立";媒体,早已忘了他们标榜的"客观";西方政府,则通过不同渠道输入资金。他们宛如一台庞大而精密机器上的零部件,有条不紊地运转。产品的标签叫"真相",机器的代号叫"民主"。

美国思想家诺姆·乔姆斯基在《美国式宣传》一书中指出,暴力是法西斯国家的统治手段，宣传则是"民主"国家的统治手段。"美国这样的国家无法用暴力来控制民众，所以就设法控制他们的思想。"不难推断，天天淹没在类似"白头盔"信息海洋中的西方民众，会对政府决策作出何种反应。当他们以为自己在选择正义的时候，其实正沿着西方宣传机器设定的方向走。由此可见，在叙利亚战争之外还有一场看不见硝烟的战争，一场关于信息真相、关于思想观念的战争。

这样的信息战争不断发生。2003年美军入侵伊拉克之前，美国情报机构人士向媒体"泄露"了萨达姆政权拥有大规模杀伤性武器的"确凿证据"，媒体随之大肆渲染该地区面临的安全威胁，成功煽动民众的恐惧情绪，为美国政府最终采取军事行动做足了舆论动员、坐实了动武借口。事后发现，萨达姆政府根本没有大规模杀伤性武器，而美国政府对此早就心知肚明。这场信息战的参与者、美国新闻署官员南希·斯诺后来出了本书，叫作《宣传公司：向世界兜售美国文化》。她指出，当时美国民众几乎都认定萨达姆同"9·11"恐怖袭击事件有关联，原因就在于布什总统及其幕僚利用媒体反复灌输这一理念。

中国也是这种舆论战的受害者。2008年西藏自治区拉萨市发生打砸抢烧严重暴力事件。某些西方媒体肆意歪曲事实、误导舆论。德国RTL电视台把尼泊尔警察在首都加德满都驱散游行者的照片说成是在西藏发生的事件，美国有线电视新闻网甚至把暴徒袭击军用车辆的图片剪裁成军车威胁路人的画面，手法拙劣、用心险恶。虚假报道严重伤害了中国国际形象，事后这些媒体却不置一词。

在西方特别是美国，存在着两个差异巨大的中国形象：一个是普通民众感受的，一个是舆论场上的。多年前盖洛普公司做过一项调查，55%的美国民众认为中国是美国的盟友或者朋友。但翻开美国报章或浏览网站，涉及中国的内容常常被歪曲。按理说，中美经贸人文交流如此密切，彼此你中有我、我中有你，"妖魔化中国"既不符合民意，又不利于做生意，为何西方媒体还如此偏执呢？美国前总统国家安全事务助理、战略家布热津斯基曾说过一段特别精辟的话。他说：美国国内有一股强大的压力去"妖魔化中国"，因为这样就能掩盖美国自身的缺陷。独立政治评论家汤姆森·巴奈特则列出了美国这么做的十条理由,其中一条是"我们想改变中国(体制),没想到中国还是中国",为此美国需要在意识形态上继续抹黑中国。

今后,当再读到西方媒体某些报道时,我们有必要多问一个问题:这是真相,还是它们想让我们以为这是真相?

(2018年4月18日)

西式政治体制的失败

彼得·帕加尼尼

民主给予了普通民众进行选择的权利,也有赖于民众的参与才可以有效运行。但古希腊雅典城邦留下的失败经验,揭示了直接民主模式并不可取。即便到了今天,如果所有人都参与到国家决策之中,也依然注定将会遭遇失败。

因此,现在绝大多数国家都采取代议制,由选民投票选出自己的利益代表,让他们在议会中替自己做出理性且符合更广大民众利益的选择。但这种模式也在遭受前所未有的挑战。

互联网让所有人都能够发表意见和看法,并因此影响代表们在议会中的决策。对于将一间房子涂抹成什么颜色这样的简单问题,所有人都有能力做出选择,可对于国家政治经济发展这样的复杂问题而言,并不是所有人都有能力进行选择的。

这正是让所有人参与决策不可取的原因,很多有关国家未来命运的问题需要专业知识,已经远远超出了普通人的认知水平。互联网的发展让大量虚假信息有机会大肆传播,人们却没有能力甄别信息真伪,这就构成了巨大隐患,对年轻人而言这种问题尤为严重。

斯坦福大学曾对其学生进行过测试,结果显示70%的学生没有辨别信息真伪的能力。另外,年轻人在接受信息时,具有强烈的情绪色彩。他们更愿意去接受和自己想法类似的信息,而与个人意见相反的信息则更容易遭到主观忽略甚至否定。

做出怎样的选择取决于接受了怎样的信息，除去识别真伪的能力外，接受信息的片面性，也让民众无法理性客观地进行选择。就年轻人而言，他们更喜欢从社交网络获得信息，而不是通过传统媒体，导致他们无法全面地掌握信息。在面临选择的时候，主观情绪而非客观和理性的思考就成了主导因素。

这正反映出这种政治体制的失败。原本应该在议会内部进行决策的很多复杂问题，最终却不得不以全民公投的形式做出裁决，让全民公投之风近几年不断在欧洲刮起。这些问题往往涉及很多专业知识。虽然选民能够通过投票"一锤定音"，但却很难保证最终做出的是正确选择。

其实，西式民主制度之所以能够顺利运行，还有赖于经济的健康发展。经济长期处于停滞和衰退时，普通民众承受的冲击最重，这也导致他们和精英阶层之间的矛盾开始尖锐化。情绪的宣泄在民主决策中的决定性因素因此加强，给民粹主义和极端主义发展提供了更大空间。

像"五星运动"这样的政党没有清晰的政治纲领，也没有任何执政经验，在议会中一向为反对而反对。为发泄对传统政党的不满，民众将这样的政党推上执政宝座如同"赌博"。在2016年的意大利地方选举中，"五星运动"接连拿下罗马和都灵两大重镇，两位年轻的女市长拉吉和阿彭蒂诺在当选后，却走上了截然不同的道路。拉吉主政的罗马危机不断，自己也陷入了腐败丑闻，而阿彭蒂诺治下的都灵却蓬勃发展，可其实阿彭蒂诺恰恰是最不合乎"五星运动"标准的代表。由此可见，一人一票的选举并不能保证民众能选出阿彭蒂诺，拉吉似的败笔则是多数情况下的必然。

（作者为意大利约翰·卡波特大学教授，本报记者韩秉宸采访整理）

（2018年4月2日）

不忘初心　方得始终

吴　焰

采访期间，听到最多的感慨是：如果不是习近平主席力倡力推，不可能有中共六大会址的生机焕发。

确实如此。

90年前，为了国家和民族的前途命运，来自中国各地的140多名中共代表冒着生命危险，冲破重重险阻，不远万里会聚莫斯科，召开了中共六大。这是中共历史上唯一一次在境外召开的全国代表大会，对中国革命发展有着特殊的历史意义。

然而，岁月侵蚀下，饱经沧桑的会址建筑年久失修，成了残垣断壁。

首次正式提出修建中共六大会址纪念馆的，正是习近平。2010年3月，时任国家副主席的他在访问俄罗斯时，向时任总理普京提出保护六大会址的设想，得到后者热情回应。2013年3月，中共中央总书记、国家主席习近平首次对俄罗斯进行国事访问，专门出席了中共六大纪念馆建馆启动仪式——六大会址保护在他心中分量之重，由此可见。

回望2012年深秋的北京，习近平总书记带领全体十八届中央政治局常委参观《复兴之路》展览，回顾近代以来中国人民为实现民族复兴走过的历史进程，向13亿中国人民勾画了实现中华民族伟大复兴的中国梦；犹记2017年深秋的上海，党的十九大刚闭幕，习近平就率全体中央政治局常委齐聚中共一大会址，面对党旗，高举右手，逐字逐句重温入党誓词。"中国革命历史是最好的营养剂""一个政党，如一个人一样，最宝贵的是历尽沧桑，还怀有一颗赤子之心"……品读总书记的这些事这些话，审视中共六大会址的修复，从中感悟到的恰是一位大国大党领袖对党史的铭记、对先辈的缅怀、对初心的执着。

地处异国他乡，中共六大会址的修复，实为不易。如果不是中共领导人对党史教育的高度重视，如果没有中俄双方对历史事件的相互尊重和深厚友谊，如果没有两国设计者和建设者的密切携手，简直不可思议。

从这个角度说，俄方支持中共六大会址修复开放、成为莫斯科中国文化中心的分部，也表达了他们希望通过保护历史遗产来巩固和增进两国传统友谊、相互尊重与合作的共识，体现了他们对推动中俄全面战略协作伙伴关系的意愿。

欣喜的是，如今，"元首共识"正化作"民间行动"，"政治意愿"成为"民众心声"，"传统友谊"演绎"时代篇章"。

当来自国内的许多老党员、老干部参观结束时，不禁用"热血沸腾"形容内心感受，用"不忘初心"表达理想信念；当不少驻俄的中方机构、中资企业人员及留学生来到这里，触摸历史，感叹中国成就的来之不易时，我们看到：红色资源正跨越时空，红色基因正得以赓续。当俄罗斯本地居民在留言簿上写道："没想到中共六大是在我们这里召开的，这也是我们历史的一部分，我们感到自豪"；当"红色旅游"为五一村带来道路的改善、人气的上升，多姿多彩的文化活动走进当地时，我们更看到：中俄友谊的种子，正在普通人心中播撒，生根发芽。

"中共六大会址是中国革命历程的重要旧址，也是中俄两国人民深厚友谊的重要象征。"这处弥足珍贵的历史遗产，这方党史教育的海外基地，这座中俄人文交流的传播桥梁，正通过新时代的传承，变成更多行动，书写更新篇章。

（2018年3月23日）

喜剧结果　悲剧色彩

章念生

对纽约曼哈顿地检署来说，国宝银行案件的结果是苦涩的。

尽管法院判决检方所有指控不成立，但地检署代表依然声称国宝银行并非无罪，这在影片《国宝银行　小可入狱》中有所体现。日前本报记者致电检方求证立场，得到的答复是检方发言人不愿就此作进一步评论，欢迎引述影片中地方检察官的陈述。

随着第九十届奥斯卡奖落幕，《国宝银行　小可入狱》并未捧回"小金人"。但正如导演史蒂夫·詹姆斯对本报记者所说，不管最终是否得奖，他们都把颁奖礼当成一场庆祝。用纪录片制片人马克·米滕的话说，这个华裔美国家庭为自己清白抗争的故事已然引起不少共鸣。

这个故事虽然有了喜剧结果，却充满悲剧色彩。

就国宝银行而言，从接受调查到最终被判无罪，历时5年多，仅律师费一项就超过1000万美元。其间孙启诚一家所承受的物质、精神压力以及社会名誉损失自不待言。国宝银行连续四五年不正常运转，系统、员工、产品都出现问题，官司了结两年半之后仍未恢复元气，贷款量只及2009年的1/5。如果不是这场官司，银行可以帮助更多客户拥有自己的住房，开创自己的实业，实现自己的梦想。

对检方来说，从起诉时将国宝银行员工"连成一串"的高调示众，到败诉后的强词夺理，司法机构的形象已打折扣。而 5 年多中，调查取证、传唤证人、法庭辩护……到底耗费了多少美国纳税人的钱不得而知，至少不会低于国宝银行的律师费。如果将这笔巨款用于社会捐助，或许还能帮助不少枪击案受害家庭、阿片类药上瘾者、街头流浪汉。

案件了结之后，孙家发出了这样的慨叹：这是一个悲剧，如果有人能从中学到什么，那这个悲剧也将变得有益。

然而，谁能确保这样的悲剧不会再次上演？从美国联邦层面看，应诉者只占 3%，97% 因为打不起官司直接认罪或认罚了，谁知其中又有多少冤屈，多少悲剧呢？

（2018 年 3 月 22 日）

从中国经验中获得发展"金钥匙"

孟祥麟

"当我四五点钟醒来的时候,看到窗外已经有人步履匆匆去上班了。我想,中国发展的秘密大概就在于人民的勤劳勇敢和严谨的时间观念吧!"埃塞俄比亚亚的斯亚贝巴大学副教授约纳斯谈及今年1月访华的感受时发出由衷感慨。

经历了中共十八大以来极不平凡的五年,中国特色社会主义道路、理论、制度、文化不断发展,广大发展中国家迫切渴望了解,中国成功的"金钥匙"究竟是什么?"虽然我们不能复制中国模式,但可以从中得到很多灵感。"这代表了这些国家大多数人的心声。截至目前,已有外国高中级公务员近万人次到国家行政学院接受了培训。

"欢迎大家搭乘中国发展的列车,搭快车也好,搭便车也好,我们都欢迎。"习近平总书记多次在国际场合发出合作共赢的邀请,体现出大国风范和责任担当。这表明,中国不仅关心中国自身发展,也愿意为世界面临的问题提供解决方案。

习近平新时代中国特色社会主义思想得到包括非洲各国在内的全世界的高度赞扬和广泛认同。如今,《习近平谈治国理政》是坦桑尼亚最受欢迎的畅销书,执政党和政府高级官员人手至少一册,随总统访华的部长和议员们,都带着该书请习近平主席签名留念。这本"现象级"著作在全世界持续热销,覆盖世界160多个国家和地区,该书第一卷于1月29日再版发行,第二卷中英文版于去年11月出版后，短短两个多月全球发行就超过1300万册。

该书已成为国际社会了解当代中国的重要窗口，也成为寻找中国问题答案的一把"金钥匙"。内阁事务国务部长、联邦治理国务部长、环境国务部长、通信与信息技术国务部长、教育国务部长、旅游国务部长……这期中国发展经验及公共行政管理部级官员研讨班的23名苏丹学员中，政府部级官员就有20位。热议习近平新时代中国特色社会主义思想，交流《习近平谈治国理政》学习体会，无不折射出中国共产党执政理念对各国政党的深刻启示和强大感召力。

5年前，习近平主席以国家元首身份首次出访就来到了非洲，提出真实亲诚理念，讲述中国梦、非洲梦和世界梦的辩证统一关系，强调中非"永远做可靠朋友和真诚伙伴"。中非合作论坛是中国和非洲国家开展集体对话、深化互利合作的重要渠道，也是世界上规模最大、成效最好的南南合作平台。中非合作论坛今年将举办北京峰会，各方都期待峰会成为加强中非友好团结的历史性盛会。

党的十九大提出，中国将致力于同各国一道构建新型国际关系，推动人类命运共同体建设，秉持正确义利观和真实亲诚理念，加强同包括非洲在内的发展中国家的团结合作。苏丹驻华大使欧玛尔·伊萨·艾哈迈德说，中共倡导的理念受到了各国普遍赞扬，中国道路和中国经验对全人类发展具有重要的启示意义。

在全球治理体系变革的重要时刻，中国理念为推动建立更加公正合理的国际秩序提供了新的可能，为解决人类问题贡献了中国智慧和中国方案。让我们携手并进、勠力同心，踏上构建人类命运共同体伟大征途，创造人类更加美好的明天！

（2018年2月22日）

瀚海之谊 由来已久

吴绮敏

中俄友谊,堪比大海之深阔。历史、文化、情感的积淀,让每一段世代相传的美好故事成为友谊的浪花,翻卷腾跃出音韵,碰撞起心灵共鸣。

2018年,开年第一周,俄罗斯亚历山德罗夫红旗歌舞团来到北京,呈现别样动容情境。因为,2016年年底的空难,夺走红旗歌舞团64名演职人员的生命。悲怆时刻,俄罗斯人民感受到来自友好邻邦的深情——习近平主席和夫人彭丽媛第一时间分别向普京总统和红旗歌舞团致电慰问;《人民日报》刊文"怀念陨落黑海的歌魂";中国国家大剧院表示期待红旗歌舞团重振雄风,无论何时都欢迎他们来京演出……如今,勇者归来,红旗歌舞团用行动回敬中国人民的情意——"2018年是红旗歌舞团的90岁生日,我们非常荣幸把90岁的第一场演出献给中国观众!"团长肯纳基·萨切纽克的告白,亦是友谊心声。

何等弥足珍贵的亲近!流淌的岁月告诉人们,这早已不是地理的因缘,而是心灵的相接。

对"近邻城市"哈尔滨,俄罗斯人民心怀亲近感。几年前,俄罗斯热播电视剧《一切从哈尔滨开始》,剧名道出了创作者心中深深的东方情结,剧中人物故事折射出中俄之间割不断的缘。一年多前,俄罗斯马林斯基剧院将其"史诗级"歌剧《战争与和平》亚洲首演定位于哈尔滨。从圣彼得堡而来的两列火车,仅服装道具就装满了19个9.6米集装箱。600人阵容奉献俄语歌剧杰作,又何尝不是一次盛大的"邻居串门"。

对遥远的厦门，俄罗斯人民同样心怀亲近感。去年9月，金砖国家领导人厦门会晤期间，厦门大学俄罗斯留学生投身志愿者行列，和中国人民共襄难忘盛事。俄驻华大使杰尼索夫特意向媒体"揭秘"厦门大学的"俄罗斯之缘"——厦门大学艺术学院门前有一尊俄国诗人莱蒙托夫的铜像，与其对望的是中国哲学家孔子的雕像；普京最喜爱的诗人与中国先哲之间如此这般"对话"的意境，令他非常欣喜。一条小径从两位先人互视的"目光"中穿过，行至这里的人们，或许能够体悟孔子"有朋自远方来，不亦乐乎"的情怀，抑或在耳际回响莱蒙托夫的作品《当代英雄》中"有时像闪电，有时像一把利剑，有时像撒在天鹅绒上的珍珠"一般的话语。

因为相互吸引，所以彼此亲近。

俄罗斯是世界上最早研究汉学的国家之一，早在18世纪初俄国知识界就开始大力翻译中国作品、介绍中国文化。"我现时还没有结婚，也没有担任官职，我想申请允许我随同前往中国的使团访问中国。"1830年，俄罗斯诗人普希金向沙俄当局提出如是申请。这位充满激情、渴望新知的才子，收藏了80多种有关中国的书籍，对中国满怀向往与热爱，尤其盼着去看看长城。普希金抱憾未能成行，但凭借美妙想象而作的诗文"在飘动的树林的阴影里，中国的夜莺在歌唱"，浸润了他神驰中华的印痕。中国翻译家戈宝权曾言："当我们知道，普希金在他的一生当中怎样对中国有着极大的兴趣，我们就感觉得普希金对我们是更为亲切。"

中国古语曰："民亲爱则无相害伤之意，动思义则无奸邪之心。"国际关系，情同此理。咸怀方厚之情，识命运与共之大体，尽心竭诚彼此支持和帮助，自然能敦睦邦交。

中国人民弗忘抗日战争中支援中国的苏联英雄，俄罗斯人民记得"别斯兰人质事件"受伤儿童在中国得到的呵护……人民的深厚友谊，可以汇成浩瀚海洋，让国家关系发展之力源源不竭。

永做好邻居、好朋友、好伙伴，人民的心愿，由来已久。

（2018年1月18日）

中国与世界关系进入新时代

姚枝仲

中国特色社会主义建设进入新时代。新时代有很多特征,其中一个特征,就是中国与世界的关系也进入了新时代。

我国同世界的关系经历了三个阶段。一是从闭关锁国到半殖民地半封建阶段,先是在鸦片战争之前隔绝于世界市场和工业化大潮,接着在鸦片战争及以后的列强侵略战争中屡战屡败,成为积贫积弱的国家。二是"一边倒"和封闭半封闭阶段,新中国成立后,我们在向苏联"一边倒"和相对封闭的环境中艰辛探索社会主义建设之路,"文革"中基本同世界隔绝。三是全方位对外开放阶段,改革开放以来,我们充分运用经济全球化带来的机遇,不断扩大对外开放,实现了我国同世界关系的历史性变革。

实现了历史性变革以后,中国与世界的关系已经很不一样。过去的中国,对外部世界几乎没有影响力,只能接受和适应外部环境的变化;今天的中国,对外部世界具有越来越大的影响力,中国具备了改变世界甚至塑造世界的能力。

进入新时代的中国,会给世界带来什么呢?

中国国内还存在人民日益增长的美好生活需要和不平衡不充分的发展之间的矛盾,国内还有艰巨的发展任务。中国还需要大力提升发展质量和效益,更好满足人民在经济、政治、文化、社会、生态等方面日益增长的需要,并推动人的全面发展、社会全面进步。因此，中国在世界上发挥影响力的一个很重要的战略目标，就是营造一个有利于发展的外部环境。这样的环境，需要和平稳定、需要公平正义、需要开放包容。这样的环境，就是合作共赢的利益共同体和命运共同体。

中国是人类进步事业的推动者，中国还将利用自身影响力致力于解决人类面临的共同难题。人类社会仍然存在阻碍进步的诸多挑战。和平赤字、发展赤字和治理赤字这三大问题正是当今世界面临的最大挑战。建设人类命运共同体，是新时代中国提出来的应对"三大赤字"挑战、共同创造人类美好未来的中国方案。

构建人类命运共同体有三大支柱。第一，推动建设相互尊重、公平正义、合作共赢的新型国际关系，以实现世界各国和平相处；第二，在全球范围内推动"一带一路"建设，以政策沟通、设施联通、贸易畅通、资金融通和民心相通促进世界各国共同发展；第三，推动构建共商共建共享的开放型世界经济，以实现良好的全球治理。

在新时代中国与世界的关系中，中国已经不仅仅是对外开放融入世界体系的受益者，中国还将成为世界和平的守护者，世界发展的推动者和全球治理的改革者。

中国将在应对"三大赤字"挑战中改变世界，塑造世界，并和世界一起，在新时代中努力构建人类命运共同体。这既是中国国内发展的需要，也是世界和平发展的需要，更是人类进步的需要。

（作者为中国社会科学院世界经济与政治研究所副所长、研究员）

（2018年1月5日）